KRÜGER

Tara Stella Deetjen

UNBERÜHRBAR

Mein Leben
unter den Bettlern
von Benares

KRÜGER

Namen wurden geändert

MIX
Papier aus verantwortungsvollen Quellen
FSC® C083411

Erschienen bei FISCHER Krüger
3. Auflage April 2016

Satz: Pinkuin Satz und Datentechnik, Berlin
Druck und Bindung: CPI books GmbH, Leck
Printed in Germany
ISBN 978-3-8105-0403-6

Inhalt

Prolog

Das kleine Ruderboot hat die Flussmitte fast erreicht. Ich blicke zurück auf die Stadt mit ihren Tempelspitzen und verwitterten Palästen, die steil am Ufer aufragen. Die drückende Hitze des Mittags ist kaum zu ertragen, nicht einmal ein Bad im Fluss verschafft Abkühlung. Von den Treppenfluchten am Ufer dringen die Rufe der Händler herüber, die Schreie der Affen, die sich um einen Schattenplatz auf den Dächern von Benares streiten, das Dröhnen der Dieselgeneratoren, die schrille Bollywoodmusik aus den Radios und der Schall der Tempelglocken, die von dem Strom der Pilger ohne Unterlass geläutet werden.

Der Leichnam schwankt auf dem Wasser hinter uns her, wir haben ein festes Seil um seine Füße gebunden. Durch das dünne Tuch, in das wir den Toten gewickelt haben, zeichnen sich die vertrauten Gesichtszüge und die Umrisse des Körpers ab.

Das ist der Mann, der mein Leben veränderte. In nur einem Augenblick. Nach der Begegnung mit ihm war nichts mehr wie es einmal war.

Als wir mitten auf dem Fluss sind, nickt mir Mohan zu. Ich muss den Stein ins Wasser werfen. Still nehme ich Abschied von Musafir und wuchte den schweren Stein über Bord. Er klatscht auf und sinkt schnell auf den Grund des grünschimmernden Flusses. Er zieht Musafir hinab, die Füße voran. Im letzten Augenblick richtet sich der Körper noch einmal auf wie zum Gruß, dann versinkt Musafir kerzengerade im heiligen Fluss.

Ich widme das Buch

meiner Familie,
Lydia Kraus, meiner Großmutter,
Hella, Wolf und Cosmo,
Wolfgang und Jutta Deetjen

und Singeshwar,
stellvertretend für alle Löwengesichter

und der Liebe.

Danken möchte ich ausdrücklich dem »Back to Life«-Team in Deutschland, Nepal und Indien, den Mitarbeitern und den Ehrenamtlichen.

TEIL I

1

Warum willst du meinen Namen wissen?

Als ich endlich an den langen Treppenfluchten ankam, die in Benares zum Fluss Ganga führen, verließ mich die Kraft, ich sank auf die oberste Stufe und krümmte mich vor Leibschmerzen. Mir gegenüber sah ich die Reihe der gewiss 100 leprakranken Bettler, die auf Almosen der Pilger angewiesen waren. Was für ein elendiges Schicksal. Sie saßen hier auf einem Quadratmeter Wegesrand, ihre Habseligkeiten neben sich in Tüten oder Stoffbündeln, und warteten auf den Tod. Die Krankheit hatte ihre Gesichter monströs entstellt und ihre Gliedmaßen verstümmelt, diese uralte Krankheit, die ich nur aus der Bibel, aus Filmen wie »Ben Hur« oder Büchern wie »Papillon« kannte. Die Kranken jagten mir Angst ein.

Was sind deine Durchfallattacken gegen diese Krankheit, ging es mir durch den Kopf. Da löste sich ein alter, weißhaariger, großgewachsener Mann aus der Reihe der Bettler und kam auf mich zu. O nein, ich kann jetzt beim besten Willen keine Münze aus meiner Tasche suchen, dachte ich, da stand er schon vor mir. Er schaute mich liebevoll an und sagte etwas in Hindi, was ich natürlich nicht verstand. Dann intonierte er plötzlich Gebete und streckte seine Krallenhand aus, um mich zu segnen. Dabei berührte er meinen Kopf, und ich konnte seine verkrümmten Finger und die verhornten Fingernägel auf meiner Kopfhaut fühlen.

Ein Schock durchfuhr mich – ein Leprakranker hatte mich angefasst! Aber die Furcht vor ihm und seiner Krankheit wich sofort, als ich ihm in die Augen sah. Er sprach weiterhin beruhigend auf mich ein, und ich merkte, wie die Spannung von mir abfiel und die Schmerzen sich von meinem Körper lösten. Unglaublich! Hier sitze ich als Touristin, die zum Vergnügen und aus Abenteuerlust um die halbe

Welt fliegt, um ferne Länder und Kulturen kennenzulernen, und dieser Bettler, als Unberührbarer ausgestoßen, hat Mitleid mit mir und bietet mir seine Hilfe an! Ich schämte mich dafür, dass ich in den vergangenen Tagen so oft ohne Almosen an den Kranken vorbeigelaufen war, weil sie aussahen wie Kreaturen der Hölle.

Zutiefst berührt und aufgewühlt stand ich auf und faltete die Hände zum »Namaste«, dem indischen Gruß.

Bis tief in die Nacht ließ mich die Begegnung nicht los. Ich wusste nicht, wie ich damit umgehen sollte und beschloss, mich am nächsten Tag bei dem Alten zu bedanken. Doch es widerstrebte mir, diesen herzensgütigen Mann nur in seiner Bettlerrolle zu sehen und ihm Geld anzubieten, also zog ich morgens los und kaufte ein paar nützliche Dinge wie einen karierten, für Benares typischen Lunghi, ein Baumwolltuch, das sich Männer um die Hüften schlingen, einen Aluminiumbecher und einen Henkeltopf mit Deckel. Ich wollte ihm ein Geschenk mitbringen, so wie man das tut, wenn man zu Gast bei einem Freund oder Bekannten ist.

Mit Herzklopfen näherte ich mich der Bettlerreihe, ängstlich und unsicher. Die Geschenke hatte ich wie einen Schutzschild an mich gepresst. Der Alte kam heran, wieder schaute er mir forschend in die Augen, ich las Überraschung in seinem Blick. Mit Händen und Füßen bedankte ich mich bei ihm und übergab ihm die Mitbringsel. Da sprach mich ein noch ziemlich junger Leprakranker an, zu meiner Freude auf Englisch: »My name is Thiru«. Was ich denn von den Bettlern wolle, warum ich hier sei, jetzt schon länger als zwei Minuten? Ich sagte ihm, dass ich den alten Mann gern kennenlernen würde und bat ihn, für mich zu übersetzen. So konnte ich mich vorstellen und den Alten nach seinem Namen fragen.

»Ich heiße Musafir«, sagte er, was »der Reisende« bedeutet. Und erneut stellte er mein ganzes Denken in nur einem Moment auf den Kopf: »Kind«, fuhr er fort, ganz und gar nicht anklagend, sondern in nüchternem Ton, »seit 40 Jahren fragt mich kein Mensch mehr nach meinem Namen. Warum willst ausgerechnet du ihn wissen?«

Mittlerweile hatten sich zwei Kreise um uns gebildet. Ganz dicht standen mindestens 20 Leprakranke, und es wurden immer mehr, die aufgeregt untereinander diskutierten, alles kommentierten und sich die Geschenke Musafirs weiterreichten, um sie zu begutachten. Der äußere Kreis bestand aus gesunden Indern, die mich fassungslos anstarrten.

Thiru nutzte sein Englisch. Neben ihm sprang ein anderer junger Leprakranker aufgeregt von einem Bein aufs andere, ungeduldig, weil Thiru die Fragen, die er mir stellen wollte, wohl nicht schnell genug übersetzte. Der Mann hieß Ramchandra, hatte tiefdunkles, längeres, dichtes Haar und ein schönes Gesicht mit kreisrunden, braunen Augen, die voller Begeisterung auf mich gerichtet waren. Einzig seine Hände und Füße verrieten die Krankheit. Er war einigermaßen sauber gekleidet, und ich sah sofort, dass er trotz seines Hundedaseins auf der Straße noch als Mensch und Mann wahrgenommen werden wollte.

Thiru dagegen schien diese Hoffnung schon lange begraben zu haben. Seine wilden langen Locken standen in alle Himmelsrichtungen ab, sie waren genauso starr vor Dreck wie seine zerfetzten Kleider. Er stank nach Wunden und Eiter. Mit Schrecken sah ich, dass an seiner rechten Hand nur der Mittelfinger zur Hälfte übrig war, alle anderen Finger waren Stümpfe.

Die Eindrücke überrollten mich. Wohin ich auch schaute, sah ich die Krallenhände, die vernarbten und wulstigen Lücken der amputierten Gliedmaßen, Fußstümpfe in Stoffresten mit Eiter durchsuppt – ein Albtraum am hellen Tag. Besonders furchterregend waren die Kranken mit dem sogenannten Löwengesicht, denen die Nase fehlte, statt ihrer ein Loch im Gesicht wie ein Krater. Auch die herunterhängenden unteren Augenlider sahen entsetzlich aus. Das alles hatte etwas Monsterhaftes. Es fiel mir schwer, die Männer lächelnd anzuschauen, die mich so freudig in ihre Mitte genommen hatten. Aber ich zeigte ihnen mein Entsetzen nicht, scherzte mit ihnen, beantwortete ihre tausend Fragen. Ich merkte, wie sie alles aufsogen und in der Aufmerksamkeit, die ich ihnen schenkte, förmlich badeten.

Ganz anders der äußere Kreis der Gaffer, der »normalen« Inder, die mich anschauten, als sei ich geistesgestört. Ihre feindlichen Energien konnte ich fühlen, ja fast schmecken. Da lag Aggression in der Luft. Manche versuchten, meine Begegnung mit den Leprakranken zu unterbinden, mit fast schon gebellten Ratschlägen und Befehlen an die ausländische Frau. »You not talk with these ones!«, »Leprosy no good«, »You careful, you go now!«. Andere störten mit Fragen: »Where you from? What is your country? Are you married? You sexy.«

Doch damit stießen sie auf Granit. Schon in den ersten Tagen hier in Benares hatte ich mir die Strategie zurechtgelegt, übergriffige Kommentare aus der Masse einfach auszublenden, zu ignorieren. Als Frau hätte man hier sonst an nur einem Tag verrückt werden können.

Mitten in diesem Chaos bat Thiru mich, einen Augenblick zu warten, er komme gleich wieder. Sofort redeten alle anderen Leprakranken auf mich ein. Ich konnte nur nicken und freundlich lächeln. Da mir von den ganzen Eindrücken der Kopf schwirrte, hockte ich mich auf die Treppenstufe neben Musafir. Aber gleich hieß er mich aufstehen und breitete ein Tuch auf der Stufe aus, das er aus einem Jutesack, in dem sich seine Habseligkeiten befanden, herauszog. Eine mahnende Stimme erklang in meinem Kopf, aber ich setzte mich, trotz der Ansteckungsfurcht.

Ich wusste zu diesem Zeitpunkt rein gar nichts über Lepra, und es gab auch damals noch kein Internet, man konnte es nicht schnell nachschauen. Gleichzeitig sah ich vor meinen Augen, was diese furchtbare Krankheit aus einem Menschen machen kann. Doch dass einer der Ärmsten der Armen mir seine Hilfe anbot, beeindruckte mich so tief, dass ich meine Ängste beiseiteschieben konnte.

Ich schaute mir Musafir genauer an. Er war ein großer Mann mit breiten Schultern. Er trug die traditionelle Kleidung der indischen Männer, ein leichtes Baumwollhemd mit Stehkragen und einen Dhoti, ein um die Lenden gewickeltes Tuch, ein Beinkleid, so wie Mahatma Gandhi stets gekleidet gewesen war. Seine Beine schauten unter diesem Tuch hervor, sie waren mit großflächigen Flecken übersät, seine Finger gekrümmt. Die Fingernägel sahen aus wie Vogelkrallen, weil sie so verhornt waren. Ich mochte sein Lachen. Wie ein lieber vertrauter Großvater erschien er mir, der seiner Enkelin gleich Geschichten von früher erzählen würde. Sein Blick war verankert im Hier und Jetzt, keinerlei Traurigkeit überschattete ihn, das bewunderte ich sofort an ihm. Was mochte dieser Mann wohl erlebt haben, seit er an Lepra erkrankte? Wollte ich das überhaupt wissen? Ja, ich wollte.

Als Thiru zurückkam, trug er umständlich eine Baumwolltasche in den Händen. Ohne Finger konnte er die Henkel nicht richtig greifen. Er reichte sie mir mit der Bitte, den Inhalt auszupacken. Also steckte ich die Hand vorsichtig in diese vor Schmutz stehende Tasche und zog mit den Fingerspitzen eine dicke Papierrolle hervor. Als ich die Blätter entrollte, breitete sich ein Meer aus Farben vor mir aus.

»Die habe ich gemalt«, verkündete Thiru mit stolzgeschwellter Brust. Die Bilder waren lebendig, farbenfroh und phantasievoll, ganz und gar indisch. Ich schaute ungläubig auf seine Fingerstümpfe. Er musste meine Gedanken gelesen haben, denn sogleich demonstrierte er mir, wie er sich einen Bleistift oder Pinsel in den Handteller legte und mit einem Stoffrest dort fixierte. So könne er zeichnen. Großartig, ich taufte ihn *artist man* und war schwer beeindruckt. »Aber jetzt kann ich nicht mehr zeichnen, ich habe kein Papier und keine Stifte mehr«, sagte er. Sofort versprach ich Abhilfe, damit er weitermalen könne. Feuer und Flamme für diesen Plan verabredeten wir uns für den folgenden Tag.

Ich beschloss, nun zu gehen, außerstande, noch mehr von dieser mir so neuen Welt aufzunehmen. Doch ich fühlte, dass hier etwas Besonderes begann. Dass ich die Gelegenheit hatte, in eine Lebenswelt zu blicken, die eine junge Frau aus dem Westen sonst nicht zu Gesicht bekommt. Ich hatte Angst davor. Und ich freute mich darauf.

2

Geankert

Sechs Monate lang hatte ich Zeit, Nepal und Indien zu bereisen. Ich war Anfang 20 und allein mit dem Rucksack unterwegs. Nach meiner Reise wartete ein Studienplatz für Fotografie an einer Designschule in Rom auf mich. Auf dem Weg zurück nach Kathmandu wollte ich mir unbedingt Benares, auch Varanasi genannt, die heilige Stadt der Hindus, ansehen – Kashi, die Stadt des Lichts, so wurde Benares in den alten Schriften genannt, und so heißt auch noch heute der sakrale Kern der Stadt. Für Hindus ist sie das Zentrum des Universums, eine der ältesten Städte der Welt. Nach den Schriften ist sie 3500 Jahre alt, nach der Geschichtsschreibung 2500 Jahre. Dort wollte ich eine Bootsfahrt auf dem heiligen Fluss Ganges erleben.

Benares ist Himmel und Hölle auf einen Blick, verlockend und abstoßend, die schiere Überforderung der Sinne. Ein gewaltsames Chaos aus Menschen, Tieren, Gerüchen, Geräuschen, alles gleichzeitig und unaufhörlich. Elend, Schmutz und Armut, ziselierte Paläste und reiche Tempel. Nach meiner ersten Rikschafahrt durch Menschenmassen, wie ich sie zuvor noch nie gesehen hatte, kam ich abgekämpft endlich in Dasaswamedh Ghat, dem Ziel aller Pilger, an. Hier wollte ich mir ein am Ufer gelegenes Guesthouse suchen.

Noch vor den Treppen, die zum Ufer des Ganges hinunterführen, setzte ich mich in einen Chaishop, einen Teeladen, der am Wegesrand lag. Der süße, nach Zimt und Kardamom duftende Milchtee wurde mir in einem Tontöpfchen gereicht, und ich beobachtete das Leben auf dem schmalen Pilgerweg. Neben dem Teeladen reihten sich kleine Souvenirshops aneinander, alles Bretterbuden, schnell auf- und abgebaut. Dieser »Ladenzeile« gegenüber saßen Bettler.

Eine endlose Flut von Pilgern strömte den Weg entlang. Mal waren es einzelne, oft aber ganze Schwärme, manche auch barfuß und singend, in der Hand hielten sie Opfergaben wie Blumenketten, Lichter, Kokosnüsse oder Früchte.

Aus den Radios der Verkaufsstände plärrte Bollywoodmusik. Kühe mischten sich unter die Menschen und trotteten den schmalen Weg entlang, sie fraßen vom Boden weg, was sie fanden. Räudige und schmutzverkrustete Straßenhunde lagen am Rand des Weges. Sie schliefen trotz des Getöses um sie herum. Ihre große Stunde schlug erst bei Dunkelheit.

Ich hätte dem bunten Treiben noch viel länger zuschauen können, doch schließlich stand ich auf und lief die Treppen zum heiligen Fluss hinunter. Ganga war viel breiter, als ich sie mir vorgestellt hatte, ein wirklich mächtiger Strom. Eine Lebensader. Große und kleine Ruderboote voller Pilger waren auf dem heiligen Wasser unterwegs, und am Ufer standen Tausende bis zur Hüfte in den Fluten und beteten. Dann sah ich in der Flussmitte einige Hausboote. Mein Herz tat einen Freudensprung – ein Hausboot auf der heiligen Ganga ist doch viel reizvoller als ein schnödes Hotelzimmer. Bald hatte ich die Bootsmänner entdeckt, die in einem Pulk herumstanden und ihre Dienste laut anpriesen. Mein Blick fiel auf einen jungen Bootsmann, der nicht aus voller Kehle schrie und mir schon deswegen gleich sympathisch war. Ich fragte ihn, ob ich eines dieser Hausboote mieten könne, und wir wurden sofort handelseinig. Der Bootsmann hieß Avan. Ich solle warten, er mache das Boot klar und hole mich dann ab, übersetzte ich mir sein gebasteltes Englisch und die ausladenden Gesten. Er brachte das Hausboot in die Mitte des Flusses, dann ruderten wir mit einem kleinen Boot hinüber.

Ich war glückselig. Bei sommerlichen Temperaturen im März war ich das erste Mal auf Mutter Ganga und zog auch gleich bei ihr ein. Mit jedem Ruderschlag wurde es ruhiger, und das Gefühl des Bedrängtseins fiel von mir ab. Die Masse Mensch blieb hinter mir, ans Ufer gebannt. Auf Ganga waren nicht mehr viele unterwegs, ab und an ein Boot, sonst nur Wasser, Wind und Wellen.

Mein Hausboot war klein, hellblau bemalt und ganz aus Holz. Der Innenraum bot Fensterläden und rundherum eine Sitzbank, sonst aber gar nichts. Ich kaufe mir eine Schilfmatte zum Schlafen, dachte ich. Innen wie außen war mein schwimmendes Zuhause mit farbigen Götterfiguren verziert, die einmal vier, einmal sechs Arme hatten und jeweils drei Augen, in dicken Pinselstrichen aufgemalt.

So saß ich zufrieden im Schatten des Baumwolltuchs, das ich mir als Sonnensegel auf dem Bootsdach aufgespannt hatte. Mein Boot lag an einem langen Ankerseil, es schaukelte träge und drehte sich, und mein Blick fiel manchmal auf das Ufer mit der prächtigen, alten Stadt und dann wieder auf das gegenüberliegende, naturbelassene.

Benares erstreckt sich über sechs Kilometer am Ufer der Ganga entlang, jedem Uferabschnitt kommt eine andere Bedeutung zu, Charakter und Atmosphäre wechseln alle 100 Meter. Von weitem mutete die Stadt wie ein Panorama aus dem Mittelalter an, ich konnte mich gar nicht sattsehen. Auf den ersten Blick war die Uferpromenade von prunkvollen Tempeln und alten Palästen, langen Treppenfluchten und abertausenden badenden Pilgern bestimmt, doch an manchen Uferabschnitten lagen Herden von Wasserbüffeln im Schlamm, spielten die Jungen Kricket, oder es wurden dort die Toten auf gewaltigen Scheiterhaufen verbrannt. An einem der Ghats weiter links wuschen mindestens 20 Männer in einer langen Reihe Wäsche im Fluss. Ich beobachtete, wie sie ihren ganzen Körper einsetzten und mit weit ausholender Schleuderbewegung die nasse Wäsche auf die am Ufer eingelassenen flachen Steine schlugen. Seifenschlieren sammelten sich an der Wasseroberfläche. Das rhythmische Aufklatschen klang fast wie ein Trommelwirbel, die Ankündigung von etwas Aufregendem. Dieses gesamte Ghat gehörte der Wäsche. An langen Seilen flatterten weiße und bunt leuchtende Kleidungsstücke und Laken, Saris in den farbenfrohesten Mustern waren zum Trocknen auf den Stufen ausgebreitet und leuchteten um die Wette. Kaum ein Stückchen Treppe, das nicht von Stoffen belegt war. Dazwischen hüpften die Kinder der Wäscher und sammelten Getrocknetes ein. In großen Stapeln trugen sie es zur Mutter, die in einem kleinen Shop am Straßenrand mit dem stets heißen Kohlebügeleisen darauf wartete, die frische Wäsche zu pressen und zu falten.

Das gegenüberliegende Ufer bestand aus hellem Sand, so weit man schauen konnte, fast eine Dünenlandschaft, gesäumt von grünen Bäumen. Ab und zu ragte eine Palme heraus. Die Einheimischen glaubten, dass dieses Ufer verwunschen sei und von bösen Geistern heimgesucht werde, deshalb baute hier niemand sein Haus. Träge lagen dort die Hunde halb eingegraben im feuchten Sand in der Sonne, und etwas weiter sah ich zahllose mächtige Aasgeier dösen, das erste Mal, dass ich diese archaischen Geschöpfe in freier Wildbahn zu Gesicht bekam.

Am Abend lud Avan mich zum Essen ein, das er auf dem Hausboot zubereiten wollte. Er kam mit einem kleinen Jungen, den er als Sohn seines ältesten Bruders vorstellte. Er hatte alles dabei: einen kleinen Pumpofen, gefüllt mit stinkendem Kerosin, Kochtöpfe, Pfannen und eine Menge Reis, dazu *dal* und *subji,* Linsen und Gemüse. Zuletzt packte er die Gewürze aus, die in Zeitungspapierfetzen gewickelt waren: grüner und schwarzer Kardamom, Lorbeerblätter, Koriandersamen, Ingwer, Kümmel und gelbleuchtendes *haldi powder*, Gelbwurz. In einem anderen Zeitungspapier lagen ein Bund Koriander und frischer Knoblauch, alles zusammen verströmte den verheißungsvollen Duft der indischen Küche. Avan zündete eine weitere Funzel an, er benutzte selbstgemachte aus alten Hustensaftfläschchen, in deren Verschluss er ein Loch bohrte und einen Docht hindurchführte. Mit Kerosin gefüllt gab das Fläschchen ein paar Stunden Licht. Als das Bootsinnere schwach, aber ausreichend beleuchtet war, machte er sich an die Arbeit und startete mit wildem Pumpen den fauchenden, verbeulten Kerosinkocher, bis eine Flamme blau hochschlug. Mir fiel auf, dass die Töpfe ohne Henkel waren, da entdeckte ich eine massive Greifzange, mit der Avan dann auch geschickt die glühenden Pfannen jonglierte. Ich konnte sehen, dass er das Essen mit Hingabe zubereitete. Sorgfältig schnitt er die Zwiebeln in perfekte Würfel, zerstieß frische Gewürze im Mörser und brachte so ihren Duft und Geschmack ganz zur Entfaltung.

Avans Haar sah dabei aus wie mit einem dicken Kohlestift gezeichnet, schwarz leuchtend und dicht. Wie viele Inder benutzte er Senföl für Haut und Haar, und deshalb glänzten sie stets, selbst im Schein der Funzel.

Wir saßen im Schneidersitz vor dem Kocher und versuchten, mit Händen und Füßen eine Unterhaltung zu führen. Ich wollte von ihm wissen, warum er Bootsmann geworden sei, da schaute er mich verdutzt an, schüttelte den Kopf und antwortete: »No why. This natural. My father boatsman, my brothers boatsman, my sisters marry boatsman, my mother father also boatsman. Everybody boatsman my family. Me of course boatsman. Born boatsman.« Und so erfuhr ich, dass das Leben in Benares doch noch dem strengen Kastendenken folgte, auch wenn das Kastensystem in Indien offiziell schon lange als abgeschafft galt. Die Brahmanen bildeten als Priester und Gelehrte die höchste Kaste, ihnen folgte die Kriegerkaste, dann die Händler und Bauern. Das Schlusslicht der vier Kasten bildeten die Arbeiter, zu denen auch die Bootsmänner zählten. Man konnte die Kasten nicht wechseln. Anders als meine Freunde und ich konnte Avan sich nicht aussuchen, wie sein Lebensweg verlaufen soll, was er arbeiten will, was seinen Talenten entspricht. Das alles ist vorbestimmt und mit der Geburt festgelegt: Er macht das, was die Familie macht.

Dann erzählte Avan, dass er nie über Benares hinausgekommen sei, es habe sich nicht ergeben, aber er wolle gern einmal mehr von Indien sehen. Da schämte ich mich fast ein bisschen. Jede Rupie, die er verdiene, gehe an seine Eltern, berichtete er, denn sein Vater müsse noch die Hochzeit der Jüngsten bezahlen, und das sei sehr viel Geld, sie alle arbeiteten dafür. Ich hatte schon von dem Brauch der Mitgift gehört, die Väter für ihre Töchter zahlen müssen und die für viele indische Familien den Ruin bedeutet. Während des Reiskochens erklärte mir Avan seine Familienverhältnisse genauer: Er hatte drei ältere Brüder, zwei ältere Schwestern und eine jüngere. Alle bewohnten gemeinsam ein Haus etwa fünf Minuten von hier, in der Nähe der großen Kreuzung, Godaulia Crossing. Die älteren Brüder lebten mit ihren Frauen und Kindern dort, ebenso Avans Mutter und Vater. Nur die älteren Schwestern, die schon geheiratet hätten, lebten bei ihren Ehemännern. Seine jüngere Schwester und er seien noch nicht verheiratet. Ich überschlug das Gehörte im Kopf: Bei drei bis vier Kindern pro Bruder gibt das mehr als 20. Das sind aber viele Familienmitglieder und Generationen in einem Haus!

Es roch schon verlockend, doch es dauerte lange, bis die Mahlzeit auf nur einer Flamme zubereitet war. Wir lachten dabei die ganze Zeit, die Verschiedenheit unserer Leben hielt die Unterhaltung, das Witzeln und Gelächter in Gang. Im Dunkel der Nacht genossen wir dann auf dem Dach des Hausbootes schweigend unser Essen. Es war das schmackhafteste, das ich bis dahin in Indien gekostet hatte, wenn auch derart scharf, dass mir die Tränen kamen. Ich hoffte, dass man das im Dunkeln nicht so sehen konnte. Es war wie innerlich zu verbrennen, wie kurz vor der Explosion. Kehle, Mund und Hals standen in Flammen. Avan und dem Kleinen machte die Schärfe anscheinend gar nichts aus. Sie genossen sie, zogen manchmal hastig Luft ein und aßen weiter. Als er dann mit seinem Neffen in die Nacht ruderte und ihre Silhouetten in Richtung Ufer verschwanden, winkten mir beide noch einmal zu. Ich freute mich, die Bekanntschaft Avans gemacht zu haben. Er war ein guter Mensch, das fühlte ich.

Mitten in der Nacht wachte ich auf. Ich lag auf dem Dach unter freiem Himmel. Es war auf einmal höherer Wellengang. Mein Hausboot schaukelte ordentlich in der Strömung, und das Holz unter mir knarrte und ächzte. Ich band meine Decke mit einem Schal an mir fest, damit ich sie nicht verlor, weil der Wind heftig blies. Das Geräusch des Windes hielt mich noch ein wenig wach, und als das starke Schaukeln in ein schwächeres überging, schlief ich wieder ein.

3

Niemand ist unberührbar

Am nächsten Morgen holte mich Avan mit dem Ruderboot ab, und nach einem Frühstück im Teeladen, Tee mit Biskuits, lief ich zum Basar, um einen Schreibwarenladen ausfindig zu machen. Trotz der Hülle und Fülle an kleinen Läden wurde ich schnell fündig, suchte Papier und Stifte aus und ließ die Zeitungspapiertüte damit füllen. Als ich Thiru zum verabredeten Zeitpunkt traf, strahlte er vor Freude über das ganze Gesicht. Ramchandra stand dicht neben ihm, um bloß nichts zu verpassen. Sofort zog Thiru mich ein paar Treppenstufen hinunter zu einem kleinen überdachten Unterschlupf, Dharamsala genannt. Es gab viele solcher Nischen am Ufer entlang, sie waren für die Pilger gedacht, die nachts dort schlafen konnten. Nach vorn und zur Seite hin war der kleine Raum offen und gab den Blick auf den Fluss frei. Drei alte Männer grüßten mich freundlich und rückten beiseite. Offensichtlich bewohnten sie den kleinen Unterschlupf, denn ich sah ihre aufgerollten Strohmatten und Decken an der Wand liegen und aufgestapeltes Kochgeschirr auf der anderen Seite. Begierig schaute Thiru mich an, ich packte Papier und Stifte aus, er nickte bei allem, was zum Vorschein kam. Ramchandra schwatzte aufgeregt mit den drei Alten und berichtete ihnen alles, was er schon über mich wusste. Nebenbei schnappte er sich einen Bund Reisig, der zu einem kleinen Handbesen zusammengebunden war, fegte den Boden, legte ein Tuch aus und lud mich zum Sitzen ein.

Thiru wollte sofort mit dem Zeichnen loslegen, er konnte es kaum erwarten. Um uns herum hatte sich im Nu eine Schar Neugieriger versammelt. Direkt neben mir ließ sich ein kleiner Junge im Schneidersitz nieder, der mich unverhohlen von oben bis unten musterte. Er hatte eine Kniebundhose an, die nur noch der Schmutz zusammenhielt, in Hüfthöhe mit einem Strick gebunden. Kein Hemd und keine Schuhe, aber ein ganz breites Grinsen im Gesicht. Doch kaum saß er, forderte ihn einer der Alten auf, mir einen Tee zu holen. Ich wollte freundlich ablehnen, doch der Junge war weg wie der Blitz.

Wie einem Ritual folgend baute Thiru alle Utensilien um sich herum auf und reichte Ramchandra den Bleistift und den Spitzer. Ramchandra, der noch alle Finger hatte, wenn auch gekrümmt, bearbeitete den Bleistift vorsichtig, um ja nicht im Eifer die Spitze abzubrechen. Dann fixierte er den Stift mit der Bandage, die ich mitgebracht hatte, in Thirus Handteller, so dass die Spitze vorn einsatzbereit herausschaute. Thiru fragte: »Hast du einen bestimmten Wunsch, Schwester?« »Zeichne, was immer du willst«, antwortete ich ihm, und so entstand über den Nachmittag ein mit vielen Details ausgeschmücktes Bild von Lord Shiva, dem Schutzgott der Stadt, einem der wichtigsten Götter des Hinduismus. Thiru erzählte mir, wie Shiva einst diese Stadt zu seinem Sitz erwählte und seitdem nie wieder verlassen hätte. Jeder in Benares liebte und verehrte Shiva, ich erfuhr, dass sie ihn als mächtigsten Gott ansahen, als Zerstörer und Schöpfer in einem. Shiva sei aber nicht blindwütig, sondern bekämpfe und vernichte nur die negativen Kräfte, also das Ego und die Illusion, und bahne damit den Weg zur Erlösung. Shiva wurde nie geboren, er sei unendlich.

»Warum hast du dir unter all den Göttern Shiva ausgesucht?«, fragte ich neugierig.

»Ich bete auch zu anderen. Shiva steht mir aber besonders nahe. Ich mag ihn, weil er anders ist als der Rest der Götter. Er hat wilde Dreadlocks, er lebt bescheiden und einfach, meditiert, macht Musik mit seiner Sanduhrtrommel und tanzt den Tanz der Schöpfung. Außerdem kann er Blitze aus seinem Trisul, dem Dreizack, senden. Er ist der Stärkste.«

Ich lernte, dass es für jeden Aspekt Shivas einen Namen, verknüpft mit großartigen Legenden, gibt, Thiru behauptete, es wären 1008 Namen. So wird Shiva neben Zerstörer des Zornes, der Fürchterliche und Rächer, auch Mahadev, der große Gott, Pashupati, der Herr aller Wesen, Shankar, der Segensreiche, und Vishwanath, der Herr des Alls, genannt. Er ist der Gott der Götter.

Thirus und meine Gespräche wurden während des Zeichnens immer persönlicher. Als ich von Thiru wissen wollte, wie alt er sei, sagte er: »Vielleicht 25. Vielleicht auch 28. Oder 30. Ich habe das nie gezählt. Ich bin nicht mehr jung, und ich bin nicht alt. Warum ist das wichtig?«

Auf meine Fragen berichtete Thiru freimütig, dass er von Kindesbeinen an unter Lepra leide und mit seiner leprakranken Mutter in einer Kolonie von Mutter Teresa in Kalkutta aufgewachsen sei. Deshalb sei er auch einige Zeit zur Schule gegangen und habe ein wenig Englisch gelernt. »Warum bist du dort nicht geblieben«, wollte ich von ihm wissen, »immerhin wurde doch für dich gesorgt?« »Weil ich lieber frei bin«, antwortete er. »Ich will essen, wann und was ich will, von A nach B reisen können, wenn es mir passt, auch dann, wenn mich weder in B noch in A jemand sehen will. Das ist mir egal. Doch entscheiden möchte ich selbst über das bisschen Leben, das ich habe.« Das konnte ich gut verstehen. Thiru sah auch aus wie ein Freigeist.

Thiru und ich zeichneten fast jeden Tag gemeinsam, meistens am frühen Nachmittag, weil die Mittagshitze schon Anfang April nicht auszuhalten war, gut 40 Grad. Die anderen Bettler scharten sich um uns, es gab kleine Schlachten darum, wer direkt neben uns sitzen durfte, wer die Bleistifte spitzte und wer mir Tee reichte. Sobald ich mich hinsetzte, bot mir jemand Chai an, den ich unmöglich ablehnen konnte. War es doch ihre Ehre und ihr Stolz, mich zu einem Glas Tee einzuladen. Hätte ich Abscheu gezeigt und ihre Großzügigkeit nicht angenommen, hätte ich alles zerstört. Wir wären dann nicht mehr auf Augenhöhe gewesen, und genau das war es ja, was ich ihnen geben wollte. Natürlich war mir mulmig zumute. Meine neuen Bekanntschaften waren schließlich Leprakranke. So war ich immer ganz erleichtert, wenn eins der Straßenkinder den Tee holte. Die Kinder waren zwar verlaust und dreckig, aber sie hatten keine Lepra.

Bald lernte ich auch Lalu kennen, eine markante Erscheinung unter den Bettlern, er war mir schon aufgefallen. Sein langer, grauer Rauschebart teilte sich unten und stand meist in zwei Richtungen ab. Ich konnte erkennen, dass er den Bart pflegte und bestimmt mehrmals am Tag in Form kämmte. Um den Kopf hatte er stets Tücher, meist orangefarbene, zu einem flachen Turban gebunden. *Malas*, Gebetsketten, und eine lange, bunte Kette aus leuchtenden Glasperlen baumelten an seinem Hals. Es fehlten ihm nur die äußeren Glieder mancher Finger, und er trug mehrere Ringe, so wie viele Inder. Ich schätzte ihn auf 60 Jahre. Irgendwie sah er aus wie ein alter Hippie, besonders wenn er seine Sonnenbrille trug, die wie John Lennons Gläser aussah. Wenn ich auch kein Wort verstand, merkte ich gleich, dass Lalu ständig zu Scherzen aufgelegt war, ich fühlte die kindliche Energie, die er dann verströmte. Der Schalk saß ihm im Nacken, und immer wieder brachte er die anderen zum Lachen. Jeden Nachmittag stattete er uns »Künstlern« einen Besuch ab.

Lalu war ein erfolgreicher Bettler, ein echter Profi. Er zeigte mir seinen Platz auf der Straße, und ich staunte nicht schlecht über seine Residenz. Hochaufgetürmt waren Bündel von Kleidern und Decken, Säcke voller Reis und Dal und andere Güter wie Kochtöpfe oder Pfannen, er wohnte obenauf. Er saß und schlief auf seinem Besitz, einen Meter über dem Boden. Die Seiten hatte er eingeschlagen in schwarze Plastikplanen, und alles stand auf schweren Wackersteinen, so dass ein plötzlicher Regenguss kaum Schaden anrichten konnte. Ich war beeindruckt.

Thiru zeichnete fast immer Götter. Ich las dann jedes Mal auf dem Hausboot die Geschichten nach, wenn ich sie in meinen Büchern fand. Die Bettler strahlten, wenn ich beim nächsten Mal schon nach wenigen Bleistiftstrichen wusste: Das ist Ganesh, der Gott mit dem Elefantenkopf, der Sohn Shivas und Parvatis. Mein Interesse an ihren Göttern nahmen sie als persönliches Kompliment.

Um uns herum saßen Ramchandra und wer immer sich in den engsten Kreis drängeln konnte, und so lernte ich die Leprakranken von Dasaswamedh Ghat immer besser kennen. Es ergab sich schnell eine Art Familienstruktur. Ramchandra sagte, er wäre mein kleiner Bruder. Musafir ernannte sich zu meinem Großvater, Lalu auch – bald hatte ich viele Großväter. Die alten Frauen Rani und Naurangi devi wurden zu meinen Großmüttern. Mich nannten sie vom ersten Tag an *Didi*, das bedeutet »große Schwester«. Meinen Namen, Stella, konnten sie partout nicht aussprechen – Thiru, Ramchandra, Lalu, Musafir und ich übten hart und lachten sehr dabei, denn sie verhunzten ihn immer wieder aufs Neue. Dann beschlossen sie kurzerhand, mir einen indischen Namen zu geben, um es für alle einfacher zu machen, und beratschlagten gemeinsam, welchen. Thiru würgte die lautstarke

Diskussion ab und fragte auf einmal: »Was bedeutet denn Ehstehla?«, da in Indien alle Namen eine Bedeutung haben. Als sie hörten, dass Stella »Stern« heißt, waren sie sehr zufrieden und riefen: »Tara! *Bahout accha*! Sehr gut, wie einfach.« Seither war ich für sie Tara didi, und diesen Namen trage ich bis heute.

Die Bettlergruppe bestand nicht nur aus Leprakranken. Jede der etwa 100 Treppenstufen zur Ganga hinab war von einem Bettler besetzt, auch oben saßen sie noch ein ganzes Stück weiter den gesamten Pilgerweg entlang, bis in die Hauptstraße hinein. Insgesamt wurde der Weg jeden Morgen von 200 bis 300 Bettlern belagert, die Hälfte verschwand am späten Vormittag wieder. Dasaswamedh Ghat war das wichtigste Badeghat für die Pilger, die Hauptpilgerstätte neben dem Vishwanath Mandir, dem goldenen Shivatempel in der Altstadt, einer der heiligsten Tempel Indiens.

Die Bettler okkupierten ihre Plätze nicht zufällig, erklärte mir Thiru, die lukrativsten seien hart umkämpft, erst nach Jahren verdient und bis zum Tod nicht austauschbar. Musafir hatte die oberste und beste Stufe erreicht, ein alter General, der auf das Fußvolk schaut.

Wenn mit dem Sonnenaufgang der Pilgerstrom einsetzte, begann die Hauptarbeitszeit der Bettler. Sie saßen dann schon an ihren Plätzen und schwenkten die Aluminiumschalen in dramatischem Gestus. Lautstark und nachdrücklich forderten sie die Pilger auf, eine Münze zu werfen. Wo der Weg von der Hauptstraße abzweigte, standen neben den Blumenverkäufern auch die Münzwechsler, die eine Rupie (21 Rupien entsprachen einer Mark) in eine Handvoll kleinstmöglicher Münzen, nämlich 1, 2 und 5 Paisa, wechselten. Mit einem Paisa kann man eigentlich gar nichts kaufen, da muss man schon einige Geldstücke sammeln. Die Bettler saßen in langer Reihe, die Pilger hasteten an ihnen vorbei und warfen blicklos eine Handvoll Reiskörner oder eine Münze auf den Boden. Das geschah hundertmal und öfter am Tag. Von Zeit zu Zeit kratzten die Bettler den Reis mit ihren verkrüppelten Leprahänden zusammen. Er verschwand dann mit Straßendreck vermischt in kleinen Säckchen.

Thiru erklärte mir, dass die Unberührbaren noch vor Jahren aufpassen mussten, dass ihr Schatten nicht auf einen »normalen« Inder fiel. Strenggenommen dürften Leprakranke nur im Sitzen betteln.

Sie waren nirgendwo gern gesehen und wurden, so schnell es ging, wie Viehzeug verscheucht, notfalls mit einem Stockschlag. Leprakranke waren Ausgestoßene, sie gehörten zum normalen Leben nicht mehr dazu – auch heute ist das noch so.

Damals schockierte mich das sehr. Ich war es überhaupt nicht gewohnt, dass so mit Menschen umgegangen wird. Es tat mir weh, umso mehr, weil ich nun schon einige Leprakranke kennengelernt hatte und mehr als nur ihre zerstörten Gesichter sah. Sie waren Menschen wie du und ich.

Als ich mich zu Musafir auf die oberste Stufe setzte, fiel mir auf, dass der große Jutesack fehlte, in dem er seinen Reis hortete. Auf meine fragenden Blicke hin wedelte er mit der Hand und sagte »Babu«. Ich verstand nur, dass der Sack weg war, und dachte, er wäre gestohlen, von einem Kind, denn das bedeutet »Babu«. Doch Thiru sagte: »Nein, abgeholt von seinem Sohn.« Ich dachte, ich hätte mich verhört. Musafir war doch ein leprakranker Bettler, allein auf der Straße. Aber dann berichteten sie mir, dass die meisten von ihnen ja nicht schon immer krank waren und zuvor ein Leben geführt hatten wie andere auch. Darüber hatte ich noch gar nicht nachgedacht. Man wird ja nicht mit Lepra geboren.

Er sei Landarbeiter gewesen und habe Vieh besessen, begann Musafir zu erzählen. Ein bisschen Ackerland habe er auch gehabt. »Ich wurde gut verheiratet und mochte meine Frau«, Lalu unterbrach ihn sofort zwinkernd und fragte direkt: »Wie viele Kinder?« »Wir haben fünf Kinder bekommen. Wir waren nicht wohlhabend, doch wir hatten jeden Tag zu essen, und ich wollte meine Kinder auch zur Schule schicken. Vielleicht könnten sie später ja mal in einem Büro arbeiten oder bei einer Behörde.« In meiner Phantasie sah ich Musafir als jungen Familienvater auf dem Feld arbeiten und abends bepackt mit schweren Lasten in eine Lehmhütte zu seiner Frau und zur Schar seiner Kinder zurückkehren. Doch dann brach Lepra bei ihm aus. Ich wollte wissen, wie er das gemerkt habe, und er zeigte auf die breiten depigmentierten Hautstellen an den Beinen. Das war das erste sichtbare Zeichen der grauenvollen Krankheit.

Verzweifelt fuhr er in die nächste Stadt auf der Suche nach Hilfe. Die Krankenhäuser wiesen ihn schon an der Tür ab, er fand keinen

Arzt, der ihn behandelte. In einer Apotheke verkaufte ihm der Besitzer teure Wundertabletten. Sie heilten ihn nicht.

Es dauerte nicht lange, bis sich im Dorf herumsprach, dass er Lepra hatte. Die Inder lebten dicht auf dicht. Jeder sah und wußte alles vom anderen. So blieb Musafir nichts anderes übrig, als sein Bündel zu schnüren, die Familie und sein Haus, sein ganzes Leben zu verlassen. Wäre er geblieben, wären die Seinen ebenso zu Unberührbaren geworden, sie hätten ihre landwirtschaftlichen Erzeugnisse nicht verkaufen können, noch nicht einmal die Eier der Hühner. Außerdem hätte ihnen niemand Arbeit gegeben, und die Kinder wären nicht zu verheiraten gewesen.

Deshalb musste Musafir gehen. Er war auf einmal kein Mann mehr, kein Vater, kein Dörfler oder Bürger. Sein Besitz, seine Arbeit, seine Meinung, seine Freundschaften und Bekanntschaften, sein Name – das alles zählte nicht mehr. Alles, wofür er gearbeitet hatte, was er sich aufgebaut hatte, was er liebte, war mit der Krankheit verloren, wurde unwiederbringliche Vergangenheit.

Gezeichnet von der Lepra blieb ihm nur die Schattenexistenz als Unberührbarer am Straßenrand irgendeiner Stadt. Seine Kinder hatten nie die Schule besucht. Doch es war sein Stolz, dass keines auf der Strecke blieb. Das erbettelte Geld und den Reis sparte er auf und brachte es den Seinen von Zeit zu Zeit. Sie trafen sich dann vor dem Dorf.

Ich hatte einen Kloß im Hals. Die Leprakranken wussten, dass ihre Frauen in den Dörfern als Tagelöhnerinnen unmöglich genug verdienen können, um die Kinder allein durchzubringen, selbst wenn sie Tag und Nacht arbeiteten. Thiru erklärte mir, dass sich nur wenige Leprakranke trauten, selbst in ihr Dorf zu fahren. Das ziehe oft Repressalien für die Familie nach sich, oder es setze gar Schläge von den Dörflern. Deshalb schickten die Kranken das erbettelte Geld, von dem sie nur den kleinsten Teil behielten, gerade so viel, dass sie zu essen und die nötigsten Kleider hatten, auf anderen Wegen. Sie übermittelten das Geld entweder über Postanweisung oder über einen anderen Bettler, der als Bote fungierte. Wenn dieser dann in eine Heimatregion aufbrach, gaben die Leprakranken von dort ihm ihr Geld mit.

Ich hatte aber auch Paare unter den Bettlern gesehen und fragte Thiru, ob die Frauen ihren Männern auf die Straße gefolgt seien. Das könne nicht sein, sagte er, die Frauen und Kinder der Leprakranken versuchten, im Dorf zu überleben und damit dem Stigma der Unberührbarkeit zu entkommen. Die Frau gelte fortan als Witwe und dürfe nicht wieder heiraten.

Die Paare unter den Bettlern von Benares hatten sich also erst hier auf der Straße gebildet, Bündnisse der Einsamen und Verzweifelten. Manch ein Lepramann fand eine neue Familie auf der Straße, auch wenn es oft nicht seine Kinder waren, mit denen er dann am Wegesrand hauste. Einige kümmerten sich also sogar um zwei Familien.

Es komme selten vor, dass die Leprakranken auf der Straße noch einmal Kinder zeugten, sagte Thiru. Wenn, dann seien es »Unfälle«. Sie wollten das Stigma, unter dem sie leben müssten, keinem Kind antun.

Abends auf meinem Boot dachte ich lange über all dies nach und schrieb an Wolf, meinen Bruder, dass ich beschlossen hätte, die verbleibenden drei Monate meiner Asienzeit mit den Leprakranken zu verbringen und ihnen so wenigstens ein bisschen Achtung zu erweisen und Freundschaft zu zeigen. Ich beschrieb meinem Bruder, wie viel wir hier gemeinsam lachten, viel mehr als zu Hause im Westen. Das erstaunte mich am meisten, dass die Leprakranken in ihrer ganzen Misere ihren Humor nicht verloren und Witze rissen. Ich wusste, Wolf würde mich verstehen.

4

Herr der Wellen

Manches Mal am Morgen ruderte Avan, der Bootsmann, seine ganze Flotte zu meinem Hausboot. Avans Familie besaß sieben Ruderboote, große und kleine. Er machte alle an meinem Hausboot fest und reinigte dann die Ruderboote gründlich, eins nach dem anderen. Ich half ihm dabei. Wir schöpften das Wasser, das sich ganz unten angesammelt hatte, aus den Holzbooten. Dabei entfernten wir den Abfall, den die Pilger stets hinterließen. In die großen Boote war ungefähr in der Mitte eine abschließbare Holzbox eingelassen, in der Avan die Souvenirs aufbewahrte, die er bei Sonnenaufgang an die Pilger verkaufte, etwa kleine Götterstatuen aus bemaltem Ton oder Messing, Gebetsketten aus Holz-, Kristall- oder Glasperlen, Pfauenfedern und *deepaks*, kleine Kerzen, die die Kinder der Familie jeden Tag aufs Neue selbst herstellten. Sie erhitzten dabei Butterschmalz, drehten aus Baumwollbäuschen Hunderte feiner Dochte und gossen das Schmalz dann in Tonschälchen, ungefähr so groß wie ein Teelicht. Der Docht wurde in die Mitte platziert, und das Butterschmalz härtete beim Erkalten. Diese Deepaks wurden nicht nur in den Tempeln dargebracht, sondern auch von den Pilgern angezündet und den Wassern der Ganga übergeben. Besonders bei Dunkelheit war das ein unvergesslich schönes Bild.

Avan hatte sein ganzes Leben auf Ganga Ma verbracht – seit er etwa drei Jahre alt war, schlief er jede Nacht auf dem heiligen Fluss unter freiem Himmel auf einem der Ruderboote, winters wie sommers, aber auch in der Regenzeit. Verbunden mit den Elementen ganz und gar. Er hatte ein tiefes Gespür für Ganga. Vom täglichen Rudern war sein Körper durchtrainiert und kraftvoll geworden und seine stolze, aufrechte Haltung strahlte Selbstbewusstsein aus. Man konnte auf den ersten Blick sehen, dass er mit seinem Körper eins war. Leichtfüßig balancierte er über die aneinandergebundenen, auf dem Wasser schaukelnden Boote, als seien sie fester Grund. Mit derselben Mühelosigkeit ruderte er 30 Pilger in einem Boot über den heiligen Fluss. Er hatte scharfgeschnittene, männliche Gesichtszüge und schmale, dunkle Augen. Und er hatte einen Blick, den man nicht so leicht vergisst, in seinen Augen brannte ein Feuer. Je besser ich ihn kennenlernte, umso mehr beobachtete ich, dass er alles, was er tat, mit größtmöglicher Perfektion erledigte. Er steckte in alles seine ganze Energie und Aufmerksamkeit. Keine halben Sachen. Das gefiel mir.

Wenn ich auf dem Hausboot war, hatte ich nicht immer die Gelegenheit, ein kleines Ruderboot mitzunehmen. Nur wenn eines frei war, konnte ich selbst zu meinem Hausboot rudern. Das Rudern lernte ich schnell. Die Ganga-Boote sehen aus wie die spitz zulaufende Schale einer aufgeknackten Walnuss, bauchig, mit wenig Tiefgang. Das Problem war, die Paddel zu beherrschen, denn sie waren meist aus Bambus zusammengebastelt, und es gab nicht ein einziges Set, das in Größe oder Länge zusammengepasst hätte. Das störte außer mir niemanden.

An den Tagen, an denen ich kein Boot mitnehmen konnte, war ich darauf angewiesen, per Anhalter über den heiligen Fluss zu fahren. Ich wartete, bis irgendwelche Pilger in ihren Booten kamen, winkte sie heran und bat sie, mich ans Ufer mitzunehmen.

Manchmal lenkten Neugierige ihr Boot dicht an meine kleine, hellblaue Insel heran. Solange das Pilger waren, war alles in Ordnung, doch öfter waren es einfach nur indische Männergangs, die zum Zeitvertreib unterwegs waren und nicht zum Beten. Einmal umkreisten fünf Männer minutenlang mein Hausboot und riefen Dinge wie »Hi darling! Touch my body! Hello, sexy! You sexy, me sexy!«. Dabei stachelten sie sich gegenseitig immer weiter an, sprangen in ihrem kleinen Ruderboot umher, wurden immer lauter und obszöner und fassten sich in den Schritt. Ich saß auf dem Bootsdach mit einem Buch in der Hand und versuchte, sie zu ignorieren. Hoffentlich klettern sie nicht auf mein Boot, schoss es mir durch den Kopf. Ich wollte schon fast ins Wasser springen und davonschwimmen, als ich Avan in schnellen Ruderzügen näher kommen sah. Ich atmete auf. Wutentbrannt gestikulierte er schon von weitem, so dass die Männer sofort die Flucht ergriffen und in Richtung Manikarnika Ghat, dem Verbrennungsghat wegruderten.

Auch an Land machte ich tagtäglich die Erfahrung, dass indische Männer glauben, sie könnten sich alles herausnehmen. Fast jedes Mal, wenn ich einen indischen Markt besuchte oder eine der überfüllten Straßen oder Gassen entlanglief, berührte mich irgendjemand unsittlich, mit voller Absicht. Eine feige Hand aus der Masse, meist war nicht zu sehen, zu wem sie gehörte. Deshalb hatte ich in Indien von Anfang an auf indische Kleidung gesetzt und mir Salwar Suits gekauft. Die Frauen Indiens trugen entweder einen Sari oder den Salwar, ein langes Hemdkleid mit Pumphosen darunter. Ich wollte nicht zu Übergriffen anreizen, indem ich westliche oder figurbetonte Kleidung trug. Doch flinke Finger lauerten überall. Auf einem Streifzug riss mir einmal ein Affe blitzschnell die reife Papaya aus der Hand, die ich gerade auf dem Markt erstanden hatte. Wie ein Pfeil erkletterte er sich die gegenüberliegende Fassade und mampfte dort, gemütlich auf der Ecke des Hausdaches sitzend, die Frucht, während er keck auf mich herabsah, den Triumph des Siegers im Blick.

In dieser Zeit entdeckte ich die Stadt mit ihren zahllosen Tempeln und las mich in den Hinduismus ein, auf dem Bootsdach liegend mit Blick auf Benares, diese lebende Sammlung von Sagen und Göttergeschichten. Hier konnte man die Götter miteinander sprechen hören, so schien es.

Oft erkundete ich die Gässchen der Altstadt, die derart schmal angelegt sind, dass man nur zu Fuß weiterkommt. Mehr als einmal musste ich mich, so flach es ging, an die Hauswand drücken, um einer vorbeitrottenden Kuh Platz zu machen. In dem Spinnennetz aus Gassen und Tempeln konnte man sich leicht verlaufen. Straßennamen gab es in diesem Stadtdschungel nicht, Wegbeschreibungen richteten sich nach *landmarks* wie Tempeln, bunten Häusern und alten Bäumen. Hindus kennen 330 Millionen Götter, und man begegnet ihnen allen in Benares, in den Schreinen, Sagen und Statuen. Wenn man aufmerksam durch die Gassen läuft, sieht man manches Mal Stufen, die nach unten führen. Da die Häuser keinerlei Keller haben, geht es dort hinab in verborgen liegende unterirdische Tempel.

Abends lag ich ausgestreckt auf dem Dach des Bootes, das ich mit bezaubernd duftenden Blumenketten geschmückt hatte, unter dem funkelnden Sternenhimmel. Ich lauschte den Rufen und dem Geplätscher der Flussdelphine. Sie kommunizierten miteinander. Die heilige Stadt lag in meinem Rücken, die Treppenfluchten, Tempel und Paläste, alles war in orangefarbenes Licht getaucht und spiegelte sich im Wasser. Auch blau glitzerte es und gelb. Am anderen Ufer sah ich im Dunkeln die Umrisse von Eselchen und streunenden Hunden.

Ich liebte es, ständig draußen zu sein und unter dem Sternenhimmel zu schlafen. Das tat mir in der Seele gut. Für kein Hotelzimmer der Welt hätte ich meine Ganga-Insel eingetauscht.

Avan konnte außerordentlich gut tauchen. Er bewegte sich im Wasser wie ein Fisch, es war sein Element. Manchmal sprang er vom Hausboot ab und blieb eine Ewigkeit unter Wasser, länger als ich es je für möglich gehalten hätte. Minutenlang war er weg und tauchte dann irgendwo anders wieder auf. Manchmal blieb er so lange unten, dass ich fast fürchtete, er sei ertrunken. Für ihn war das alles nichts Besonderes, und er wollte mir auch nicht glauben, dass es einen Begriff dafür gibt: Apnoetauchen. Er lachte, als ich ihm berichtete, dass es Wettkämpfe bis hin zu Weltmeisterschaften in dieser Disziplin gebe. Avan dachte, ich wolle ihn auf den Arm nehmen.

Ich schwamm mittlerweile auch jeden Tag im heiligen Fluss, weniger um mich von Sünden zu reinigen, sondern zur Abkühlung und zur Körperpflege. Ich handhabte das genauso wie die Pilger jeden Morgen, nur nicht am Ufer, sondern in der Mitte des Flusses. Mit einer Seife in der Hand sprang ich in die Fluten, hielt mich mit einer Hand an der Bootswand fest und begann mit der anderen, mich einzuseifen. Unter der Kleidung, so wie die Inder. Falls jemand zuschaute, konnte er nichts aussetzen.

An Land hatte ich mir einen weiteren Lieblingsplatz ausgeschaut. Auf den Plateaus, von denen die letzten zehn Stufen zu Ganga hinabführen, sitzen auch heute noch Priester und bieten den Pilgern ihre spirituellen Dienste an. Man nennt sie Pujaris, sie gehören zur höchsten Kaste Indiens, den Brahmanen. Die Pujaris beherrschen Sanskrit, die alte heilige Sprache, in der sämtliche Schriften und Mantren, Gebete, verfasst sind. Der einfache Mann kann Sanskrit weder lesen noch sprechen, aber die Mantren müssen richtig betont werden, damit sie wirksam werden. Der gewöhnliche Gläubige ist also nicht in der Lage, selbst zu beten oder Riten zu vollziehen, sondern er muss sich dafür an den Priester wenden – und bezahlen. Je mehr Geld fließt, desto besser wird das Karma. Die Pujaris sprechen Segen aus und vollführen Riten, so wie von den Pilgern gewünscht – etwa für einen Verstorbenen, für die Geburt eines männlichen Nachkommen oder für eine bessere Ernte. Der Priester verlangt dann einen entsprechenden Preis.

Doch ganz gleich, wie viel Geld man einem Pujari anbieten würde, niemals würde er für einen Leprakranken ein Ritual vollziehen.

Ich saß oft bei einem der Pujaris von Dasaswamedh Ghat. Devidas war ein weißhaariges, kleines, dünnes Männchen. Die Gläser seiner Brille waren so dick wie Panzerglas, dass die Augen ganz klein wirkten. Im Schneidersitz saß er tagtäglich auf seiner Strohmatte unter einem großen Bastschirm auf einem Plateau direkt über Ganga Ma. Ein wunderschönes Plätzchen, um uns herum die Betriebsamkeit der Ghats und vor meinen Augen der Fluss. Unter dem schattenspendenden Schirm sitzend blickte ich auf mein Stück Lieblingsleben. Devidas fütterte schon seit einer halben Stunde die Vögelchen, und sie kamen auf meinen Fuß geflogen. Eine große, weiße Kuh döste einen Meter weiter, Kinder badeten laut kreischend im Fluss.

Es wehte sogar ein kleiner, sanfter Wind. Eine Frau wusch sich direkt vor mir. Neugierige Ziegen suchten nach Essbarem. Die vielen Boote lagen vertäut bewegungslos im Wasser. Auch Ganga war vor lauter Hitze träge geworden.

Dann brach auf einmal der Sturm los. Eine Wolke schob sich vor die vier bis fünf Kilometer entfernte Eisenbahnbrücke, keine Minute später war alles dicht. Am anderen Ufer wirbelten Windhosen den Sand auf. Mein Hausboot war schon nicht mehr zu sehen. Wir sprangen auf und hielten fest, was wir nur greifen konnten. Die Blumenverkäufer an den Ghats versuchten, ihre Körbe mit den Blumen-Malas und Deepaks in Sicherheit zu bringen. Souvenirhändler, Teeladenbesitzer, Erdnussverkäufer – jeder hatte alle Hände voll zu tun, damit ihm die Sachen nicht wegflogen.

Kauernd warteten wir ab, bis der Sturm sich legte. Ganga zeigte sich aufgewühlt, die Luft war voll Sand, der zwischen den Zähnen knirschte. Irgendwann sah ich auch mein Boot wieder, es war nicht untergegangen oder hatte sich losgerissen, wie schön. Es schaukelte wild auf den Wellen und drehte sich schnell. Die Vögel sammelten sich in Scharen am Ghat und flogen im Schwarm über den Fluss.

Es war herrlich, jeden Morgen bei Sonnenaufgang aufzuwachen und sofort vom Dach des Hausboots in die Fluten zu springen. Doch das Leben auf dem Boot hatte auch kleine Schattenseiten, etwa beim Toilettengang. In die Ganga zu pinkeln war verboten und wurde mit Stockhieben bestraft, gleichzeitig jedoch wurden an mehreren Stellen die Abwässer der Stadt offen in den Fluss geleitet.

Zu Anfang benutzte ich die öffentlichen Toiletten neben dem Pilgerweg. Man darf in Indien nicht empfindlich sein, aber diese Plumpsklos waren unzumutbar. Es stank nach Durchfall und Krankheiten, Ratten hüpften um die Löcher, der Boden war von Urin und Kot zugekleistert, so dass ich aufpassen musste, nicht auszurutschen. Die Frauen verschmierten ihr Regelblut überall – es war schlichtweg widerlich. Zu Anfang quälte ich mich jeden Morgen dorthin, vor Ekel würgend und manchmal erbrechend. Ich träumte davon, so lange wie Avan die Luft anhalten zu können, das würde reichen. Irgendwann machte ich es dann so wie die Bootsmänner: Sie setzten jeden Morgen über auf das andere Ufer und erleichterten sich dort im Sand oder hinter einem Gebüsch. Dafür nahmen sie ein Gefäß mit Wasser mit. Aber das war nicht das einzig Gewöhnungsbedürftige.

Die Luft war heiß und Ganga glatt wie ein Teich. Fast war das Hausbootdach wie ein Hochsitz im Wald. Bevor ich sie sah, roch ich die Wasserleiche, die langsam in meine Nähe trieb. Oft warfen die Armen ihre Angehörigen »vor den Toren der Stadt« ins heilige Wasser, weil sie sich die eigentlich übliche Verbrennung nicht leisten konnten. Auch verendete Wasserbüffel und Kühe trieben immer wieder aufgedunsen an meinem Hausboot vorbei. Am anderen Ufer saßen die Aasgeier mit ihren schwarzen Köpfen und dunklen, nackten Hälsen. Ich war jedes Mal beeindruckt, wenn sich die mächtigen Vögel in die Lüfte erhoben, die Spannweite ihrer Schwingen beträgt etwa zwei Meter. Wenn sie über Ganga kreisten, wusste ich, dass wieder ein Leichnam den Fluss herunterkam.

Die Aasgeier setzten sich auf die im Wasser treibende Leiche, krallten sich daran fest und fingen an zu fressen. Die Toten waren oft bläulich verfärbt, aufgeweicht und schon aufgeplatzt, mit ihren dunklen gekrümmten Schnäbeln holten die Geier die Gedärme hervor.

Die Vögel mussten sich beeilen, denn früher oder später würde der Leichnam am Ufer angeschwemmt, da wo der Fluss in Benares eine Kurve beschreibt. Dort herrschten neben den Aasgeiern die wilden Hunde. Sie waren so räudig wie die Straßenköter auf der Stadtseite, aber wesentlich stärker und wohlgenährt, weil sie die angetriebenen Wasserleichen fraßen. Sobald der Körper an Land gespült wurde, flogen die Geier weg. Die Hunde brachten sich in Stellung und kämpften knurrend und beißend um die Leiche. Der Sieger fraß zuerst und allein. Wenn er satt war und auf die Leiche gepisst hatte, stürzten die anderen Hunde sich jaulend auf den Körper. Die Aasgeier schauten aus sicherem Abstand zu. Was übrig blieb, gehörte ihnen.

Ich bewahrte nicht viele Sachen im Hausboot auf. Es lagen nur mein Rucksack, ein paar Kleidungsstücke, Laken aus Baumwolle, Bücher und Schreibzeug herum. Eines Tages bemerkte ich, dass ein Oberteil fehlte. Kurz darauf vermisste ich wieder etwas. Avan entdeckte, dass eine Ratte sich die Sachen durch die Lücken zwischen den Planken in den Bauch des Bootes gezogen und sich ein Nest gebaut hatte. Zusammen entfernten wir ein paar der Holzbretter, und ich griff nach meinen Sachen. Mein Schrei war so laut, dass Avan mitschrie, obwohl er gar nicht wusste, worum es ging. Vier kleine nackte Rattenbabys, lebendig, fielen mir aus dem wiedergefundenen T-Shirt auf den Schoß. Avan musste über das Entsetzen, das mir ins Gesicht geschrieben stand, laut lachen. Er nahm die Babys in die Hand und sagte wissend: »Babys here. Then mother also not far.« Wie furchtbar. Ich ekelte mich vor Ratten und hatte Angst vor ihnen, vor den monströs großen Ganga-Ratten besonders. Deshalb lagerte ich auch nie Essensvorräte in dem Boot, aus Furcht, die Viecher anzulocken.

Avan wusste wieder eine Lösung. Er ruderte ans Ufer zurück und erschien wenig später mit einer großen Rattenfalle, einer Lebendfalle. Er bestückte sie mit Süßem und stellte sie in den Bootsbauch. Die Babys legte er ebenso zurück, in meinem T-Shirt. Aber am nächsten

Morgen war die Falle gähnend leer. Die Jungen lebten noch, zappelten vor sich hin und sahen aus, als seien sie gewachsen über Nacht.

Ein paar Stunden später allerdings hatte Avan die Rattenmutter dingfest gemacht. Clever, wie er war, hatte er die Babys in die Falle gelegt.

Die Tage verflogen nur so mit dem Bootsleben und dem Kennenlernen der Bettler. Abends auf das Boot in die Flussmitte zurückzukommen und die Ruhe zu genießen war mir wichtig. Dort konnte ich über alles Erlebte nachdenken und es auf mich wirken lassen. Vom Ufer her hörte ich ab und zu die Tempelglocken erschallen, ein Geräusch, das mich auch auf der Flussmitte erreichte. Ich war dankbar, so viel Eindrückliches erleben zu dürfen, ich schrieb viel an meine Großmutter und an meinen Bruder. Ich brauchte jemanden zum Reden und Zuhören.

Eines Abends kam Wind auf, ich freute mich darüber, dämpfte es doch die Hitze und verscheuchte die lästigen Moskitos. Doch als Avan mich zu meinem Hausboot ruderte, schaukelte das Ruderboot auf einmal so stark, dass ich fürchtete, wir würden kentern. Es war zu spät, das Hausboot ans Ufer zu holen, es wurde von den hohen Wellen an der Ankerschnur hin und her geworfen, aber weniger bedrohlich als das kleine Ruderboot. Ich bat Avan zu bleiben.

Es war schon stockdunkel, als wir ein anderes Hausboot auf uns zutreiben sahen. Avan konnte den Anker nicht mehr rechtzeitig einholen, und das Boot krachte in unseres. Ich klammerte mich an die Holzstufen, die zum Dach führten, um nicht über Bord geschleudert zu werden.

Avan schrie in die Nacht, dass der Typ vom anderen Boot ihm eins der Bootsseile zuwerfen sollte. Um uns herum tosten die Wellen, das Wasser gurgelte, es war so finster, dass ich in der Gischt nur Umrisse sah. Jemand sprang auf unser Boot, und ich sah, wie Avan beide Boote miteinander vertäute. Der Australier war ziemlich froh, uns »getroffen« zu haben. Er gestand, er habe sich mit seinem Boot schon an den Pfeilern der mächtigen Eisenbahnbrücke ein paar Kilometer flussabwärts zerschellen sehen.

Wir setzten uns zu dritt in mein Boot und unterhielten uns noch ein wenig, dann fielen uns die Augen zu trotz des pfeifenden Windes. Mitten in der Nacht schreckte ich hoch durch das Gefühl einer lauernden Gefahr. Ich schaute ins Dunkel, ein gewaltiges Hausboot kam lautlos auf uns zu, es hatte sich wohl losgerissen. Ich weckte schnell die anderen, wir sprangen vom Dach, zogen den Anker, um eine Kollision zu verhindern. Das Boot, es war mindestens doppelt so groß, hätte uns beinahe auf Grund geschickt, wir stießen am Bug zusammen. Die drei Boote – meines, das des Australiers und das große Hausboot – waren jetzt ineinander verkeilt und nahmen schnell Fahrt auf. In der Dunkelheit schossen wir vorbei an den Booten, die in einer Reihe am Ufer festgemacht waren. Ganga war jetzt kein Fluss mehr, sie war ein tobendes Meer im Sturm. Es war stockfinster, auch vom Ufer kam kein Licht herüber, Stromausfall. Ich fühlte mich ausgeliefert und gleichzeitig hellwach, alle Sinne geschärft. Irgendwann gelang es Avan, den Anker zu werfen. Ruckartig blieben wir stehen, ich atmete auf. Es war, als nähme uns Ganga wieder an der Hand. Avans Vater allerdings tobte wenig später vor Wut. Das kleine Beiboot hatte sich losgerissen und war bereits auf dem weiten Weg nach Kalkutta.

Leider sollte nach ein paar Wochen aufregend herrlichen Bootslebens alles anders werden. Avan schöpfte gerade Wasser aus dem Hausboot, als die Ganga-Polizei in dem einzigen motorgetriebenen Boot, das damals auf dem Fluss knatterte, uns einen Besuch abstattete. Das konnte nichts Gutes bedeuten, die Polizei in Indien war nicht gerade als »Freund und Helfer« bekannt, eher für Korruption und Gewalt. Die Polizisten winkten Avan zu sich heran und redeten wild gestikulierend im Befehlston auf ihn ein, ich verstand kein Wort. Er drehte sich zu mir um, zuckte die Achseln und sagte kurz und knapp, er müsse einen *dead body* in Ganga suchen. Er lasse mir das Ruderboot da, bis später.

Unter den Bootsleuten war es Avans Aufgabe, Tote aus dem Fluss zu holen. Viele Pilger konnten nicht schwimmen, wollten aber dennoch ihr heiliges Bad nehmen. Einige wagten sich zu weit in den Fluss vor und ertranken. Manchmal kenterten auch Boote, weil zu viele Pilger an Bord waren oder Übermütige in der spirituellen Verzückung, auf dem heiligen Wasser zu sein, zu tanzen begannen.

Bevor die Polizei einen Totenschein ausstellen konnte, musste die

Leiche gefunden sein. Die Ertrunkenen aus dem Fluss zu holen war nicht immer leicht. Das Wasser der Ganga war alles andere als kristallklar. Man konnte nicht bis zum Grund sehen, nach einem Meter etwa wurde es derart grün, dass man die Hände nicht mehr vor Augen sah. Avan hatte für die Suche sein eigenes System gefunden. Wenn er wusste, wo und wann das Unglücksopfer im Fluss verschwunden war, prüfte er Strömung und Wind. Ohne Rechner und ohne Statistiken ergab sich für ihn ein klares Bild, wo er suchen musste. Sein Gefühl für Ganga sagte es ihm, sein tiefes Gespür für die Elemente.

Avan kannte Ganga wie seine Westentasche. Er wusste, wo am Grund Felsen waren, an denen sich die Leiche verhaken könnte, wo Sand war, wo Schilfwälder wuchsen und was sonst noch die Strömung beschleunigte oder verlangsamte. Er tauchte dann dieses Gebiet ab, und wenn er den Toten nicht gleich finden konnte, warf er einen Stein ins Wasser, befestigt an einem langen Seil, und suchte immer größer werdende Zirkel rund um diesen Anker ab. Er drang bis zum dunkelgrünen Grund der Ganga vor und lief ihn ab, bis der Leichnam gefunden und der Polizei übergeben war.

Als Avan schließlich den von der Polizei so dringend gesuchten Toten fand, war die Aufregung groß. Es war ein Mordopfer, ein junger ausländischer Tourist, der auch ein Hausboot gemietet hatte und wahrscheinlich wegen seiner Kamera überfallen worden war. Weil der Unglückliche Sohn eines Diplomaten war, stand die Polizei von Benares kopf. Sofort wurden ranghohe Polizisten aus Delhi herbeigeholt, die den Fall schnellstens klären sollten. An den Ghats konnte man die Unruhe fast mit Händen greifen.

Die Polizei erließ eine Anordnung, dass Ausländer fortan nicht mehr auf Hausbooten in der Flussmitte wohnen durften. Mir wurde gesagt, ich müsse in ein Hotel ziehen. Ich war entsetzt. Das sanfte Schaukeln des Bootes war mir schon in den Organismus übergegangen. Sonne, Mond und Sterne waren meine ständigen Begleiter, ich zog eine kostbare Energie aus dem Leben unter freiem Himmel.

Am späten Nachmittag holte Avan mein Hausboot von der Flussmitte ab. Es war ihm schrecklich unangenehm, als er sah, wie mir die Tränen liefen. Ich wollte nicht fort von Ganga Ma. Avan erkannte das Ausmaß meines Unglücks und bot mir an, auf einem seiner Ruderboote am Ghat zu schlafen, wenn mir das nichts ausmache. Ich nahm sofort an. Mein bisschen Gepäck verstaute ich in einer Metallbox und stellte sie in einem Teeladen am Ghat unter, Avan organisierte das für mich. Dann erst begann mein wahres Bootsleben in Benares.

5

Der Bettlerkönig

Kiran, ein kleiner Straßenjunge, der beim Zeichnen immer dabeisaß, zog mich aufgeregt am Arm hinter sich her, Widerspruch zwecklos. Wir steuerten Underground an. Hier hausten die Bettler und nachts schliefen sie dort, zumindest die meisten. Der Siebenjährige wollte mir unbedingt zeigen, wo genau er lebte.

In Sichtweite des Pilgerweges stand ein großräumiger Gebäudekomplex, der nie fertiggestellt wurde. Er verschandelte die Gegend, schon verwitternd und zerbröckelnd. Das Gebäude war nur ein Betongerippe, korrodierte Stahlträger ragten aus dem ersten Stock in den Himmel. Eine großflächige, komplett offene Halle ohne Wände, von Stützpfeilern gehalten. Der Boden der nächsten Etage, die nicht mehr gebaut wurde, bildete ein dürftiges Dach für diese Schicksalsgemeinschaft.

Unter dem Betonboden war die Erde großflächig ausgehoben. In diesem Untergrund brodelte eine schwarze Brühe aus Müll, Abwasser und Schlick. Es stank wie die Pest. Auf einmal entdeckte ich Bewegung in dem stehenden Teich. Blasen zerplatzten an der schmierigen Oberfläche. Obwohl das Wasser rabenschwarz war, konnte ich monströse Fische darin ausmachen. Sie sahen aus, als seien sie einem Horrorfilm entsprungen, lange Barten wuchsen um ihr Maul. Kiran lachte, als ich das Gesicht verzog. Mich schauderte. Er warf kurzerhand einen Stein nach ihnen, und damit war für ihn die Sache erledigt.

Aus dem Wasserloch zog der Gestank von Verwesung, Kot und Müll direkt hoch in das Erdgeschoss, in dem sich die Bettler aufhielten, aßen und schliefen. Kiran dirigierte mich einmal quer darüber, bis in die Ecke, in der seine Mutter, umgeben von Bergen von Gepäck und Kindern auf dem Boden saß und ein Baby stillte. Glühend vor Stolz stellte Kiran mich seiner Ma vor, schnappte ihr das Baby von der Brust und legte es mir in die Arme. Es war winzig, ein kleines Mädchen, nackt, aber in ein buntes Tuch gewickelt, so zart, zerbrechlich und weich – der größte Kontrast zu diesem höllischen Dreck um mich herum. Empört schrie es, seiner Milch beraubt, und ich gab es der Mutter sofort wieder. Nur ein paar Meter weiter standen mehrere schwere Dieselgeneratoren, die während der täglichen Rationierungen anliegende Geschäfte mit Strom versorgten. Sie knatterten bei Stromausfall unentwegt und hüllten ganz Underground für Stunden in dichte, schwarze Rauchwolken.

Seit das Baby auf dieser abscheulichen Müllkippe geboren worden war, nahm es, vom ersten Atemzug an, die Dämpfe und Bakterien, die Seuchenerreger und den Schmutz auf. Mich schauderte wieder.

Kirans Geschwister und alle anderen Kinder des Undergrounds standen im Nu um mich herum, ich spürte die kleinen Hände, wie sie an mir zuppelten. Kiran zeigte mir haargenau, von wo bis wo seine Familie lagerte, und zog mit dem Finger eine imaginäre Linie. Zwei Quadratmeter versifften Betonboden nannten sie ihr Zuhause. Dicht an dicht lagerten die nächsten Bettler, Underground war hoffnungslos überfüllt. Überall lagen Menschen, überall Gepäck in Taschen, Säcken oder sonstigen Behältnissen. Es sah aus wie in einer rappelvollen Bahnhofshalle. Nur, dass kein Zug kam, um die Leute ans Ziel ihrer Reise zu bringen. Für die meisten war die Reise hier wohl zu Ende. Sie waren ganz unten angelangt. Doch auch hier hatte jeder seinen festen Platz inne, lernte ich. Wenn eine Familie auf einem Quadratmeter Boden siedelte, gab sie ihn nicht mehr her.

Underground war tagsüber nie ganz verlassen, die Bettler kochten hier, dösten in der bleiernen Hitze, bewachten ihre Habseligkeiten, manche saßen auch in Grüppchen zusammen, schwatzten oder spielten Karten um Geld. Ein paar Männer schliefen wohl auch ihren Rausch aus, so verdreht wie sie dalagen, und die Straßenhunde kratzten sich die Flöhe aus dem räudigen Pelz.

Normalerweise besteht ein Slum aus kleinen Hütten, mit Brettern oder Plastikplanen gebaut, so dass es zumindest ein wenig Privatsphäre gibt – wenn auch nur hinter Tüchern. Diese Bettler jedoch lebten ganz ohne Sichtschutz. Geboren wurde man hier vor aller Augen, und man starb vor aller Augen.

Allmählich lernte ich die Bettler immer besser kennen und erhielt einen tieferen Einblick in das Gewebe ihres Zusammenlebens. Thiru beantwortete meine vielen Fragen. Die Bettler bildeten eine Gesellschaft außerhalb der Gesellschaft. Das Bettlerleben folgte Regeln, auch wenn es auf den ersten Blick nur Willkür und Chaos zu sein schien.

Es gab einen Bettlerkönig, der auf der Straße das Zepter schwang. Die Bettler mussten ihm ungefähr ein Zehntel ihrer Almosen abgeben und erhielten damit Zugehörigkeit zur Gruppe, Schutz und einen Stammplatz in der lukrativen Bettlerreihe. Im Unterschied zur starren indischen Gesellschaft gab es verschiedene »Karrieremöglichkeiten« in der Bettlerwelt: Geldbote, Koch, Gepäckschützer, Barbier (Rasieren und Haareschneiden), Wäscher, Dienstleister für Abwasch, Wasserholen, Fegen und diejenigen, die sich um das Fortschaffen der Toten kümmerten. Wer clever war, besondere Härte zeigte oder einfach nur stärker war als die anderen, wurde vielleicht Chef einer der losen Gruppen.

In der Bettlergesellschaft diktierte nicht mehr der Nachname, was man zu tun hatte, sondern nur noch die Fähigkeiten und verbliebenen körperlichen Möglichkeiten: Ein Leprakranker ohne Finger konnte schließlich keine Schere halten, um Haare zu schneiden. Doch ein »normaler« Barbier würde niemals einen Leprakranken einseifen, rasieren oder irgendwie berühren. Selbst mit der Schere nicht.

Die Bettler waren in Gruppen organisiert, die ein loses soziales Netz bildeten. Auf diese Art passten sie ein bisschen aufeinander auf. Meine beiden süßen Großmütter, Naurangi und Rani devi, waren schon gebrechlich, brauchten immer länger, um aus dem Schneidersitz aufzustehen, klagten über Kreuzschmerzen und waren auch zu Fuß nicht mehr so schnell unterwegs. Sie waren alt, die Gesichter verhutzelt, die Körper gebeugt, und es war zu anstrengend für sie, allein für sich zu sorgen. So schlossen die beiden sich stärkeren Bettlern an, denen sie Geld bezahlten und ihren Almosenreis abgaben, damit sie mit durchgefüttert wurden. Tagsüber saßen sie nebeneinander auf der Treppe und schwatzten wie zwei Waschweiber, doch sie aßen und nächtigten bei ihren Gruppen.

Wenn Streit aufkam, konnten diese lose organisierten Grüppchen auch schnell ihre Loyalitäten vergessen, erzählte mir Thiru, augenrollend. Manche lebten schon jahrelang in den Straßen derselben Stadt, manche waren auch verwandt, sie standen in den wildesten Beziehungen zueinander. Sie kannten sich in- und auswendig. »Very too much«, wie Thiru sagte.

Zu dieser Bettlergemeinschaft im Underground gehörten nicht nur Leprakranke, sondern auch andere vom Schicksal Geschlagene wie Kirans Familie. Es waren Menschen, abgestürzt, getroffen von einem Unglück, einem Unfall oder einer Krankheit. In Indien ging so etwas schneller, als man denken konnte. Wenn jemand seine Arbeit verlor, war es bedeutungslos, ob er das selbst verschuldet hatte oder nicht, der einfache Arbeitnehmer hatte keine Rechte. Wenn er dann seine Miete nicht mehr zahlen konnte, war er sofort auf der Straße, samt Familie, mit Sack und Pack. Wer dann nicht bald eine neue Arbeit fand, der rutschte aus der Gesellschaft, für immer. Aus dem Straßenleben gab es kein Zurück. Viele dieser Unglücklichen überwanden den Absturz nicht und wurden alkoholkrank, so wie der Vater des kleinen Rackers Kiran.

Unter all diesen Bettlern waren die Leprakranken die Stärksten. Sie nahmen am meisten ein, weil sie am schlimmsten verkrüppelt waren und schrecklich aussahen. Ein Statussymbol der Leprakranken war das Holzwägelchen. Es sah aus wie eine Seifenkiste aus den Kindheitstagen meines Großvaters. Eine Kiste, gerade groß genug, den Hintern darauf zu platzieren, mit vier Holzrädern und einem Schiebegriff hinten. Dafür musste man natürlich zu zweit sein. So zogen sie los zu Tempeln und Basaren, einer schob, einer saß im Wagen. In den Basaren waren die Bettler nicht gern gesehen und wurden oft wie Hunde verjagt. Gebefreudiger zeigten sich stets die Pilger an den Schreinen der Götter.

Die Bettler haben einen eigenen Kalender. Er ist nicht auf Papier gedruckt, aber er wird befolgt. Die Moslems wie die Hindus begehen über das Jahr verteilt sehr viele Feiertage. Für die Bettler ist das äußerst einträglich, denn dann bekommen sie Kleidung, Decken oder Essen, auch metallene Kochtöpfe geschenkt. Sie wissen genau, wann die Festtage sind, und zu welcher Moschee oder zu welchem Tempel sie pilgern müssen. Früh am Morgen treffen sie vor den Tempeln ein und warten. Dabei wird heftig gezankt und darum gekämpft, wer den besten Platz bekommt, denn das, was verschenkt wird, reicht natürlich nie für alle. In solchen Momenten zeigt sich deutlich, wer ein professioneller Bettler ist und wer neu auf der Straße: Die Profis bekommen immer etwas ab.

Der Bettlerkönig hieß Hiralal. Er hatte sich ein ähnliches Lager wie Lalu gebaut, aber er stellte noch seinen Holzwagen darauf, auf dem er dann richtiggehend thronte. Er schrie ständig und kommandierte alle herum. Hiralal war auf einem Auge blind, es saß nur noch als graue Hülse in seiner Höhle. Deshalb musste er seinen Kopf oft weit zur Seite drehen und glich dabei einer faltigen Schildkröte. Er hatte weiße kurze Haare, die stoppelig gen Himmel standen wie eine langgenutzte Zahnbürste. Einer seiner Schneidezähne bewegte sich beim Sprechen heftig hin und her, und immer, wenn Hiralal sich aufregte, wackelte der Zahn so stark, dass ich jedes Mal erwartete, er würde ihm in hohem Bogen herausfliegen oder Hiralal würde ihn in seiner Wut verschlucken.

Ich merkte, dass er mit Westlern nicht viel zu tun haben wollte. Einige von den Bettlern hatten wohl das Gefühl, dass Weiße ihnen hauptsächlich ihren Glauben aufdrängen wollten. Die ersten Tage nahm mich Hiralal deswegen erst einmal eingehend unter die Lupe. Bald hatte er sein Urteil über mich gefällt. Auffordernd klopfte er mit seiner verkrüppelten, alten Hand neben sich, damit ich mich dorthin setzte. Er schenkte mir einen Apfel, den er aus einer staubigen, löchrigen Tasche hervorkramte, und da wusste ich, dass ich von nun an akzeptiert war.

Mit der Zeit merkte ich, dass Hiralal zu alt war, um die Gruppe wirklich zu führen. Er hatte seine Stärke eingebüßt, das fühlten die anderen wohl, sie wandten sich mit ihren Problemen eher an Singeshwar oder Lalu. Der Respekt hinderte sie aber daran, Hiralals Rolle als Bettlerkönig infrage zu stellen. Der würde er bleiben bis zum Tod. Mit den steigenden Temperaturen im April, die über 40 Grad erreichten, baute der alte Mann immer mehr ab. Er sah gar nicht gut aus, verweigerte seine Mahlzeiten, man konnte fast zusehen, wie er immer schwächer wurde. In einer wüsten, ungeordneten Apotheke fand der Inhaber die

Päckchen mit Glukosepulver, die ich Hiralal dann verabreichte, damit er nicht dehydrierte. Mehr fiel mir aber auch nicht ein. Schließlich beschloss ich, den alten Mann in ein Krankenhaus zu begleiten. Avan bedeutete mir noch, das sei nicht so einfach, wie ich es mir vorstellte. Doch mein Plan war gefasst. Hiralal und ich kletterten wenig später auf eine Fahrradrikscha. Das Bild der großen, blonden Videshi, der Ausländerin, mit einem leprakranken Alten in der Rikscha muss wohl komisch gewesen sein, denn es gab einen Menschenauflauf, als wir losfahren wollten. Ramchandra wollte unbedingt noch auf der Trittfläche für die Füße mitfahren, doch ich lehnte ab, es war so schon aufregend genug.

Der Rikschafahrer konnte sich nicht auf die Straße konzentrieren, seine Neugier trieb ihn dazu, sich immerzu umzudrehen. Im Englisch-Hindi-Mischmasch stellte er mir eine Frage nach der anderen. Er konnte es einfach nicht fassen, solche Fahrgäste zu befördern. Hiralal dagegen hing in den Seilen, und ich musste ihn an seinem ausgemergelten Oberarm festhalten, damit er nicht aus der Rikscha fiel. Die Straßen waren von Schlaglöchern, offenen Gullis und Hindernissen aller Art übersät, wir wurden durchgeschüttelt. Tiere liefen durch den Verkehr, und ständig musste man irgendwem ausweichen.

Als wir im Krankenhaus ankamen, schlug mir ein strenger Geruch nach Bazillen und Seuchen entgegen. Ich nahm mir vor, nur noch flach zu atmen. Hiralal hinter mir herziehend besorgte ich eins der gebührenpflichtigen *admission papers*, die Eintrittskarte in die Hallen des Schreckens. Erst dann konnte man in dem Menschengewühl, das jeden Korridor und jeden Behandlungsraum einnahm wie eine Heuschreckenplage, den passenden Arzt suchen. Hiralal hatte nicht viel Kraft. Alle glotzten uns an, erst neugierig, dann unfreundlich, schließlich offen abweisend. Die Blicke, die mich trafen, sprachen Bände. Es war fast so, als wäre etwas von dem Stigma des Alten auf mich übergegangen, als hätte er abgefärbt, und jetzt zeigten alle auf meine Leprafiecken. Da ich Hindi nicht lesen konnte, sagten mir die handgepinselten Schildchen an den Räumen nichts. Leider gab es nirgends Sitze, indische Krankenhäuser waren karg und von einer unheimlichen Aura, trotz der vielen Menschen. Wir nahmen dann den erstbesten Arzt, zu dem ich mich mit meinem Ausländerbonus vordrängeln konnte. Sein üppiger Schnurrbart zog fast eine Linie zwischen beiden Ohren, als er mich breit anlächelte und mir Komplimente für meine blauen Augen machte. Genau als er zu meinem *golden hair* überging, schob ich Hiralal nach vorn. Er möge mir sagen, wie Hiralal geholfen werden könne, ich käme für die Medikamente auf. Das Siegerlachen des indischen Mannes fiel ihm aus dem Gesicht, und er wurde schroff und abweisend. »Was willst du hier mit dem? Wir behandeln keine Bettler«, ließ er mich wissen. Ich bombardierte ihn aber schon mit Fragen zu Lepra, denn ich hatte tausende. Sein Blick verdunkelte sich, und er beendete unser Gespräch mit: »Lepra? In Indien gibt es keine Lepra!« Damit warf er uns hinaus. Am liebsten hätte ich vor Wut losgeschrien. So gnadenlos war ich selten in meinem Leben abgebügelt worden. Hiralal winkte ab, er wollte nur noch zurück ans Ghat. Ich konnte die feindseligen Blicke kaum noch ertragen. Geknickt fuhr ich zurück.

Seit ich direkt an den Ghats auf dem Ruderboot lebte, verbrachte ich auch mehr Zeit mit den Straßenkindern. Kiran erschien überall, meistens sah ich ihn nach dem Aufwachen, weil er rein zufällig schon in der Nähe darauf wartete, dass ich die Augen aufschlug. Der Kleine brauchte dann keine Minute, bis er mit einem fröhlichen »Tara didi, Namaste« im Ruderboot saß.

Die Bengel und Gören der Straße waren schon in ihrem zarten Alter mit allen Wassern gewaschen. Eine »normale« Kindheit konnten sie nicht genießen, sie bettelten, sie arbeiteten, sie stahlen. Meist auch in dieser Reihenfolge. Am Morgen schwärmten die verdreckten Straßenkinder aus und mischten sich unter die Pilger, bis sie jemanden erspähten, dessen Herz sie gewiss erweichen könnten. Einmal auf der Jagd, ließen sie ihr Opfer nicht mehr aus der Mangel, bis sie entweder unsanft beiseitegeschoben wurden oder ihr Ziel erreichten und eine kleine Münze abstaubten.

Sie griffen an wie kleine Raubvögel, bevorzugt wählten sie Touristengruppen oder wohlhabende Pilger aus. Die kleinen, rotznasigen Herzensbrecher waren immer vorneweg, so wie Kalika, ein vielleicht fünf Jahre altes Mädchen, das aussah wie die indische Variante von Ronja, der Räubertochter. Tiefschwarze, große Augen schauten so keck und fröhlich in die Welt, dass man gar nicht anders konnte, als das Kind ins Herz zu schließen. Kalika band ihre verstrubbelten Haare in zwei Rattenschwänze, sonst hätte man sie für einen Jungen halten können, weil sie immer raufte und fluchte wie ein kleiner Kerl. Meist balancierte sie ihr jüngstes Geschwisterchen, auf das sie aufpassen musste, auf der schmalen Hüfte.

Den Tag über mussten die Kinder selbst sehen, wie sie zurechtkamen. Ein gekochtes Mittagessen wartete nirgendwo auf sie. Ihre Mahlzeiten verdienten sie sich eigenständig, jeden Tag aufs Neue. Sie wussten, dass sie der Mutter Geld zu bringen hatten oder zumindest Naturalien. Wenn mit dem Betteln nicht genug zusammenkam, zogen sie auch schon mal los und stahlen, meistens Früchte oder Gemüse von den Marktständen. Die Kinder waren schnell wie der Blitz und nicht zu fassen, sie hatten leichtes Spiel. Doch wenn sie ertappt wurden, setzte es mehr als nur eine Ohrfeige, dann wurden sie von den Gemüsehändlern heftig durchgeprügelt, meistens mit dem Bambus, der auch zur Abwehr der gefräßigen Kühe gedacht war. Im Gegensatz dazu wurden die Kühe aber niemals hart geschlagen, denn sie galten als heilige Tiere.

Manch gutgläubiger Tourist büßte auch seinen Ring ein, wenn er die Straßenkinder seine Hand schütteln ließ, gerührt über die Zutraulichkeit der indischen Kinder mit ihren unwiderstehlichen Kulleraugen. Kleine Biester waren das, aber süße.

Viele Kinder arbeiteten, und keiner störte sich daran. Sie leisteten Hilfsarbeiten auf dem Markt, stapelten Gemüse, trugen Körbe, brachten Wasser in schweren Kanistern. Sie halfen in kleinen Läden aus, machten den Abwasch der Chaishops. Sie schufteten auf Baustellen, wo sie Steine schleppten oder Wacker mit dem Hammer zu Kieseln schlugen. Manche trugen Kohle aus und waren schwarz wie Bergwerksarbeiter nach der Schicht.

Oft verdienten sie gar kein Geld, sondern standen als Pfand für die Schulden ihrer Eltern ein. Da die Kinder meist schneller und effektiver als ihre Eltern einzusetzen und zu nutzen waren, war dies ein beliebter Handel.

Eine Schule hatten die Jungen und Mädchen der Straße nie gesehen. Dafür waren sie zu weit weg von der indischen Gesellschaft, auch wenn sie mittendrin lebten. Schulunterricht kostete Geld, das sie nicht hatten. Sie konnten sich noch nicht einmal die Schuluniform oder ein Paar Schuhe leisten.

Kiran hatte drei Schwestern und einen Bruder, eine kleine Familie, es gab in Underground Frauen, die schon zehn oder mehr Kinder auf die Welt gebracht hatten, von denen aber nicht alle heranwuchsen.

Körperlich waren die Kinder in einem erbarmungswürdigen Zustand. Ihre verkrusteten Wunden sprangen mir ins Auge, viele hatten eine verschorfte Kopfhaut, die Haare wuchsen in Büscheln darum. Sie kratzten sich auch ständig. Der Überlebenskampf auf der Straße brachte schon jedem Kleinkind Narben und Wunden ein. Verletzungen, Verbrennungen, Unfälle, Schläge, Krankheiten, Mangelernährung und Vernachlässigung, all das konnte man an ihrer Haut ablesen, aufgezeichnet wie in einer Anklageschrift.

Selbstverständlich waren die Straßenkinder die besten Freunde der Straßenhunde. Wenn es einen Wurf Welpen gab, trugen sie die verflohten Fellknäuel wie Spielfiguren überall herum, denn Spielzeug besaßen die Jungen und Mädchen nicht. Nicht nur die Straßenkinder spielten mit den Welpen, auch ich knuddelte sie jeden Tag und schaute ihnen beim Wachsen zu.

Bei einem Wurf war klar, dass der Vater der Welpen garantiert Kalu war, der große Schwarze, mein Lieblingshund am Ghat. Er gehorchte Avan aufs Wort, was für einen Straßenhund höchst selten war. Avan war eine Art Hundeflüsterer. Ab und zu badete er Kalu und seifte ihn ein, damit er nicht die Räude bekam wie die meisten seiner Leidensgenossen. Eines Tages kam der kleine Kiran atemlos angerannt, er war völlig aufgelöst: »Tara didi, Tara didi, komm schnell! Die töten unsere kleinen Hunde!« Als ich zur Treppe kam, sah ich, wie irgendwelche Verrückten die wehrlosen, süßen, tapsigen Welpen nahmen und einen nach dem anderen die Treppe hinunterwarfen, wieder aufhoben und noch einmal schleuderten, so lange, bis wirklich fast jeder Knochen gebrochen war. Die Männer stachelten sich gegenseitig an, es sah fast aus, als wollten sie Handball mit den Hunden spielen. Schreiend stürzte ich auf den ersten Kerl zu, den ich erreichen konnte, aber der war schneller und rannte davon. Im Nu waren alle verschwunden, nur die kleinen Hündchen lagen verstreut über die lange Treppe, sie jaulten und klagten herzzerreißend. Die Kinder sammelten sie vorsichtig mit spitzen Fingern ein, und wir legten sie in das Dharamsala. Manche Welpen konnten wir kaum berühren, so viele Knochen waren gebrochen. Der hellste des Wurfes, er war fast ganz cremefarben mit rostbrauner Schnauze und Ohren, hatte sich die Hüfte ausgerenkt, das Bein stand im schiefen Winkel ab und er hechelte vor Schmerzen. Kalika zupfte mich an der Schulter und reichte mir einen Lunghi, mit dem sie sich sonst das Baby um den Rücken band, darauf sollte ich die Kleinen betten. Danach schwärmten alle Kinder aus und suchten zusammen, was sie für den Nestbau finden konnten, und so erhielten die Welpen ein weiches Krankenlager. Indien führte mich oft an meine Grenzen. In solchen Momenten verabscheute ich das Leben hier.

Als ich am nächsten Morgen nach den Hündchen schaute, waren es nur noch fünf. Daddu druckste ein bisschen herum und gestand mir dann, dass es zweien so schlecht gegangen sei, dass Avan sie heute bei Sonnenaufgang in Ganga erlöst habe.

6

Der ganz normale Wahnsinn

»Weißt du, Tara, ihr Westler seid reich und könnt euch alles kaufen, aber das Wichtigste habt ihr nicht, das haben nur wir in Indien.«

»Was denn, Avan?«

»Die Sonne und den Mond!«

»Wie, die habt nur ihr? Bei uns wird es doch auch hell und dunkel!«

»Ja, aber eben nur hell und dunkel. Schau dir doch nur die Touristengruppen an, wie sie immer den Sonnenaufgang fotografieren und staunen und sich freuen. Das sehe ich jeden Tag in meinem Boot!«

Avan hatte recht, trotz all der Grausamkeiten, die mir täglich hier begegneten, fühlte ich mich reich beschenkt in Benares. Direkt an den Ghats aufzuwachen war wie zum Freudenfest der Schöpfung eingeladen zu sein. Zum Sonnenaufgang waren schon tausende Pilger am Ufer und im Wasser versammelt, um die Ruderboote herum, und nahmen ihr heiliges Bad, sangen und beteten laut ihre Mantren herunter und begrüßten feierlich die aufgehende Sonne. Dafür standen sie hüfthoch im Wasser, formten ihre Handflächen zu einer Schale, nahmen Gangawasser darin auf und schöpften es hoch über den Scheitel. Aus den erhobenen Händen ließen sie das heilige Wasser langsam über die Fingerspitzen herunterrinnen und schauten durch den dünnen Wasserstrahl in den ersten goldenen Strahl des aufgehenden Sonnenballs am anderen Ufer. Und ich war mittendrin. Es war laut und lebendig. Noch nie hatte ich mein Leben mit so vielen Menschen geteilt.

Die Bootsmänner waren ein Völkchen für sich, ebenfalls Geächtete, weil sie eine niedrige Dienstleistung verrichteten. Die meisten stammten in früherer Generation aus Madras, dem Süden Indiens, und weil sie sich zudem ständig unter freiem Himmel aufhielten, war ihre

Hautfarbe wesentlich dunkler. Sie galten zwar nicht als Unberührbare, standen aber nicht sonderlich weit über ihnen. Sie leisteten harte, körperliche Arbeit für wenig Geld. Am späten Vormittag, wenn die Pilger weniger wurden, ebbte ihre Arbeit ab bis zum Spätnachmittag. Doch die wenigsten gingen nach Hause zu ihren Familien. Sie verbrachten ihre Tage am Ghat, spielten Karten oder Karamboard, eine Art Brettbillard, das man mit den Fingern spielt, oder sie pumpten Gewichte am Nachbarghat. Eine schmale Treppenflucht diente als Freiluftfitnessstudio der Bootsmänner. Es waren selbstgebastelte Gewichte, die sie da im Lunghi stemmten, doch auch wenn das eher nach Slapstick aussah, trainierten gerade die Heranwachsenden doch ernsthaft.

Die Bootsmänner waren vor allem verschrien wegen des Nebenjobs, den einige nachts bei Dunkelheit ausübten: Sie trieben Schulden ein. Da manche von ihnen deswegen Schrotflinten besaßen, wurden sie als gefährlich angesehen.

Doch meine Erfahrung mit den Bootsmännern war eine ganz andere: Es war zwar eine derbe Männergesellschaft, doch sie nahmen mich in ihre Mitte auf wie ein Findelkind. Sie hatten schon beobachtet, wie sehr ich das Gangaleben liebte, selbst über den Fluss ruderte und mehrmals täglich schwamm. Das machte mich ihnen ein bisschen ähnlich und gefiel ihnen. Sie schützten mich, genauso wie Avan das tat, und ich fühlte mich mitten unter diesen »Gangstern« instinktiv sicher. Abends, auf den schaukelnden Booten sitzend, erzählten wir uns alles Mögliche und teilten die Mahlzeiten, die ihnen ihre Kinder in kleinen Paketen oder Blechbehältern, sogenannten Tiffins, von zu Hause brachten. Manchmal kochten wir auch in Grüppchen direkt auf den Booten und tauchten das Ghat in Currydüfte und den Geruch angebratener Zwiebeln und verbotenen Fischs.

Natürlich verlangte die Ganga-Polizei fast täglich von mir, das Ruderboot zu verlassen, doch ich dachte nicht im Traum daran und spielte die passende indische Taktik aus: Ich sagte »ja, ja« und tat nichts.

Dass sie mich auf dem Boot duldeten, kostete mich jeden Tag ein Schwätzchen. Die Uniformierten winkten mich dann einfach heran, ich setzte mich in die offene Station gegenüber den Treppen meiner Bettler und trank einen Chai mit dem Inspektor.

Nachts hatte das Ghat seine ganz eigene Geräuschkulisse. Die Bootsmänner husteten, röchelten, furzten und schnarchten, Straßenhunde jagten sich und verteidigten ihr Revier bedrohlich knurrend, manchmal muhte eine Kuh, und immer wieder ertönten die vertrauten Tempelglocken, hier nur schriller und lauter als in der Flussmitte.

Avan lag stets in einem Boot neben meinem, auf demselben durften wir nicht schlafen. In Benares wurde auf die Trennung der Geschlechter strikt geachtet. Beim Schlafen zog ich mir die Decke über Gesicht und Kopf, so wie die Bootsmänner das taten. Ich packte mich wie ein Paket in das Tuch, so dass möglichst kein Zipfel meines Körpers herausschaute. So versuchte ich, den Moskitos möglichst wenig Angriffsfläche zu bieten, aber die gierigen Blutsauger stachen mich auch durch das Laken. Bei indischen Moskitos spürt man besonders den Moment des Einstichs, und ihr Gift in den Schwellungen juckt sehr. Als ich mich laut über die Moskitos beklagte und nicht aufhören konnte, die brennenden Stellen zu kratzen, fand Avan eine besondere Lösung für mein Problem. Kaum hatte ich mich auf die Planken gelegt und rundherum Shubharatri, ›Gute Nacht‹ gewünscht, stand Avan neben mir mit einer Flasche in der Hand und schüttete um mich herum stinkendes Kerosin aus. Ich war darüber nicht begeistert, er sagte aber ganz freudig: »No good smelling. No moskito coming!« Und natürlich trauten sich nun keine Moskitos mehr in meine Nähe, ich konnte ja selbst kaum noch atmen. Ich weiß nicht, ob er es mir übelnahm, doch ich legte mich dann auf die gegenüberliegende Seite des Bootes, leider roch es dort auch noch streng nach dem Brennstoff. Hoffentlich schnippt kein Bootsmann seine nächtliche Zigarette in mein Boot, dachte ich vor dem Einschlafen.

Die Zeit zwischen Mai und Juni stand ganz im Zeichen der Ganga. Mit zwei lebendigen Festen, Ganga Saptami und Dusshera, feierte man die Ankunft der Ganga aus dem Himmel, salopp ausgedrückt, Gangas Geburtstag auf Erden. Die Pilger sahen in Ganga die Mutter, die ihnen spirituelle Reinigung, aber auch durch ihr lebenswichtiges Wasser das Überleben schenkte. Sie dankten an ihren Ufern, dass sie, der himmlische Fluss, auf die Erde kam und zur Lebensader von Millionen von Menschen wurde.

Die Ghats brummten seit Tagen vor Menschen, ganze Dörfer waren hierhergepilgert. Nirgendwo gab es auch nur noch einen freien Flecken. Die Pujaris verdienten wie im Kasino, aber auch die Bettler profitierten. Das waren die guten Tage für sie. Sie waren zwar ausgeschlossen vom eigentlichen Fest, doch der zu erwartende Gewinn tröstete sie etwas darüber hinweg.

Die Hindus glaubten, dass derjenige, der während der zehn besonders heiligen Tage jeden Morgen badete, sich der Sünden von zehn Leben entledigen könne. Es wunderte mich nicht, dass halb Indien die Chance wahrnehmen wollte. Ich erledigte das auch gleich mit, es kann schließlich nicht schaden, sündenfrei zu leben.

Bei Nacht vibrierte das Ghat jetzt von einer unbeschreiblichen Energie, die unterschiedlichsten Leute lagen nebeneinander, Großfamilien, aber auch Einzelne oder zusammengewürfelte Reisegruppen aus dem Süden Indiens. Alt und Jung neben bekannt und fremd, doch alle eins in ihrer Freude, dieses Fest an Ganga Ma feiern zu dürfen. Eine friedvolle und einnehmende Energie. Ich lief abends noch lange zwischen den Leuten umher, weil ich diese vielen tausend Schlafenden einfach betrachten musste. Mit ihren farbigen Saris und Tüchern zugedeckt lagen sie Körper an Körper. Manche husteten, manche stöhnten, andere lagen noch wach und unterhielten sich. Das war eine einmalige Stimmung, jeder atmete davon. Ich war so glücklich, das mitzuerleben.

Am zehnten Tag, Ganga Dashahara genannt, fuhren die Pilger mit Booten auf die andere Seite und zogen lange Blumenketten mit orangefarbenen, pink leuchtenden und roten Blüten hinter sich her, um damit das heilige Wasser zu schmücken und zu ehren. Dieses Fest markiert den Höhepunkt der heißen Saison, von da an wartet erst recht jeder sehnsüchtig auf das erste Zeichen des herannahenden Monsuns gegen Ende Juni.

Mein Bekanntenkreis, auch außerhalb der Bettler, erweiterte sich ständig. Neben den Bootsmännern und den Pujaris am Ghat lernte ich im Chaishop Samant und seine Freunde kennen, ebenso wie Avan im gleichen Alter wie ich. Sie sprachen ziemlich flüssig Englisch, und ich genoss es, wieder einmal im Gespräch mehr als nur Schlagworte zu benutzen und auf die Zeichensprache zu verzichten. Samant hatte offene Gesichtszüge und freundliche Augen. Er trug, wie alle indischen Männer vor dem Greisenalter, einen Schnurrbart. Zuerst wunderte ich mich, dass sich diese Bartmode derart durchgesetzt hatte. Aber natürlich hatte das nichts mit Mode zu tun, sondern gründete in kulturellen und spirituellen Traditionen. Solange der Vater am Leben war, hatte der Hindu-Sohn einen Oberlippenbart zu tragen.

Samant und seine Clique lebten nicht an den Ghats. Sie waren bessergestellt, ihre Eltern betrieben Geschäfte, sie kamen aus der Mittelklasse und waren zur Schule gegangen. Sie wussten, dass Deutschland nicht in Amerika lag.

Wenn wir uns über den Weg liefen, tranken wir gemeinsam Chai und unterhielten uns. Schon bald stellte ich fest, dass Inder ständig Gräben durch ihre Gesellschaft zogen. Samants Freunde lästerten in abschätzigen Worten über die Bootsmänner und versuchten mir klarzumachen, dass dieses Völkchen kein Umgang für mich sei. Das konnte ich gar nicht leiden, ich wurde sauer, stand auf und ging. Ich lebte gut mit den Bootsmännern und schätzte es sehr, dass sie mir Respekt erwiesen und mich nicht belästigten, wie die indischen Männer auf der Straße das dauernd taten.

Avan wiederum ließ kein gutes Haar an Samant und dessen Freunden und behauptete, es wären keine anständigen Leute, ich solle vorsichtig sein, sie lebten von schlechten Geschäften. Schlechtes Karma. Doch ich wollte meinen Umgang selbst aussuchen. Kurz darauf hörte ich, dass Samant im Krankenhaus lag, er war nach einem Hitzschlag kollabiert. Ich war also nicht die Einzige, die von der Hitze an den Rand der Ohnmacht getrieben wurde. Das Krankenhaus, in dem ich ihn besuchte, war eine Katastrophe - schmutzig und überfüllt. Samant, sonst haselnussbraun, war käseweiß und sah mitgenommen aus, aber er freute sich sehr, als ich vor ihm stand. Er hatte einen Tropf in der Vene stecken, der aussah, als habe ihn schon Paracelsus benutzt. Ich blieb ein paar Stunden, und für den Rückweg nahm ich eine Fahrradrikscha, die sich durch die staubigen Straßen quälte. Wir überholten ein Ochsengespann, weiße, klapprige, höckerige Tiere, über deren Hörner nasse Tücher gespannt waren als Schutz vor Überhitzung. Manche Inder trugen in der Hitzezeit eine rohe Zwiebel in der Hosentasche und behaupteten, der Hitzschlag führe dann in die Knolle, sie diente als Blitzableiter. Am Straßenrand verspritzten die

Ladeninhaber aus Eimern Wasser mit den Händen über die Wege, damit sie nicht im Staub erstickten. Als wir so durch die Straßen fuhren, ahnte ich nichts Schlimmes, als ein Motorrad seitlich vorbeifuhr. Auf gleicher Höhe griff der Fahrer auf einmal so fest an meine Brust, dass ich vor Schmerzen aufschrie. Er gab dann Gas und war auf Nimmerwiedersehen im Verkehr verschwunden. Ich war stinksauer und schimpfte die ganze Fahrt über auf die indischen Männer.

Nur ein paar Tage später geschah etwas Ähnliches. Als ich an den Ghats entlang zum Teeladen lief, wurde ich von einem Typen am Hintern angefasst, der sagte: »Come on, good sex, you fucking girl!« Ich schrie empört auf. Sofort bildete sich eine aufgeregte Menschentraube um uns herum. Dazwischen auch meine Straßenkinder, ich wechselte einen Blick mit Kiran, der mich mit aufgerissenen Augen alarmiert ansah. Auf einmal stand ein Polizist neben mir, schnappte den Angreifer beim Schlafittchen und zerrte ihn in die Ganga Police Station. Die kannten mich ja bestens seit meiner »Bootsbesetzung«.

Auf der Polizeistation und mit vielen Zuschauern entspann sich dann das Drama: Der Angreifer heulte und log, und der Polizeichef wollte ihn schon in die »Position« bringen, um ihn mit dem Lathi, dem Bambusstab, den jeder Polizist Indiens mit sich trug, zu verprügeln. Da stoppte ich ihn.

Stattdessen einigten wir uns auf eine andere anscheinend wohlbekannte Strafvariante: Der Kerl musste 100 Kniebeugen vor uns vollführen, mit den Fingerspitzen an den Ohrläppchen. Die Zuschauer vergnügten sich und gaben ihre Kommentare zum Besten, unter ihnen Lalu und Ramchandra, die die Szene verfolgten wie einen Kinofilm. Danach musste der Typ sich bei mir entschuldigen und durfte dann wegrennen.

Der Polizeichef orderte den obligatorischen Chai, und wir unterhielten uns über die Rolle der Frau in Indien. Er bedauerte, dass Frauen so offen Übergriffen ausgesetzt seien und Gewalt erlebten. Ich war ganz erstaunt. Doch im gleichen Zuge spielte er weiter sein Spielchen mit mir. Sehr weit gediehen war sein Rollenbild dann doch nicht. Ich konnte es kaum glauben, als er begann, mir Liedchen vorzusingen. Kurze, spirituelle Melodien, die ich nachsingen sollte. Wie sollte man hier normal bleiben in diesem alltäglichen Wahnsinn? Das waren die Momente, in denen ich mich fragte, ob die um mich herum verrückt waren oder ob ich es selbst gerade wurde.

Am Tag darauf erlebte ich eine Mondfinsternis, die auf beeindruckende Art zelebriert wurde. Schon am Nachmittag füllten sich die Ghats bis zum Bersten, die Hitze stand in der Luft wie eine Mauer. Als die Mondfinsternis begann, strömten die Menschen ins Wasser, um ihr erstes Bad zu nehmen, dabei sangen sie unisono ihre Mantren. Dem Glauben nach durfte man in eine Mondfinsternis nicht hineinschauen, weil das unaussprechliches Unglück mit sich bringe. Deswegen standen die Leute mit gesenktem Blick im Fluss. Schwangere Frauen durften sich während einer Finsternis gar nicht draußen aufhalten. Abertausende Stimmen der Anbetung schallten über das heilige Wasser. Ich bekam eine Gänsehaut. Avan, ein paar Bootsmänner und ich ruderten an den Ghats entlang und tauchten ein in das Spektakel. Es war magisch. Dann folgte das zweite Bad. Als der Mond wieder sein Silberlicht verstrahlte, schrien die Leute im Wasser ekstatisch auf. Überall wurden Mantren aus voller Kehle rezitiert, Götter angerufen – ein Augenblick der Hingabe und Anbetung.

Die nächsten Tage verbrachte ich schwitzend an den Ghats. Der Monsun würde nicht mehr lange auf sich warten lassen, ich wurde immer ungeduldiger. Zudem litt ich immer wieder unter Durchfall und Magenschmerzen. Es wurde so schlimm, dass ich mich entschloss, ein Krankenhaus aufzusuchen. Der Behandlungsraum sah wie eine ziemlich heruntergekommene Autowerkstatt aus. Die Liege war von Rost zerfressen, überall lagen benutzte Verbände, Spritzen und Müll herum. Nicht gerade vertrauenerweckend. Um die Patienten standen Pulks von Leuten, die aber alle nur palaverten und nichts taten. Die Kranken stöhnten in der Hitze. Es ging mir nicht gut, ich brauchte Hilfe. Ich wartete.

Nachdem ich endlich mit dem Arzt gesprochen hatte, kam sein kleiner Sohn und führte mich in die Wohnung des Doktors, die dem Krankenhaus angeschlossen war. Ich sollte dort bei seiner Frau warten. Sie war sehr nett zu mir, sprach aber nur Hindi, und mit den paar Brocken, die ich konnte, war es schwer, eine Unterhaltung zu führen. Das ging mit den Bettlern viel besser. Die Arztfrau gab mir etwas zu essen und räumte die Holzpritsche, die ihr als Bett diente, für mich.

Die hohen Temperaturen hatten den Raum in einen Glutofen verwandelt, erschöpft machte ich ein Nickerchen, quer über ihr Bettlager gestreckt, die einzige Möglichkeit, der Hitze zu entkommen.

Als ich aufwachte, schaute ich mich um. Die Küche glich eher einer Garage, alle Kochutensilien standen auf dem Boden, und in der Ecke lehnte eine große Gasflasche. Direkt am Eingang waren im Korridor zwei Kühe angebunden, von deren Milch ich auch gleich trinken sollte. Ich wusste, sie würde mir nicht bekommen, aber das war der Frau des Doktors nicht zu vermitteln. Ich kam nicht um mehrere Becher Milch herum. Als dann endlich der Doktor ins Zimmer trat, brachte er statt Medikamenten oder Untersuchungsgeräten seinen Musikguru mit. Der Mann war in ein festliches, langes Gewand gekleidet und hatte seine Tablas dabei, klassische indische Trommeln. Er ließ sich im Lotussitz auf dem Boden nieder, faltete seine Hände zu einem Namaste, schenkte mir ein strahlendes Lächeln und begann, virtuos und voller Leidenschaft auf den Tablas zu trommeln. Ich war verdutzt. Eigentlich war ich ja wegen meiner Leibschmerzen hier. Bevor ich darüber weiter nachdenken konnte, betrat die kleine Tochter des Arztes den Raum. Sie hatte sich herausgeputzt von Kopf bis Fuß wie ein Christbaum. Um die Fesseln hatte sie Dutzende Glöckchen gebunden, die bei jedem Schritt bimmelten. Sofort begann sie hinter dem Musiker zu tanzen, wie man das aus Bollywoodfilmen kennt. Ich war sprachlos.

Als dann der Doktor mit lauter Stimme einsetzte und melancholische Lieder sang, die er dramatisch vortrug, zwickte ich mich schon einmal, um zu prüfen, ob ich träumte. Je inbrünstiger der Arzt sang, desto klarer wurde mir, dass ich heute nicht mehr behandelt oder untersucht werden würde, also beschloss ich, die Flucht anzutreten. Die Frau hatte aber schon die Fotoalben der Familie zurechtgelegt und wartete mit einem dampfenden Chai auf uns. Da musste ich dann auch noch durch. Hunderte Bilder von Hochzeiten, Tausende Gesichter, die ich nicht kannte. Sohn und Tochter des Arztes saßen fast auf mir, während sie die Seiten der Alben umblätterten. Sie löcherten mich mit Fragen im Stil eines Poesiealbums (»What is your favourite colour?«) und probierten ihr Schulenglisch an mir aus. Ich hatte nicht nur bittere Magenkrämpfe, ich wollte einfach nur noch weg. Ich verabschiedete mich und eilte zurück zu Ganga. Der Arztbesuch hatte mir keine Linderung meiner Schmerzen gebracht, blieb aber trotzdem nicht folgenlos.

Bald darauf nämlich erschien auf einmal der Doktor nachmittags an den Ghats. Er setzte sich schnurstracks zu mir. Ohne Einleitung begann er, mir in schwülstigen Worten seine Liebe zu erklären. Mamma mia! Der war ja total durchgeknallt!

Er wollte, dass ich in seiner Wohnung neben der Klinik wohnte und für immer bei ihm bliebe. Wenn ich ihn heiraten würde, brauchte ich nie wieder etwas zu tun, keinen Finger mehr zu rühren, seine Frau würde mich von oben bis unten bedienen und wäre damit auch einverstanden. Und damit stehe unserer Hochzeit ja wohl nichts mehr im Wege. Auch seine Kinder wünschten das. Wir beide, sagte er, hätten denselben Intelligenzgrad, und Gott habe ihm gezeigt, dass ich die Richtige sei. Er wolle, wenn nötig, bis zum letzten Atemzug auf mich warten.

Ich hatte mir mein Leben doch ein wenig anders vorgestellt, jedenfalls nicht als Zweitfrau eines liebestollen indischen Arztes. Ich wollte mit ihm überhaupt nichts mehr zu tun haben, das sagte ich ihm auch deutlich, und damit war die Sache für mich erledigt – zunächst.

Devidas und Avan zogen mich danach die ganze Zeit damit auf und äfften den Doktor nach. Ich fand das gar nicht witzig. Als ich nachfragte, erklärten sie mir, dass auch ein Hindu zwei Frauen haben dürfe, wenn die erste Frau das gestatte. Es komme aber nicht häufig vor, weil es teuer sei, zwei Frauen zu versorgen. Mit einer einzigen Frau, so sie denn Söhne lieferte, habe man doch alles Wichtige abgedeckt, so der Konsens der Männer.

Gerade als das Essen fertig gekocht war, kletterten weitere Bootsmänner zu uns in das Boot, und wir teilten alles. Wir unterhielten uns über die Leute, die wir kannten. Einer hatte ein Radio dabei und suchte den besten Sender. Er spielte alte romantische Liebeslieder, gesungen von Lata Mangeshkar, melodischer als die gängige Bollywoodmusik, die immer noch schräg in meinen Ohren klang. Ich freute mich über die sanften Klänge, die mir die Abendstunden versüßten. Weiter hinten wurde Kricket gespielt, laut erschallten die Rufe der Spieler, und ich hörte die Abschläge. Am Vortag war das Spiel bis tief in die Nacht gegangen. Sie konnten nur nachts spielen, tagsüber war es viel zu heiß.

Wegen der Hitze flüchtete ich über Mittag in den Chaishop, zu den Bettlern im Dharamsala, dann wieder unter den Bastschirm. Es war überall zu heiß – mittlerweile 44 Grad. Ich fühlte mich wie Lehm in einer Ziegelfabrik. Die Steintreppen und Plateaus der Ghats absorbierten die Hitze und buken uns langsam. Ich dämmerte weg und wachte erst wieder auf, als der »Doktor des Grauens« kam. Bevor ich die Flucht ergreifen konnte, entfaltete er das Drama schlechthin. Er erklärte mir abermals seine tiefgehende Liebe und flehte mich an, seine Frau zu werden.

Diesmal gab er alles. Es endete damit, dass er sich unter aller Augen auf den Boden warf, meinen Fuß packte, ihn auf seinen Kopf stellte und dort festhielt. Er winselte, dass ich sein Schicksal in der Hand hielte. Wenn ich nicht seine Frau würde, brächte er sich um. Fassungslos erklärte ich ihm, dass ich nicht im Entferntesten daran dachte, mich mit ihm einzulassen. So ließ ich ihn stehen und watete in Ganga Ma, um meine Ruhe zu haben. Nur im Fluss fühlte ich mich unbedrängt. Völlig bekleidet schwamm ich in kräftigen Zügen in Richtung Flussmitte.

Ein Ruderboot, vollbesetzt mit indischen Männern, näherte sich wie ein gefräßiger Fisch. Ich ahnte Schlimmes und schwamm zur Seite weg, doch das Boot folgte mir, bis es mich eingeholt hatte. Dann umkreisten sie mich. »Hi, darling! Hi, sexy!«, rief der Mann im Boot mir zu. Ich sagte ihm ganz freundlich, dass ich hier in seinem heiligen Fluss betete, das müsse er doch respektieren. Doch er hörte nicht auf, und die Kreise wurden immer enger. »Hey baby, you want fuck? I verrry sex man.« Irgendwann brüllte ich ihn an, dass er endlich die Klappe halten solle. Außerdem seien wir hier auf Ganga, erinnerte ich ihn, ohne Wirkung.

»I military man. I can rape you, I can fuck you.«

Nach dieser Ansage sah ich nur noch rot. Ich schwamm so schnell ich konnte ans Ufer zurück und wartete dort zitternd vor Wut, bis der triebgesteuerte »military man« mit seinem Ruderboot ahnungslos anlegte. Der Typ war massig, und man sah sofort, dass er wohl wirklich beim Militär war. Ich wusste genau, dass ich gegen ihn keine

Chance hatte, trotzdem rannte ich wutentbrannt los und sprang ihm mit Anlauf von hinten auf den Rücken. Die Überraschungsattacke fällte ihn wie einen Baumstamm, ich saß auf seinem Rücken, drückte ihn zu Boden und veranstaltete ein Riesengeschrei. Er boxte sich frei und stürmte los. Ich nahm die Verfolgung auf, denn ich wollte ihn nicht so einfach entkommen lassen. Der Soldat sprintete in die Polizeistation – genau dahin, wo ich ihn haben wollte. Ich war nur einen Schritt hinter ihm.

Unbedingt wollte ich ihn anzeigen. »Das kannst du nicht machen, der ist beim Militär!«, sagten die Ganga-Polizisten. Aber ich war fest entschlossen, das durchzuziehen. »Dazu müssten wir in die große Polizeistation«, hieß es dann achselzuckend, sie kannten ja meine Hartnäckigkeit schon.

Mein Belästiger fing daraufhin an zu weinen und bat mich immer wieder, von einer Anzeige abzusehen. Der große Brocken war auf einmal ganz mickrig. Natürlich versuchte der Typ, dummdreist zu lügen. Er sagte, das sei ein Grammatikfehler gewesen, und dass er mich eigentlich nur habe warnen wollen, dass ich vielleicht vergewaltigt werden könnte. Ich gab keinen Deut nach. Viele meiner Bekannten drückten sich um die Polizeistation herum, alle wollten wissen, was los war. Avan kam einfach herein und reichte mir einen Tee.

Schließlich wurden wir in die Hauptwache gebracht, zwei Kreuzungen weiter. Es war ein Riesenaufstand, eine Traube Menschen folgte uns sensationslüstern und skandalgierig.

Dort saß ich dann mit dem Polizeioffizier bei Kerzenlicht – es war Stromausfall – auf einem Holzstuhl, der kein Polsterinnenleben mehr hatte. Es war nur noch der Rahmen übrig, auf dem ich balancierte. Ich beharrte darauf, dass der Vorfall gehört wurde. Sie redeten abermals auf mich ein, baten mich, den Mann nicht anzuzeigen, weil ich damit sein Leben ruinierte.

»Er muss gestoppt werden! Einer vom Militär kann doch nicht einfach jeder Frau androhen, sie zu vergewaltigen!«

Die ganze Sache ging hin und her, und ich ahnte, dass selbst wenn sie meine Anzeige aufschrieben, sie das Papier garantiert zerreißen würden, sobald ich die Polizeistation verließ. Also verlangte ich von ihm zu wiederholen, dass er – bei all seinen Göttern – nie wieder eine

Frau zu Schaden kommen lasse, dass er fortan alle Frauen schützen, achten und ehren werde. Dem Verweifelten lief der Schweiß herunter. Er kniete auf dem Boden, alle hielten den Atem an, um bloß nichts zu verpassen. Ich glaubte keine Sekunde daran, dass der Soldat das in Zukunft wirklich beherzigen würde, aber das Aufsagen kostete ihn immerhin einiges an Stolz. Ich stand auf und ging.

Ich lief zurück zu Ganga, immer gefolgt von den Menschen, die laut und vernehmbar tratschten, aufgeregt schnatterten und überall verbreiteten, was sie gesehen hatten. Dass sich eine Frau verteidigte, war ihnen neu. Avan und die Bootsmänner warteten schon auf mich, mit einer Tüte Litschis. Vom Boot aus warf ich die dunkelroten Schalen der zuckersüßen Früchte ins Wasser und schaute zu, wie sie davontrieben.

7

Das Löwengesicht

Wie jeder Pilger tauchte Singeshwar dreimal unter, bevor er seine Zwiesprache mit den Göttern beendete. Doch er war ganz und gar nicht wie jeder Pilger. Er war Singeshwar, das Löwengesicht. Die Lepra hatte ihm alles angetan, was sie auf Lager hatte. Sie hatte ihn für immer gezeichnet und dabei keine Stelle ausgelassen, sie hatte ihn verkrüppelt und ihn so entstellt, dass andere sich vor ihm fürchteten. Die Rache einer sich vor Hass verzehrenden, sitzengelassenen Geliebten aus einer griechischen Göttersage hätte nicht schlimmer ausfallen können.

Doch eines hatte die Lepra nicht geschafft: ihn zu brechen. Er war ein aufrecht stehender, stolzer Mann um die 40 und sichtbar von Leben und Energie durchdrungen, sein Körper stand unter Spannung. Er strahlte eine immense Stärke aus.

Als er die letzten Meter durch das seichte Wasser watete, ruderte er stark mit den Armen, um auf den Füßen zu bleiben. Singeshwar hatte alle Finger und seine Fußzehen eingebüßt. Die Füße waren deswegen zu kurz, um den recht groß gewachsenen Mann stets im Gleichgewicht zu halten, er glich das mit den Ruderbewegungen aus.

Sein Löwengesicht war der lebendig gewordene Albtraum eines jeden Leprakranken. Der Nasenrücken war tief eingefallen, die Unterlippe war aufgeschwollen und fiel schief herunter, und die unteren Augenränder hingen so tief, dass sie dem Gesicht einen fratzenhaften Ausdruck geradezu aufzwangen. Die Gesichtszüge waren erstarrt, die ausgefallenen Augenbrauen und der spärliche Bartwuchs verstärkten das Maskenhafte.

Dennoch fühlte ich mich von dem Charisma angezogen, das er und seine Frau Shanti devi ausstrahlten. Von Devidasgurus Platz aus, so nannten die Leute den Pujari, bei dem ich oft saß, beobachtete ich fast jeden Nachmittag Singeshwar und Shanti, wie sie ihr Bad nahmen. Schon bald gesellte ich mich zu ihnen, und wir hielten Schwätzchen, fernab vom Chaos der Straße, am Ufer der Ganga.

Singeshwar und Shanti saßen auf der letztmöglichen Stufe, mit angezogenen Beinen. Sie platzierte die Kernseife auf Singeshwars Handteller, er presste sie dann mit Druck an seinen Körper und seifte sich von oben bis unten in einem Zug ein. Er war sehr beweglich und erreichte alle Stellen des Körpers. Das musste er unendlich oft geübt haben. Als er fertig war, warf er die feuchte Seife auf die Steine, Shanti übernahm und wusch ihm ausgiebig die Haare. Kräftig seifte sie ihn ein. Um den Seifenschaum abzuspülen, tauchte Singeshwar in die Fluten. Mit einem Lunghi rieb Shanti seinen nassen Körper trocken, und schließlich ölte sie ihren Mann mit Senföl ein, die Arme, die Beine, den Rücken, den Oberkörper. Fest strich sie das dickflüssige Öl in seine Haut, mit geübtem Griff und konzentriertem Blick. Die Hingabe, mit der sie das alles tat, ließ mir das Herz aufgehen. Ein echter Lichtblick in dieser sonst so lieblosen Welt. Erst dann wusch sich Shanti, im Sari gekleidet, und zum krönenden Abschluss rieb sie ihre Füße minutenlang exzessiv an den ausgetretenen Steinstufen, um die dickschichtige Hornhaut zu schmirgeln.

Ganga Ma war die Mutter, sie akzeptierte jedes ihrer Kinder, ob verkrüppelt oder gesund, hässlich oder hübsch, arm oder reich, gleich welche Kaste. Sie nahm sie alle in ihre ausgebreiteten Arme. Und so war es den Leprakranken erlaubt, im Fluss zu baden, die einzigen Augenblicke, in denen die Ungleichheit nicht mehr galt. Im heiligen Fluss stehend waren alle gleich. Sobald an Land das heilige Wasser auf ihren Leibern trocknete, waren sie wieder die Geächteten und Vertriebenen.

Die Bettler wurden nicht einfach nur fortgejagt, sie wurden gar nicht erst zur Kenntnis genommen, als existierten sie nicht, als wären sie Geister und Schatten. Was muss das für ein Gefühl sein, wenn man nicht auf einen Tee in den Chaishop darf, nicht in die Garküchen, aus denen es so aromatisch duftet, in keinen einzigen Laden? Wie weh muss es tun, wenn Passanten angewidert zur Seite springen, um dich bloß nicht zu berühren? Wenn niemand mehr mit dir spricht und niemand mehr nach deinem Namen fragt?

Mittlerweile aß ich auch manchmal mit den Leprakranken. Ich verbrachte ja viel Zeit mit ihnen, da boten sie mir immer wieder von ihrem Selbstgekochten an, und ich konnte ihre Einladungen nicht mehr ausschlagen. Zunächst wollte ich nichts davon anrühren, aber als Lalu mir seine Spezialität, in Öl frittierte Parathas, die nach angedünsteten Kartoffeln und frischer Masala, einer Gewürzmischung, dufteten, mit einem stolzen Funkeln in den Augen präsentierte, konnte ich ihn nicht enttäuschen. Er wusste, dass ich abends immer mit den Bootsmännern aß.

Die Parathas schmeckten köstlich und wurden zu meiner Lieblingsspeise, er würzte sie genau nach meinem Geschmack, und langsam gewöhnte ich mich an die Schärfe.

Ich achtete aber darauf, nur bei den Bettlern zu essen, die zumindest versuchten, auch auf der Straße eine Grundhygiene einzuhalten. Alles andere lehnte ich ab. Ich sprach offen mit Thiru darüber. »Ich möchte nicht unhöflich sein und niemanden beleidigen«, begann ich vorsichtig, »aber ich kann nicht bei jedem essen. Als Ausländerin habe ich noch schneller Durchfall als ihr.« Thiru nahm das nicht übel und sprach mit Lalu, meinem Großvater. Lalu war sofort einverstanden und ernannte sich gemeinsam mit Shanti devi und den Bettlern im Dharamsala zu meinen Leibköchen, meinen Drei-Sterne-Köchen. Bei anderen durfte ich dann ablehnen.

Shanti war eine Meisterin an ihrem Öfchen auf der Müllkippe. Schier unglaublich, was sie zauberte, man musste sich den Hintergrund einfach wegdenken. Zu gern hätte ich sie einmal in einer richtigen Küche erlebt.

Für die »normalen« Inder war es jenseits ihrer Vorstellungskraft, dass ich mit den Leprakranken Mahlzeiten teilte. Immer öfter wurde ich beschimpft. Aufgebrachte und verächtliche Blicke voller Abscheu trafen mich. Wildfremde Passanten mischten sich ein und belehrten mich, dass Leprakranke Abschaum seien, »same like dog«, und ständig war ich den Blicken der Gaffer ausgesetzt. Die meisten machten sich nicht einmal die Mühe, mit mir zu reden, sondern nannten mich »verrückt«, »blöd« oder »Hure«.

Eines Morgens, als ich Chai trinken wollte und fröhlich bestellte, zog der Chaiwala, der Teehändler, knallhart seine Grenzen: »Wenn du Chai mit denen trinkst, dann nicht mit uns.« Das war eine klare Ansage. Ich ging weiter zum nächsten Chaishop, dort wurde ich bedient. Auch Samants Freunde rutschten von mir ab, wenn wir uns beim Teetrinken begegneten. Sie vermieden es, mir in die Augen zu schauen. Avan dagegen hatte, genauso wie die anderen Bootsmänner, kein Problem damit. Als Kind der Ghats kannte er die Leprakranken schon viele Jahre.

Immer öfter saß ich mit Singeshwar und Shanti im Underground zusammen, und wir schwätzten, während Shanti kochte. Das Paar war wirklich perfekt aufeinander eingespielt. Es gab viele Dinge, die Singeshwar nach dem Verlust seiner Finger nicht mehr selbst erledigen konnte. Er musste dann nichts sagen, nicht einmal aufschauen. Shanti war sofort da, knüpfte ihm etwa das Hemd zu.

Die Hitze in Benares war jetzt so gewaltig, dass die Bettler schwer darunter litten, denn sie hatten kaum körperliche Reserven und keinen Rückzugsort. Auch Singeshwar musste sich mehrmals am Tag vor Schwäche flach auf den Boden legen. Shanti wickelte ihn dann sofort in nasse Tücher ein, es sah aus, als wolle sie ihn zur Einbalsamierung vorbereiten. Ich lernte, dass Leprakranke nicht mehr schwitzen können. Die nassen Tücher waren der Schutz gegen Überhitzung.

Singeshwar und Shanti hatten beide laute und raue Stimmen, sie unterhielten sich in breitestem Dialekt, auch für mich hörbar anders als das Hindi. Wenn sie in Lachen verfielen, röhrten sie über den ganzen Platz und steckten mich jedes Mal damit an. Shanti war klein und zierlich, sie flocht die langen Haare mitsamt einem roten Band zum Zopf, so wie die meisten Frauen hier. Aber sie wirkte auf mich zäh und willensstark bis in die letzte Pore, kein bisschen zerbrechlich. Sie mischte sich selbstbewusst in alles ein, sagte, was sie wollte, und war weit weg vom Ideal der devoten indischen Frau, die den Blick gesenkt hielt. Shanti war eine Kämpferin, durch und durch straßengeprüft und schicksalsstark. Sie stand ihrem Mann bei, so gut sie konnte. Das war echt, nicht aufgezwungen.

Eines Nachmittags, als ich die beiden im Underground besuchte, zupfte Shanti an ihrem Sari und zog den an der Taille nach innen geschlagenen Zipfel heraus. Sie löste den Knoten und ein Schlüsselchen fiel in ihre Hand. Damit öffnete sie das Vorhängeschloss einer hölzernen Box, die in Singeshwars Schiebewagen integriert war. Ich war erstaunt – ihre Seifenkiste hatte als Sonderausstattung einen Kofferraum zu bieten! Auf einem Stückchen Papier klebten viele dunkelrote, samtige Punkte, in Reih und Glied. Sie löste feierlich einen davon ab und platzierte ihn auf meiner Stirn, einen halben Zentimeter mittig über den Augenbrauen. Mit beiden Händen hielt sie dann mein Gesicht fest und begutachtete ihr Werk.

Den Bindi, also den Punkt zum Aufkleben, passend zur Farbe der Kleidung, tragen die Frauen Indiens als Schmuck auf der Stirn. Bindi heißt Kreis oder Punkt. Mit ihm wurde ursprünglich das Dritte Auge, der Punkt der Innenschau und der Intuition, vor störenden Energien beschützt. Die Tika wiederum ist aus rotem Puder oder nasser Sandelholzpaste, sitzt auch auf dem Dritten Auge und zeigt an, dass man im Tempel war. Bei Antritt einer Reise werden der Tika noch rohe Reiskörner beigemischt, die dem Reisenden dann den Tag über stetig von der Stirn purzeln. Ob eine Frau verheiratet ist oder nicht, zeigen weder Bindi noch Tika an, sondern ein zentimeterlanger Strich aus orangefarbenem oder rotem Puder am Anfang des Scheitels. Diese Bräuche befolgten auch die Frauen der Straße.

Die Anfeindungen aus den Reihen der Leute in Benares hatten mittlerweile ein übles Ausmaß erreicht. Ich wurde immer aussätziger und abscheulicher für sie, immer verrückter und mit jedem Tag mehr zur Hure. Die Doppelmoral vieler Leute enthüllte sich mir eines Tages zufällig. Rani und Naurangi devi baten Ramchandra, für sie zum Münzwechsler zu laufen und ihre Handvoll Münzen in einen Schein umzutauschen. Ich freute mich für sie. Sie hatten offenbar gutes Geld eingenommen, obwohl gerade kein Fest mit vielen Pilgern gefeiert wurde. Aber sie korrigierten mich, sie hätten ihren Reis verkauft.

»Wer kauft denn Reis von Leprakranken?« Ich schaute Thiru fragend an. »Die da. Für ein bis zwei Rupien pro Kilo«, und zeigte auf die Ladenbesitzer, den Chaishop und die Souvenirläden. Ich konnte es nicht fassen. Der Marktpreis für Reis einfacher Qualität lag bei zehn bis zwölf Rupien pro Kilogramm. Da offenbarte sich mir wieder das Paradoxe an diesem Land. Dieselben Ladenbesitzer, die vor den Bettlern ausspuckten und sie wie räudige Hunde verjagten, kauften ihnen heimlich den dreckigen Reis ab, mit großem Profit auf dem Rücken der Ausgestoßenen. Auch der Chaiwala war dabei, der mir wegen des Umgangs mit den Bettlern hochmütig den Tee verweigerte. Niemandem kam auch nur in den Sinn, das scheinbar naturgegebene System in Frage zu stellen. Der Stärkere beutet den Schwächeren aus.

Und die Schwachen schämten sich sogar noch für ihr Elend. So hatten einige Bettler die Füße in zerschnittene Jutesäcke gepackt. Weil sie keine Schuhe haben, dachte ich. Aber eines Tages wurden mir die Augen geöffnet. Ich saß neben Dasu, einem ungefähr 50 Jahre alten Leprakranken, den ich *chacha*, Onkel, nannte, in der Bettlerreihe und trank gemütlich meinen Chai. Wir scherzten, sie versuchten, mir gerade die Aussprache einiger Hindi-Wörter beizubringen. In der nächsten Sekunde traf mich der Schlag. Von Dasu her krochen und rollten fette, weißliche Maden auf mich zu. Mein Blick folgte ihnen zurück zu Dasus Fuß. Als er den Sack öffnete, sah ich Hunderte quicklebendige Maden in einem Wundkrater wimmeln. Der ganze Fuß war in Bewegung, so schien es, von innen heraus. Sie fraßen sein Gewebe. Die Wunde stank entsetzlich. Deshalb der Sack um den Fuß. Nicht einmal der hartgesottenste Bettlernachbar konnte das ertragen. Der Gestank war beißend, fast ätzend, ich werde ihn nie vergessen. Aufmunternd lächelte ich ihm zu, was blieb mir auch anderes übrig, und trank meinen Chai aus. Kiran zerquetschte schnell alle Maden um mich herum mit einem Stein. Er wusste, dass ich mich ekelte.

Plötzlich ertönte ein Geschrei in allen Stimmlagen aus Underground, ich lief hin, um nachzuschauen, was los war. Sturzbetrunken hatte Kalikas Vater seine Frau blutig geschlagen und tobte wie ein Amokläufer mit einem Backstein in der Hand durch das Bettlerlager. Die Kinder drückten sich in ihre Verstecke und ließen die Szene nicht aus den Augen. Ihre Mutter kauerte heulend auf dem Boden, die Haare wirr, das Gesicht blutüberströmt, Blut rann aus der gebrochenen Nase, ein paar Zähne hatte sie auch verloren. Es brauchte drei Männer, um Kalikas Vater zu überwältigen und festzuhalten, er wand sich und kämpfte wie ein Stier, dessen rotes Tuch sein eigenes Dasein war. Er schlug wie rasend das Wenige kaputt, das sie besaßen. Die meisten Schimpfwörter, die er brüllte, kannte ich schon, die lernt man immer zuerst.

Weil der Berauschte keine Ruhe gab, banden sie ihm kurzerhand mit einem Strick Hände und Füße fest zusammen und legten ihn am Rand von Underground ab, immerhin in den Schatten. Er schrie noch eine Zeitlang wie ein wildes Tier in dieser selbstgemachten Zwangsjacke, doch irgendwann fiel er ins Alkoholkoma und verstummte. Erst dann trauten sich seine Kinder wie Mäuse wieder aus den Löchern. Sie trösteten ihre Ma, die immer noch benommen und in sich zusammengesunken auf dem Boden hockte. Das Blut um sie herum hatte schon einen Schwarm schwarzer Fliegen angelockt. Kalika kratzte ihr die von Blut und Tränen verklebten Haarsträhnen aus dem Gesicht, zog tatsächlich einen Kamm aus dem Gepäck und begann, der Mutter die hüftlangen Haare zu kämmen. Devika, die Dreijährige, fächelte ihr mit dem Schilffächer Luft zu, und ihr siebenjähriger Bruder nahm das Baby auf den Arm und suchte mit der freien Hand die verstreuten Sachen um das Familienlager zusammen. Die Bettler gingen längst wieder ihren Beschäftigungen nach. Als ich mich noch einmal umdrehte, sah ich, wie der schwarze Straßenhund Kalu, der Anführer, gierig das Blut vom Boden leckte. Irgendjemand profitierte schließlich immer vom Leid der anderen.

8

Qualuerwandtschaften

Ich schreckte hoch und sah aus den Augenwinkeln im Dunkeln, wie der Mann ihr die Kleidung hastig beiseiteschob und sich auf sie legte. Das geschah ohne ein Wort, die Frau blickte nicht einmal auf, es sah aus, als schliefe sie weiter. Es geschah direkt neben mir. Nach einer Minute war es vorbei, immer noch keine Regung der Frau. Der Mann rollte von ihr, stand auf und schwankte betrunken nach unten, wo die Männer schliefen. Ich war fassungslos. Da besprang Avans Bruder mitten in der Nacht in einem Raum voller Frauen und mindestens einem Dutzend Kinder seine Ehefrau! Ob wohl alle Kinder hier auf diese Art entstanden waren?

Es war wieder ein Mord an den Ghats geschehen, und der *Chief Inspector* aus Delhi hatte mich sofort vom Ruderboot geworfen, immun gegen mein Bitten und Betteln. Die Ganga-Polizei flüsterte mir zu, ich müsse mich ein paar Tage gedulden, dann habe sich die Aufregung gelegt. Also hatte Avan mich in seine Großfamilie gequetscht. Ich zählte 24 Familienmitglieder in dem schmalen, aber hochgebauten Haus, das nur im Erdgeschoss eingerichtet, verputzt und gefliest war. Die oberen Stockwerke waren aus blankem Beton ohne Möbel, das Leben spielte sich auf dem Fußboden ab. Wir aßen, saßen und schliefen auf dem Boden. Aber Avans Familie hatte einen Schwarzweißfernseher, eine alte Kiste, immer auf volle Lautstärke gedreht, wenn Strom aus der Steckdose kam. Angebunden vor dem Haus meckerten vier Ziegen, die nachts in den Korridor im Erdgeschoss wanderten. »Die Reichen haben Kühe, die Armen haben Ziegen«, sagte Avan.

Mein größtes Problem aber war, dass Avans Familie mich die ganze Zeit lang anstarrte. Sie kommentierten alles, was ich tat, jede Bewegung, wie ich aß, wie ich schaute, wie ich mich hinsetzte, wie ich lachte, wie ich meine indische Kleidung trug. Es war furchtbar anstrengend, vor allem, weil ich deutlich spürte, dass das keine Nettigkeiten waren, sondern dass sie sich über mich lustig machten, weil alles an mir so anders war.

Sie zeigten mit dem Finger auf mich, während sie über mich redeten, die Frauen und Kinder fassten meine helle Haut an und griffen in mein Haar, sie zogen an meinen Wimpern. Sie kommentierten pausenlos meinen Körper. Da ich der Sprache noch nicht richtig mächtig war, konnte ich dem auch keinen Einhalt gebieten oder gar mitreden, sondern musste mit Zeichensprache auskommen. So pflegten wir nur einen sehr geringen Austausch, eher wie in der Tierwelt: Wir rochen mehr aneinander, als dass wir uns miteinander wirklich unterhalten hätten.

Natürlich gab es auch schöne Momente. Dann, wenn die Männer außer Haus waren und wir Frauen unter uns. Ich hatte mir einen Sari gekauft, und aufgeregt schnatternd halfen mir die Frauen, ihn zu wickeln. Sie zeigten mir auch, wie ich die viereinhalb Meter Stoff mit ein paar Griffen knitterfrei und platzsparend falten konnte.

Aber wenn die Ehemänner anwesend waren, blieben ihre Frauen flach atmend und so unsichtbar wie möglich im Hintergrund. Ständig lag Ärger in der Luft. Das belastete mich.

Ich fragte Avan, wie seine Schwägerin, die mit den sechs Kindern, denn heiße. Sie war mir am sympathischsten von allen. Avan antwortete, dass er ihren Vornamen nicht kenne. Sie sei einfach *bhabhij*, das heiße »älteste Schwägerin« und zeige ihre Stellung in der Familie an. Ich war wie vor den Kopf geschlagen. Avan kannte diese Frau seit mehr als zehn Jahren, er aß die von ihr zubereiteten Mahlzeiten und trank das Wasser, das sie draußen auf der Straße an der Handwasserpumpe in Gefäße füllte und heimschleppte. Aber ihren Namen kannte er nicht. Als Person galt sie ihm offenbar nichts, nur ihr »Dienstgrad« innerhalb der Familie zählte. Das machte mich wütend. Ihr Name war übrigens Umali, das bedeutet »großzügig«.

Avans Familie fand Gefallen daran, mich herumzuzeigen. Ich kam mir vor wie ein angegafftes Tier im Zoo, dem man Erdnüsse zuwirft, damit es mal herschaut oder Faxen macht.

Der alte Vater hingegen würdigte mich keines Blickes und wechselte kein Wort mit mir, nicht einmal »namaste«. Ich fühlte Beklemmung, wenn er zu Hause war, und fürchtete mich fast ein wenig vor dem hageren, abgearbeiteten, alten Mann. Er ließ zwar zu, dass ich dort übernachtete, aber er blickte auf mich als westliche Frau herab. Er wollte mich gar nicht kennenlernen. Begünstigt wurde das von der Struktur der indischen Familien: Die jungen Frauen durften nicht einfach mit dem Familienoberhaupt sprechen. Sobald der Schwiegervater das Haus betrat, mussten sie den Blick nach unten richten und den Sari über den Kopf bis tief in die Stirn ziehen. Sie durften ihn nicht ansprechen, sondern hatten seinen Befehlen zu gehorchen. Er konnte ihnen jede Pflicht auferlegen, aber sie durften sich niemals an ihn wenden, auch nicht bei brennenden Sorgen, wichtigen Fragen oder ernsten Schwierigkeiten. Auch ihren Ehemann hatten die Frauen zu siezen. Selbst wenn sie ihm bereits ein halbes Dutzend Kinder geboren hatten.

Am schlimmsten aber war die Enge im Haus. Immer waren viele Familienmitglieder anwesend, nie herrschte Ruhe, nirgendwo blieb Luft zum Atmen. Nachts lagen wir Frauen auf dem Boden wie die Sardinen in der Konservenbüchse und die Kinder dazwischen wie die Erbsen. Der Boden war voll mit Körpern, und ich quetschte mich noch dazu. Ständig fühlte ich den Arm oder das Bein eines Kindes oder dessen Mutter halb auf mir, ich hörte den Atemzügen zu, die oft in denselben Rhythmus verfielen.

In einer Nacht, als alle schon schliefen und ich zwischen Schlaf und Wachsein kaum noch unterscheiden konnte, hörte ich auf einmal die kleine Sangita weinen, ein süßes Mädchen. Sie lag ganz in meiner Nähe, also kraulte ich ihr beruhigend den Rücken, und sie wurde still. Das erinnerte mich an meine Kindheit, wie ich oft Hand in Hand mit meiner Großmutter eingeschlafen war. Damals fühlte ich mich wie in einen Kokon der Geborgenheit eingewoben. Ich vermisste meine Familie auf einmal heftig. Später in der Nacht schiss jemand in die inoffizielle Pinkelrinne, die im Korridor verlief. Eigentlich war das ein Abfluss für Wasser. Es stank den Rest der Nacht.

Noch nie war ich so tief in die Privatsphäre anderer Menschen katapultiert worden. Doch mir war klar, dass ich vielleicht nicht mehr auf das Boot zurückkehren dürfte, wenn ich mir ein Hotelzimmer nähme. Das wollte ich nicht riskieren, also biss ich die Zähne zusammen. Solange kein Streit ausbrach, war alles zu ertragen. Wenn die Familienmitglieder aneinandergerieten, ergriff ich, wenn möglich, die Flucht.

Fast täglich sprach ich flehend bei der kleinen Polizeistation am Ghat vor und bat darum, wieder auf Ganga schlafen zu dürfen. Ich war jetzt den weiten Sternenhimmel gewohnt, der mir wie eine Landkarte den Weg durch meine nächtlichen Träume zeigte, nur dann wachte ich am Morgen erfrischt und munter auf. In dem Haus fühlte ich mich wie eingesperrt, abgeschnitten, reduziert.

Dann war es endlich so weit. Ich saß wieder einmal in der Polizeistation, trank Chai, und als der Inspektor dazukam, sagte er einfach nur: »Erlaubt!« Na endlich! Meine Hartnäckigkeit hatte sich ausgezahlt.

Nach den Tagen und Nächten in der hautengen Lieblosigkeit der Großfamilie war ich glückselig, wieder zurück in Gangas mütterlicher Umarmung zu sein.

Es war heiß, so heiß, schon nach dem Aufwachen auf dem Boot! Der erste Sonnenstrahl brachte mich bereits zum Schwitzen. Die Ghats wirkten wie ein Backofen, der immer höher gedreht wurde, wir wurden gegart und gedünstet, und ich hatte das Gefühl, aus der Haut zu fahren. Durch den Schweiß bildeten sich kleine, aber schmerzhafte Hitzebläschen in so großer Zahl, dass sich sämtliche Hautfalten entzündeten, es stach wie zehntausend Nadeln. Zur Linderung verteilten wir Puder, *Prickly Heat Powder*, ähnlich dem Babypuder, doch mit kühlendem Kampfer gemischt, auf den Hals und das Gesicht. Das sah zwar gewöhnungsbedürftig aus, half aber. Manchmal zerrieb Devidasguru Sandelholz auf einem Stein, fügte Gangawasser hinzu und rieb mir die erfrischende und gutriechende Paste ins Gesicht.

Nachmittags schlief ich wieder unter dem Bastschirm, doch das kam einem Hitzedelirium näher als Schlaf. Es blies ein Wind, ein ganz spezieller, die Inder haben einen Namen dafür: Loo, der unangenehmste Begleiter der Hitze. Es war ein Wind, der einem beim Einatmen die Lunge versengte. Ein Wind wie ein Waldbrand. Ein Feuer ohne Flammen.

Für den Spätnachmittag war ich mit Samant und einem seiner

Freunde, Navin, verabredet. Wir wollten nach Sarnath, einem alten buddhistischen Tempelbezirk. Die beiden kamen mit ihren *Bikes*, kleinen Motorrädern mit 125/150 Kubikzentimeter. Ich setzte mich wie eine indische Frau im Damensitz darauf. Anfangs war das eine wackelige Angelegenheit, aber in brenzliger Lage hätte ich immerhin einfacher abspringen können. Wir schlängelten uns kunstvoll durch dichtesten Verkehr. Ich genoss es sehr, so durch das Straßenspektakel zu brausen, ohne mich auch nur um die kleinste Kleinigkeit kümmern zu müssen.

Als wir auf die Ringstraße stießen, stockte mir der Atem vor Freude: Direkt vor mir lief ein gewaltiger Elefant die Straße entlang, rüsselschwenkend. Ich sprang sofort vom Bike und rannte hin. Die Treiber hielten das Tier an. Er wirkte erhaben, sein Kopf riesig, Rüssel und Stirn waren gesprenkelt mit rosa Punkten, die auch die Ohren erreichten. Es war der allererste Elefant, dem ich in der Stadt begegnete. Ich stand unmittelbar vor ihm und war beeindruckt von seiner mächtigen Größe, seiner Ruhe, seiner Haut, die aussah wie aufgeplatzter Lehmboden in der Hitze. Minutenlang glitt mein Blick über ihn, ich wollte jedes Detail dieses Giganten erfassen, achtete aber gut darauf, nicht unter seine Füße zu geraten. Aus kleinen Augen blickte mich der Elefant klar und neugierig an. Tastend warf er seinen beweglichen Rüssel nach vorn und stupste mich damit an. Leider hatte ich keinerlei Proviant zur Hand. Die Treiber mussten weiterziehen zur nächsten Arbeitsstätte des Elefanten. Er hob Baumstämme und andere schwere Sachen von Lastwagen und belud sie dann wieder. Selig stieg ich auf das Bike, und wir fuhren weiter nach Sarnath.

Dem Tempelbezirk war ein kleiner Wildpark angeschlossen, und dort gab es zarte Rehe, stolze Pfauen, Wildkühe und bunte Vögel. Wir drei setzten uns in die Ruinen der Stätte, die Buddha im dritten bis vierten Jahrhundert vor Christus aufsuchte, zu Fuß von Bodhgaya, dem Ort seiner Erleuchtung, kommend. Vor knapp zweieinhalb Jahrtausenden drehte er hier »das Rad des Dharmas«, und teilte die »Die Vier Edlen Wahrheiten« mit fünf Asketen, die seine früheren Gefährten waren, und begründete damit den Buddhismus. Sie wurden die ersten Mönche und riefen damit die »Sangha«, die Mönchsgemeinschaft, ins Leben.

1500 Jahre lang war Sarnath, damals Isipatana genannt, ein blühendes buddhistisches Zentrum, noch im siebten Jahrhundert nach Christus gab es hier etwa 30 Klöster und fast 3000 Mönche. Sie meißelten aus dem Sandstein die feinen Buddha-Skulpturen, für die Isipatana berühmt wurde.

Doch im 12. Jahrhundert fielen Qutb-du-din Aibaks Heere über Benares und Sarnath her. Dabei fegten sie Sarnath von der Landkarte, zerstörten den im 4. Jahrhundert gebauten Stupa und die Monasterien. Auch in Varanasi blieb kein Stein auf dem anderen, und die alten ehrwürdigen Hindutempel lagen in Schutt und Asche. Doch die unversiegbare Quelle dieser Stadt ist ihre Spiritualität, deshalb hat sich Kashi von Herrscherwechseln, Kriegen und Eroberungen unbeeindruckt gezeigt. Kashi ist weiter den Göttern gefolgt und hat sich so am Leben erhalten. Während sich die Hindus von dem Einfall der Muslime erholten, blieb Sarnath zerstört. Erst 1931 wurde die Stätte ausgegraben, neue Tempel wurden errichtet und ein Museum gebaut, das uralte Buddha-Figuren und Relikte aus der Zeit 300 vor Christus zeigt.

Eine serene Ruhe lag über der Stätte, die Vögel zwitscherten und trällerten unbeschwert – ein gewaltiger Kontrast zu dem von Menschen wimmelnden und aus allen Nähten platzenden Benares. Wir genossen den Ort und den Moment.

Als ich mich verabschiedete, warnten mich Samant und Navin wieder einmal, dass die Bootsmänner mich bestimmt noch ausraubten und umbrächten. Ich schlug ihnen vor, Avan einmal kennenzulernen, aber sie wehrten entsetzt ab, wie Vegetarier, denen man ein blutiges Steak serviert. »Wir mischen uns nicht mit unteren Kasten. Unmöglich«, war die Antwort. Zurück auf dem Boot zeigte mir Avan ebenso seine Missbilligung. Ich war dieser Bevormundung von allen Seiten überdrüssig und beschloss, noch einmal schwimmen zu gehen. Ich ließ mich ins Wasser gleiten, es war ein bisschen unheimlich in dieser Dunkelheit, denn der Mond schien nicht sehr hell. Einzig die Lichter von Dasaswamedh Ghat spiegelten sich dunkelorange und warm wie Kerzenlicht auf der Wasseroberfläche. Ich hielt Ausschau nach Leichen, aber mir war ein ungestörtes Bad vergönnt. Ganga lag in dieser Nacht da wie in einem tiefen Schönheitsschlaf versunken, glatt wie ein Spiegel. Diese unglaubliche Ruhe auf dem heiligen Fluss zog mich magisch an. Hier war ich allein. Mit jedem Schwimmzug nahm ich die Anmut der nächtlichen Ganga, die Gelassenheit und den Frieden in mich auf. Nur ein, zwei Tage später lud mich Samant ein, mit zu ihm nach Hause zu fahren, um seine Familie zu besuchen. Sie wohnten etwas außerhalb, in der Nähe der BHU, der Benares-Hindu-Universität, in einer Ecke von Benares, die ich gar nicht kannte.

Wir nahmen mit der Rikscha die Hauptstraße und kamen abwechselnd durch Hindu- und durch Muslimviertel, Letztere machten ungefähr ein Drittel der Bewohner von Benares aus. Schon auf den ersten Blick waren alle Viertel durch das Handwerk, das dort betrieben wurde, geprägt. Im Schreinerviertel lagerten Klötze, Bretter, Späne und man sah im Vorbeifahren, wie die Leute das Holz bearbeiteten. Leuchteten Silberornamente und zischten kleine, blaue Flammen in den Arbeitsstuben, dann waren es die Silberschmiede, die sich hier angesiedelt hatten. Dasselbe mit den Korbflechtern, Steinmetzen, Töpfern, deren schmale Gassen alle von der Hauptstraße abgingen, um sich danach tief zu verzweigen. Das Angebot wechselte erst alle 100 Schritte. So fuhr man mit der Rikscha an einem Dutzend Geschäften mit Blechgeschirr vorbei, die nächsten 50 Meter an Schulheften und Schulbüchern, um dann die lebendigen, zusammengebundenen Hühner der Schlachter zu passieren. Die Fahrt wurde kurzweilig, es gab so viel zu sehen. Als wir in eine sogenannte Colony abbogen, staunte ich. Hier standen Einfamilienhäuser in relativ sauber gehaltenen Straßenzügen, die großzügigen Grundstücke waren von Mauern umgeben, das war fast schon feudal. Nur fast, denn mittendrin stellte ein Slum sicher, dass weder Ruhe noch Idylle herrschten.

Samants Haus war alt und erzählte schon von außen eine Geschichte. Umgeben war es von einem weitläufigen Feld. Bougainvillea-Büsche ergänzten sich in ihren Farbtönen wie zu einer Malerpalette, und ein großgewachsener Mangobaum warf einladend seinen Schatten. Als ich durch das Tor trat, entdeckte mich der massige Wasserbüffel, der bis dahin friedlich gegrast hatte, starrte mich ein paar Schrecksekunden lang wie hypnotisiert an und nahm dann laut schnaubend Reißaus. Spucke flog ihm aus dem Maul, er galoppierte, von Panik getrieben, in die hinterste Ecke des Grundstücks. Alle prusteten vor Lachen. Samant neckte mich und behauptete, schuld seien wieder einmal die blauen Augen. Die Familie war sehr freundlich und zuvorkommend zu mir. Samants Onkel war ein gebildeter und feinsinniger Mann, der mir die Hingabe an seinen Glauben und seine Götter in bildhaften und fast poetischen Worten beschrieb. Wir unterhielten uns angeregt.

Samant legte sich in der Mittagshitze ein wenig hin, während ich mit seinen Schwestern unter dem Zweigdach des Mangobaumes Hindi lernte. Ich erfragte Vokabeln und schrieb sie auf. Mittlerweile verstand ich schon ein wenig mehr, konnte aber selbst noch nicht richtig mit der Sprache herausrücken. Ich übte aber schon fleißig mit meinen Bettlern. Die Mädchen ölten mir die Haare, flochten mir kichernd einen Zopf und lackierten mir die Fingernägel, Widerstand war wie immer zwecklos, ich wurde ruckzuck zu einer halben Inderin gemacht, mit Bindi auf der Stirn.

Als ich am späten Nachmittag zurück in Dasaswamedh war, herrschte dieselbe schlechte Stimmung wie schon die ganze letzte Zeit. Selbst Devidas zeigte sich so vorwurfsvoll wie Avan. Er redete wieder auf mich ein, dass Samant und seine Freunde kriminelle Geldgeschäfte machten. Dass er, Devidasguru, nicht wünsche, dass ich etwas mit ihnen zu tun habe. Avan neben ihm nickte bekräftigend zu jedem Wort. Ich tat es mit einem Schulterzucken ab. Ich war schließlich nicht dazu da, es allen recht zu machen. Auch der liebeskranke Doktor war schon wieder da, das war nun der Letzte, den ich sehen wollte. Dann hörte ich, dass die Puja anfing. Schon oft hatte ich abends bei der Gangapuja zugeschaut, der malerischen Zeremonie durch einen Tempelpriester am Ufer der Ganga zum Sonnenuntergang. Gläubige versammelten sich um die untersten Stufen, und der Pujari opferte, ehrte und schmückte Ganga Ma mit Feuer, Früchten und Blumen, Gebeten, Gesängen und Musik. Er intonierte wohlklingende, rhythmische Mantren, lobpries Ganga Ma in einem melodiösen Singsang und schwenkte einen flammenden Lichterbaum über dem heiligen Wasser. Einfache Musikinstrumente unterstützten die feierliche Anbetung. Wenn der Priester den Gläubigen einen Schluck Ganga-Wasser in die Handflächen gab und den Rauch des Kampfers darbot, wurden Blumen und Blüten aufs Wasser gestreut, die dann langsam wegtrieben. Manche fanden ihren Weg durch die Boote, manche nicht. Zum Ende der Zeremonie blies der Guru in eine große Muschel, die durchdringend laut weithin erschallte. Ich freute mich jedes Mal auf diesen Klang, er gehörte fest zu meinem „Gangaleben". Bevor die Betenden ihrer Wege gingen, erhielt jeder ein kleines Stück Frucht der Opfergaben von dem Guru, das Prasad, denn auf diesem lag Segen.

An einem dieser Tage war der alte Guru mit seinem imposanten, bis auf die Brust reichenden, weißen Bart auf mich zugekommen und hatte mir, ohne ein Wort zu verlieren, ein Blechinstrument in die Hand gedrückt. Auf diese Art hatte er mich eingeladen mitzufeiern, und ich hatte mir alle Mühe gegeben, mit den anderen im Takt zu bleiben.

Statt wie üblich die Pilger über den Fluss zu rudern, ging Avan direkt nach dem Aufwachen nach Hause. Er sollte mit seinen Eltern die mögliche zukünftige Frau für seinen Bruder begutachten. Ich hingegen freute mich wie jeden Tag während der Hitzezeit darauf, auf dem Markt Mangos zu kaufen. Nicht umsonst bezeichnen die Inder ihre Mango als »Königin der Früchte«, eine gelb-orangefarbene, süßfruchtige, verführerisch duftende, sinnliche Aromabombe. Benares hatte eine unermessliche Auswahl an Sorten zu bieten, eine köstlicher und verlockender als die andere. An diesem Tag währte meine Freude an den Früchten nicht lange. Wieder attackierte mich ein Mann aus der Menge. Er kniff mir so fest in den Po, dass es weh tat. Als ich mich umdrehte, konnte ich den Kerl schon nicht mehr ausmachen, er war im Gedränge untergetaucht. Ich kochte vor Wut. Immer wieder dasselbe, es war zum Ausflippen. Auf dem Weg zurück entdeckte ich Samant und noch ein paar andere in Shankars Chaishop, und wir redeten ein wenig. Avans kleiner Neffe trieb sich die ganze Zeit um den Chaishop herum und beobachtete mich hochkonzentriert, natürlich so unauffällig wie möglich. Er spionierte für Avan. Allmählich wurde mir die Seifenoper zu viel. Ich wollte mich aber nicht ärgern lassen, da ich noch etwas »Großes« vorhatte.

Dinge, die in Deutschland ganz alltäglich und einfach sind, waren in Indien oft nur mit Aufwand zu erledigen, etwa einen Brief absenden. Es gab Briefkästen, doch es war weiser, sie nicht zu nutzen, wenn die Grüße nach Hause auch ihr Ziel erreichen sollten. Also lief ich lieber zum großen Postamt, um mit eigenen Augen sicherzustellen, dass die Briefmarken nicht abgelöst und weiterbenutzt, sondern tatsächlich gestempelt wurden. Weil es furchtbar heiß war, wählte ich Schleichwege über den Markt in der Altstadt. Dort standen die Häuser so dicht, dass die versengenden Sonnenstrahlen nicht bis zum Boden durchdrangen, und man lief im Schatten. Ich merkte, dass mir ein kleiner Junge vom Chaishop folgte, sicher von Samant dazu angestiftet. Jetzt ärgerte ich mich wirklich.

Auf dem Rückweg machte ich einen Schlenker zum Blumenmarkt und wurde belohnt mit einem Farben- und Duftspektakel für Augen und Sinne. Durch einen Torbogen trat man auf einen offenen Platz, der in überbordender Fülle bedeckt war mit Blumenketten aller Farben, kunstvoll gewebt und manche mit glitzerndem Lametta verziert. Sie leuchteten, aufgeschichtet zu hohen Türmen, um die Wette. Ich hielt inne, um die Pracht der Blüten auf mich wirken zu lassen, mein Blick fiel auf rosafarbenen Lotus, gelbe Tagetes, orangefarbene Ringelblumen, blaue und violette Blüten, dunkelroten Hibiskus. Der intensive Duft von Jasmin und Frangipani lag in der Luft, und die frischen Rosenblüten und -blätter, die man im Kilo und nach Farben sortiert kaufen konnte, um sie zu verstreuen, mischten ihre schwere samtige Süße darunter. Ich konnte den Duft fast mit den Händen berühren und einfangen. Er streichelte meine Haut.

Als Avan am Nachmittag wieder zurück war, erzählte er mir ausführlich von der Brautschau. Das junge Mädchen hätte ihnen förmlich, mit gesenktem Blick, Süßigkeiten und Tee angeboten. Sie hätten sich die potentielle Braut genauestens angeschaut, ob sie alle Zähne hatte, ob ihre Statur Gebärfreude verspreche, ob sie arbeitstauglich sei und so fort. Mir grauste bei der Vorstellung, dass Avans alte Mutter hyänengleich ihre prüfenden Blicke über den Körper ihres »Opfers« gleiten ließ. Danach hätten sie sich ein wenig mit ihr unterhalten, bis sie schließlich den Raum verließ, um Avans Familie die Zeit zu geben, sich zu besprechen und zu einer Entscheidung zu gelangen. Daraufhin begann nahtlos das Feilschen zwischen den Familien über die Mitgift. Avans Eltern wollten mindestens einen Kühlschrank, ein kleines

Motorrad und einen Farbfernseher herausschlagen als Preis für ihren Sohn. Außerdem hatte der Brautvater wie üblich neben den traditionellen Gaben wie Gold, Stoffen und edlen Saris auch die Ausrichtung des Hochzeitsfestes zu bestreiten, also die Bewirtung Hunderter Gäste, insgesamt eine exorbitante Summe. Avan lachte so vergnügt, als hätte die Familie gerade ein wirkliches Schnäppchen gemacht.

Als ich das alles hörte, konnte ich meine Wut nicht mehr in Verständnis packen. Heirat wurde in Indien wie ein Kuhhandel betrieben, die Frauen waren Nutzvieh. Mit den Milchkühen wurde nach dem Kauf noch besser umgegangen als mit ihnen.

Danach war ich zu gereizt für jede weitere Unterhaltung. Avan konnte zwar nichts dafür, und er begriff auch nicht, wie herabwürdigend das für Frauen war. Mir war durchaus bewusst, dass Avan solche Gespräche weder mit Freunden noch mit der Familie führte. Die Kultur und die eingeschliffenen Regeln wurden weder diskutiert noch in Frage gestellt. Ich überfuhr ihn jedes Mal mit Brennpunkten seiner Gesellschaft, die in meinen Augen lichterloh in Flammen standen und in seinen als normal, naturgegeben und unveränderlich erschienen.

Avan hatte in seinem Leben nie die Chance bekommen, zur Schule zu gehen, sich weiterzubilden oder einen gewinnbringenden Beruf zu erlernen. Er liebte Ganga und war nicht unglücklich darüber, dass er Boote über den Fluss ruderte, aber in einer anderen Welt hätte er auch Kapitän oder Admiral werden können.

Bis dahin hatte ich gedacht, man könne mit fast allen Menschen gut auskommen, ob sie nun gebildet waren oder nicht. Mit der Zeit merkte ich, dass es nicht so ist, dass mangelnde Bildung tiefe Gräben schafft, zu Borniertheit und Unterdrückung führen kann. Die meisten Inder der einfachen Schichten verschwendeten keinen Gedanken an die Zukunft. Für sie zählte nur der Tag, die Hauptsache war, dass die Familie eine Mahlzeit bekam. Alles andere war Luxus, auch Liebe, auch Mitleid oder Gerechtigkeit.

Wenn ich abends während meiner »heiligen Zeit«, wie ich sie nannte, Briefe schrieb oder Tagebuch führte, fand Avan das gar nicht gut und ermahnte mich stets ernst: »Night time coming – no thinking! Thinking stopping!« Für ihn sah es so aus, als würde ich mich belasten, wenn ich schrieb oder las, und er wollte mich irgendwie davor beschützen, denn zu viel Nachdenken sei nicht gut.

Ein paar Tage später gab es wieder Streit, weil Avan mich mit Samant und den anderen im Chaishop sah. Er kam heran und forderte mich auf mitzukommen. Da platzte mir der Kragen. Ich schrie: »Ich habe es total satt! Lasst mich alle in Ruhe! Ich bin nicht euer Besitz! Ich bin frei. Ich bin nicht euer Baby, ich bin nicht eure Frau, und ich bin auch nicht euer Hund!« Danach fühlte ich mich schon besser, aber Avan, Samant und seine Freunde schämten sich für mich.

Ich wollte allein an den Ghats sitzen und mir so lange die Sterne ansehen, wie mir das gefiel, mit den Straßenhunden um mich herum. Was mich in Indien vor allem störte, war, dass die Dinge nicht zur Sprache gebracht wurden. Offenheit war nicht möglich. Wenn ich ein Problem direkt ansprach, um eine Erklärung oder Lösung zu finden, wurde mir zwar mit freundlichem Kopfwackeln optisch Verständnis gezeigt, akustisch bekräftigt durch »Yes, yes!« oder »No problem, my friend«. Doch das Problem wurde weder angegangen noch gelöst. Es gab so viele, für mich zum Teil noch unsichtbare Mauern, die zwischen den Menschen gezogen waren, über die sie nicht klettern konnten und wollten. Daran war nicht zu rütteln. Avan erklärte mir, nachdem wir uns wieder vertragen hatten, dass er so etwas wie einen besten Freund gar nicht kenne. Freunde könne man nur innerhalb seiner Kaste haben. Und nicht einmal einem Freund aus derselben Kaste könne man bedenkenlos etwas anvertrauen, denn da gebe es ja noch die Großfamilie, und wenn jemand aus der eigenen Familie sich mit der Großfamilie des Freundes überwerfe, müsse man natürlich zur Familie halten ohne Rücksicht auf die Freundschaft.

Das war alles so anders, als ich es kannte. Langsam dämmerte mir, dass es für mich schwierig, wenn nicht gar unmöglich war, in Indien freundschaftliche Beziehungen zu knüpfen und sie im Alltag zu leben. Das war ein bisschen wie Fußballspielen im dichten Nebel. Man wusste nie, wer zur eigenen und wer zur gegnerischen Mannschaft gehörte, wem man den Ball zuspielen konnte oder wer zum nächsten Foul ansetzte. Ich wusste einfach nicht, wem ich wirklich vertrauen konnte.

9

Die Sintflut

Die Vögel kündigten mit ihrem lauten Zwitschern den besonderen Moment an. Die Luft war erfüllt von ihrem Frohlocken und ihren trällernden Rufen, dann fielen die ersten Regentropfen vom Himmel. Im Bruchteil einer Sekunde ließ die quälende Hitze nach, die uns monatelang im Würgegriff gehabt hatte. Es war die pure Glückseligkeit, jeder Mensch, jedes Tier fühlte sich erleichtert. Wie eine massenhafte Wiedergeburt, die Erlösung. Alle drängten in das kühle Nass, die Leute traten aus den Läden und Häusern, um sich genüsslich unter diese ersten dicken, vielversprechenden Tropfen zu stellen. Die Straßenkinder waren nicht mehr zu halten, sie tanzten unter dem schüttenden Regen und sangen Refrains der besten Bollywoodsongs aus voller Kehle. Die Bettler packten ihre Siebensachen und zogen sich in den Underground zurück. Der Himmel öffnete seine Schleusen, das Wasser fiel und fiel. Es prasselte auf die Straßen, es rann von den Dächern und den aufgespannten Plastikplanen der fliegenden Händler. Wir drehten die Musik immer höher und redeten lauter, doch wir hörten nur das Prasseln. Überall drängten sich die Menschen unter Dächern oder Balkonvorsprüngen, in Chaishops, Läden oder Hauseingängen, es floss Wasser aus allen Richtungen wie aus tausend Flüssen. Alle riefen durcheinander, hielten Schirme oder Plastikplanen hoch, es war wie ein riesiges Volksfest. Auch die Hunde suchten Schutz. Die Menschen hockten eng auf eng, nass bis auf die Haut.

In den Himmel zu schauen war schier unmöglich, die Tropfen waren zu dicht und zu groß. Flutwellen, die die Treppe zu Ganga hinunterrauschten, hatten die bräunliche Farbe des Straßendrecks, des Schlamms und der Kuhfladen angenommen. Wunderschön kalt an den Füßen war dieses Wasser allerdings.

Die Straße verwandelte sich in einen Fluss. Er schoss dahin, es bildeten sich sogar Wellen, die den Unrat vor sich herschoben. Vereinzelt wateten Mensch oder Tier knietief im Wasser, doch fast alle hatten irgendwo einen Unterschlupf gesucht. Die Kühe standen unter den Planen der Shops, und die Affen hatten alle Fenstersimse oder Balkone eingenommen, die sie finden und verteidigen konnten. Es gab keine Wege mehr, wir versanken in einer Wasserstadt. Von oben blitzte und donnerte es, bedrohliche, dunkle Wolken hingen ganz tief, und ich hatte das Gefühl, wir säßen auf einem Floß. Na ja, wenn ich mich umblickte, wohl eher auf einer Arche Underground nach der Sintflut. Die Stadt spürte man nicht mehr, die tosende Natur hatte die Herrschaft übernommen.

Wenn der Regen einmal aussetzte, war es kurz vollkommen still. Sofort regte sich die Stadt wieder. Kühe staksten durch das matschige Wasser, Passanten stiegen in die Rikschas, fliegende Händler wateten vorsichtig durch die Brühe, um nicht in eins der zahllosen Schlaglöcher zu fallen. Dann setzte der Regen wieder ein. Es war wie im Rausch. Ich lief zu den Ghats hinunter. Statt der Stufen war dort jetzt ein tosender Wasserfall, unheimlich, unwirklich. Kaum hatte der Guss aufgehört, setzten die Pilger schon wieder Lichtlein ins Wasser, und manche wagten es sogar, ein Boot zu nehmen. Das Geräusch des Wasserfalls hielt noch eine ganze Zeitlang an. So ging das jeden Tag. Oft regnete es auch am Abend und manchmal die ganze Nacht. Für die Bettler war es eine anstrengende Zeit, sie selbst und ihre Sachen waren ständig nass, viele taten nachts kein Auge zu. Im Underground regnete es zwar nicht auf sie, aber Schmutzwasser floss von den Seiten und aus den Müllbergen in ihr Elendsquartier. Die Bettler humpelten mit offenen Wunden oder mit nassen Lumpen um die Füße durch die Brühe, um mich herum sah ich nur noch Infektionen, Beulen, Abszesse und Bettler mit Durchfall. Es stank bestialisch im Underground. Wenn die Sonne schien, erhitzte sie die Müllsuppe, köchelte sie langsam, so dass der kompostartige Geruch von Verfaultem dick in der Luft lag – bis zum nächsten Regenguss.

Im Monsun wurden die Boote wegen der steigenden Pegel jeden Tag anders vertäut. Ganga stieg schnell. In einer Nacht war ich spät dran und konnte mein kleines Boot nicht mehr erreichen, weil ich über viele andere Ruderboote, in denen Bootsmänner schliefen, hätte steigen müssen. Im Monsun eine wackelige Angelegenheit. Also ging ich kurzentschlossen hoch zum Tempel und schlief bei den Bettlern im Dharamsala. Die drei alten Männer rückten sofort zur Seite. Daddu versorgte mich mit einer Decke und zusammengerollter Kleidung, die mir als Kissen dienen sollte. Es war fast wie früher bei einem Schulausflug. Spannend erzählte der alte Mann mit dünner Stimme im Dunkeln bengalische Geschichten, die von Helden, von Banditen und den gefährlichen Tigern in den Sümpfen handelten.

Ich liebte es. Die Kühe standen direkt neben uns und käuten irgendeinen Müll wieder. Es schien, als ob auch sie so nah wie möglich an Ganga sein wollten, trotz des Hochwassers. Als die Ghats noch nicht überschwemmt waren und die Kühe nachts auf den Plateaus oder den Treppenfluchten zur Ruhe kamen, setzte ich mich oft dazu. Dabei entdeckte ich, dass sie sich gern kraulen ließen. Besonders am Unterkiefer bis zur Kehle hin befinden sich einige weiche und empfindliche Punkte.

Hustensalven, ein überlauter Fernseher, die Schritte der Polizisten, die den Lathi immer wieder auf dem Boden klappern ließen, die kläffenden Straßenhunde – das waren die nächtlichen Geräusche an den Ghats. Ab und zu sprach einer im Schlaf oder stöhnte auf. Die Fahnen des Tempels wehten, die Behausung der Dharamsala-Bettler war mit Kartoffelsäcken geschützt, die mit großen Stichen aneinandergenäht waren und eine Art Vorhang bildeten. Gerade hatte ein Bettler fertig gekehrt. Der kleine schwarze Hund, oder eher: die Flohpopulation mit anhängendem Hund, hatte sich einen Weg durch die Kartoffelsäcke gebahnt und lag jetzt freudig schwanzwedelnd und flohverteilend neben mir. Ihn zu verscheuchen wäre sinnlos gewesen. Nichts hätte ihn davon abhalten können, immer wieder zurückzukommen, und so schlief ich ein.

»Good morning, Didi! Nice surprrrise!« Als die Straßenkinder mich frühmorgens bei den Babas fanden, staunten sie nicht schlecht. Kiran rannte los und holte Chai, Monu zupfte an meiner Hand und fragte unverblümt: »Didi, bitte, kann ich auch hier schlafen?« »Aber Monu, deine Mutter und deine Geschwister schlafen doch nur 50 Meter entfernt im Underground – das ist doch dasselbe.« Ich dachte nicht weiter darüber nach, und als Kiran zurückkam, sprachen wir schon über etwas anderes. Monu war ein wilder Junge. Seine Mutter Harita brachte ihn und zwei kleine Schwestern auf der Straße allein durch, mehr schlecht als recht. Er selbst, von Hauptberuf Herzensbrecher, war ein talentiertes Bettlerkind, ungefähr fünf Jahre alt mit großem Wachstumspotential. Seine riesigen runden Kulleraugen stahlen in Sekundenschnelle jedes Herz. Er hatte einen kleinen Mund wie eine Spitzmaus und eine tiefe Narbe im Gesicht. Auf den ersten Blick wirkte er übermütig, doch mit der Zeit sah ich, dass eine tiefe Traurigkeit in ihm schlummerte, eine Verzweiflung, die viel zu schwer für einen Fünfjährigen wog. Er war tatsächlich kein bisschen unbeschwert, noch nicht einmal, wenn er nur unter Gleichaltrigen war. Monu war das brutalste von allen Straßenkindern und schlug schnell zu. Oft zog er sich auch zurück. Der Junge war dann verschwunden und tauchte erst Stunden später wieder auf. Monus Mutter war damit überfordert, das gemeinsame Überleben zu regeln. Ihre Kinder waren die verwahrlosesten, aus Monus Nase lief immerzu Rotz und aus dem Ohr dickflüssiger Eiter, manchmal mit Blut gemischt.

Lalu erzählte mir, dass Harita ihren Körper verkaufe und ihre drei Kinder von drei verschiedenen Vätern stammten. »Zehn Rupien für tok tak, weil sie jung ist. Fünf Rupien dann in ein, zwei Monsuns«, warf Lalu brutal ein. Zehn Rupien waren 50 Pfennige, eine bessere Garküchenmahlzeit kostete so viel. Lalu mochte die Frau nicht, weil sie sich nicht genug um ihre Kinder kümmerte. »Sauber oder nicht – sauber ist keine Frage des Geldes oder der Kaste. Da ist Ganga. Sie kann die Kinder dort waschen.«

Monu wandte sich noch öfters an mich mit der Bitte, nachts bei mir schlafen zu dürfen. Mehrfach wollte er unbedingt mit auf das Ruderboot, doch ich wehrte ihn freundlich, aber bestimmt ab. Wenn ich das anfangen würde, hätte ich im Nu die ganze Rasselbande neben mir auf dem Boot, die Bootsmänner würden sich bedanken! Doch irgendwann kam mir seine Hartnäckigkeit merkwürdig vor, sie entsprang nicht einer Laune, das merkte ich. Ich saß mit ihm allein auf einem Boot und befragte den Jungen. »Monu, warum willst du auf dem Boot schlafen?«, doch er wollte nicht so recht mit der Sprache heraus. »Was ist los, Kleiner?« Er kletterte auf meinen Schoß. Wir sprachen über dies und das, als er auf einmal ganz unvermittelt meine Fragen wieder aufnahm und antwortete: »Weil ich nicht bei den Onkels liegen möchte. Die stinken so nach *daaru*, Alkohol, da wird mir ganz schlecht«, und machte Anzeichen des Erbrechens nach.

Schnurstracks suchte ich Thiru zum Übersetzen und zerrte ihn zum Underground, dort holte ich Singeshwar und Lalu hinzu. Ich fragte sie, wie es möglich sei, dass ein kleines Kind vor aller Augen missbraucht würde und ob sie mir sagen könnten, wer die Täter seien. Ich war rot vor Wut. Andere Bettler kamen hinzu und mischten sich ein. Ich erfuhr, dass Harita ihren Sohn weitergab für Geld oder als Begleichung von Schulden. Soweit ich verstand, fand das auch nicht vor »aller Augen« statt und wurde toleriert, sondern die Mutter brachte Monu zu diesen Männern. Es waren keine Leute von der Straße, sondern Ladenbesitzer oder Gemüsehändler. Mir wurde schlecht.

»Verprügelt sie«, riefen einige. »Schmeißen wir sie ganz heraus, *hatao* Harita, soll sie doch woanders hingehen«, brüllten andere erhitzt. »Sie ist eine Hure! Randi! Sie bringt Schande über uns!« Da hatte ich ja etwas losgetreten. Blinde Wut regierte die Stimmung, und ich hoffte inständig, dass Harita nicht plötzlich auftauchen würde. Das wäre die Flamme auf der Benzinlache.

»Sie wegzuschicken ist keine Lösung. Dann wird es den Kindern noch schlechter ergehen. Ihr könnt doch nicht zulassen, dass einem Kind aus eurer Mitte so etwas passiert. Passt auf Monu auf, er ist noch zu klein, um sich zu wehren. Helft alle mit, dass so etwas nicht mehr geschieht. Das hat kein Kind verdient.« Thiru übersetzte für mich. Singeshwar nickte auf die indische Art, er wackelte den Kopf bekräftigend hin und her und sagte: »Wir sind doch keine Tiere!« Er pfiff die beiden Gestalten weg, die gierig wie Aasgeier Haritas Gepäck durchwühlten.

In der Regenzeit traf ich mich nicht mehr so oft mit Thiru zum Zeichnen. Manchmal saßen wir gemeinsam im Dharamsala, die Feuchtigkeit lag so intensiv in der Luft, dass sie das Blatt wellte und nässte während des Zeichnens. Außerdem suchten zu viele Deckung vor dem Regen im Dharamsala, da blieb kaum Platz zum Zeichnen. Es war kurz vor Mittag, und es regnete nicht. Ich saß im Underground, und Shanti kochte Dal und *alu ghobi*, Curry aus Kartoffeln und Blumenkohl. Ein Kreis von fast einem Dutzend Bettlern hatte es sich um uns herum gemütlich gemacht, und alle unterhielten sich lautstark durcheinander, so wie immer hier. Jemandem ins Wort fallen bedeutete nicht, eine schlechte Erziehung zu haben, sondern ihm nicht ins Wort zu fallen war eine Dummheit, weil man sonst womöglich nicht zum Zuge kam.

Vor Underground verlief der Pilgerweg zum heiligsten Ghat, Dasaswamedh. Hinter Underground gab es einen weiteren Weg zum heiligen Fluss, der angrenzend an Dasaswamedh vor einem besonderen Tempel mündete, dem Sitala Mata Mandir. Da es nicht der Hauptpilgerweg war, wurde er vor allem als Gemüsemarkt genutzt, fliegende Händler boten ihre Waren auf Schiebekarren am Wegesrand an, auch mitten auf der Gasse. Gesäumt war die kleine Straße von Geschäften, die Stoffe, Schuhe und Kleidung verkauften, richtige Läden, die man betreten konnte.

Auch hier hatten ein paar Bettler ihre Plätze am Wegesrand. Denn dieser knallrot getünchte Sitalatempel besaß eine majestätische Anziehungskraft. Sitala ist eine mächtige und uralte Göttin, die Pocken und Windpocken verhängen, sie aber auch wieder heilen kann. Deshalb bringen zahllose Mütter Sitala ihre Opfer, um für die Gesundung oder die fortwährende Gesundheit ihrer Kinder zu bitten. Hindus und Buddhisten erbitten den Schutz dieser Göttin. Die Glocken des Sitalatempels ertönten unentwegt. Sitala wird von der Cholera-Göttin, dem Dämon des Fiebers, dem Gott der Hautkrankheiten und der Göttin der 64 Epidemien begleitet, alles furchterregende Gestalten, denen jeder im Leben begegnen kann. Sie herrscht über alle »heißen« Krankheiten, die mit Fieber und Infektionen einhergehen. Aus dem Sanskrit übersetzt bedeutet Sitala »die Kühlende«.

Während ich auf mein rustikal zubereitetes Mittagessen wartete, und wir die Zeit verplapperten, hörten wir auf einmal einen dumpfen Schlag und Frauenschreie von der Rückseite Undergrounds. Wer gut zu Fuß war, eilte sofort hin. Es war nicht zu fassen, aber eine Autorikscha hatte versucht, auf dem engen Weg zu drehen und überfuhr dabei ohne zu bremsen Dasu, der am Wegesrand saß und bettelte.

Der Fahrer hatte weder gehupt noch gerufen, er lenkte sein Gefährt einfach über den Bettler weg wie über einen Sack Müll. Dasu schien nicht schwer verletzt, aber er stand unter Schock. Die Gemüsefrauen um ihn herum palaverten aufgeregt. Die herbeigeeilten Bettler zogen den armen Mann langsam hoch und führten ihn zu seinem Lager in Underground. Zum Laufen brauchte Dasu schon vor der Attacke einen langen Stock, weil er unter einer Art Zitterknie litt; er konnte die Beine nicht mehr gerade durchdrücken, und der ganze Körper wackelte beim mühsamen Vorankommen.

Wenn es am Morgen durchregnete, hatten die Bettler kaum Einnahmen. Die Ghats waren überflutet, und der Pegel stieg mit jedem Tag weiter. Ganga war zu einem reißenden Strom angeschwollen. Dort war kein Pilgergeld zu holen. Die Jagd auf die Almosen wurde härter im Monsun, und viele Bettler schwärmten aus zu den Basaren und Tempeln in der Stadt. Weil die heilige Ganga Hochwasser führte, richteten die Gläubigen ihren spirituellen Fokus auf die Tempel stadteinwärts.

Einem alten Ritual folgend, strömten vor Beginn des Monsuns Sadhus, heilige Männer, Sannyasins, spirituelle Schüler, und buddhistische Mönche in die heilige Stadt, um die *chaturmasa* zu begehen, einen viermonatigen Rückzug aus dem Getriebe der Welt. In der Regenzeit machten schlammige Pfade und überschwemmte Wege das Reisen schwer. Zudem schlüpften viele Insekten, die man auf dem Weg unweigerlich zertreten hätte. So blieben die heiligen Männer, die sonst stets unterwegs waren, jetzt an einem Ort. Buddha selbst soll mehrfach die Chaturmasa in Kashi begangen haben.

Für den Hindu ist Kashi nicht einfach ein Ort dieser Erde, sondern ein *crossing place*, eine *thirtha*, eine Verbindungsstelle mit dem Transzendenten. Eine Pforte zwischen Himmel und Erde, dessen Tor weit offen steht. So mischen sich hier Gottheiten mit Menschen. Von hier geht die Schöpfung aus. Kashi ist nicht von Menschen gemacht, sondern ewig und unzerstörbar. Ein gläubiger Hindu, der es sich leisten kann, ist durch nichts wegzubringen von diesem heiligen Flecken Erde. Kashivasis werden die Bewohner von Kashi genannt, die bis zu ihrem Tod dort bleiben. Weil das Universitätskrankenhaus von Benares knapp 100 Meter außerhalb des sakralen Radius von Kashi liegt, lassen sich viele Einheimische dort nicht behandeln. Sie sind von der Angst geplagt, sie könnten außerhalb der heiligen Stadt versterben. Wer nämlich in Kashi stirbt, dem ist die *moksha*, die Erlösung aus dem Kreislauf der Wiedergeburten, dem Samsara, bestimmt. Wer hier geboren wird, schätzt sich glücklich. Ein so heiliger Ort potenziert das Karma, wie der Hindu glaubt. Doch wer hier sterben darf, schätzt sich selig.

Unter uns, den Bootsmännern und den Bettlern, die fast alle tiefgläubig waren, benutzten wir meist den Namen Kashi, besonders im Einklang mit Ganga.

Ein jeder strebte also nach Kashi. Um an diesem heiligen Ort Erlösung zu finden oder ihr näher zu kommen.

Um Ganga herum gab es Hunderte *mathas*, spirituelle klosterähnliche Schulen, in denen Sannyasins über die Regenzeit Aufnahme finden konnten. Während dieser Zeit des Rückzugs widmeten sie sich entweder intensiv den Lehren und Schriften oder legten sich eine Form der Askese auf wie ein Schweigegelübde. Tagsüber zogen neben den Bettlern nun auch viele Sadhus durch die Straßen und sammelten Almosen. In Benares waren die Haushalte darauf vorbereitet, in dieser Zeit den heiligen Männern, die von Tür zu Tür ziehen, ein paar Münzen zu geben. In früheren Zeiten, zu Kashis Blüte, unterwiesen die heiligen Männer während der Regenzeit in den Hunderten von Tempeln die einfachen Gläubigen in den Lehren der alten Schriften. Diese Tradition wurde mit der Zeit schwächer, aber in wichtigen Tempeln und Mathas belehren spirituelle Gurus die versammelten Gläubigen noch heute an jedem Tag, vor der Dämmerung.

Als das Massenschlüpfen der Insekten in der Regenzeit begann, nahm der Begriff »Bevölkerungsexplosion« eine neue Bedeutung an. Die Insektenplage erreichte Dimensionen, die ich mir im Traum nicht hätte vorstellen können. Der Boden, die Mauern und Ecken der Häuser, der Luftraum um die Lampen und Lichter – alles füllte sich mit Myriaden von Insekten aller Art. Kleine helle Insekten, große schwarze Insekten, manche fliegend, andere kriechend, dicke glänzende Käfer, filigrane in Grünton, Falter aller Art – es war eine Invasion der Krabbeltiere, und wir Menschen waren weit in der Unterzahl. Wohin man den Fuß auch setzte, es knackte und knirschte, wenn die Chitinpanzer brachen. Ein penetranter Geruch von gemähtem, bitter gewordenem Gras machte die Luft schwer. Saß man irgendwo, krabbelten Käfer, Mücken und Falter über den Körper, sie drangen in die Kleidung, sie landeten auf den Haaren oder im Gesicht. Sie gerieten in die Ohren, die ich mir schließlich mit abgebrochenen Zigarettenfiltern verstopfte. Um brennende Glühbirnen herum schwirrte es im metergroßen Orbit, ein kreiselndes, schwarzes, fliegendes Insektenvolk, vom Licht verwirrt. Manchmal atmete ich welche ein und verschluckte sie.

Die hellgrünen Geckos an den Wänden feierten Orgien und schnappten sich Insekten wie am Fließband. Auch die Spinnen ernteten in ihren Netzen im Überfluss. Nach ein paar Tagen ebbte diese Insektenexplosion ein wenig ab, das war irgendwie beruhigend, bis sie schließlich ganz aufhörte und man sich auf einmal dankbar mit dem Normalmaß an Ungeziefer herumschlug. Indien zeigt einem immer wieder auf Schritt und Tritt, dass es noch schlimmer kommen kann als gedacht. Deshalb sollte man gar nicht erst klagen.

Das tat ich auch erst, als ich Flöhe oder etwas ähnlich schreckliches Parasitäres an mir entdeckte – als ob die Läuse, die sich seit Wochen auf meinem Kopf eingenistet hatten, nicht schon genug waren. Die Kopfhaut hatte ich mir an manchen Stellen schon wund gekratzt, weil es fortwährend unerträglich juckte. Besonders, wenn die regennassen Haare trockneten. Ich versuchte, mir vorzustellen, wie ich wohl mit Glatze aussehen würde, denn die Läusemittel, die ich hier fand, zeigten keine Wirkung. Die Bettler und Straßenkinder mussten eine Art Spezialläuse haben, multiresistente, unersättliche Blutsauger, die sich irre schnell vermehrten und deren Präsenz man Tag und Nacht ununterbrochen spürte. Shanti hatte mein ständiges Kratzen beobachtet, so setzte sie mich im Underground auf ihren Holzmaruti und pickte mir die Läuse einzeln mit den Fingerspitzen vom Kopf, so wie alle das hier taten. Auf die Art wurde ich sie zwar nicht gänzlich los, doch Shantis flinke Finger reduzierten sie auf ein erträgliches Maß.

Doch das war nicht die einzige Plage. Durch die durchnässte Kleidung bekam ich denselben Ausschlag, den alle hier hatten. Mein Körper war von roten Stellen überzogen, die juckten. Es war wie ein Verschimmeln am ganzen Körper durch die endlose Feuchtigkeit und die zahllosen Bakterien sowie den Dreck. Wo immer Kleidung meinen Körper hautnah berührte, bildeten sich gerötete, geschwollene Stellen wie ein Algenteppich. Das war der Preis des Bootslebens.

10

Unterwasserstadt

»*Jaldi karo*, schneller, beeil dich, Ganga Maiya kommt!« Avan reichte Ashok ungeduldig die Steine, um den Eingang von außen zuzumauern. Soeben hatten wir in aller Eile den Chaishop unten am Ghat ausgeräumt, da sich das Hochwasser heute Nacht schon über die Uferpromenade ergoss und nun an der Schwelle des Chaishops stand, bereit, weiterzusteigen und ihn zu überfluten. Es war nur eine Frage von Stunden. Also mauerte Ashok in wahrlich letzter Minute seinen Shop zu, überließ ihn für drei Monate den Fluten, um ihn dann im Herbst von Schlamm und Sand wieder freizulegen.

Den letzten Chai hatten wir gerade erst getrunken, der Teekessel war noch warm. Meine Blechkiste stellte ich kurz im Dharamsala ab, Avan und ich wollten sie später zu ihm nach Hause bringen. Die Familie würde ihr helles Vergnügen haben, meine Sachen durchzustöbern und den Nachbarn zu präsentieren, doch das war nicht so schlimm, ich hatte mich schon daran gewöhnt, dass hier nichts privat blieb und lernte, damit zu leben. Ich hatte ja auch nichts zu verstecken, und sie nahmen mir nichts weg, es war eigentlich nur Gewohnheit und Ansichtssache.

Ganga im Monsun zu erleben war ein grandioses Spektakel. Schon bevor die ersten Regentropfen fielen, konnte ich beobachten, dass Ganga anstieg, in anderen Orten musste es geregnet haben und Hunderte Flüsschen vom Himalaya bis hierher ergossen nun ihr Hochwasser in die Ganga. Ihr heiliges Wasser veränderte wie ein Herbstblatt die Farbe und wurde mit jedem Tag erdfarbener und verschlammter. Sie umspülte schnell die untersten Stufen der Ghats. Als dann der Regen einsetzte, konnte ich zuschauen, wie Ganga einer Diva gleich die Treppen wie die Bühne einer Oper Stufe für Stufe hinaufschritt. Was sie betrat, fügte sie ihrer Unterwasserwelt hinzu. Ganga dominierte die Szene, Tag und Nacht. Im Nu hatte sie die Tempelnischen am Ufer überflutet und zu ihren Unterwassertempeln gemacht. Für kurze Zeit vergnügte sie das, doch dann kletterte sie höher empor zu den Plateaus, wo die Pujaris saßen.

Auch die Promenade, also der Gehweg am Ufer entlang, genau zwischen den oberen und den unteren Treppenfluchten gelegen, wanderte Meter für Meter in ihr verborgenes Reich hinab. Mühelos mit nur einer nassen Umarmung. Ich konnte mich nicht sattsehen an diesem Wandel, der sich in wenigen Stunden vollzog. Jeden Tag änderten sich die Stimmung, die Ortsverhältnisse, der Lebens- und Arbeitsraum für viele. Es war beeindruckend zu sehen, wie lässig die Menschen damit umgingen.

Die Ladenbesitzer zogen mit ihren Waren unterm Arm auf die obersten Treppenstufen der Ghats und verkauften dort weiter, open air, wie die Hühner auf der Stange, alles wurde durcheinander angeboten, in drei Schrittlängen wurden Souvenirs, Postkarten, Kurzwaren, Chai, Snacks, Blumenketten und Deepaks ausgerufen und durch die Luft gewedelt. Dazwischen quetschten sich die Pujaris unter ihre Bastschirme, die sich mittlerweile fast berührten, so eng wurde es auf den Treppen.

Ganga Ma war in der ersten Julihälfte bereits um acht bis zehn Meter angestiegen und sollte ihren Höchststand erst im nächsten Monat erreichen, unvorstellbar. Sie verwandelte sich in ein reißendes Gewässer, Schlingpflanzen, die sich zu riesigen Teppichen verknäulten, Dutzende Meter lang, rasten auf der wilden Wasseroberfläche dahin. In dem grünen Pflanzengewirr hausten Wasserkobras, die man manchmal durchs Wasser flitzen sah. Die Schlangen waren klein und schmal, aber galten als hochgefährlich.

Viele Pilger badeten dennoch, die meisten tauchten aber nur rasch unter, weil die Angst überwog, von der starken Strömung fortgerissen zu werden und in den Wasserstrudeln zu ertrinken. Das geschah leider oft genug, ständig gab es Ertrunkene zu beklagen.

Im Monsun mussten die Bootsmänner ihre Boote an irgendetwas, was an Land noch erreichbar und stabil genug war, vertäuen. Wir arbeiteten uns an dem Tempel, der mitten auf der Uferpromenade stand und bereits zur Hälfte im Wasser verschwunden war, hoch. Weiter rechts hingen manche Boote auch an den Balustraden anderer Tempel, an der Ganga-Polizeistation oder dem Geländer der Treppen. Ein Boot wurde daran fest vertäut, und die anderen hingen wie die Trauben an einer Rebe, eines ans andere gebunden. Besonders schön war es auf dem letzten Boot, das in den Fluss hineinragte, denn da spürte man die kräftige Strömung, die Wellen und den Wind pur. Das Wasser gurgelte gewaltig, und starker Wellengang begleitete uns die ganze Nacht.

Das Rudern wurde immer schwieriger und die Arbeit der Bootsmänner umso härter. Dennoch machten wir weiterhin Ausflüge mit dem Ruderboot, und eines Nachmittags besuchten Avan und ich einen Bootsmann, der noch hinter Manikarnika lebte. Natürlich hätten wir dorthin auch durch die Altstadt laufen können, parallel zu Ganga, doch ein Bootsmann kommt eben über den Fluss und nicht durch die Gassen. Die Strömung war mächtig. Ich genoss die Fahrt in vollen Zügen, auf dem Hinweg wie von unsichtbaren Händen gezogen. Je weiter wir zur Flussmitte kamen, umso schneller wurden wir von der Kraft des Wassers vorwärtsgeschoben. Es war ein Gefühl wie auf dem offenen Meer. Ganga erschien mir doppelt so breit, das andere Ufer unerreichbar weit entfernt. Wie oft war ich in der Hitzezeit von einer Seite zur anderen geschwommen, das wäre jetzt unmöglich gewesen. Eher braun, sand- und schlammfarben, wirkte das Ghat düsterer als alle anderen. Es war in schwere, graue Rauchschwaden eingehüllt, mindestens fünf Feuer sah ich brennen. Holzstapel türmten sich haushoch, und dort, wo Platz blieb, herrschte Betriebsamkeit statt Totenruhe, der Tod war ein einträgliches Geschäft. Die Verbrennungsstätte war von einer dumpfen umgekippten Süße umgeben, Sandelholz, *ghee*, Butterschmalz, Räucherstäbchen, aber auch der Geruch der brennenden Toten wehte zu uns hinüber. Selbst Meter entfernt auf dem Fluss biss mir der Rauch in den Augen. Seit drei Jahrtausenden sei das Feuer in Manikarnika nicht ausgegangen, erzählen die Kashivasis, die Einwohner von Kashi, stolz. Verbrennungen gibt es an jedem Tag im Jahr, zu jeder Tages- oder Nachtzeit. Das heilige Feuer wird von Sadhus in einem kleinen Tempel mit Blick auf Ganga gehütet wie ein Schatz. An diesem Feuer werden die übrigen entzündet.

Der Rückweg war hart für Avan, er stand gleichsam im Ruder. Der andere Bootsmann begleitete uns, er hielt ein Steuerpaddel und lenkte das Boot so dicht am Ufer entlang wie möglich, weil die Strömung dort geringer war. In der Flussmitte konnte es passieren, dass die Boote unvermittelt drehten und dahinkreiselten. Wir ruderten jetzt über die Ghats hinweg, denn von der Uferbefestigung ragte nur noch die obere Hälfte aus den Fluten. Es war ein merkwürdiges Gefühl, genau zu wissen, dass vorher an dieser oder jener Stelle ein Chaishop oder ein kleiner Tempel zum Verweilen eingeladen hatte, und tatsächlich ragten manche Tempelspitzen noch aus der Ganga, und wir machten Schlenker um sie. In den höhergelegenen Tempeln wurden Pujas gefeiert, und der Anblick der weißgekleideten Brahmanen, die in der Dunkelheit Feuer schwenkten, war erhebend. Da das Wasser immer weiter gestiegen war, standen viele Leute auf den Dächern ihrer Häuser und feierten dort ihre Pujas mit Blick auf Ganga Ma. An den Burning Ghats wurde laute Musik gespielt, das bedeutete, dass ein besonders alt gewordener Mensch verbrannt wurde.

Mitten in der Nacht setzte heftiger Regen ein. Sofort breiteten die Bootsmänner Plastikplanen aus, unter die sie sich dann legten. Ich hatte auch so eine Plane, Avan warf sie mir herüber, er schlief im Nachbarboot. Natürlich wurde dennoch alles auf dem Ruderboot pitschnass, doch damit musste man leben, es gab eben kein Dach. Der Regen traf direkt auf das Plastik, unter dem ich wie eine Mumie lag, manchmal trommelte er hart, oft prasselte er stundenlang. Es war ein Gefühl des totalen Ausgeliefertseins. Dennoch schlief ich immer wieder ein. Ich lernte den Regen kennen, seine Launen und Anfälle. Wenn er dahinplätscherte, konnte er etwas Beruhigendes haben und durch die Monotonie einlullen und zum Träumen verleiten, doch zeigte er oft ein anderes Gesicht, wie das eines eifersüchtigen Liebhabers, dann tobte er in wildgewordenen Schauern und verdüsterte alles um sich herum, manchmal verbündete er sich mit dem Wind und attackierte uns von der Seite. Alle ein bis zwei Stunden weckte mich Avan, und wir schöpften im Akkord das Wasser aus den sieben Booten, damit sie nicht versanken. Das taten wir meist wortlos, ich mehr schlafwandelnd als wach.

Ich blinzelte in den frühen Morgen. Ein weiterer Zauber des Monsuns bestand in den sagenhaften Wolkenspielen des Himmels. Rosafarbene Wolkenbäusche verliehen dem neuen Morgen etwas ganz Sanftes, einen Schimmer Neugeborenes, wenn es so etwas gibt. Augenblicke später schon kündigte sich Surya, der Sonnengott, an, indem er die Wolken mit einem goldenen Schimmer schmückte und ihnen klare Umrisse zeichnete. Mit jedem Atemzug wurden die Farben intensiver, der gesamte Himmel schien sich kopfüber in Rosa zu tauchen, das anfing zu glühen. Man meinte, es wäre flüssig und man würde darin baden. Mit einem Mal wandelte sich das Bild, und pulsierendes Gelb strahlte aus den Wolken hervor. Der Vorhang öffnete sich, und der atemberaubende Aufstieg der Sonne begann. Sie schien zum Greifen nah. Eine große, glühende Kugel am Himmel, die kraftvoll höher stieg und dabei immer heller erstrahlte in ihrer lebensspendenden Mission. Sobald die ersten Sonnenstrahlen die Haut streichelten, fühlte man ihre durchdringende Wärme und war immer noch umschmeichelt von dem Farbenspiel, eingebettet in die gesamte Atmosphäre. Dieses Naturschauspiel war komplett, ihm fehlte nichts, und mir gab es unendlich viel Kraft. Das waren die wirklich schönen und kostbaren Momente.

An diesem Morgen galt mein erster Gedanke meiner geliebten Großmutter, denn sie hatte Geburtstag. Den ganzen Tag lang wollte ich sie feiern und ihr meine Gedanken senden, denn sie war mein Engel der Liebe. Mit Devidasguru vollzog ich feierlich eine Puja mit vielen Segenssprüchen unter seinem Bastschirm. Als dann endlich die Uhrzeit passte, lief ich los und rief sie an. Ein Telefonat nach Deutschland war etwas ganz Besonderes, im Verhältnis sehr kostspielig, und ich musste dafür in einen Telefonladen mit internationaler Verbindung gehen, in ein ISTD. Es gab dort einen Ticker, auf dem die Rupien sichtbar durchsausten, die man zu zahlen hatte. So konnte man schnell auflegen, wenn das Kontingent erschöpft war, man musste es nur im Blick behalten. Meine Omi freute sich von ganzem Herzen, sie hatte nicht mit einem Anruf aus dem fernen Indien gerechnet. War das schön, ihre Stimme zu hören, mir liefen die Tränen.

Am Abend feierten Avan und ich eine Lichterpuja. 151 Lichter setzte ich für meine Großmutter ins Wasser und sendete ihr mit je-

An den Ghats mit Badenden. Foto: Matthias Ziegler

Blick auf das Dasaswamedh Ghat, eines dieser Ruderboote war mein Zuhause.
An der Balustrade des roten Tempels machten wir die Boote zum Monsun fest.

Wenn die Gläubigen frühmorgens in der Ganga badeten, saßen die Bettler bereits am Pilgerweg.

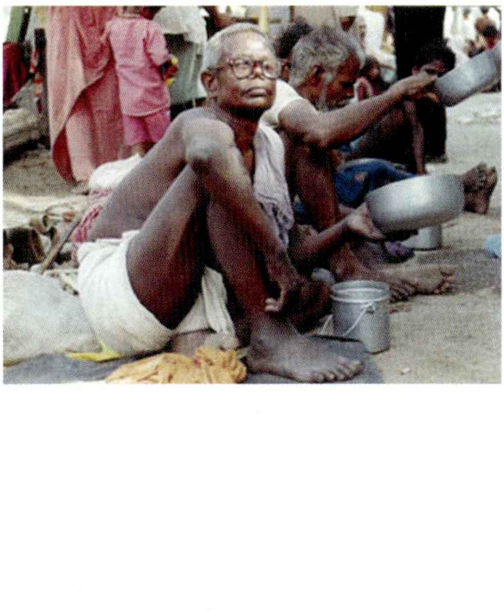

Die Anfänge

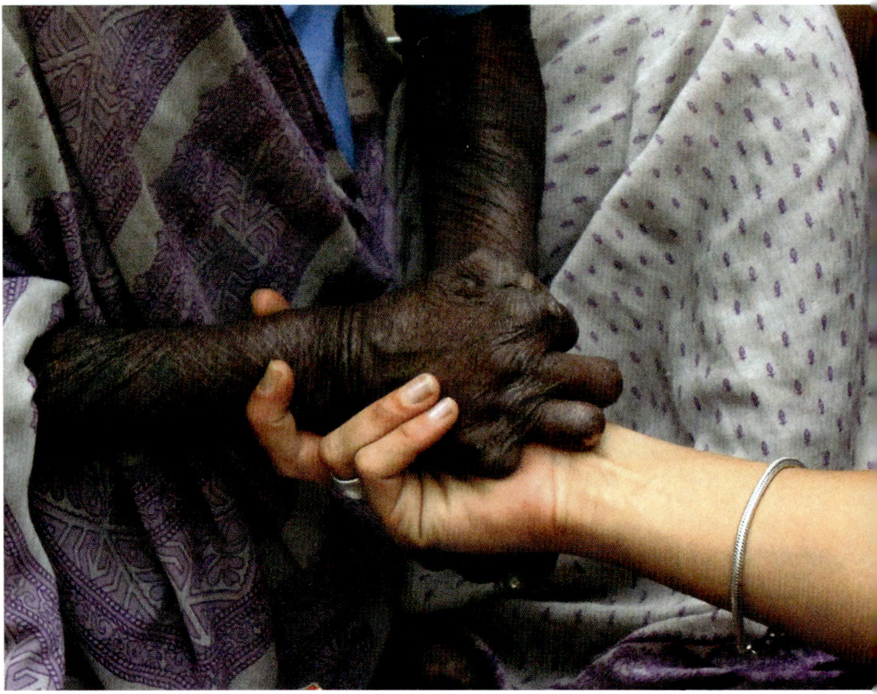

Niemand ist unberührbar.

Singeshwar, das Löwengesicht

Am Anfang des Pilgerweges mit Hiralal, dem Bettlerkönig

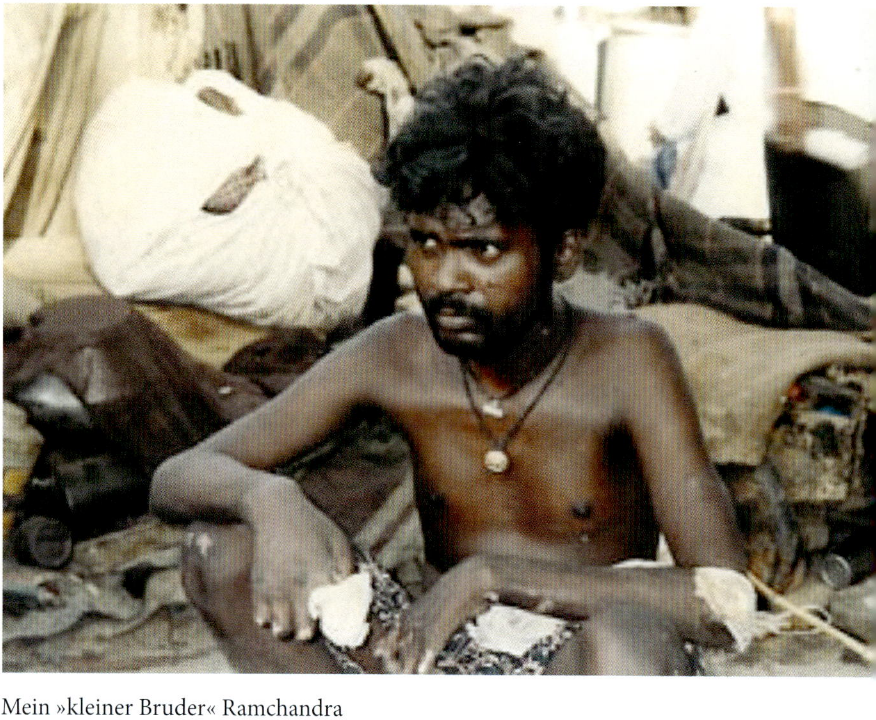

Mein »kleiner Bruder« Ramchandra

Mukul und Amoli

Musafir

Drei Monate Härtezeit: Musafir in den Monsunfluten

Musafir (von links), Lakshman, Lalu, Malik beim Abtransport

Indische Zeitungen berichteten über die Festnahme der Bettler.

dem die Liebe meines Herzens. Es war magisch, diese vielen kleinen in Blüten eingebetteten Lichtlein im Wasser zu sehen, sie leuchteten in der Dunkelheit. Als ob sich der Sternenhimmel auf den Fluss gelegt hätte. Lichtlein bildeten zum Teil eine Kette, dann wieder um uns herum ein Lichtermeer, ich war glücklich und zufrieden.

Dann ruderten wir gegen den Strom den ganzen Weg wieder zurück, an Dasaswamedh vorbei bis zum Kedar Ghat mit seinem mächtigen Shivatempel. Wegen des Tempels gab es dort nämlich die besten kleinen Sweetshops, diese selbstgemachten exzellenten Süßigkeiten galten als ideale Opfergabe. Nie würde es einem Hindu einfallen, mit leeren Händen einen Tempel zu betreten. In den engen, kleinen Gassen drängten sich die Läden, in denen die Sweets eingekocht, geknetet oder verrührt werden, und der Geruch von Rosenwasser, Pistazien, Honig, Nüssen, Mandeln und Datteln lag verführerisch in der Luft. Da sich in diesem Viertel viele Bengalis angesiedelt hatten, stapelte sich eine ausufernde Auswahl an weißen, gelben, grünen, gestreiften, rosafarbenen, trockenen und nassen frischen Süßwaren. Bengalis sind für ihre süßen Spezialitäten berühmt. Manche *sweetmeats* sind mit echtem Silber belegt, in hauchdünnen Schichten, die man mitessen kann. Wir kauften uns mehrere Pappkästchen, bis oben hin gefüllt, und ließen uns von der Strömung zurücktreiben, während wir die zuckrigen, klebrigen und manchmal auch tropfenden Leckereien genossen.

Eines Morgens unterlief mir ein fast fataler Fehler. Kräftige Sonnenstrahlen weckten mich auf, und noch halb im Traum blinzelte ich in den Himmel und sprang aus alter Gewohnheit einfach ins Wasser. Ich hatte vergessen, dass Monsun war. Sofort packte mich der Fluss und riss mich mit. Die Strömung war unbeherrschbar, ich ruderte verzweifelt mit Armen und Beinen, um an der Wasseroberfläche zu bleiben. Mein Sari verwandelte sich in ein Unterwassersegel. Ich verlor die Kontrolle, wurde schneller und schneller davongetrieben. An den überschwemmten Bauten, Tempeln und Nischen bildeten sich unzählige Strudel im Fluss. Es wäre fatal, in einen solchen hineinzugeraten. Er würde mich unweigerlich auf Grund ziehen. Eigentlich war ich eine gute Schwimmerin unter normalen Bedingungen, doch hier war ich machtlos. Ich hatte bereits literweise heiliges Wasser geschluckt und versuchte, mich von dem Sari zu befreien, ohne dabei unterzugehen. Was ich nicht sehen konnte, war, dass Avan und die anderen Bootsmänner bereits alles taten, um mich zu erreichen. Einige ruderten mir hinterher, und Avan sprang, nein flog von einem vertäuten Boot aufs nächste, bis er auf meine Höhe aufschloss und mir ein Bootsseil zuwarf. Er traf genau, ich konnte es tatsächlich fassen. Er zog mich an Land wie einen Fisch am Haken. Das war knapp.

Am selben Nachmittag begleitete ich Devidas nach Hause zum Essen. Er wohnte irgendwo mitten im Stadtgewühl hinter Godaulia Crossing, alleine hätte ich das niemals ausfindig machen können. Auf dem Weg dorthin liefen wir in einen Schlangenbeschwörer, ich blieb stehen, denn das konnte ich mir nicht entgehen lassen. In drei Körben hielt er mehrere Schlangen. Er öffnete einen und zeigte mir seine Kobras – eine männliche und eine etwas kleinere weibliche. Vom grellen Licht geblendet, zischten sie gefährlich und richteten sich auf. Die Königskobras fühlten sich gestört, und der Alte deckelte sie wieder ein. »You take?«, fragte er mich und hielt mir die fette Schlange hin, die er um den Hals gewickelt trug. Dann legte er sie mir um. Der glatte, trockene, so fühlbar mit Kraft und Vitalität durchzogene Schlangenkörper wog schwerer auf meinen Schultern als vermutet. Ich genoss dieses unbekannte Gefühl, das die Schlangenhaut auf meiner hinterließ. Da sie zum Monsun herauskommen, stehen die Schlangen in Indien symbolisch für den Regen, das Wasser und die Fruchtbarkeit. Es sind heilige Tiere, und sie repräsentieren auch die Seelen Verstorbener. Wer durch einen Schlangenbiss den Tod findet, wird nicht verbrannt, sondern dem Fluss übergeben, da er bereits Erlösung gefunden hat.

Devidas' Familie war sehr erfreut, mich im Sari zu sehen, und sie stopften mich natürlich gastfreundlich mit Essen voll wie eine Mastgans. Devidas' Frau war krank, und alle machten sich große Sorgen um das Geld, da der Pujari nicht viel mit seinen Diensten einnahm. Da musste erst wieder ein großes Festival kommen.

Ich saß wieder einmal mit Samant im Chaishop, als sich aus dem Nichts ein Polizist auf Navin stürzte und ihn gnadenlos verprügelte. Der Bambus krachte auf seine Knochen. Der erste Schock lähmte mich. Als ich aufstand, um mich einzumischen, drückte mich der andere Polizist zurück auf die schmale Holzbank. Was könnte Navin getan haben, um so brutal verprügelt zu werden? Warum half ihm keiner? Alle anderen schauten auf den Boden, während er von den Polizisten weggezerrt wurde. Samant bedeutete mir, ruhig zu bleiben.

Eine Stunde später sah ich Navin wieder, verbeult. Er erzählte mir, die Polizei wollte 2000 Rupien Bakshish für das störungsfreie Betreiben der Shops hier. Wenn die Ladenbesitzer nicht zahlten, holten es sich eben so, mit einer »Bambusmassage«.

Wenn ich abends auf meinem Boot lag, war ich oft sehr müde, doch in mir wirbelte alles, und ich konnte nicht sofort einschlafen. Das einfache Leben, die Stromeinsparungen, auf den Planken zu nächtigen, mit den Händen zu essen, dem konnte ich viel abgewinnen, das fiel mir nicht schwer. Das nahm mir nichts, es gab mir etwas. Doch die immer wieder zur Schau gestellte Menschenverachtung in dieser Gesellschaft konnte ich kaum ertragen.

Es fing wieder an zu regnen, also zog ich die Plastikplane über mich. Die Holzplanken unter mir rochen wie ein fauler Wald. Die durchdringenden Glocken der Mitternachtspuja waren schon verhallt, in diesem Moment hörte und fühlte ich nur den Regen plätschern und die Menschen, die auf den Treppen schliefen und husteten.

11

Abtransport

Mein geliebtes Bruderherz!
Liebster Wolf!

Hilfe, SOS, Mayday … es ist etwas ganz Entsetzliches geschehen, Wolf! Meine Bettler sind abtransportiert worden! Und ich bin mittendrin. Es ging nicht anders.

Der Tag begann ganz harmlos und normal, so normal wie ein indischer Tag eben sein kann, als auf einmal der Tumult auf dem Pilgerweg ausbrach. Die Bettler stoben wie von Hornissen gestochen auseinander, Alte wie Junge versuchten, sich in Sicherheit zu bringen. Selbst die, die normalerweise kaum laufen konnten und nur humpelten, rannten plötzlich an uns vorbei. Bettlerfrauen ließen ihre schlimmsten Schimpfwörter und verdorbensten Flüche ertönen. Unheil lag in der Luft. Als ob sich eine dunkle Gewitterwolke über uns geschoben hätte. Der kleine Kiran packte sofort meine Hand, und wir liefen dorthin, wo sich bereits eine Menschenmenge angesammelt hatte. An der Mündung des Pilgerweges in die Straße stand ein vergitterter, alter, schiefer Lastwagen auf geflickten Reifen. Die Ladefläche war noch offen und von Polizisten bewacht. Sie hatten offensichtlich Gefangene an Bord. Mein Herz setzte aus, als ich bemerkte, dass statt Verbrecher meine Lepramänner im Lastwagen gefangen waren. Musafir gehörte zu denen, die ganz hinten an der Luke standen. Als sich unsere Blicke trafen, konnte ich Todesangst in seinen Augen sehen. In den Gesichtern der anderen Bettler, die ich ausmachen konnte, lag derselbe terrorisierte Ausdruck und dieselbe entsetzliche Angst.

Ich bestürmte die Polizisten, fragte, was sie da täten und warum sie diese Männer mitnähmen. »Betteln ist illegal, sie kommen ins Gefäng-

nis.« Wolf, das ist ja wohl das Sarkastischste, was ich je gehört habe! Was sollen sie denn machen, außer zu betteln? Würde der Staat sie zumindest minimal versorgen, müssten sie nicht betteln!

Doch mir war sofort klar, dass ich mit den Polizisten nicht zu diskutieren brauchte, es blieb auch keine Zeit mehr zum Reden. Im selben Moment wurde der Motor des Lasters knatternd angelassen, woraufhin die Frauen und die Straßenkinder schier durchdrehten und noch lauter schrien. Alles heulte, Motor und Menschen, die Bettlerfrauen klammerten sich verzweifelt wie Ertrinkende am Lastwagen fest und wurden von den Polizisten mit Bambusschlägen weggeschlagen. Auf der Straße herrschte ein einziges Tohuwabohu und unter den Straßenleuten echte Katastrophenstimmung. Nur die männlichen Bettler wurden eingesammelt, für die Frauen und Kinder hatten die Behörden offensichtlich keine Lösung parat.

Das Einzige, was ich jetzt tun konnte, war, bei meinen Bettlern zu sein. Wolf, ich hoffe, Du verstehst mich, doch ich fragte mich in diesem Moment, was ich tun würde, wenn Du auf diesem Laster wärest. Ich ließe Dich auch niemals alleine! In den vergangenen Monaten nannte ich die Bettler meine Brüder, Väter und Großväter, also muss ich jetzt für sie da sein, wenn das nicht nur heißer Wind aus meinem Munde war.

In dem Moment, als der Motor brummte, war mir klar, dass ich diese Menschen niemals wiedersehen würde, wenn man sie jetzt fortschaffte. Wie sollte ich in Erfahrung bringen, wohin sie gebracht wurden und was mit ihnen passierte?

Ich konnte jetzt nicht die Augen verschließen, mich wegdrehen und einfach mein Leben weiterleben. Das war himmelschreiendes Unrecht, begangen direkt vor meinen Augen, es traf mich mitten ins Herz. Es war, wie einen Bericht aus der Tagesschau zu sehen und dabei aber live dabei zu sein. Ich musste handeln. Also sprang ich auf den Laster auf, in letzter Sekunde. Die Polizei flippte aus: »Madam, Madam! Komm da raus!« – doch wenn man sich einmal mitten unter Leprakranken befindet, ist man ebenso unberührbar wie sie. Niemand versuchte, mich vom Laster zu zerren. Ein paar Augenblicke später fuhren wir endgültig los. Ein Riesenchaos herrschte um uns herum, hupend bahnte sich der Lastwagen mühsam den Weg: Hunderte von Fahrrädern hatten uns eingekesselt und folgten uns, alle in größter Aufregung und brennender

Sensationslust. Man hätte Strom erzeugen können, so aufgeladen war die Atmosphäre. Die eine Hälfte skandierte »God bless you!«, die andere Hälfte verfluchte und beschimpfte mich lautstark oder nannte mich crazy.

Es war mörderisch heiß im Laderaum, alle Klappen geschlossen, die Außentemperatur betrug an die 40°, innen war sie um einiges höher, da um die Gitter Plastikplanen gewickelt waren. Kaum Luft zum Atmen. Wir saßen zusammengedrückt auf dem Boden, keiner sprach ein Wort. Was soll man auch sagen in solch einer Situation? Wir sahen uns an, fassten uns an den Händen, voller Angst und Ungewissheit. Was wird mit uns geschehen? Warum tun sie das? Wozu sind sie noch fähig? Ich gab jedem eine Nummer, es waren 22, und ein jeder sollte sich die Person nach ihm merken, falls sie versuchten, uns zu trennen.

Einer der Ältesten, Vishnath, röchelte schwer in der Hitze. Wir fuhren kreuz und quer durch die Stadt und hielten noch an anderen Tempeln, an denen Leprakranke bevorzugt bettelten, um auch sie einzupferchen. Doch die Schreckensnachricht der Polizeiaktion schien sich schon verbreitet zu haben, denn die Polizisten fanden nur noch die halben Leichen an den einschlägigen Bettelplätzen vor. Eine Handvoll Elend und Lumpen, Eiter und Beulen. Die ließen sie liegen. Ich versuchte immer wieder, bei diesen Stopps dafür zu sorgen, dass die Bettler einen Schluck Wasser erhielten, doch vergeblich.

Der Lastwagen holperte mit uns durch die ganze Stadt zum Gefängnis, ich hatte keine Ahnung, wo wir waren. Gedanken und Gefühle zogen wie Stürme durch mich hindurch, ich vermag sie Dir kaum noch zu beschreiben, zwischen Angst und Wut, Aufbegehren und Aushalten. Meine Bettler sind Gefangene! Abtransportiert wie Schlachtvieh! Behandelt wie Kriminelle! Ohne Rechte, ohne Würde, in voller Missachtung, dass auch sie Menschen sind. Die haben auch kaltlächelnd Familien auseinandergerissen. Die Bettler haben sich nichts zuschulden kommen lassen, sie leiden lediglich unter einer gravierenden, hässlich anzusehenden Krankheit. Soll das ihr Verbrechen sein?

Der Lastwagen hielt vor den hohen Gefängnistoren, ein jämmerliches und für mich unauslöschliches Bild, wie zerlumpte Bettler und verkrüppelte Leprakranke mühsam aus dem Frachtraum krochen, um von der Polizei unter Stockschlägen in die Gefangenschaft getrieben zu werden wie eine Viehherde zur Schlachtbank. Vishnath konnte nicht auf den Füßen stehen, er litt unter einem Hitzschlag. Sein Kopf und Körper waren hochrot angelaufen und überhitzt, er lallte, röchelte und stöhnte nur noch. Wir trugen ihn zu viert in den Gefängnishof, er war so schwer wie ein toter Ochse, dann kühlten wir ihn langsam mit nassen Tüchern ab. Nach über dreieinhalb Stunden im Glutofen des Frachtraums war es kein Wunder, dass dieser alte Mann zusammenbrach.

Wir erhielten die Anweisung, uns in den Innenhof zu setzen und zu warten. Schließlich kam der Gefängnisdirektor, Mr Gupta, mit seinem Bataillon an Untergebenen heranmarschiert wie ein kleiner Feldherr. Er hatte bereits gehört, was ich getan hatte, und war alles andere als erfreut darüber.

Mr Gupta befahl mir im Militärton, sofort zu gehen, aber ich weigerte mich vehement. Ich wollte sehen, was mit den Bettlern passierte, wie es jetzt weiterging oder ob hier Endstation wäre. Ich ließ mich nicht wegbewegen.

Die Wärter befahlen den Bettlern, sämtliche Taschen zu leeren, sie suchten nach Geld. Alles, was zum Vorschein kam, wurde ihnen abgenommen. Einige Männer konnten mir noch schnell ihr Erbetteltes zustecken, meine Tasche war schon voll mit Münzen und kleinen, verkrumpelten, schmutzigen Scheinen, da entdeckten die Wärter uns, und es gab einen Riesenaufstand. Doch sie wagten es nicht, sich an mir zu vergreifen.

Ich zählte die Bettler durch und notierte mir jeden Namen, um irgendetwas in der Hand zu haben. Einige diktierten mir nicht nur ihre Namen, sondern auch fremdklingende Adressen von ihren Dörfern, damit ich zur Post gehen und Telegramme an die Familien aufgeben konnte. Sie baten mich mit Nachdruck darum. Ich möge den Familien mitteilen, dass ihre Männer zwar gefangen genommen wurden, aber nicht tot wären. Deswegen könnten sie für eine Weile kein Geld mehr schicken, aber hoffentlich bald wieder. Diese verzweifelten Kurznachrichten brachen mir tausendfach das Herz.

Es hat einige meiner »Lieblingsbettler« getroffen, Wolf, ich habe sie Dir ja schon öfters beschrieben: Musafir und Lalu sind dabei, Dasu, Vishnath, Narayan, Mukul, Laxman, Ramlal, ein blinder Lepramann und Thiru leider auch. Singeshwar und Shanti sind bereits seit Tagen in den Bihar unterwegs und waren gar nicht in Dasaswamedh, sie sind dadurch der Polizeiaktion entkommen, wie bin ich froh darüber. Auch Hiralal, der Bettlerkönig, hat es irgendwie geschafft, rechtzeitig unterzutauchen. Die anderen munkelten sofort, er hätte sich herausgekauft bei der Polizei.

Der Tag verging, und wir saßen immer noch auf demselben Flecken im Gefängnishof, mittlerweile alle sehr hungrig, überrollt und erschöpft von den Ereignissen, doch es gab keine Mahlzeit. Die Leprakranken wurden separat gehalten, und die Offiziellen entschieden, dass sie auch im Innenhof schlafen sollten, auch wenn dieser nicht überdacht ist. Die normalen Gefangenen wollten nicht gemeinsam mit Leprakranken eingesperrt sein, sie protestierten lautstark dagegen. Nach Sonnenuntergang wurde endlich Reis aus Blecheimern auf die Hand verteilt, Teller gab es keine. Pech, wenn man dann noch Lepra und dadurch ein paar Finger weniger hat.

Ohne Erbarmen und Mitgefühl passte Mr Gupta hervorragend in seine Rolle als Gefängnisdirektor, sie war ihm wie auf den kurzen, aber untersetzten Leib geschneidert. Vervollständigt wurde sie noch von einem sadistischen Gesichtsausdruck, in den Tiefen seiner Augen lauerte Böses. Ich sah ihm an, dass er Freude empfand, wenn andere litten.

Mr Gupta war ich ein Dorn im Auge, aber ich setzte dennoch durch, dass ich wiederkommen durfte. »Sie sind krank und brauchen Medizin«, war einer der Gründe, mit denen ich meinen Besuch rechtfertigen konnte. Das war nicht zu übersehen bei den eiternden Wunden, aus denen die Maden fielen. Der Gestank aus den Wunden war entsetzlich, und die Gefängnisbeamten schüttelten sich vor Ekel. Die Kranken durften das Blechgeschirr des Gefängnisses nicht benutzen. Die Wärter hatten vor den Kranken genauso viel Angst wie umgekehrt. Bevor ich ging, versprach ich: »Ich komme jeden Tag zu euch und bringe euch etwas zu essen mit. Ich hole euch irgendwie hier raus – ich weiß noch nicht, wie, aber ich hole euch hier raus!«

Ach Wolf, ich bin mir nicht ganz sicher, was die Polizei mit den Bettlern vorhat, aber als ich sah, dass noch nicht einmal die Namen aufgenommen wurden, wusste ich, dass diese Menschen einfach verschwinden würden, wenn ich mich jetzt nicht um sie kümmerte. Wer würde nachfragen, wo sie geblieben sind?

Als es bereits dunkel war, trennte ich mich schweren Herzens von ihnen und eilte zurück nach Dasaswamedh, um die wichtigsten Habseligkeiten der Leprakranken zusammenzusuchen, insbesondere Lalu bat mich inständig darum. Ich sollte ihr Gepäck schnellstmöglich einsammeln, damit es ihnen nicht gestohlen werden konnte. Ich begann also sofort damit, ihre Hausstände abzubauen und zusammenzutragen.

Lalus Platz bedeutete die meiste Arbeit – ich musste sein fest verschnürtes Lager auflösen. Säcke voll Reis und Dal, Kleidung, Lunghis und Decken, zwischendrin sprangen die Ratten heraus, und ich stellte fest, dass er in all dem Zeug auch eine Schrotflinte bunkerte. Die sah aus wie aus dem Siebenjährigen Krieg. Sogar ein Säckchen mit Schrotkörnern fand ich. Ich stellte das Radio sicher, außerdem eine Armbanduhr, die nicht mehr tickte, eine weitere coole Sonnenbrille sowie diverse Ketten und Malas. Es war eine solche Menge an Dingen und Vorräten, dass ich mehrere Trolleyrikschas brauchte, um sie fortzuschaffen. Erinnerst Du Dich, ich habe Dir einmal berichtet, wie ich einen Schweizer kennenlernte, der in Benares lebt und ein Haus mit großem Garten gemietet hat. Der Arme fiel mir jetzt als rettende Lösung ein, und vollgeladen mit stinkendem, vergammeltem, schimmligem Bettlerzeug, das von Ratten angefressen und völlig versifft war, schlug ich einfach bei ihm auf. Mein Berg an Mitbringseln starrte vor Dreck und Parasiten, aber ich wusste, den Bettlern sind diese Sachen heilig, denn das ist nun mal ihr einziger Besitz. Anstatt die Hände über dem Kopf zusammenzuschlagen, zeigte Jerome ein gutes Herz, und ich durfte die Bettlersachen in einer Abstellkammer im Haus lagern, die beiden geretteten Holzmarutis parkten wir abgedeckt im Garten.

Zuletzt ging ich noch einmal zur Ganga-Polizeistation und sagte dem Chief Inspector Singh, dass ich noch Sachen der Bettler von der Straße räumen müsse. Einige von ihnen haben zehn oder 15 Jahre auf demselben Flecken gewohnt und besaßen natürlich Kocher, Geschirr und Kleidung. Wenn sie Dokumente hatten, waren die zwischen ihren Sachen versteckt. »Yes, Tara Madam, no problem!«, erwiderte Mr. Singh, und wir tranken einen Chai.

Jetzt ist es spät in der Nacht, ich liege auf meinem Boot, Ganga schaukelt mich hin und her. Mein Kopf dreht sich noch immer von all den Geschehnissen, deshalb schreibe ich Dir, ich muss einfach mit Dir reden …

Was für ein Tag! Doch ich bin fest entschlossen: Ich werde alles versuchen, meine Bettler wieder freizubekommen. Das werde ich schon schaffen.

Bis bald, Bruderherz, ich vermisse Dich sehr in dem Wirrwarr des Lebens hier …«

12

Oben ist unten

Mein erster Weg am nächsten Morgen führte mich ans andere Ende der Stadt ins Gefängnis, um zu sehen, wie es den Bettlern erging. In einem Chaishop gegenüber den Gefängnistoren ließ ich einen gewaltigen Kessel Tee kochen. Wenn man auch nur ein paar Meter auf einer Straße Indiens unterwegs ist, findet man immer einen Teeladen, an einen Tempel gequetscht, direkt an der Hausmauer, noch in eine Ladenzeile mit hineingedrückt oder einen beweglichen, auf einem Karren. Ich schnappte einen ganzen Korb der kleinen Tontässchen, die man nur einmal benutzte und kaufte stapelweise Kekse und *namkeens*, salziges Gebäck. Das trug ich alles ins Gefängnis. Mr Gupta eröffnete mir, dass die Bettler ein Jahr eingesperrt werden sollten.

Die Gruppe schien schwer demoralisiert, sie hatten eine ganz miese Nacht im Gefängnishof auf dem nackten Boden verbracht. Ich nahm mir vor, ihnen schnellstmöglich Plastikplanen, Lunghis und Matten als Unterlage zu besorgen. Es war immer noch Monsun, und wenn es regnete, konnten sie nur unter dem schmalen Dachvorsprung, der rund um den Innenhof verlief, Schutz finden.

Ich schlug vor, einen Brief an den Magistrat zu schreiben, in dem sie ihre Lage schildern sollten. Den wollte ich dann in ihrem Namen übermitteln. Papier und Stift hatte ich mitgebracht, und Malik übernahm das Schreiben. Er schien mir momentan der Stärkste der Gruppe zu sein. Außerdem war er sehr clever und konnte flüssig lesen und schreiben.

Eigentlich gehörte er gar nicht nach Dasaswamedh. Malik kam aus Kalkutta und nur ab und an zu Besuch nach Benares. Es waren eher »Geschäftsreisen«, die ihn hin und her führten, zwei- oder dreimal im Jahr trieb er Schulden ein oder er tauchte auf, wenn ein äußerst lukrativer Feiertag in Kashi anstand. Malik war ein sehr erfolgreicher Profibettler, der zur »Bettler-Mafia« gehörte. Immer verkaufte, verschob oder tauschte er irgendetwas. Er würde überall auf der ganzen Welt, in jedem Slum, in jeder Favela oder im Shantytown auf die Füße fallen. Er strahlte die Skrupellosigkeit des Überlebenden aus. Er sah aus wie einer, der die Temperatur der Hölle regeln könnte. Ein dunkelhäutiger Bengali, ein starker, ungefähr 45 Jahre alter Mann mit einem kugelrunden Bauch, den er stolz vor sich herschob. Er hatte eine laute, sonore Stimme wie ein in die Jahre gekommener Rockstar. Immerzu forderte er seinen Status ein, befehligte rüde alle Frauen und schwang sich jederzeit und überall zum Boss auf. Stets bewies er seine Durchsetzungskraft und behielt sich immer das letzte Wort vor. Das war nicht unbedingt sympathisch. Die meisten hielten sich lieber von Malik fern, denn etwas Gefährliches ging von dem Bengali aus wie von einem Rocker. Oft brachte er mich aber auch zum Lachen. Einmal wollte ich mein Rad hinter der Bettlerreihe bei Thiru parken. Es gab zwar einen Fahrradparkplatz, aber für den musste man bezahlen, deswegen stellte ich es immer direkt bei den Bettlern ab. Thiru sagte mir aber, dass er nicht auf mein Rad aufpassen könnte. Malik, direkt neben ihm, ließ seinen tiefen Bass ertönen: »Anybody touch – full body fracture! Face duplicate!« Er meinte damit, er passe auf das Rad auf und wer es anfasste, bräuchte ein neues Gesicht.

Während Malik hochkonzentriert seine Sätze zu Papier brachte, schaute ich mich um. Besonders Thiru ließ den Kopf hängen und verzweifelte am Eingesperrtsein. Bei der Erstellung des Briefes half er nicht mit, sondern unkte nur, dass sie sowieso nicht herausgelassen würden, und setzte sich abseits hin mit düsterem und verhangenem Blick. Sein lockiges Haar stand wild in alle Richtungen, und er kratzte sich unentwegt an Kopf und Körper. Lalu, Laxman und Dasu hingegen machten Vorschläge, was Malik notieren sollte. Musafir hockte auf dem Boden und starrte vor sich hin, er war noch zu geschockt, um reagieren zu können. Am besten ging es Ramlal, dem *crack mind*, wie man hier so sagt. Er nahm das alles nicht ganz so tragisch, sondern stellte sich einfach vor eine der Säulen im Hof und debattierte mit ihr lautstark wie mit einem Kumpel. Wild gestikulierend führte er aufgeregte »Zwiegespäche«. Die Säule schien Humor zu haben, denn oft brach Ramlal in lautes Lachen oder kindhaftes Kichern aus.

Als der Brief geschrieben war, nahm ich ihn an mich, versprach, so bald wie möglich wiederzukommen und machte mich auf zum Gericht. In der klapprigen Motorrikscha, die über die Schlaglöcher und Bodenwellen hinweghopste, legte ich mir eine grobe Strategie zurecht.

Doch, typisch Indien, die Szene, die sich vor dem Gericht in Benares entfaltete, traf mich völlig unerwartet und erschien so absurd wie aus einem Bollywoodfilm entsprungen. Das imposante Gerichtsgebäude war umringt von Dutzenden offenen Wellblechhütten, die Anwälte hatten ihre Schreibtische dort aufgestellt. Auf manchen prangten altertümliche Schreibmaschinen, oder es lagen Stapel von Gesetzbüchern ausgebreitet wie Saris oder Teppiche zur Ansicht, es hatte das Flair eines Basars. Erst auf den zweiten Blick wurde mir bewusst, dass manche Anwälte tatsächlich im Lotossitz auf ihren Schreibtischen oder auf einem Hocker daneben wie meditierende Yogis saßen. Da fehlen ja nur noch ein paar Blumenketten um den Hals und die zauberhaften Apsaras, himmlische Halbwesen, die mit ihren Tänzen die Götter betörten, die um die Schreibtische herumwirbelten, dachte ich mir, während sich die Szene in mein Gedächtnis für Absurditäten einbrannte. Die Rechtsanwälte priesen ihre Fähigkeiten wie Marktschreier an, um Klienten anzulocken: »Mein Astrologe sagt, ich gewinne in der Regenzeit jeden Fall« – »Die ersten zehn Blatt Papier schenke ich euch!« – »Meine Stempel sind am billigsten!«

Für mich als Enkelin eines Anwalts wirkte diese Posse ganz schön grotesk, wie gerne hätte ich meinen Bruder jetzt hier gehabt, der gerade Jura studierte. Die Karriere als Rechtsanwalt wäre in Indien zumindest bunter. Ich musste, trotz der verzweifelten Lage, beim Anblick dieser ehrwürdigen indischen Schnauzbartanwälte im Lotussitz laut loslachen.

Dann pickte ich mir einen Anwalt aus dem Pulk heraus, und wir setzten uns unter das wenig einladende Wellblechdach. Ich erklärte ihm die missliche Lage der Bettler und bat ihn, mich über die Rechte der Leprakranken in Kenntnis zu setzen. Da sie ja indische Bürger seien, müssten sie auch Rechte haben, so mein Gedanke. Man konnte doch diese Menschen nicht einfach namenlos und ohne Anklage wegsperren. Ich fragte den Anwalt, was ich konkret tun könnte. Er dachte, ich hätte einen Sprung in der Schüssel. Natürlich nahm er mich freudig und händereibend als Mandantin an – er wollte schließlich ein bisschen Geld mit mir machen, doch warum ich unbedingt den Leprakranken helfen wollte, ging ihm nicht auf.

Ich beauftragte ihn, für mich die offiziellen Stellen ausfindig zu machen, an die ich mich nun wenden müsste, und mir zu erklären, in welcher Form das in Indien geschehe. Wir verabredeten uns für den folgenden Vormittag. Sicherlich ging er am Abend heim und erzählte seinem ganzen Viertel, dass er eine komplett durchgeknallte Ausländerin als Klientin gewonnen hätte.

Um die Mittagszeit fuhr ich eilig nach Dasaswamedh zurück, denn ich wollte dort weiterhin aufräumen. Mich traf fast der Schlag, als ich ankam: Die Polizei hatte alles kurz und klein geschlagen, ein einziger Trümmerhaufen. Zertretene, im Schmutz liegende Habseligkeiten, die komplette Verwüstung, alle wertvollen Dinge wie Teller und Kochbestecke waren natürlich verschwunden. Ich kochte vor Zorn. Selbst die Holzmarutis, die Einbeinigen als Rollstühle dienten, waren zerschlagen. Ich suchte, was noch irgendwie benutzbar war, und transportierte dann alles ab. Die Abstellkammer von Jerome war nun bis zum Rand gefüllt.

Als ich den Anwalt am nächsten Tag aufsuchte, erkannte ich ihn fast nicht wieder. Er hatte einen Barbier besucht und sich seine Haare mit Henna färben lassen. Das ehemals schwarze Haar schwelte dunkelrot im Sonnenlicht, doch die Stellen, die grau waren, und das waren die meisten, quietschten nun in sattem Orange in mehreren schrillen Nuancen. Ich wusste gar nicht, wie ich ernst bleiben sollte, als ich ihm gegenübersaß. Er sah aus wie ein Clown kurz vor seinem Zirkusauftritt, eine rote Nase hätte mich nun auch nicht mehr verwundert. Der Anwalt hatte aber nicht nur Schönheitspflege betrieben, sondern mir auch die entsprechenden Passagen der Gesetzestexte herausgesucht, die besagten, dass die Bettler tatsächlich indische Bürger wären, Lepra hin oder her. Deswegen müssten sie von Rechts wegen eine ordentliche Anklage und ein Gerichtsverfahren bekommen. Dann zeigte er mir den indischen Rechtsweg auf, wie er in den

Gesetzbüchern stand, der bei den Bettlern aber nicht zur Anwendung kam. Bis jetzt.

Er erklärte mir, dass die Bettler in einem Gefängnis gelandet seien, das eher mit einem Lager vergleichbar wäre, in dem Kleinkriminelle festgehalten würden, die ohne ordentliche Gerichtsverhandlung eine Zeitlang einsitzen müssten. Ihre Verbrechen wären eher gering, etwa Zugfahren ohne Fahrschein und kleine Diebereien. Anders als etwa bei Mördern und Totschlägern würde nicht einmal Anklage erhoben, sie könnten ohne Umschweife für ein paar Wochen oder Monate weggesperrt werden, manche auch für Jahre.

Der Anwalt half mir, eine Petition zu erstellen, die ich direkt beim Bürgermeister einreichen sollte. Wir kleideten das, was die Bettler aufgeschrieben hatten, in offizielle Worte und baten den Bürgermeister höflichst, sie zu begnadigen oder zumindest eine Anhörung stattfinden zu lassen. Dafür winkte der Anwalt einen jungen, hageren Mann herbei, dessen behaarte, abstehende Ohren im Sonnenlicht leuchteten. Dieser schleppte umständlich eine schwere Schreibmaschine heran, informierte mich schüchtern über den Preis pro Blatt Papier, spannte dann das erste ein und begann zu tippen. Ganz in seinem Element diktierte der Anwalt blumige und ehrerbietige Zeilen, ich wunderte mich in Indien über gar nichts mehr. In Deutschland klang die Juristerei trockener und nicht nach Poesie. Bei dem Wort Lepra schaute mich der Anwalt jedes Mal fast pikiert an oder schnitt eine Grimasse, so als ob er nicht daran erinnert werden wollte, für wen er sich hier einsetzen sollte. Immerhin konnten wir uns sprachlich ganz gut verständigen, und ich hatte erst einmal die wichtigsten Informationen beisammen.

Um die Bettler im Gefängnis zu versorgen, reichten Tee und Kekse alleine nicht aus. Deswegen ging ich dazu über, den Eingesperrten einmal am Tag eine warme Mahlzeit zu bringen. Meistens bestellte ich einen riesigen Topf Curry in einer Garküche, begleitet von 90 Chapatis oder einem überdimensionalen Kessel Reis, und balancierte die schweren dampfenden Töpfe dann durch den Verkehr samt rohen Zwiebeln und frischen Chilis. Auch wenn die Umstände nicht schön waren, wurde es ein Ritual für mich, mit den Bettlern im Gefängnis zu essen. Ein paarmal kochte ich mit den Schwägerinnen von Avan. Ich gab ihnen Geld dafür, und es machte richtig Spaß, eine leckere

Mahlzeit für so viele Menschen zuzubereiten. Als indische Großfamilie hatten sie auch Töpfe in der richtigen Größe im Haus. So lernte ich, den Chapatiteig zu kneten und die Kunst, die Brotfladen dünn und rund auszurollen. In die Geheimnisse der Gewürze und Kräuter, ihre Benefits und die Kniffe, um ihre vollen Duft- und Geschmacksaromen zur Entfaltung zu bringen, weihte mich Avan ein, der von allen, die ich kannte, am vorzüglichsten kochen konnte.

Am Tag darauf nahm ich Vishnaths Frau auf ihr Bitten hin mit ins Gefängnis. Sie wollte die Erlaubnis von ihrem Ehemann einholen, in ihr Dorf zurückfahren zu dürfen, denn sie lebte gar nicht immer mit ihm auf der Straße. Sie litt nicht unter Lepra und besuchte ihn nur manchmal für ein paar Wochen und kehrte dann ins Heimatdorf zurück. Zu beobachten, wie diese beiden Alten sich vertraut unterhielten und dann voneinander verabschiedeten, einen letzten Segen erteilend, war herzergreifend. Die alte Frau ging dann wieder, gebückt und traurig. Ich zahlte ihr die Rikscha zurück nach Dasaswamedh.

Mittlerweile brachte ich den Bettlern auch Bandagen, Watte und Flaschen mit flüssigem Betadin für die Wundsäuberung ins Gefängnis. Ihre Wunden sahen fürchterlich aus. So entwickelte Thiru eine unschöne Infektion am Stumpf seines halben Zeigefingers der linken Hand. Ich verband ihm die Wunde, es war ihm egal.

Mein nächster Weg führte mich zum Magistrat. Tag für Tag erschien ich dort und versuchte, zum Bürgermeister vorzudringen. Ich wurde an alle nur möglichen Stellen verwiesen und führte ein absurdes Gespräch nach dem anderen mit an der Thematik desinteressierten Beamten verschiedener Abteilungen, die mit mir über anderes sprechen wollten: wo ich herkäme, ob ich verheiratet sei und wie viele Kinder ich hätte. Es war zum Verrücktwerden, doch ich blieb hartnäckig und kam täglich wieder, blieb freundlich und geduldig. Behördengänge und Arztbesuche in Indien zwangen einen zur Demut bis hin zur Unterwürfigkeit. Durch Schreien oder zur Schau gestellte Nervosität ließ sich gar nichts erreichen, außer dass sich alle Türen verschlossen. In dieser Zeit lernte ich schnell mehr Hindi, denn ich musste mich ja irgendwie für die Bettler verständlich machen, ich war ihr Sprachrohr, ihre Stimme.

Zwischenzeitlich gab ich einem indischen Journalisten ein Interview. Er sprach mich an und wollte unbedingt die Geschichte hören, wie ich angeblich mit diesen Bettlern verhaftet worden sei, denn so gingen die Geschehnisse in Benares um, so erzählte man sich das in den Chaishops. Ich unterhielt mich länger mit ihm und wies auf das große Unrecht hin, das hier geschah. Doch ich erwartete nicht viel von diesem Zeitungsartikel.

Die Stimmung im Gefängnis war nach wie vor am Boden. Die Gefangenen jammerten nicht, doch sie waren teilnahmslos. Keiner lachte mehr, keiner scherzte – und Bettler scherzten bis zum bitteren Ende. Keiner zeigte die Hoffnung, dass sie jemals wieder aus dem Gefängnis freikommen würden. Doch ich versprach ihnen, dass ich so lange keine Ruhe geben würde, bis sie entlassen wären. Das entlockte ihnen dann doch wenigstens ein Lächeln.

Das Wachpersonal schlug die Wehrlosen ständig – eine Sache, für Indien so normal, dass sie eigentlich kaum erwähnenswert ist. Mr Gupta, der unter allen Umständen verhindern wollte, dass ich die Bettler besuchte, baute sich ein paarmal mit einem Bambusstock in der Hand auch vor mir auf und drohte, mich damit zu verprügeln, wenn ich wiederkäme. Doch vor dieser Art Machtdemonstration hatte ich keine Angst.

Ich konzentrierte mich weiterhin ganz und gar darauf, den Bürgermeister zu sprechen. Auf einmal kam ich auf die Idee, die Stimmen der gefangenen Bettler in Form einer mündlichen Petition, direkt an den Bürgermeister adressiert, aufzunehmen.

Ich wollte dem Bürgermeister durch ihre Stimmen nahebringen, dass diese Bettler auch Menschen seien, die Gefühle hätten und Verantwortung trügen. Ich besaß damals einen Walkman, mit dem man auch Aufnahmen tätigen konnte. Damit nahm ich manchmal Tempelmusik, Rufe von Tieren wie Vögeln oder Ganga-Delphinen oder andere interessante Geräusche für einen Freund in Rom auf, der Musik machte. Diesen Walkman nahm ich mit in das Gefängnis, damit Malik, der am eloquentesten war, einen Appell an das Stadtoberhaupt richten konnte. Ich bat Malik also, dem Bürgermeister die Lage der Bettler zu beschreiben. Malik hielt eine sich immer weiter steigernde Brandrede, von der ich nicht alles ganz genau verstand, weil er schneller und schneller wurde. Er sprach davon, dass sie nicht kriminell wären, aber dennoch eingesperrt seien, dass sie Familien hätten, für die sie sorgen müssten und dass sie einfach nur ihre Freiheit wiederhaben wollten – das Einzige, was ihnen in dieser Gesellschaft vom Leben überhaupt geblieben sei. Als er endete, klatschten die Bettler bekräftigend in die Hände. Da ihnen aber die Finger fehlten, knallten nur die Handknochen aufeinander, was einen dumpfen, unvergesslichen Ton, ganz konträr dem hellen, lauten Händeklatschen, hervorrief. Es hörte sich an, als klatsche jemand tief unter der Erde aus dem Reich des Dunklen, fast ein bisschen gruselig.

Dann erschien auf einmal der Zeitungsartikel des Journalisten in fast ganz Indien, in den Zeitungen von Delhi, Mumbai, Jaipur bis Varanasi. In manchen Blättern erschien er auf Hindi, in anderen wie der »Times of India« in Englisch. Einige hatten ihn auch mit Karikaturen verziert. Auf einer saß eine weinende Frau mit halblangen Haaren, die mitansehen musste, wie die Bettler abgeführt wurden – unglaublich kitschig! »Tara sad and lonely«, lautete die Überschrift des Artikels.

Damit hatte ich nicht gerechnet, die Leute am Ghat standen kopf, die Bettlerkinder sammelten alle Zeitungen, die sie fassen konnten, und die Bootsmänner waren ganz stolz auf mich.

Da ging es auf einmal ganz schnell, und ich erhielt einen Termin beim Bürgermeister für die kommende Woche. Ich zog mir einen Sari an, um meinen Respekt für die Kultur zu zeigen, und ging optimistisch zum Magistratsgebäude, in dem ich mich mittlerweile gut auskannte, weil ich mich bereits durch alle Ebenen der Bürokratie und Verwaltung nach oben gewartet und Chai getrunken hatte. Endlich erreichte ich mein Ziel, mit dem Bürgermeister zu sprechen.

Mit der Tonbandaufnahme in der Tasche wurde ich dann vorgelassen. Auch der zweite Bürgermeister sowie eine ganze Reihe weiterer höherer Beamter waren anwesend, alles Ressortleiter von irgendetwas, als ich eintrat. Sie saßen entlang der Wand auf einer langen Stuhlreihe verteilt wie Hühner auf einer Stange. Ich durfte in einem schweren Sessel, in dem ich geradezu versank, Platz nehmen. Das Monstrum wirkte wie eine fleischfressende Pflanze, die Hälfte von mir war bereits in der weichen Polsterung untergegangen.

Ich berichtete von Anfang an, wie die Bettler einfach abgeholt wurden, bis hin zu der desolaten Situation im Gefängnis.

Doch anstatt auf Verständnis zu stoßen, hörte ich von den dazubestellten Beamten die absurdesten Dinge: Die Bettler einzusperren nannten sie ein »soziales Wohlfahrtsprogramm«, da sie den Leprakranken schließlich einen Platz zum Leben und Schlafen sowie Mahlzeiten gäben. Die Bevölkerung von Benares sei damit zufrieden, und sie könnten nicht verstehen, warum ich alleine Einwände vorbrächte, immerhin hätten die Bettler ein Dach über dem Kopf gefunden. Bettelnde obdachlose Leprakranke seien schließlich nicht gut, für niemanden.

Entrüstet entgegnete ich dem Bürgermeister: »Erlauben Sie, die Realität sieht anders aus. Ein Leprakranker hier in Uttar Pradesh bekommt hundert Rupien (fünf Mark) *government help* im Monat. Davon kann keiner überleben, absolut unmöglich. Also müssen sie betteln! In Delhi erhalten sie 450 Rupien im Monat, zu zweit könnte man immerhin irgendwie versuchen, sich durchschlagen.« Ich hatte meine Hausaufgaben gemacht und eine Menge herausgefunden, doch der Bürgermeister entgegnete mir daraufhin ganz frech: »Das *government money* ist ihr Taschengeld, deshalb sieht das wenig aus. Only pocket money.« Na wunderbar! Wie großzügig! »Woher kommt denn dann das Geld für Nahrungsmittel, für Kleidung oder Medikamente?«, wollte ich wissen. »Ihre Familien in den Dörfern können sich ja kümmern«, entgegnete das Stadtoberhaupt. »Ist der Mann an Lepra erkrankt, fehlt die Haupteinkommensquelle der Familie, und die Frau muss versuchen, ohne jegliche Ausbildung als Tagelöhnerin ihre Kinder durchzubringen und ihr Heim zu erhalten. Einen so kranken Mann noch mitzuversorgen ist unmöglich«, versuchte ich klarzustellen.

Ich bat den Bürgermeister, einmal abgesehen von allen Diskussionen, ganz kurz sein Herz für diese armen Menschen zu öffnen und stellte die Aufnahme von Malik an. Am Anfang ging noch alles glatt – überrumpelt und erstaunt hörten sie zu. Aber dummerweise sagte Malik am Ende seiner Ansprache, als er sich schon richtig in Rage geredet hatte: »Wenn Sie uns jetzt nicht helfen, Bürgermeister, werden Sie in Ihrem nächsten Leben zur Strafe auch Lepra bekommen! *Ekdam*, aber wirklich!«

Damit war meine Audienz beim Bürgermeister schlagartig beendet.

Sein Gesicht wurde puterrot, und er brüllte so sehr, dass ihm dabei die Spucke in hohem Bogen aus dem Rachen flog. Seine Augen weiteten sich erst und verengten sich dann vor Zorn. Dicke Adern bauten sich bedrohlich auf Stirn und Hals auf. Sie pumpten, und ich wollte gar nicht wissen, wie es um seine Herzfrequenz bestellt war. »Da siehst du mal, was für ungebildete, unverschämte Bastarde, Hurensöhne und Hunde das sind! Verfaulen sollen sie! Verrecken! Und denen willst du helfen? Was bist du denn für eine?« Damit war natürlich alles gelaufen. An Unterstützung war nicht mehr zu denken.

Ich verließ das Büro sehr niedergeschlagen. Doch ganz überraschend folgte mir der zweite Bürgermeister, den ich irgendwie berührt hatte und der nun Mitgefühl zeigte. Er könne mir zwar nicht direkt helfen, sagte er, indem er die Bettler freiließe. Es wäre auch sehr unverschämt gewesen, was Malik auf das Tonband gesprochen hatte. »Eine Drohung wie ein Fluch. Und das von einem Leprakranken, unglaublich!«, empörte er sich. Doch der Vize bot mir an, einen Schein auszustellen, der es mir erlauben würde, die Bettler jeden Tag im Gefängnis zu besuchen, was meine Schwierigkeiten mit Mr Gupta einigermaßen erträglich machen sollte. Das war immerhin ein halber Sieg.

Dann versuchte ich mein Glück beim SSP, dem Chief Inspector der gesamten Polizei von Benares, einem mächtigen Mann namens Shukla. Ich wollte eruieren, ob man die Gefängnistüren öffnen könne, bevor alles offiziell würde.

Mehrfach wartete ich stundenlang vor seinem Büro, meldete mich immer wieder an, doch es kam zu keinem Treffen. Also fand ich durch die Autorikschafahrer heraus, wo seine Residenz war. Dort ließ ich mich hinfahren und legte mich auf die Lauer, bis er endlich auftauchte. Als er aus dem Ambassador stieg und der Fahrer den gepflegten Wagen zurücksetzte, sprach ich ihn an. Er reagierte erst hocherfreut, dann aber wie alle anderen mit Abscheu auf das Thema Lepra und versuchte mich loszuwerden wie eine lästige Fliege. Verächtlich klärte er mich erneut auf: »Betteln ist illegal in Indien. Das sind Kriminelle. Die brauchen keine Hilfe«, und wackelte mit seinem Kopf besserwisserisch hin und her. Indien hatte mich bereits gelehrt, dass es pure Zeitverschwendung war, auf so etwas zu reagieren.

Hilfesuchend wandte ich mich als Nächstes direkt an das Gericht. Ich sprach mit einem Richter und versuchte zu verstehen, auf welchem Recht basierend die Polizeiaktion durchgeführt wurde. Es war schlicht Freiheitsberaubung, was hier geschah. Von legaler Seite aus betrachtet, hätten die Leprakranken 24 Stunden, nachdem sie eingesperrt wurden, von einem Richter angehört werden sollen, jetzt waren sie bald einen Monat weggeschlossen. Ich erbat vom Richter, endlich eine offizielle Anhörung einzuberufen, die das Schicksal der Leprakranken klären sollte. Er vertröstete mich ein ums andere Mal, hörte aber immerhin zu.

Immer wieder wurde ich aus dem Gefängnis geworfen. Mr Gupta missbilligte meine täglichen Besuche. Oft schrie er und tobte wie ein Diktator, dessen Macht in Frage gestellt wurde. Ich bat den zweiten Bürgermeister um Intervention, und er bestellte Mr Gupta und seine Gefängniswärter zu sich, um ihnen persönlich zu übermitteln, dass ich jederzeit die Bettler besuchen dürfte. Zähneknirschend ließ mich Mr Gupta eine Zeitlang gewähren, entließ mich aber nie aus seinem bitterbösen Blick, der mich hinterhältig taxierte. Er saugte seine tägliche Freude daraus, meine Leprakranken zu erniedrigen und zu quälen. Er entzog ihnen den Zugang zu Wasser und ließ es erst auf meine wiederholten Nachfragen aushändigen, als Strahl in die Höhle der Hand gegossen, gerade genug für ein paar Schlucke.

Dann wechselte er seine Taktik und versuchte, mich von offizieller Seite stoppen zu lassen. Mr Gupta führte eine Beschwerde nach der anderen. So behauptete er zum Beispiel, dass ich die Leprakranken zum Betteln zwingen würde, um dann das Geld einzusammeln, er hätte das gleich am ersten Tag gesehen und auch seine Wärter wären Zeugen dessen. Die Bandagen und so weiter, das wäre alles nur Show. Die Leprakranken wären in Wirklichkeit meine Arbeiter.

Er kam damit nicht weit, doch warf er mir Knüppel in den Weg, denn ich strebte die Anhörung in der Sache der Bettler an. Die wurde auf Eis gelegt, solange er Unruhe stiftete. Hämisch verzog er schon seinen Mund zu einem Siegergrinsen, doch das machte mir keine Angst, es machte mich nur wütend. Sein nächster Versuch: Ich brächte den Leprakranken Drogen ins Gefängnis. Ja klar, ich versorgte sie mit Salben, Desinfektionsmitteln und Bandagen.

Diese Angriffe kosteten Zeit und Energie. Mr Gupta war davon überzeugt, mich damit niederzuringen. Dieser widerliche Kerl hatte sein Gefängnis fest im diktatorischen Griff. Die Wärter, aber auch manche Gefangene dienten ihm als kostenlose Hilfsarbeiter, fast schon als Sklaven. Sie mussten alle Arbeiten verrichten, wie sie anfielen, vom Gärtnern bis hin zur kompletten Haushaltsführung für Mr Gupta und seine Familie einschließlich Bügeln und Falten der Kleidung. Ich hasste ihn und er mich. Auf keinen Fall würde ich aufgeben.

Eines Tages sprach mich in Dasaswamedh ein Westler an. Er war gut zehn Jahre älter als ich und kam aus Neuseeland, er hieß Ben. »Ich habe gehört, dass du mit den Leprakranken im Gefängnis gelandet bist. Brauchst du Hilfe? Ich bin noch für vier bis sechs Wochen in Benares, die könnte ich dir beistehen«, fragte er. Also nahm ich ihn manchmal mit, und es tat gut, zu zweit unterwegs zu sein. Er drückte mir auch Geld in die Hand für die täglichen Mahlzeiten der Bettler, weil er sah, dass ich ständig Dinge bezahlen musste. Das war großartig, schon das Gefühl, nicht ganz alleine »verrückt« zu sein.

Avan konnte mir in dieser Sache gar nicht weiterhelfen, doch er bekam mit, wie angespannt und belastet ich war. Immer wieder trieb er mich dazu an, gut zu essen und bereitete für mich den allerbesten *dal fry* mit *ghee*, Butterschmalz, mein Lieblingsgemüse *bindis*, Okragemüse, oder *khir* zu, unwiderstehlichen Milchreis aus bester Milch mit Sahne und vielen kostbaren sowie gesunden Zutaten wie getrockneter Kokosnuss, Kardamom, Zimt, Rosinen, Mandeln und verschiedenen Nussarten.

Ich merkte, wie ich in diesem fremden Land an meine Grenzen stieß, doch ich wollte nicht aufgeben. Nur weil es schwierig war, konnte ich mich nicht umdrehen und die Bettler ihrem Schicksal überlassen. Das war jetzt auch irgendwie zu meinem geworden.

Doch zuerst musste ich mich dringend um mein Visum kümmern, denn es lief ab. Ich fuhr mit einem ganz lustigen Rikschafahrer zum CID-Office. Er hieß Raju und sang die ganze Fahrt über Hindi-Songs aus voller Kehle, dabei turnte er akrobatisch auf seinem Rad herum, es war eine Mischung aus Voltigieren und Breakdance auf einem Drahtesel, das brachte mich zum Lachen.

In dem Bürogebäude wartete ich gefühlte Ewigkeiten. Jeder Einzelne fragte mich, was ich hier wollte, und ich antwortete immer: »Mein Visum verlängern.« Sofort hieß es dann: »Warte!«

Bis mir schließlich einer gnädig mitteilte, dass heute keiner mehr käme und ich es an einem anderen Tag versuchen sollte. Auf dem Rückweg lud ich meinen Rikschafahrer zu einem Chai am Straßenrand ein. Wir stoppten an einem kleinen Teeladen, der fast wie ein Vogelnest an einen mächtigen Baum angebaut war und sich an seinen knorrigen Stamm in alter Freundschaft zu schmiegen schien. Eine nach vorne offene Bretterbude auf Stelzen, die Gäste saßen auf Hockern davor, für Tische war kein Platz, ein jeder hielt sein kleines Glas Tee in der Hand. Er erzählte mir offen von seinem harten Alltag: »Wenn alles gut ist und auch das Wetter stimmt, dann verdiene ich 100 Rupien (fünf Mark) am Tag. 20 Rupien zahle ich an den *malik*, den Besitzer der Rikscha.« Mit dem Rest musste er natürlich seine Familie im Dorf versorgen, die konnte er nicht mitnehmen nach Benares, weil das Leben in der Stadt zu teuer war. Er selbst hatte keine Behausung und schlief nachts völlig verdreht auf der viel zu kurzen Passagierpritsche der Rikscha, ein Schicksal, das hier relativ normal war. Er würde sein Leben lang Sklave der Armut bleiben.

Am folgenden Tag gelang es mir dann endlich, mein Visum verlängern zu lassen. Ich legte, wie verlangt, eine »Beschleunigungsgebühr« von 500 Rupien hinter den Deckel des Passes gleich auf Seite eins.

Bei den übrigen Bettlern in Dasaswamedh und Underground herrschte Normalbetrieb, dennoch wurde ich jeden Tag von allen Seiten überfallen und ausgefragt, regelrecht ausgequetscht, ob es etwas Neues gäbe, wie es den Weggeschlossenen ergehe. Es war anstrengend, ständig Rede und Antwort stehen zu müssen. Ich war die Verbindung zwischen Dasaswamedh und dem Gefängnis, die »Pipeline«, wie ich scherzhaft sagte, oft sollte ich Dinge ausrichten oder etwas mitbringen. Laxmans Kartenspiel nahm ich eines Tages mit ins Gefängnis, in der Hoffnung, es könnte sie ein wenig ablenken und daran hindern, nur Trübsal zu blasen. Ganz schlimm stand es um Thirus Gemütslage. Er war durchweg depressiv, hatte aufgegeben und zelebrierte seine Hoffnungslosigkeit mit endlosem Klagen. Ich gab ihm Stifte und Papier, doch er zeichnete nicht ein einziges Bild. Er nahm die Stifte nur, um sich damit ausgiebig zu kratzen. Malik benutzte den Block manchmal für Notizen. Normalerweile hingen Thiru und Malik, beide Bengalis, zusammen, doch momentan führte kein Weg mehr an Thiru heran. Er hatte alle Schotten dicht gemacht.

Dann holte Mr Gupta zu einem ganz perfiden Schlag aus. Er ließ mich gleich mehrere Tage nicht zu den Bettlern, ich musste erst wieder eine erneute schriftliche Genehmigung des Magistrats einholen. Da ein Festival im Kalender stand, waren die Büros mehrtägig geschlossen, und es dauerte, bis ich das Papier endlich in den Händen hielt.

Den Bettlern erzählten sie in dieser Zeit, ich wäre festgenommen worden und für 20 Jahre in einer dunklen Zelle eingesperrt, mit Ketten an Händen, Füßen und um den Hals. Die Leprakranken müssen sich so schlecht und schuldig gefühlt haben, dass ich ihretwegen im Kerker schmachtete – angeblich. Als ich dann nach drei Tagen wieder zu ihnen kam, trauten sie ihren Augen kaum. Immer wieder fassten sie mich an und schüttelten freudig ihre Köpfe hin und her. Lalu wischte sich Tränen aus den Augenwinkeln und zwickte nicht sich, sondern mich ganz heftig, um zu merken, ob er träumte. Laut jubelte er auf, als ich aufschrie. Endlich lachte er wieder.

13

Trügerische Freiheit

»Tara didi, Malik ist frei! Mr Gupta hat ihn gehen lassen«, begrüßten mich die Bettler im Gefängnis ganz aufgeregt. Welch wunderbare Nachricht. Ich ahnte, dass das kein Akt der Milde war, vielleicht hatte sich Malik irgendwie freigekauft oder freigeredet. Wahrscheinlich wollten sie ihn loswerden, weil er schnell Unruhe stiftete. Doch es gab mir Auftrieb, dass wenigstens einer die Freiheit genoss. Vom Vizebürgermeister hatte ich einen wichtigen Tipp bekommen: Wenn ich für jeden Leprakranken einen Inder aus der Gesellschaft, am besten Brahmanen, fände, der für den Bettler schriftlich bürgte, dass er ihn von der Straße holen und versorgen würde, könnte der Vize die Männer freilassen.

Das war doch ein Angebot! Ein schweres Unterfangen zwar, aber wenigstens etwas Zielgerichtetes. Ich zog sofort los und sprach mit den Indern, die ich außerhalb des Kreises der Bootsmänner kannte und von denen ich einen derartigen Gefallen einfordern konnte, denn aus Überzeugung würde das keiner tun. Ich bat sie eindringlich, mir diese Erklärung abzugeben und hielt nach vielen getrunkenen Chais und stapelweise angeschauten Fotoalben schließlich fünf wertvolle Garantien in meinen Händen, ein jeder bereit, für je zwei Männer zu bürgen, das war schon fast die Hälfte.

Während dieser zermürbenden Zeit wurde ich krank und litt unter immer wiederkehrenden, heftigen Bauchschmerzen. Ich war schwach und konnte vor Schmerzen kaum noch laufen. Deshalb zog ich mich für einige Zeit in das Familienhaus eines Brahmanen zurück, der am Ufer der Ganga wohnte, weit weg von Dasaswamedh. Er gab mir ein Zimmer ganz für mich alleine, das direkten Blick auf das heilige

Wasser hatte. Es lag einzeln zugänglich und diente als Lagerraum, doch war komplett leergeräumt und saubergefegt. Es sollte nur für ein paar Tage sein, und ich rollte dort meine Matte aus. Nikhil, den Brahmanen, der mir das Zimmer überließ, hatte ich durch Samant kennengelernt. Er lieh mir ein Kopfkissen und einen Standventilator, ein wahrer Luxus, auch wenn das ein altes Teil war, das eher an eine Bootsschraube erinnerte, so rührte es doch die stickige, warme Monsunluft um, und ich freute mich jedes Mal wie ein Kind auf die kostbaren Stunden mit Strom. Das Beste allerdings war, dass ich die Tür hinter mir zumachen konnte. Der Abstand zum Chaos tat gut.

Ich war fix und fertig. Abends ging ich für einen Chai zum benachbarten Ghat. Er schmeckte nicht so gut wie in Dasaswamedh. Vielleicht lag das aber nur an meiner Laune. Ich saß auf den obersten Treppenstufen unterhalb eines ziselierten Tempels aus Sandstein, der erhaben schön in den Abendhimmel ragte und mir gerade seine Geschichten zu den vielen feinen Ornamenten, die ihn schmückten, zuflüstern wollte. Es wurde bereits dunkel. Ich versuchte, einfach nur den Moment zu genießen, das war mir in letzter Zeit abhandengekommen. Ein junger Inder quatschte mich an, er stammte nicht von hier, sein Name sei Utsav. Umständlich ließ er mich wissen, dass er deutsche Literatur an der BHU-Universität studierte und unbedingt sein Gelerntes mit mir praktizieren wollte. Freundlich, aber bestimmt lehnte ich ab, denn ich hatte überhaupt kein Ohr für so etwas. Außerdem war er mir nicht sympathisch, er hatte etwas Schweres im Blick und gleichzeitig war er ganz zappelig und hüpfte herum wie eine verunglückte Grille. Doch er redete weiter auf mich ein, ohne Punkt und Komma, sichtlich nervös. Ich wollte einfach nur den Sonnenuntergang erleben und die Stimmung genießen, mich seelisch auslüften, doch das gelang mir nicht mit dem hibbeligen Studenten vor der Nase. Rüde schickte ich ihn weg und bestellte mir erleichtert einen neuen Chai, den ich in Ruhe trank. Zehn Minuten später schlich sich der Jüngling erneut heran, mit zwei dampfenden Chaigläsern in der Hand sowie einem Brief bewaffnet, den er zwischen den Zähnen trug. Den Chai lehnte ich ab, doch den Brief schnippte er mir auf den Schoß, als ich ihn nicht annahm. Ich beschloss, ihn nicht zu lesen.

Ein paar Tage später fand ich einen neuen Anwalt und hatte das

Gefühl, dass er besser sei und sich auch wirklich ein bisschen bemühen würde, uns zu helfen. Er machte endlich Nägel mit Köpfen und organisierte Papiere, die auf die Freilassung der Bettler abzielten, alles, was für die Bürgschaften benötigt wurde. Diese Entwürfe wurden auch vom Gericht abgenickt – alles sei in Ordnung, sie müssten nur noch unterschrieben, beglaubigt und eingereicht werden.

Voller Vorfreude stellte ich mir bereits vor, dass es nun bald vorbei sein würde mit der Gefangenschaft. Eines Abends klingelte das Telefon in dem PCO, der Telefonbude für *local calls,* unweit meines Raumes gelegen. Ich wurde gerufen, das Gespräch wartete auf mich. Es war der neue Anwalt, der mich bat, zu dem morgigen Termin beim Richter einen Bürgen in persona mitzunehmen. Bei den anderen genügten die Unterschriften und die Fingerabdrücke wie eingereicht. Nikhil erklärte sich bereit mitzukommen und wollte für Thiru bürgen, weil dieser psychisch rapide abbaute. Ich hoffte, ihn gleich mitnehmen zu können.

Thiru bereitete mir große Sorgen, er hatte sich bei meinen letzten Besuchen fast gar nicht bewegt, er war kaum imstande, sich mit mir zu unterhalten, er wirkte schwer depressiv. Er sagte, dass er das alles nicht mehr aushielte und beklagte, ständig geschlagen zu werden. Thiru gehörte zu denjenigen, die Dinge beim Namen nannten und die Klappe nicht hielten. Deswegen bekam er die meisten Schläge ab. Außerdem war er mittlerweile völlig verwahrlost, die Haut hatte er sich bereits wund gescheuert mit Steinen und den Stiften, die er zum Kratzen benutzte in Ermangelung von Fingernägeln. Thiru stank wie zehn tote Füchse aus dem Mund sowie aus allen Poren. Dabei teilte ich allen immer wieder diese natürlichen Zahnbürsten aus, die man am Anfang des Pilgerweges für eine kleine Münze kaufen konnte. Es sind dünne Zweige des Neembaumes, deren Ende man in den Mund steckt und mit den Zähnen den untersten Zentimeter minutenlang bearbeitet, so dass der Zweig weich und faserig wird und sich aufspaltet wie eine Bürste. Dabei sondert er einen antiseptischen Saft ab, der, mit Speichel gemischt, die Zahnpasta ersetzt. Welch clevere, kostengünstige und natürliche Lösung. Das Ästchen wird danach weggeworfen und verfällt.

Außerdem hatte ich mit Hilfe des Vizebürgermeisters einen

Waschtag in der Woche durchgesetzt, an dem die Männer Wasser in Eimern erhielten, um sich und ihre Kleidung säubern zu können. Da die Lepakranken nicht die Handpumpe benutzen durften, brachten die Wärter das Wasser in ihren Eimern, schütteten es dann ohne jede Berührung in die der Bettler, die ich gekauft hatte. So ging das stundenlang hin und her, bis alle sich gewaschen hatten. Alle bis auf Thiru.

Musafir kam mir mittlerweile am abgeklärtesten vor. Seine depressive Phase war vorbei, und er wartete ruhig ab. Die anderen hatten das Kartenspiel wieder aufgenommen, und selbst wenn sie kein Geld in der Tasche hatten, spielten sie um Steinchen, die dann gezählt wurden, genauso ernsthaft wie um Bares. Laxman, Mukul, Puru, Bhumeshwar, Lalu, sie alle zockten so leidenschaftlich, als ginge es um ihr Leben. Balaram, der blinde, grauhaarige Mann, konnte am Spiel nicht teilnehmen, er saß oft mit Musafir, Narayan und Vishnath zusammen und schwieg. Ebenso Dasu, den ich in »Räuber Hotzenplotz« umgetauft hatte, weil er mit großer Nase, dichten, buschigen Augenbrauen und zähnebleckendem Lachen so aussah, wie ich mir den Räuber in meiner Kindheit vorstellte.

Ramlal wechselte in ausgeglichenen Phasen zwischen halbem und totalem Wahnsinn, doch er lebte das alles recht fröhlich aus und litt erstaunlicherweise gar nicht unter Verfolgungswahn, obwohl er de facto eingeschlossen war. Meistens kicherte er vor sich hin. Seine schlohweißen Haare standen wirr vom Kopf, und er hatte nur noch ein funktionstüchtiges Auge. Das andere hatte die Farbe gewechselt, es sah aus wie abgeschaltet und starrte ins Leere, während das gesunde blitzschnell von links nach rechts rollen konnte. Das gab ihm einen sehr wilden Ausdruck, verstärkt von seiner offensichtlichen Verrücktheit. Doch er war äußerst gutgelaunt. Um ihn machte ich mir keine Sorgen.

Am nächsten Morgen fuhr ich mit Nikhil frohen Mutes und mit klopfendem Herzen ins Gericht und traf dort auf den Anwalt, damit Nikhil für die Bettler bürgen könnte. Ich wartete im Korridor und malte mir bereits aus, wie groß das Hallo in Dasaswamedh werden würde, wenn die Männer zurückkämen. Die vielen glücklichen Gesichter … Doch es kam mal wieder ganz anders. Nikhil trat wie versteinert aus dem Gerichtssaal. Er zog mich aus dem Gebäude, wortlos.

Ich stolperte neben ihm her und fragte ihn aus, was los sei. Wo war eigentlich mein Anwalt?

Er berichtete mir, dass eine Anzeige gegen mich vorläge, weil ich Malik zur Flucht verholfen hätte. »Tara, die haben sich auf dich eingeschossen. Du musst vorsichtig sein.«

Hatten sie Malik absichtlich gehen lassen, um mir das anzuhängen? Gedankenstürme rasten durch meinen Kopf. Jetzt hieß es auf einmal, er sei auf der Flucht! Ich konnte es nicht fassen und hoffte, dass Malik nichts geschehen war, wir hatten keinerlei Nachricht von ihm, er blieb verschwunden. Hatten sie ihn am Ende etwa umgebracht? Böse Stimmen im Hinterkopf flüsterten mir Schreckliches zu. Gegen Malik ging ein Haftbefehl heraus, erfuhr ich. Wenn sie ihn erwischten, würde er fünf Jahre einsitzen müssen. Dieser Albtraum wurde immer schlimmer!

Nikhil beschwätzte mich, für einige Tage die Stadt zu verlassen und eine kleine Rundreise zu starten, um dann wiederzukommen, wenn die Gemüter sich beruhigt hätten und Gras über die Sache gewachsen wäre. Niemals!

Ich klammerte mich mit aller Kraft an meine Hoffnungen. Die Bettler würden ihre Freiheit wiedererlangen! Und hoffentlich würde das passieren, so lange Thiru noch einen Funken Kraft in sich fühlte. Er saß da wie ein misshandeltes Tier, ohne Rechte, ohne Freiheit, krank, schwach und hoffnungsfrei vegetierte er vor sich hin. Der Opferausdruck in seinen Augen tat mir weh. Wie gerne würde ich ihn wieder lachen sehen im Dreck und Chaos von Underground. Ich hätte nie gedacht, dass ich diese stinkende Müllkippe einmal herbeisehnen würde, doch da waren die Männer wenigstens frei.

Die Sache mit den Bürgschaften verlief also im Sande, und langsam dämmerte mir, dass die Behörden die lästige Ausländerin damit nur für eine Weile hatten beschäftigen wollen. Sie wollten mich entmutigen, ich sollte aufgeben.

Sofort, als ich am nächsten Tag das Gefängnis betrat, merkte ich, dass etwas Gravierendes passiert sein musste. Ich blickte in betretene Gesichter. Thiru hatte versucht, sich umzubringen. Er hatte gewartet, bis alle eingeschlafen waren und sich dann mit einem selbstgebastelten Strick aus Baumwollstreifen seines Lunghis am Zaun aufknüpfen wollen. Aber er wurde rechtzeitig entdeckt, zufällig, weil ein Wärter sich im Dunkeln einen Platz zum Pinkeln suchte.

Entsetzt kniete ich mich neben Thiru und strich ihm über die Schultern. Er schlief. Mr Gupta habe ihm drei Tabletten gegeben, sagten mir die anderen. Irgendjemand war so fürsorglich und hatte Thiru einen zusammengerollten Lunghi unter den Kopf geschoben. Dem Muster nach zu urteilen, opferte Dasu sein Tuch. Lalu zeigte kein Verständnis für Thirus Zusammenbruch, er verdrehte nur die Augen und sagte ungefähr: »Hey, das muss man eben aushalten können! Das Leben ist nicht einfach. Shit happens.«

Meine Gedanken kreisten um Thiru. Sicherlich hatte er schon schlimmere Momente in seinem Dasein erlebt, doch jetzt schien er nicht mehr weiterzuwissen. Ich hatte ja bereits beobachtet, dass er an der Situation am schwersten trug und mit dem Freiheitsentzug nicht fertigwurde. In seinem Herzen war anscheinend kein bisschen Hoffnung übrig, auf das er zurückgreifen konnte. Oder spekulierte er damit, nach einem gescheiterten Selbstmordversuch entlassen zu werden? Auch das würde ich ihm zutrauen. Ich schaute mir den Strick genau an und stellte fest, dass ein oder zwei Textilstreifen sehr dünn waren und bei voller Belastung leicht gerissen wären. Ich fand in dieser Nacht kaum Schlaf, so sehr waren meine Gedanken und meine Gefühlswelt belastet.

Über Utsav, den aufdringlichen Studenten, ärgerte ich mich mittlerweile ständig, weil er mir zahllose Nachrichten oder kleine Briefchen hinterließ, meistens an das Vorhängeschloss meiner Zimmertür geheftet oder unten durchgeschoben. Auch an meinem Fahrrad fand ich ständig ein neues Zettelchen. Er kommunizierte in schwülstigem Deutsch mit mir, das er gewiss im Poesieunterricht gelernt oder aus Goethe-Gedichten zusammengeschraubt hatte, nannte mich »seine Verehrteste« oder »Fräulein«, manchmal auch »Hochwürden«. Normalerweise hätte ich vielleicht darüber lächeln können, doch danach war mir nicht zumute. Ich hatte einen Berg voller Probleme auf den Schultern, der mich fast erdrückte, und mir stand der Sinn überhaupt nicht nach postpubertärem Schülergeplapper. Ich stellte ihn und sagte nochmals ganz deutlich, dass ich keinen Kontakt wünschte und auch keine Briefe von ihm lesen mochte. Er solle sich von mir fernhalten. »Die Leiden des jungen U.« interessierten mich nicht. Außerdem legte er mir Bücher auf die Türschwelle, die ich gar nicht lesen wollte. Ein, zwei Tage später kam er dann angeschlendert und verlangte die an mich »verliehenen« Bücher zurück. So ein Ärger.

Irgendwann in dieser Zeit stellte ich zudem fest, dass ich beobachtet wurde, ganz abgesehen von Utsav. Ständig fuhren mir dieselben Typen hinterher. Obwohl das Gefängnis am anderen Ende der Stadt war, fielen mir dennoch auf dem Weg immer wieder drei bis vier bestimmte Gesichter auf, stets dieselben. Ich sprach mit meinen indischen Bekannten und Freunden darüber, und sie meinten, das wäre die Ausländer-Polizei, CID, die nachsehen wollte, was ich da machte, denn mein Verhalten sei in ihren Augen schon sehr seltsam. Dass ich mich für den »Abschaum Indiens« interessierte, konnten sie nicht glauben. Stattdessen nahmen sie wohl an, ich sei ein Spion. Dass ich einfach nur helfen wollte, sahen sie nicht.

Außerdem häuften sich die Drohungen, die Fremde gegen mich ausstießen. Menschen auf der Straße kamen auf mich zu und verlangten, ich sollte aufhören, mich um die Leprakranken zu kümmern, sonst würden sie mich dazu zwingen. Ich sollte mich nicht in diese Angelegenheiten einmischen, das sei schließlich Karma, deswegen wäre es schon richtig so, dass es Leprakranken schlechtginge. Sie wären eben schlechte Menschen gewesen. Solche Botschaften wurden mir immer wieder zugetragen, und ich merkte, dass ich keinerlei Rückhalt in der Bevölkerung hatte. Manche religiösen Fanatiker gingen sogar so weit, mir massiv und offen zu drohen – sie könnten mich mit Benzin überschütten und anzünden. Das war nicht mehr lustig.

Die Sache spitzte sich sehr schnell weiter zu. Eines Morgens, als ich den Raum verlassen wollte und die quietschende Tür aufstemmte, erschrak ich bis in die Knochen. Eine strangulierte Ratte baumelte vom Türkreuz. Das war eine deutliche Warnung.

In dieser Zeit fing ich an, neben meinen Reiseerinnerungen auch ein Stichworttagebuch der Ereignisse zu führen. Ich dachte, wenn man mich einmal wirklich unter falschen Anschuldigungen abholen sollte, stünde auf diesen Seiten wenigstens, was sich zugetragen hatte. Ich vertraute mich Jerome an, dem ich sagte, wo ich das Büchlein aufbewahrte und bat ihn, es im Notfall meiner Mutter zukommen zu lassen, wenn er hören sollte, dass ich verhaftet worden sei. Ich wusste, meine Mutter würde für mich kämpfen wie eine Löwin und mich niemals im Stich lassen.

Immer wieder wurden Termine für Anhörungen, die ich beantragte, angesetzt, doch jedes Mal kam es im letzten Moment doch nicht dazu. Als würden wir Mensch-ärgere-dich-nicht spielen. Teilweise wurden sie aus fadenscheinigen Gründen abgelehnt oder verschoben. Einmal schossen wir allerdings ein Eigentor. Auf unserer Petition fehlten die Namen der Väter der Leprakranken. Musafir war damals bereits fast 70 Jahre alt – mir wäre nicht im Traum eingefallen, den Namen seines Vaters zu erfragen und anzugeben. Aber in Indien ist das bis heute üblich, das wusste ich nicht, das hätte aber mein Anwalt durchaus bedenken können. Ein kurzfristiges Nachtragen wurde uns nicht erlaubt. Wir mussten mit den Anträgen von vorne beginnen. Das war frustrierend, doch meine Laune änderte sich schlagartig durch einen Brief. Adressiert war er simpel an: Tara didi, Dasaswamedh. Ich lief schnell zu Daddu und er übersetzte: »Der Brief ist von Malik. Er hofft, dass du bei guter Gesundheit bist, Taraji, dass du jeden Tag Früchte genießt und genügend isst, dass du dich auf die Festivals freust …« Ich unterbrach ihn ungeduldig. »Was macht er? Wie ist er entkommen, sag schon, Daddu!«, bettelte ich. »Malik schreibt, er konnte ganz ohne Bakshish seiner Wege gehen. Aber er musste versprechen, nie wieder nach Benares und nach Dasaswamedh zu kommen. Sonst würden sie ihn festsetzen. Es geht ihm gut, er will, dass du das weißt. Er betet für dich und deine Gesundheit. Er fragt, ob du die anderen schon befreit hast?« Den Brief legte ich in mein Tagebuch. Es war eine solche Erleichterung, von Malik zu hören. Ganz anders erging es den Eingesperrten.

Im Gefängnis brachen jetzt Männer, von denen ich es nie vermutet hätte, zusammen, andere blieben ganz ruhig. In dieser Notsituation lernte ich sie alle noch einmal ganz anders und auf tieferer Ebene kennen. In den vielen Stunden, die wir miteinander verbrachten, erzählten sie mir ihre Geschichten von der Straße, aber auch aus ihren früheren Leben, vor der Lepra. Musafir stellte dabei fest, dass er mittlerweile länger mit Lepra lebte als ohne. Lalu witzelte wieder und schloss daraus das Fazit, dass Musafir jetzt kein Anfänger mehr sei, auch nicht in der Krise der Lebensmitte, nein, jetzt sei er geradezu ein Lepraguru.

Die Männer sahen mittlerweile recht wild aus, aus Bartstoppeln waren ungepflegte Bärte gewachsen. Ich brachte einen großgezinkten Kamm und eine Schere mit, ein Rasiermesser wäre wohl zu weit gegangen, und Laxman machte sich eifrig an die Aufgabe, die Haare und Bärte der Männer zu stutzen. Mit jedem Schnitt der Schere und jedem fallenden Haarbüschel wurde die Freude in seinem Gesicht größer, wie eine Lampe, die stufenlos heller gedreht wurde. Laxman hatte noch Finger, deshalb konnte er seine Hände recht gut nutzen, dafür fehlten ihm einige Zehen und tiefe Wunden bohrten sich in seine Fußsohlen, ein Fuß war stark verkürzt. In seinem früheren Leben vor der Lepra war er Barber, er rasierte und frisierte die Männer seines Dorfes in dem kleinen Shop, den er vom Vater übernommen hatte. Hellgrün wären die Wände gestrichen und verziert gewesen mit vielen Bildern von Bollywoodschönlingen, die sie *heroes* nannten, und Kricket-Stars, so dass der glückliche Kunde aussuchen und durch einen Fingerzeig bestimmen konnte, welche Bartvariante oder welchen Scheitel er gerne hätte. Die indischen Männerfrisuren waren konservativ, einfallslos und immer prominent gescheitelt, der Scheitel sah aus wie in Zement gegossen, unverrückbar in Haaröl oder Pomade gebannt wie Schnittlauch in Gelatine. Erwartungsfroh gab Laxman bei mir seine Bestellung auf, er brauchte neben weiteren Kämmen unbedingt noch einen Spiegel.

Nur Thiru nahm das Angebot nicht wahr und ließ Laxman nicht an sich herumschnippeln, dabei hätte er es am dringendsten gebraucht. Sein Haar war mit Steinchen und Dreckklumpen zusammengefilzt und mit Staub bedeckt. Es sah aus, als wäre es bereits verwelkt, abgestorben und nun beim Kompostieren angekommen.

14

Der sakrale Knast

Der nächste Schlag ließ nicht lange auf sich warten. Die Behörden teilten aus heiterem Himmel die Gruppe. Die Hälfte der Bettler wurde ad hoc auf die andere Seite von Ganga geschickt, ewig weit weg. Ich kundschaftete den Weg dorthin aus und stellte zu meiner Überraschung fest, dass sie in einem Ashram untergebracht waren und nicht mehr in einem Gefängnis. Schon auf dem Hinweg berichtete mir der Autorikschafahrer, dass es in diesem Ashram, an dessen Spitze ein wichtiger Guru stand, Lepramedizin gäbe. Der Guru könnte Lepra nur mit Kräutern heilen. Sollte sich doch alles zum Guten wenden? Vielleicht war das der erste Schritt in Richtung Freiheit? Sicherlich würden sie besser behandelt und bekämen vielleicht wirklich eine Kur für ihre Wunden, wenn ich auch nicht an eine Wunderheilung für Leprakranke glaubte. Ein wenig Hoffnung auf eine Verbesserung ihrer Lage keimte in mir auf.

Wie sehr sollte ich mich täuschen! Doch ich griff nach diesem Strohhalm und malte mir, zumindest auf dem Hinweg, die Situation rosiger aus, als sie war. Es tat so weh, dauernd Niederschläge einzustecken, und es kostete viel Kraft, gleichzeitig die Hoffnung nicht verlieren zu dürfen. Wenn ich aufgäbe, täten es die anderen auch.

Ob meines Ausländerstatus bekam ich sofort eine Audienz beim Guru, der auf einem Thron, der mit reichhaltigen feingravierten Silberarbeiten verziert war, in einem angelegten blühenden Garten unter dem Schatten von Zweigen saß und gekühltes *nimbu pani* trank, Limonenwasser mit Zucker und einer Prise schwarzem Salz. Gläubige scharten sich um ihn und nahmen begierig jedes gesprochene Wort und jede Geste des jungen Gurus auf. In großartigen Worten beschrieb mir *guruji*, wie er die Leprakranken heilen und läutern könnte. Jetzt sei Schluss mit dem Lotterleben, sie hätten hier die strengen Regeln der Askese zu befolgen, müssten mitarbeiten und dürften kein Fleisch mehr essen und nicht mehr rauchen. Auch das Kartenspiel hätte er ihnen wegnehmen lassen, da das frevelhaft sei, zu schlechten Gedanken und Taten verleite und die Gier wecke. Ich dachte, ich höre nicht recht. Wir wollten keine Umerziehung, niemand strebte an, heilig zu werden, wir wünschten nur die Freiheit zurück, und die wurde gerade noch weiter beschnitten. Der selbstverliebte Guru hielt seinen Monolog mit wohlklingender Stimme und unter dem zustimmenden Gemurmel der versammelten Sinnsuchenden. Dann beendete er den *darshan*, die Begegnung des Gläubigen mit Gott, sei es ein Guru oder eine Statue im Tempel. Zu Wort kam ich nicht, aber großmütig erteilte er mir seinen Segen.

Selbstverständlich waren die Bettler entsetzt, vom Regen in die Traufe geraten zu sein. Sie verabscheuten den Ashram und seine strikten Regeln und berichteten mir sogleich, wie unfreundlich und schlecht sie behandelt würden. Tags wie nachts waren sie eingeschlossen in kleinen Mönchszellen, damit sie nicht über das Gelände laufen oder fliehen konnten. Ich versuchte, Worte des Trostes zu finden und appellierte an ihr Durchhaltevermögen.

Jetzt fuhr ich also jeden Tag entweder mit einer Autorikscha zu den Bettlern ins Gefängnis oder mit dem Fahrrad die weite Strecke in den Ashram. Dazu musste ich den Fluss auf der Höhe des Ramnagar Forts auf einer Pontonbrücke überqueren, die aus riesigen, miteinander verbundenen, hohlen Metallfässern mit darübergelegten Holzplanken bestand. Der Weg dauerte mit dem Rad gut eine Stunde und führte mich parallel zu Ganga durch kleine Dörfer, die versteckt hinter einem Baumgürtel lagen, also vom Boot aus nicht sichtbar waren. Im letzten Dorf, bevor ich zum Ashram abbiegen musste, kaufte ich stets ein paar Vorräte für meine Bettler, meistens Früchte. Außerdem schmuggelte ich heimlich Zigaretten für Lalu und bidis, aus getrockneten Blättern gedrehte, kurze Zigaretten, für Musafir in den sakralen Knast. Alles war heilig in Indien, Orte, Flüsse, Berge, Statuen, Menschen, Bäume, Kräuter, Tiere, Steine, Zahlen, warum also nicht auch ein Gefängnis?

Die Sonnenaufgänge färbten die Wellen des Flusses golden wie eh und je, außerdem wechselte ein fröhliches, buntes Festival in das nächste über, der Herbst war angefüllt mit Festivitäten. Doch ich war zu belastet und niedergedrückt, um mich an den Festen zu erfreuen, sie schwirrten an mir vorbei.

Die Betreiber des Ashrams machten es mir wahnsinnig schwer, die Bettler zu treffen. Sie fragten mich, warum ich denn schon wieder da wäre und zeigten sich äußerst misstrauisch. Sie wollten nicht ständig eine junge Frau in ihrem Ashram sehen. Es würde doch reichen, wenn ich ab und zu einmal nachfragte, wie es den Bettlern ginge, versuchten sie, mir klarzumachen.

Ich durfte immer nur ein paar Minuten mit meinen Babas reden und niemals alleine. Lalu verhielt sich sehr seltsam und verweigerte jeden direkten Blickaustausch. Sein linkes Auge zuckte. Nach ein paar Momenten drehte er sich um und ging einfach von mir weg, das war noch nie passiert.

Auch Musafir gehörte zu den Umgesiedelten. Flüsternd berichtete er mir, dass die Bettler hier noch schlechter behandelt wurden als im Gefängnis: Sie wurden geschlagen, das karge Essen war wässrig und ungewürzt, und medizinische Betreuung gab es auch nicht. Offenbar hatten die Behörden den Ashram gezwungen, die Leprakranken aufzunehmen, willkommen waren sie dort gewiss nicht. Als ich gehen musste, schaute mich Musafir eindringlich an, nahm meine Hände und wisperte: »*Madat*, Hilfe!«

Utsav übertrieb seine Annäherungsversuche inzwischen gnadenlos und folgte mir auf dem Fahrrad sogar bis zum Ashram, den ganzen weiten Weg. Schon auf der Brücke bemerkte ich ihn. Er fuhr die vielen Kilometer ganz dicht hinter meinem Rücken, so nah wie möglich, ich spürte fast seinen Atem in meinem Nacken. Hätte ich plötzlich gebremst, wäre er garantiert aufgefahren, weil er nur einen Zentimeter hinter mir war.

Es nervte mich wahnsinnig. Ich fühlte mich gegen meinen Willen verfolgt und bedrängt, auch wenn er mich gar nicht anfasste. Er war wie eine plötzliche feindliche Invasion in mein Leben eingedrungen, die ich nicht stoppen konnte, auch wenn ich ihm mittlerweile genügend Schimpfwörter und Verächtliches an den Kopf geworfen hatte. In dieser Zeit verbrachte ich manche Abende bei Ben, dort waren auch noch andere Westler anwesend. Die meisten, die länger in Benares blieben, studierten eins der klassischen indischen Musikinstrumente wie Sitar oder Tabla. Benares war eine Hochburg der indischen Musik, der weltberühmte Sitarspieler Ravi Shankar und der Flötenmeister Chauradasi waren Bürger dieser Stadt. Ein wichtiger Musikguru stand ebenso hoch im Ansehen wie ein spiritueller.

Viele Sprachen zwitscherten durch den Raum, neben Englisch auch Italienisch, Französisch und Spanisch. Es waren lustige und unbeschwerte Stunden, die mich zerstreuten, in denen ich einfach mal nicht nachdachte. Eines Abends saß, sehr zu meinem Missfallen, auf einmal Utsav breit grinsend mit am Tisch. Seine Augen hafteten die ganze Zeit wie flüssiger Klebstoff an mir. Ich stand schließlich auf und ging entnervt. Dasselbe wiederholte sich ein paar Abende später. Ich konnte es nicht länger ertragen und fragte Ben: »Warum lädst du Utsav ein? Ist er etwa ein Freund von dir?« – »Nee, er schleicht sich halt so ein, eher uneingeladen. Ich mag ihn eigentlich gar nicht besonders«, antwortete der Neuseeländer und erteilte mir die Erlaubnis, ihn hinauszuwerfen. Das tat ich dann auch, und zwar buchstäblich. Nachdem er mir den ganzen Abend lang bei jedem Atemzug zugeschaut hatte, sagte ich ihm nun, er solle gehen. Er lachte nur und antwortete, er denke nicht im Traum daran, er wäre genau da, wo er es wünschte. Da öffnete ich die Haustür, schnappte den Stuhl mit dem Kerlchen darauf und schmiss Utsav samt Sitzgelegenheit aus dem Haus in den Garten. Ben fühlte sich gleich nach Neuseeland versetzt und rief lachend: »Tara, das ist ja wie nach einer durchzechten Kneipennacht *back home*. Da fliegen dann auch öfters die Stühle. Allerdings ohne Menschen darauf. Das hier ist die indische Fakirvariante, haha.«

So lachten wir alle darüber. Das sollte mir aber vergehen, als ich aus dem Haus trat. Ich schloss gerade mein Fahrrad auf, als Utsav aus den Büschen sprang. Er hatte sich nach dem Stuhlwurf nicht aus dem Staub gemacht, sondern sich unter das Fenster in die Hecke gesetzt und uns weiterhin belauscht. Der Typ wurde mir immer unheimlicher.

15

Himmel und Hölle

Noch während die Bettler im Gefängnis und im Ashram festsaßen, machte ich mir Gedanken darüber, wohin sie nach ihrer Freilassung gehen konnten, ob sich noch eine andere Lösung als Dasaswamedh auftäte. Es gab Sankat Mochan, eine Leprakolonie mitten in Benares, ich hatte manche Bewohner bereits in Dasaswamedh kennengelernt.

Mit einem geschniegelten und gestriegelten Ramchandra bestieg ich eine Rikscha, und wir fuhren gemeinsam dorthin, er ging in seiner Rolle als mein Begleiter glücklich auf.

Schon auf den ersten Blick mochte ich diese Kolonie, selbst wenn sie sich hinter hohen Mauern verstecken musste. Als ich eintrat, war ich überrascht von der Sauberkeit. Die Wege waren penibel gekehrt, und nirgendwo lag Müll herum wie überall sonst in Indien. Vielleicht 30 bis 40 identische kleine Ein-Raum-Häuschen, jeweils mit einer schmalen Veranda ausgestattet, standen Hauswand an Hauswand nebeneinander, zu einem langen Oval gezogen. Sie waren angemalt, die Farben variierten alle paar Meter, das verlieh dem Ganzen etwas Fröhliches. Mehrere große, schattenspendende Bäume wuchsen im Mittelstreifen, dort befand sich auch ein großräumiger, überdachter, offener Gemeinschaftssaal und ein dunkelroter Kalitempel. Vögel zwitscherten, Hühner liefen frei umher und pickten Körner auf, und ein paar Hunde, nicht ganz so räudig wie ihre Kollegen von der Straße, lagen faul im Schatten.

Ich fühlte mich sofort wohl hier. Eine durchweg gelassene Stimmung prägte den Ort. Diese Menschen hatten durch die Häuschen ein wenig Würde zurückerhalten und die Möglichkeit, hier mit ihren Familien zu leben.

Stolz führte mich Mahavir, auch er ein Löwengesicht, herum, denn er bemerkte meine Freude und mein Erstaunen. Sogar eine Wasserstelle zum Waschen von Geschirr und Kleidung gab es sowie eine Wasserpumpe und Toilettenhäuschen, die beispielhaft sauber aussahen. Ich konnte es kaum glauben.

Galant lud mich Mahavir nach dem Rundgang zum Chai ein, seine Frau drückte mir den Nachwuchs in den Arm, und babyschaukelnd unterhielten wir uns über die Anfänge der Kolonie. »Wir kommen auch alle von der Straße. Doch vor 20 Jahren hat ein Priester mit uns gemeinsam diese Kolonie aufgebaut. Jahrelang hat er uns geholfen mit Bandagen. Der Priester hat uns angefasst und mit uns gegessen, genauso wie du das tust, Tara didi«, stellte Mahavir fest und lächelte.

Aber sein Gesicht verfinsterte sich, als er mir erzählte, was ein Jahr nach dem Bau der Kolonie geschehen war. Die gesamte Nachbarschaft des Viertels protestierte vehement gegen die Anwesenheit der Lepraerkrankten und wollte sie von dem Grundstück verjagen. Es gab fortwährend Probleme, Drohungen aller Art wurden ausgesprochen, so dass die Leprakranken schließlich eine Mauer um die Kolonie zogen, als Sichtschutz für die Nachbarn gedacht. Doch damit wollten diese sich nicht begnügen und steckten eines Nachts die Kolonie in Brand. Feige warfen sie brennende Fackeln über die Mauer, die schnell ein verheerendes Feuer verursachten. Die Flammen fraßen sich durch jedes Häuschen und ließen nur verkohlte Asche zurück. Ich war entsetzt, das zu hören.

Gedankenverloren blickte Mahavir in die Ferne, er muss damals noch ein junger Mann gewesen sein, vielleicht gerade 20 Jahre alt. Er knüpfte an und berichtete mir, wie sie dennoch die Hoffnung nicht verloren und zusammen mit dem Priester die Kolonie neu errichteten. Doch zuerst hatten sie in die Mitte das Fundament eines Kalitempels gelegt, denn die furchterregende, schwarze Göttin Kali Ma schützt Leprakranke. Niemand darf sie von ihrem Tempel verjagen. Kali hat mindestens vier Arme, es können aber auch zehn sein, die Rachsüchtige trägt eine Halskette aus Totenschädeln, einen Rock aus abgeschlagenen Armen und wird begleitet von bisswütigen Schakalen. Kein Inder würde es wagen, einen Kalitempel niederzubrennen und die Rache der Blutrünstigen, die in der erhobenen Hand eine Sichel trägt, herauszufordern. In Kalitempeln werden regelmäßig Tieropfer dargebracht, allerdings akzeptiert die Göttin nur männliche Tiere auf ihrem Altar. Wer sie nicht nur fürchtet, der erkennt das *Shakti*, die weibliche Energie, die sie verkörpert. Wer Kali Ma verehrt, der verbeugt sich vor den Frauen, sagt man. Aus ihr fließt die weibliche Energie durch alle Frauen.

Die Häuser der Leprakolonie wurden wiederaufgebaut, die Mauer höher gezogen, und ein großes Tor diente als Verbindung zwischen den Welten, nachts wurde es verschlossen. Seitdem lebten sie in Frieden. Gäbe es einen solchen Priester doch auch für meine Bettler!

Die Kolonie lag am Anfang einer Straße, die in dem Hanumantempel mündet, der dem Affengott geweiht ist. Scharen von Affen trieben ihr Unwesen und waren den lieben langen Tag damit beschäftigt, Pilger am Eingang räuberisch zu überfallen und ihnen die kleinen Pappschachteln mit den Sweets zu entreißen. Die meisten Tempelbesucher fütterten die Affen jedoch ganz freiwillig, immerhin beteten sie hier zu Hanuman. Der Affengott steht für Loyalität, Aufrichtigkeit und Stärke. Lalu verehrte ihn sehr und trug einen silbernen Hanuman-Anhänger um den Hals. Jeden Dienstag besucht man seinen Tempel und erhält eine leuchtend orangene Tika.

Sankat Mochan war ein gutfrequentierter Ort, lukrativ für die Leprakranken, sie säumten die Straße jeden Tag wie Holzperlen auf einer Kette, um dann wieder in ihrer Kolonie zu verschwinden.

Ich fragte, ob manch einer hier noch mit hineinrutschen könnte. »Ich bin nicht der Boss hier«, ließ Mahavir mich sofort wissen und kratzte sich verlegen am Kopf, »... der ist gerade nicht da. Was soll ich sagen, eigentlich kann man ein Haus haben. Aber nur, wenn eins frei wird. Über den Preis muss man dann verhandeln.« Noch bevor ich einhaken konnte, fügte er schnell hinzu: »Das kommt aber selten vor, meistens nur, wenn jemand stirbt. Ansonsten ist die Kolonie voll, jedes Haus bewohnt«, und wedelte mit der Hand durch die Luft.

Mahavir, oft Gastbettler in Dasaswamedh am frühen Morgen, wirkte sehr patent auf mich. Seine Gesellschaft war angenehm, er war überhaupt nicht aufdringlich, sondern erschien mir wie ein Mann mit guten Intentionen, dankbar für sein Familienleben, das er in Würde leben konnte. Mahavir war blitzsauber gekleidet und gepflegt, genauso wie seine Frau und das Kind. Auf seiner Veranda standen sogar

Topfpflanzen, in kaputten Kanistern gewachsen, die gelb und rot leuchteten und von der Liebe erzählten, die bei ihm wohnte.

Kurz darauf zog ich zurück ans Dasaswamedh Ghat, denn ich vermisste das Bootsleben zu sehr. Die Bauchschmerzen gingen sowieso nicht weg, da war es auch gleich, wo ich war, wenn es weh tat.

Als ich die kleine Kalika sah, hielt ich erst einmal die Luft an. Sie war nicht nur kahlgeschoren, ihr Kopf war ein einziges Schlachtfeld, überzogen mit Schnitten, die dick verkrustet waren. An manchen Stellen standen noch ein paar Resthaare im Büschel herum. Sie sah aus wie ein Stoppelfeld im Herbst nach einer Brandrodung. Sie war immer noch beleidigt und behauptete steif und fest, keine Läuse gehabt zu haben, denn das war der Grund für diese Radikalkur. Dabei konnte ich mir lebhaft vorstellen, wie die Läusepopulation ihre auf den Boden fallenden Haarsträhnen wie eine Seilbahn benutzt hatten, um zum nächsten Opfer zu gelangen. Ich schnappte mir Kalika und brachte sie zu einem der vielen Barber, die am Wegesrand herumsaßen und bat ihn, gründlich alle Haare zu entfernen. Danach sah sie besser aus. Ihre dunklen Augen wirkten noch größer.

Inzwischen verrann mir die Zeit wie Sand zwischen den Fingern. Ich hätte die Leprakranken gerne versorgt gewusst oder zumindest in würdigeren Umständen, bevor meine Zeit in Indien vorbei sein sollte. Und dieser Tag war nicht allzu fern, in weniger als vier Wochen begann mein erstes Semester in Rom, ich wollte längst zurück sein.

Also fuhr ich mit Ramchandra nach Bhadohi, einer zweiten Kolonie, die weit außerhalb der Stadt im Umland lag. Um Viertel nach neun standen wir beide abenteuerlustig am überfüllten Bahnsteig von Kent Station, dem Hauptbahnhof von Benares, um in den »Punjab Express« zu steigen. Doch der kam nicht. Ich holte uns einen Snack nach dem anderen von den fliegenden Händlern am Gleis, kleine scharfe, süß-salzige oder gewürzte Köstlichkeiten, und wir warteten. Ramchandra nutzte die Gunst der Stunde, mich ganz alleine für sich zu haben und kam ins Reden über sein Leben und seine Gefühle. »Als ich Lepra das erste Mal an meinem Körper sah, war ich noch nicht 16 Jahre alt, vielleicht 14 oder 15. Eigentlich sollte ich gerade verheiratet werden. Meine Eltern hatten ein hübsches Mädchen ausgesucht, das hübscheste Mädchen aus dem Nachbardorf. Meine Mutter war die Schwester ihrer Mutter. Das Mädchen war eine Schönheit so wie in den Filmen, ich hatte sie schon heimlich beobachtet am Fluss, als sie Milchkannen sauber schrubbte mit dem Gangasand«, seine Augen leuchteten keck. Neugierig unterbrach ich ihn und wollte wissen, ob er sie auch angesprochen hätte, doch er verneinte entrüstet, das könne er vor der Heirat nicht tun, sie sei ein anständiges Mädchen und er wollte sie ja nicht in Verlegenheit bringen oder ihren Ruf riskieren. Zumindest war er mit dem Handel seiner Eltern sehr einverstanden und hochzufrieden. Ramchandra berichtete, dass sie in Bihar, nahe am Ufer der Ganga in einem kleinen Dorf ohne Strom oder anderem Luxus, lebten. In manchen Jahren, wenn Ganga Ma starkes Hochwasser hatte, war ihr Dorf überflutet. Weil das immer wieder geschah, blieben sie arm. Die Familie verkaufte Milch. Seine ganze Kindheit hatte Ramchandra damit verbracht, schwere und bis zum Rand gefüllte Milchkannen meilenweit auf den Markt zu tragen und die leeren wieder nach Hause. Ich konnte mir das bildhaft vorstellen und sah ihn als lachenden Lausbuben vor mir. Als die Zeit der Hochzeit kam, stand der Mitgiftsbüffel angebunden im Hof, schöne Saris und Stoffe stapelten sich in einer Metallkiste und die Vorbereitungen für die tagelange Feier und die vielfältigen Zeremonien liefen. Dann änderte sich die Lage dramatisch von einem Moment auf den anderen. Ramchandra ging mit den Brüdern seiner Braut in Ganga schwimmen, und während des ausgelassenen Planschens entdeckten sie auf einmal weiße Flecken auf Ramchandras Körper. »Damit war die Hochzeit vorbei, Didi. Mein ganzes Leben war vorbei. Hunderte von Leuten waren bereits herbeigekommen, und alle erfuhren, dass ich Lepra hatte. Es war ein großes Drama, und ich ging noch am selben Tag weg von zu Hause. Alle waren bitterböse auf mich. Meine Mutter wollte auf der Stelle Rattengift essen. Ich habe größte Schande über meine Familie gebracht. Niemand hatte Lepra bei uns. Niemals. Nur ich. Beide Familien verfluchten mich, Didi. Der Vater des Mädchens und die Brüder schlugen meinen Vater. Mein Vater musste den Büffel und alles zurückgeben, Tara didi, nur wegen mir. Ich habe schlechtes Karma, Didi, deswegen.«

Nach mehr als zwei Stunden, was hier als klitzekleine Verspätung galt, trudelte der Zug ein, und wir sprangen auf, zielsicher in die dritte Klasse. Ich wusste, dass Ramchandras Aufenthalt in der zweiten Klasse nicht durchzusetzen war, also begab ich mich mit ihm in die Holzklasse. Da wehte ein ganz anderer Wind. Ein Abteil vollgestopft wie die Legebatterie einer aus den Nähten platzenden Hühnerfarm, keinen Schritt konnte man machen, ohne auf Hände, Füße oder Ähnliches zu treten. Auch in die Gepäckablage hatten sich Menschen gequetscht. Ramchandras Platz war bei den Toiletten. Selbst hier gab es noch Unterschiede, das war bitter.

Während der Fahrt blieben die Zugtüren offen. Wir ratterten durch das flache Ackerland um Benares, hier wurden hauptsächlich Tomaten, Kartoffeln und Mais angebaut. Die Fahrt dauerte nur drei Stunden, und ich war froh, als wir die stickige Enge des Abteils hinter uns lassen konnten. Meine Haut fühlte sich regelrecht abgerieben an, Ramchandra und ich wurden die ganze Zeit über beäugt, angestarrt und in allen nur möglichen Dialekten kommentiert.

Als wir auf die Straße traten, hatte ich den Eindruck, im Niemandsland gelandet zu sein. Staub und Lehm beherrschten die Landschaft, es war irgendwie ein bisschen trostlos hier. Ein schmuckloses Städtchen lag wie eine Pfütze in dem Staub. Ich winkte eine Rikscha heran, und Ramchandra erklärte ihm, dass wir in die Kolonie wollten. Der Rikschawala starrte uns mit offenem Mund an und musste mehrfach aufgefordert werden, bevor er sich auf den ausgeleierten Sattel schwang und in die Pedale trat, die er kaum erreichte, weil seine Beine zu kurz waren. Er musste beim Treten ständig von der einen zur anderen Seite über den Sattel rutschen. Die Rikschas in und um Benares waren sehr hoch und wuchtig gebaut, ganz anders als die niedrigen in Delhi und für manchen schwer zu beherrschen.

Wo ich hinblickte, sah ich Teppiche. Arbeiter trugen oder fuhren sie auf Trolleyrikschas eingerollt und in allen Größen über die Straßen, in den Läden und Lagern stapelten sich verschiedene Farben und Muster. Sie sahen aber nach minderer Qualität aus, nichts Feines, keine wie die tibetanischen Teppiche in Kathmandu. Auch Färbereien fielen mir in den Blick, Wolle in buntesten Farben hing zum Trocknen aus, rotes und blaues Wasser floss den Rinnstein hinunter und mischte sich noch zu einem dunklen Lila, bevor es in einen Gully stürzte. Es roch ungesund nach Chemie.

Die Kolonie lag noch einmal weiter draußen. Hier war sonst gar nichts mehr. Kein Strom oder fließend Wasser. Nur grauer Staub, der durch die Luft flog. Ungefähr 20 Hütten, strohbedeckt und mit Kuhdung verputzt, standen auf dem trockenen Gelände wie verlassene und verwunschene Hexenhäuser. Kein Baum, keine Blume, kein Gemeinschaftshaus und keinerlei sanitäre Anlagen schmückten ihr Dasein. Eine rostige, alte Handpumpe war als einziger Luxus etwas abseits in den Boden gelassen, eine für knapp 100 Leute.

Es war lange nicht so sauber wie in Sankat Mochan, und es gab keine angelegten Wege. Ramchandra kannte natürlich alle hier, ich nur manche. Er zog mich zu Gotam, dem Chef der Kolonie. Ich hatte ihn bereits kurz in Dasaswamedh kennengelernt, er war nicht nur durch ein Löwengesicht gezeichnet, sondern dieses war auch noch pockennarbig überzogen mit tiefen, dunklen Kratern. Er hatte zudem wie Singeshwar alle Finger verloren und nur noch die Handteller. Er hieß mich willkommen und bat mich in seine Hütte. Ein paar Hühner stoben aufgeregt gackernd zur Seite, als ich eintrat. Nur wenig Licht fiel in den Raum, und meine Augen mussten sich erst an die Dunkelheit gewöhnen. Auch der Boden war aus getrocknetem, gestampftem Dung geformt, barfuß ein angenehm erdiges Gefühl. Ein schmaler Charpai stand an der Wand, bestimmt schlief er darauf und die Familie auf dem Boden. Ein Charpai ist ein wuchtiger Holzrahmen in verschiedenen Größen mit geflochtenen Tauen als luftdurchlässige Hängematratze, eine preisgünstige und auch klimaangepasste Schlaflösung. Etwas erhoben vom Boden ist man ebenso vor Krabbeltieren, Schlangen und umherhuschenden Ratten besser geschützt. Wir setzten uns auf den Holzrahmen, palaverten ein bisschen und tauschten die üblichen Freundlichkeiten und Fragen aus, die vor jedem Gespräch anstanden. Dann erkundigte ich mich, ob sie überhaupt Papiere besäßen für das Land. Er bejahte das und kramte aus einer Metallkiste, so wie ich auch eine hatte, einen Stapel Dokumente hervor. Sie waren in einem selbstgenähten Umschlag aus Stoff verwahrt. Mir blieb verschlüsselt, was darauf geschrieben stand, sie waren in Hindi verfasst, hatten aber durch Stempel und Unterschriften offiziellen Charakter. Ramchandra konnte mir auch nicht weiterhelfen, seine Lesestärke beschränkte sich auf Schlagwörter wie »Ausgang« oder »Milch«. Ich bat Gotam, so bald wie möglich eine Kopie von diesen Papieren für mich anzufertigen, damit ich sie meinem Anwalt zeigen konnte. Übereifrig wollte er mir unbedingt seine Originale aufdrängen, doch das lehnte ich ab. Ich wollte von ihm wissen, ob es möglich wäre, einige von meinen Leuten dort anzusiedeln und der Gemeinschaft dafür etwas zugutekommen zu lassen. Wie groß das Land wäre, das sie besiedeln dürften, fragte ich ihn, denn das war mangels Zaun oder Abgrenzung nicht erkennbar. Gotam bestürmte mich, unbedingt etwas in diese Kolonie zu investieren. Er wirkte auf mich wie eine lauernde Vogelspinne, die mich genau taxierte, um mir den Kokon überzustülpen und festzuzurren. Das konnte ich gut verstehen, war ich doch ein echter greifbarer Hoffnungsschimmer für ihn. Ihnen fehle es an allem, appellierte er an mich. Die Kinder besuchten auch keine Schule. Sie hätten überhaupt keine Hoffnung und keine Hilfe.

Ich wollte eigentlich nicht unbedingt, dass die Bettler dort hinzogen, irgendein Gefühl warnte mich, aber es war immerhin Land, auf dem Leprakranke wahrscheinlich leben und bleiben durften. Ramchandra und ich drehten dann noch eine Runde, ich bemerkte neben weiteren Hühnern auch zwei Ziegen, die vor einer Hütte angepflockt waren. Die eine war trächtig, und ihr Bauch beulte sich an beiden Seiten. Es würde bald Nachwuchs geben.

Viel Zeit um uns umzuschauen blieb uns nicht. Wir mussten uns beeilen, um den Zug nach Benares zu erwischen, wenn wir nicht bis spät in der Nacht unterwegs sein wollten. Ramchandra hätte mich nie verteidigen können, selbst wenn er es gewollt hätte. Das Wunder geschah, der Zug war recht pünktlich. Ich war bewappnet mit großen Tüten voller getrockneter, gewürzter und gesalzener Erbsen, gekochter Eier mit Chili und Salz in Papierschiffchen und Samosas, frittierte Teigtaschen. Die Hälfte reichte ich Ramchandra, er hatte noch genügend Finger, um seine Eier zu schälen. Da die Inder stets sehr großzügig sind, was das Essen angeht, teilte ich auch mit den anderen Passagieren und blickte dafür die Fahrt über in lächelnde Gesichter. Gemeinsam zu essen löste alles Fremde auf.

Dann kam der Tag, an dem Utsav mein Nervenkostüm zerriss. Ich hatte ihn gewarnt, mehrfach. Seit Wochen folgte mir dieser Reishalm-Tarzan auf Schritt und Tritt, ich konnte es nicht mehr ertragen.

Ich manövrierte mein Rad gerade durch eine enge Gasse, vorbei an den Schlaglöchern, und fühlte direkt hinter mir meinen indischen Schatten. Doch dieses Mal ging er einen Schritt zu weit. Mit seinem Vorderrad berührte er immer wieder meinen Hinterreifen. Wutentbrannt stoppte ich und fragte den nächsten Shopkeeper nach einem Stock. Alle hatten so einen zum Verscheuchen der Tiere. Doch der Mann wehrte ab, er war wohl eingeschüchtert von meinem wildgewordenen Blick. Also radelte ich weiter, schneller als vorher. Utsav folgte und rief mir zu, dass er mich zwingen könnte, mit ihm zu sprechen. Da brannte mir die Sicherung durch. Ich ließ mein Rad fallen und beförderte Utsav mit einem gezielten Tritt von seinem. Ich schrie, er solle mich endlich, endlich, endlich in Ruhe lassen. Er rappelte sich auf, grinste tatsächlich, murmelte etwas von »mein verehrtes Fräulein« und kam auf mich zu. Da versetzte ich ihm den ersten Schlag, er fiel vor lauter Überraschung erneut zu Boden. Ich drosch weiter auf ihn ein und brüllte ihn an. Im Nu versammelte sich eine Menge Zuschauer um uns wie bei einem Boxkampf und feuerte uns an. Utsav schrie um Hilfe, ich sei verrückt geworden, und die Leute sollten mich stoppen, doch ich hielt dagegen und ließ alle wissen, dass er mich verfolgte und dass ich nur das täte, was sonst mein Vater oder meine Brüder erledigen würden: ihm klarmachen, sich fernzuhalten. Dann nahm ich meinen *chappal*, den Plastiklatschen, in die Hand und ließ ihn auf Utsav niederprasseln. Jemanden mit dem Schuh zu schlagen zeigt in Indien die größtmögliche Verachtung. Erst nach einer Weile stoppte ich zitternd. Tagelang war mein Nahkampf in aller Munde. Von einer Frau verprügelt zu werden, kam der Entmannung gleich. In den Chaishops verhöhnten die Männer Utsav genüsslich. Ich merkte deutlich, dass ich mir einen Puffer verschafft hatte. Es trauten sich nicht mehr so viele, mich einfach anzuquatschen.

16

Zurück ins Leben

Ich musste nachdenken. Meine Reisezeit war längst um, es war Spätherbst, und die Schule in Rom begann. Doch die Bettler saßen immer noch fest, es war zum Verzweifeln. Fast drei Monate waren seit der Verhaftung vergangen. Ich rief Melanie, meine deutsche Freundin in Rom, an und bat sie, meinen Platz für Fotografie in dem Designinstitut zu halten, ich käme noch, nur ein bisschen später. Ich hätte noch in Indien zu tun, Wichtiges. Sie dachte gewiss auch, ich spinne, denn in Rom wartete eine tolle Chance und ein wirklich schönes Leben auf mich.

Ich liebte diese Stadt mit ihrer Fülle an Kultur und Geschichte, der unvergänglichen Schönheit, dem wunderbaren italienischen Essen und natürlich auch wegen der italienischen Lebensart und der Italiener selbst. Es gab immer etwas zu lachen, ich mochte das Spontane dieser lebenslustigen Menschen.

Auf Schritt und Tritt Zeuge einer anderen Epoche zu werden, sei es von der Römerzeit bis zu den weltenregierenden Päpsten, den Adelsfamilien Colonna, Orsini und den Borgias. Leicht begegnet man in Kirchen oder Palazzi, eingebettet zwischen Römerrelikten, großen Künstlern vergangener Zeiten wie Michelangelo, Bernini oder Leonardo da Vinci. Tiefe Spuren hoher Gedanken und Zeugnisse großer Künste ziehen nach wie vor leuchtende Muster durch die ewige Stadt und schmücken sie so prachtvoll wie ein Pfauenschweif. Rom war der Ort, an dem ich leben wollte, da war ich mir sicher. Die Reise nach Asien war eigentlich nur als kurze Stippvisite gedacht, mit Rückflugticket, nie wollte ich Rom aufgeben.

Ich bin in einer ganz normalen Mittelklassefamilie aufgewachsen, meine Mutter und mein Vater waren Akademiker, er Rechtsanwalt und Notar, und meine Mutter, eine Germanistin, war mit Leib und Seele Oberstudienrätin. Wer bei ihr Unterricht hatte, war stilistisch gut aufgestellt und konnte Kommas setzen sowie den Konjunktiv benutzen. Wir lebten nicht im Villenviertel von Bad Homburg, wo ich zur Schule ging, sondern bewohnten ein Reihenhaus in einem Dorf unweit. Unser Kühlschrank war immer voll, und wir litten keine existentiellen Nöte. Ich genoss eine sehr freie Kindheit, weil wir von Natur umgeben wohnten, und ich dauernd in den Feldern und Wäldern unterwegs war. Unsere Eltern schickten uns zum Sport, und wir sollten Musikinstrumente erlernen, mal mehr, mal weniger erfolgreich. Flöte mochte ich nicht, dafür war mein Bruder ein super Sportler, das lenkte von mir ab. In meinem Fall einigten wir uns auf Schwimmen und Ballett, so kam ich auch um meinen stocksteifen, furchtbar langweiligen Klavierunterricht herum. Meine behütete Kindheit rundete vor allem meine Großmutter ab. Sie besuchte uns regelmäßig, überschüttete uns mit ihrer Liebe und verwöhnte uns aufs Höchste mit ihren böhmischen geschmackreichen Gerichten, wunderbaren Kuchen und himmlischen Torten. Von meiner Mutter und meiner Großmutter lernte ich vor allem, das Leben positiv anzugehen.

Mein Bruder Wolf, der zweieinhalb Jahre jünger war, und ich besuchten ein humanistisches Gymnasium, wo wir auch das Abitur absolvierten. Ich war neugierig auf das Leben, ja geradezu lebenshungrig, und wollte mir nichts in starren Beton gießen lassen. Ich begann eine Ausbildung an einer Schauspiel- und Musicalschule. Noch während der Ausbildungszeit durfte ich mich einer ganz dramatischen Theatergruppe in Frankfurt anschließen, experimentelles Theater, das war genau die Art von Kunst, für die ich zur Bühne wollte. Zugegeben, wir verdienten kaum etwas, doch wir waren beseelt von unserer Arbeit.

Mit dem ersten »richtigen« Geld, das ich durch eine Minirolle in einem Theaterengagement an der »Komödie« in Frankfurt verdiente, zog ich dann nach Rom, so wie ich es mir selbst versprochen hatte, als sich während unserer Abiturfahrt die Stadt in mein Herz schlich und meine Sehnsucht wurde.

In Rom fand ich eine WG, viele Freunde, hatte Spaß und genoss das Leben. Den Faden zum Theater wollte ich nicht ganz loslassen, also kehrte ich immer wieder für ein paar Wochen in die alte Heimat zurück, um zu spielen. Auch in Rom suchte ich mir Jobs, die mich über Wasser hielten. Ich wollte mir ein zweites Standbein schaffen, denn ich fühlte insgeheim, dass ich lieber in Rom bleiben und mir dort etwas aufbauen wollte, als in Deutschland Theater zu spielen. Also schrieb ich mich nach langem Hin und Her vor meiner Asienreise in Rom für Fotografie ein und freute mich auch darauf.

Und jetzt kam hier in Indien schon wieder alles anders als gedacht. Doch mich einfach umzudrehen und mein schönes Leben weiterzuleben gelang mir nicht. Zu tief hatte ich mittlerweile in das Schicksal der Leprakranken geblickt. Noch war meine Mission nicht beendet. Erst wenn sie frei wären, würde ich meine eigenen Pläne wieder aufnehmen.

Nach drei Monaten, so lange saßen meine Bettler nun schon fest, hatte ich zwar nicht aufgegeben, aber mir gingen langsam die Ideen aus. Ich wusste wirklich nicht, wie ich die Bettler wieder in die Freiheit holen sollte. Ich hatte alle möglichen offiziellen Wege ausprobiert, doch nichts hatte ich erreicht. Ich hatte sogar versucht, die Bettler freizukaufen und Mr Gupta eine Pro-Kopf-Summe geboten, doch er bevorzugte, uns weiter in seiner Hölle schmoren zu lassen. Außerdem fürchtete er wohl die Konsequenzen.

Da fiel mir ein, welche Wirkung die Zeitungsartikel auf den Magistrat gezeigt hatten, ich hatte damals sofort einen Termin beim Bürgermeister bekommen. Also zog ich erneut los, auch wenn ich beim Stadtoberhaupt nicht mehr gerne gesehen war, und ließ ihm ausrichten, dass ich einen weiteren großen Artikel mit Fotos über die menschenunwürdige Behandlung der Bettler plante, Stichwort »sakraler Knast«, und mir dafür gerne sein Statement einholen würde. Falls er keine Zeit hätte, würde ich unser letztes Gespräch zitieren.

Auf einmal setzten sich die Dinge in Bewegung, mein Bluff zeigte Wirkung. Auf Drama reagieren sie hier besser als auf Fakten oder Argumente.

Die Stunde nach Sonnenuntergang verbrachte ich fast immer auf der Terrasse des Gangatempels, eine Gruppe Gläubige sang Bhajans, ein alter Mann, so faltig wie seine Harmonika, begleitete sie dazu. Der gleichbleibende Rhythmus und Singsang räumten stets meine Gedankenwelt frei und verschafften mir so eine Pause von den Geschehnissen. Obwohl ich in dieser Stunde nichts tat, als mich zu entspannen, fühlte ich mich danach, als wäre ich über einen See gerudert und beträte neue Ufer.

Einen letzten Chai wollte ich noch trinken, bevor ich auf mein Boot kletterte, und der fiel mir fast aus der Hand, als ich die Gestalt erkannte, die den Pilgerweg entlangschlurfte. Es war Thiru, hurra! Innerhalb von Augenblicken hatten ihn auch die anderen ausgemacht und umringten ihn. Er war frei! Ich war so erleichtert! Nach der ersten Wiedersehensfreude forderte ich Thiru auf, etwas gegen die Infektion seines Zeigefingers zu unternehmen. Dieser war ohnehin nur noch zur Hälfte vorhanden und jetzt völlig vereitert. Vorne stand der Knochen wie abgehackt aus dem Gewebe heraus und man konnte die Sehnen aus dem rohen Fleisch herausbaumeln sehen. Alles war infiziert, ein Teil der Hand angeschwollen. Wir vereinbarten, dass er so schnell wie möglich nach Kalkutta fahren sollte, und ich steckte ihm genügend Geld in die Tasche. Dort gab es ein Lepra-Missionskrankenhaus, wo man ihm den Finger fachgerecht amputieren konnte. Zu retten war da nichts mehr.

Als Nächster kam Lalu frei. Früh am darauffolgenden Morgen wurde ich auf dem Ruderboot geweckt mit der Nachricht, dass Lalu nach mir suchen würde. Er säße an den Tempeltreppen, sagte man mir. Mein Herz raste vor Freude, als ich dort hinlief. Es war wirklich Lalu! Wir tranken zusammen einen Chai und feierten überglücklich seine Freiheit.

Danach ließen sie die Männer in Grüppchen gehen, zu dritt oder zu viert. So hofften die Beamten, dass sich die Bettler nicht gleich wieder in Dasaswamedh versammeln würden. Doch was sollten sie denn tun, das Stückchen Straße oder der Quadratmeter im Underground waren einfach ihr Zuhause.

Natürlich strömten alle dorthin.

Mir wich das Lächeln nicht mehr von den Lippen. Wir hatten es geschafft! Vor Erleichterung und Freude hätte ich am liebsten tagelang durchgetanzt. Ich war in Hochstimmung.

Als wirklich alle bis auf den letzten Mann entlassen waren, verabredete ich mit den Leprakranken, dass wir uns in Sankat Mochan für eine kleine Feier treffen sollten. Dort wollte ich Abschied nehmen, fern von den Gaffern in Dasaswamedh, die mir diesen letzten Moment durch ihre herzlosen Kommentare ruinieren würden, es fiel mir sowieso schon schwer genug. Die ruhige Atmosphäre Sankat Mochans würde den Abschied möglich machen. Es gab jetzt keinen Aufschub mehr, es war höchste Zeit, in ein Flugzeug zu steigen und in mein Leben zurückzufliegen. Trotz großen Glücksgefühls merkte ich auch, wie erschöpft ich war. Die Bauchschmerzen hatten nie ganz aufgehört, wie Gezeiten traten sie in Abständen auf und rissen mich, vernichtenden Wellenrollern gleich, von den Füßen. In Europa müsste ich erst einmal zum Arzt gehen, über ein halbes Jahr in Indien blieb eben nicht in den Kleidern stecken. Mit der Schule in Rom würde ich zur nächsten Gelegenheit beginnen, wenn sie mir noch einmal einen Platz gaben. Das war mein Plan.

Doch das Leben hatte anderes vor. Am selben Tag sprach mich am Ghat eine Schweizer Ärztin, die durch Indien reiste, an. »Lepra ist heilbar«, sagte sie zu mir. Niemand hätte erstaunter sein können als ich. Ich erfuhr, dass die Lepra-Therapie zwei Jahre dauerte (heute ist sie bereits viel kürzer). Und ich dachte: Das ist ja gar nichts!

»Lepra ist keine Erbkrankheit, sondern eine bakterielle Infektionskrankheit, niemand wird damit geboren«, fuhr sie fort. »Wie überträgt sich Lepra?«, wollte ich von ihr wissen. »Die Übertragung geschieht durch Tröpfcheninfektion, allerdings nicht im Vorbeigehen, sondern durch langjährigen, engen Haut-zu-Haut-Kontakt. Die Inkubationszeit ist extrem lang und liegt zwischen drei Monaten und fünfzehn Jahren, in der Regel sind es fünf bis zehn Jahre. Viele stecken sich bereits im Kindesalter an, bemerken es gar nicht und die Krankheit bricht erst viel später sichtbar aus, für die meisten vollkommen überraschend.« Natürlich musste ich sofort an Ramchandra denken, als er von diesem fürchterlichen Moment in seinem Leben erzählte hatte.

»Wie ansteckend ist Lepra?«, fragte ich nach, schließlich lebte ich bisher nur von Halbwissen und Gerüchten. »Da ist die allgemeine Panik größer als die Notwendigkeit für Furcht. 80 Prozent der Menschheit ist immun gegen Lepra. Die verbleibenden 20 Prozent, die sich anstecken könnten, sind mit Mangelerscheinungen aufgewachsen und haben ein geschwächtes Immunsystem. Deswegen gilt Lepra auch als die Krankheit der Ärmsten der Armen«, versicherte mir die

Ärztin. Da rollten mir dann doch ein paar Steine vom Herzen. »Die Tuberkulose ist gefährlicher, weil sie viel ansteckender ist, auch für dich«, fügte sie einschränkend hinzu.

Ich war ihr so dankbar für das Wissen. Warum hatte mir das alles kein indischer Arzt bisher gesagt? Damals konnte man das nicht einfach im Internet nachschauen, so wie heutzutage. Das gab es nicht. Außerdem besaß man noch kein Laptop oder Handy. Man war noch ganz auf sich gestellt. Meine Fragen an die Ärztin nahmen kein Ende, endlich hatte ich eine Quelle gefunden, ich fühlte mich wie eine Verdurstende, die den Wasserbrunnen in der Wüste gefunden hatte. Längst hatten wir uns in einen Chaishop gesetzt.

»Es gibt, vereinfacht gesprochen, eine bakterienarme und eine bakterienreiche Form der Lepra. Die multibazilliäre wird auch lepromatöse Lepra genannt und ist die schlimmere Form, die unbehandelt zu einem wahren Siechtum führt. Sie bringt auch das Löwengesicht mit sich …« Ich hörte genau zu. »Ich habe hier in deiner Gruppe einige wahrgenommen …«, sagte sie. »Das ist nicht meine Gruppe«, unterbrach ich sie. »Na, irgendwie schon. Es sieht zumindest danach aus.«

Sie schaute mir direkt in die Augen: »Lepra ist wirklich einfach heilbar, mit zwei bis drei Tabletten täglich, der *Multi Drug Therapy*, kurz MDT genannt. Es ist eine Kombination aus mehreren Medikamenten, die oral verabreicht werden. Dafür musst du kein Arzt sein, Tara. Schreib einfach an die WHO in Genf, die schicken dir Informationen über Lepra zu. Es gibt ein weltweites Programm, das Lepra bis zum Jahr 2000 ausrotten will.« Ich staunte. »Die Medikamente sind nicht kostspielig«, fuhr sie fort. Dann gab sie mir 100 Dollar und sagte schlicht: »Fang doch einfach an!«

Die 100 Dollar wogen schwer in meiner Tasche. Ich war komplett verwirrt. So einfach sollte Lepra zu bekämpfen sein? Dieses dämonengleiche Monster?

Als ich am frühen Abend nach Sankat Mochan kam, hatte Mahavir bereits alles vorbereitet, große Töpfe mit scharfen Currys und Reis, *dhahi*, Joghurt, eingelegte würzige Pickles und Chutneys, auch Chapatis in haushohen Stapeln standen bereit. Ich balancierte etliche Kartons der Großfamiliengröße gefüllt mit indischen Sweets, die für alle reichen sollten. Als meine Leprakranken eintrafen, setzten wir uns gemeinsam und gemischt mit ein paar Bewohnern in einen großen Kreis. Die Leprakolonie hatte genügend Aluminiumgeschirr zusammengetragen, so dass wir speisten, als wären wir zu Hause. Es war ein wirklich schöner Abend, die Bettler witzelten und frotzelten wieder wie eh und je, traurig machte mich nur der unabwendbare finale Abschied, der immer näher rückte. Da es abends schon etwas kühler wurde, trug ich einen breiten Schal um die Schultern, den ich jetzt enger zog. Als ich zu sprechen anfing und den Hundertdollarschein in die Mitte legte als Spende dieser Ärztin, war das Entsetzen riesig bei den Bettlern. Sie hatten zwar immer wieder gehört, dass ich bald gehen müsste, dennoch nicht damit gerechnet. Wie immer riefen alle durcheinander, und ein jeder bestürmte mich auf seine Art zu bleiben. »Nein, Tara didi, tu das nicht. Bleib bei uns, du bist doch unsere Didi!«, bat Ramchandra mit aufgerissenen Augen, in die Tränen schossen. Vishnath drängte: »Wir brauchen Bandagen, Didi.« Lalu sagte gar nichts, umfasste aber meinen Oberarm wie ein liebevolles Festhalten. Ihre verzweifelten Gesichter brachen mir fast das Herz. Singeshwar sagte dann den Satz, der mich nicht mehr losließ: »Tara didi, wir wollen doch unser Leben zurück!«

Zwei Jahre dauert die Therapie, schoss es mir durch den Kopf. Ich bin noch jung. Zwei Jahre, die habe ich, die kann ich geben, warum nicht, wenn das Leben mir das hier alles zeigt.

Und so schüttelte ich den Kopf, was meine Zustimmung bedeutete, und sagte zu hierzubleiben.

17

Nach Indien wollte ich nie

Wolf verstand mich, er sagte mir am Telefon, dass er schon damit gerechnet hätte und nicht im Geringsten verwundert sei, schließlich kenne er mich ja. Er würde versuchen, das meinen Eltern bestmöglich »zu übersetzen«. Ich war dankbar, einen Seelenverwandten in meinem Bruder zu haben. Obwohl er jünger war als ich, hielt er mir immer den Rücken frei. Auch wenn wir in Vielem anders waren, fühlten wir uns eng miteinander verbunden. Er war nicht nur mein Bruder, sondern gleichzeitig mein bester Freund. »Siehst du, und schon ist wahr geworden, was dir der Dalai Lama sagte«, hörte ich meinen Bruder gerade noch, bevor mein Geld verbraucht war. Stimmt. Das schien mir Ewigkeiten her zu sein. Als läge ein Leben dazwischen statt ein paar Monate.

Abends auf dem Boot dachte ich darüber nach, wie merkwürdig das Leben doch so spielt. Nach Indien wollte ich eigentlich nie! Interessiert und nach Asien gebracht hatten mich die Tibeter. In Rom las ich alles über Tibet, was ich mir besorgen konnte, und fand es furchtbar ungerecht, dass China sich dieses Land einfach so einverleibt hatte. Sie zerstörten Kultur und Klöster, brachten Mönche und Nonnen um, verboten die tibetischen Gebräuche, die Sprache und Traditionen, sie wollten den Glauben der Tibeter ausrotten. Um China, dem Unterdrücker, kein Geld für das Visum in den Rachen zu werfen, beschloss ich, nach Nepal zu reisen, da dort viele Tibeter lebten, die über die Berge geflohen waren. Tiefbeeindruckt von allem Gelesenen wollte ich nun die Tibeter selbst kennenlernen, um mir ein echtes Bild zu machen.

Nachdem ich mir das Geld für die Reise erarbeitet und mir einen großen Rucksack und klobige Trekkingschuhe zugelegt hatte, konnte es von Frankfurt aus nach Kathmandu losgehen. Mit meinen liebsten Freunden, Jasmin und Achim, quatschte ich die halbe Nacht vorher durch, sie waren ganz angesteckt vom Reisefieber, obwohl ich alleine losfuhr. Aufgeregt und voller Vorfreude verabschiedete ich mich von meinem Bruderherz, meiner Mutter und Omi. Goran, ebenso aus dem engsten Kreis, fuhr mich zum Flughafen, winkend und hupend bogen wir um die Ecke. Meine Freude auf dieses Abenteuer füllte das ganze Auto aus. Zuerst ging noch alles gut, Goran und ich machten Witze, und wir malten uns aus, was mir wohl alles Lustiges auf Reisen passieren würde. Kaum waren wir an der Bad Homburger Stadtgrenze kurz vor der Autobahn, von dort war es nur noch ein Katzensprung zum Flughafen, ging sein jugoslawisches Temperament mit ihm durch wie ein Pferd, neben dem der Blitz einschlug. Er bremste den Wagen abrupt mit quietschenden Reifen ab. »Ich will überhaupt nicht, dass du wegfährst. Ich bring dich nicht zum Flughafen. Steig aus!« So setzte er mich samt Gepäck am Straßenrand ab. Damit hatte ich nun wirklich nicht gerechnet. Den schweren Rucksack geschultert lief ich auf die nächstgelegenen Häuser zu und bat, telefonieren zu dürfen. Ich erreichte meinen Bruder zu Hause, der sofort in sein Auto sprang und mich im Eiltempo zum Flughafen fuhr. Ich hatte bereits Herzrasen und rechnete damit, den Flug verpasst zu haben. Als Letzte checkte ich ein. Überraschenderweise bekam ich ein Upgrade in die Business Class, weil Economy vollbesetzt war. Das war fürstlich. Ein gutes Omen für die Reise. Doch es wurde noch besser. Als ich meinen deutlich breiteren Sitz einnahm und mich freundlich meinem Flugnachbarn vorstellen wollte, lächelte ein tibetischer Rinpoche zurück und faltete seine Hände zu einem »*Tashi delek*«. Unglaublich, diese Glückssträhne, seit Goran mich aus seiner Karre geworfen hatte. Es sei ihm locker verziehen. Ein Rinpoche Tulku ist ein weiser spiritueller Lehrer, der mit bereits vorhandenem angesammelten Wissen wiedergeboren wird. Der Rinpoche neben mir war in ein Mönchsgewand gekleidet, hatte den Kopf geschoren und am Kinn einen langen Bart. Die Augen blitzten fröhlich. Seine markanten Gesichtszüge erinnerten mehr an die Mongolei als an Tibet, er war ein mittelgroßer Mann zwischen 50 und 60 Jahren in einem starken Körper. Genauso gut hätte er jetzt auch als Nomade mit einem Pferd über die mongolische Steppe jagen können, dachte ich mir. Wir unterhielten uns, und als er mein Interesse an seiner Kultur und den Menschen spürte, lud er mich noch während des Fluges in sein tibetisches Kloster in Kathmandu ein. Ich war glückselig und hatte das Gefühl, bereits vor der Landung mein Reiseziel erreicht zu haben. Bei guter Sicht in den nepalesischen Luftraum zu fliegen ist ein unvergessliches Erlebnis. Es ist spektakulär, die Schneejuwelen am Horizont zu sehen, die höchsten Berge der Welt, den Himalaya, so majestätisch und erhaben.

Kathmandu liebte ich auf den ersten Blick. Der historische Kern der Stadt hatte den Charakter einer künstlerisch geschnitzten Puppenstube, bezaubernd und detailreich verziert. Man konnte sich gar nicht sattsehen. Gleichzeitig tauchte ich ein in die Welt der Exiltibeter, ganz so, wie ich es mir gewünscht hatte und verbrachte wunderbare fröhliche Wochen mit ihnen. Ich wurde in ihre Häuser eingeladen, und wir feierten Feste, bei denen Tibeter, Westler, Mönche und sogar Rinpoches ein- und ausgingen. Dabei tanzten wir zu Michael Jackson aus dem Kassettenrekorder – »Thriller« mit tibetischen Mönchen! Ich schaute mir verschiedene Klöster an, wurde Zeuge der frühmorgendlichen Pujas, zündete an den Stupas Butterlämpchen an und drehte die Gebetsmühlen, damit der Wind die Gebete in alle Himmelsrichtungen flüstern konnte, so wie die Tibeter das glaubten. In den Gebetsmühlen sind Pergamentstreifen aufgerollt, auf denen in kleiner aber feiner tibetischer Schrift Mantren stehen. Auch die vielen bunten Gebetsfahnen, die man überall in Nepal sieht, dienen diesem Zweck. Ich fühlte mich rundum wohl im Schatten des Himalaya. Die Nepalis und die Tibeter waren so herrlich unaufgeregt, ich verlangsamte auf das örtliche Tempo und schaute mir in aller Ruhe Kathmandu, seine vielen taubenbevölkerten, fein verzierten Pagoden, die mystischen Innenhöfe und versteckten Plätze, die kleinen, verschlungenen Gassen und holzgeschnitzten Fassaden an. Ich ließ mich treiben und setzte mich in lokale Chaishops. Ich lernte auch Traveller kennen und hörte mir ihre Geschichten aus ganz Asien an. Ein Argentinier fragte mich, ob ich Lust auf Bootfahren hätte und schwenkte zwei Tickets. Sein Freund hätte sich kurzfristig umentschieden. Gerne wollte ich mehr von Nepal sehen, also setzten wir uns in einen örtlichen Bus und fuhren durch das Kathmandu Valley zum Muglin River. Dort stellte sich schnell heraus, dass mit Bootfahren *wild water rafting* gemeint war. Das stand eigentlich gar nicht auf meinem Plan, doch ich war schließlich schon da, und die Neugier trieb mich dann ins schmale Plastikboot. Es ging gleich richtig zur Sache. Wir stürzten in halsbrecherischem Tempo den mächtigen unaufhaltbaren Gebirgsstrom hinunter. Vorbei an massiven Felsen, die sich linker- und rechterhand gefährlich auftürmten. Wir peitschten durch das reißende Gletscherwasser. In letzter Millisekunde wichen wir riesigen Steinquadern aus, die aus dem Fluss ragten und die Fluten sprudelnd teilten. Der Guide schrie immer, wenn eine Seite schneller paddeln sollte, wir waren zu acht im Boot. Es kam mir zeitweise so vor, als ruderten wir um unser Leben. Bereits an der ersten ruhigeren Stelle verlangte ein Paar auszusteigen. Mitten im Nirgendwo, doch das nahmen sie in Kauf. Beide waren grün im Gesicht vor Angst, die Frau zitterte wie Espenlaub. Ihr Helm war verrutscht und hing quer über ihrem linken Auge, sie atmete stoßweise und war, wie wir alle, klatschnass. Der Guide ließ sie nur ungern gehen, doch er konnte sie nicht dazu bewegen weiterzufahren. Ein indisches Paar auf Hochzeitsreise, im Stadium der Panik angekommen.

Das Rafting war waghalsig, und mir war auch mulmig zumute, aber ich wollte da durch. Die Landschaft war einfach nur grandios. Ein überwältigendes Grün in allen Nuancen strahlte satt wider von den Hügeln und aus den Tälern, die schneeweißen Bergspitzen des Himalaya lagen erhaben dahinter wie schlafende Riesen. Wir rasten unter Hängebrücken durch, meistens waren es nur schlichte Drahtseile über den tosenden Fluss gespannt, an denen ein Korb hing, in dem die Leute per Hand über die Fluten gezogen wurden. Fiele dieser Korb wäre das der sichere Tod. Wenn das Ufer genug Fläche hergab, sah ich Nepalis, die ihre Wäsche wuschen, Geschirrstapel schrubbten oder Wasser vom Fluss in Kanistern wegtrugen. Es war ein Traum, diese Landschaft so erleben zu dürfen.

Die Sonne strahlte vom türkisblauen Himmel und sorgte für ein Gefühl der Leichtigkeit, das eiskalte Flusswasser war durchsichtig wie ein Bergkristall, ich sah die Kiesel auf dem Flussbett schimmern. Ich nahm ein schnelles Bad in diesem Gletscherwasser, der Schönheit des Ortes wegen. Nachts campten wir am Ufer, der Guide entzündete ein

Lagerfeuer direkt neben dem rauschenden Fluss und bereitete eine zünftige Mahlzeit zu. Ein magisch wirkender Sternenhimmel entfaltete sich über uns, der mir den Atem raubte. Weit und breit war keine Lichtverschmutzung, es blinkten so viele Sterne am Himmelszelt, wie ich sie noch nicht gesehen hatte. Auf den hellen Kieselsteinen ausgestreckt sah ich sogar eine Sternschnuppe in dieser Nacht.

Zurück in Kathmandu fragte mich Rinpoche, ob ich nicht *His Holiness*, dem Dalai Lama, begegnen wollte. Einer seiner Mönche reise nämlich dorthin, ich könne mich ihm anschließen. Gesagt, getan. Ich besorgte mir ein indisches Visum, da der Dalai Lama seit 1959 im indischen Exil lebte, und schon saß ich ein paar Tage später mit Lhundrup, einem vielleicht 30-jährigen kleinen, dünnen Mönch im Bus. Er war fragil wie eine gefaltete Origamifigur aus Papier, am liebsten hätte ich ihm die Tasche getragen. Wir verstanden uns prima und unterhielten uns in gebrochenem Englisch während der stundenlangen Fahrt. Lhundrup wurde in Tibet geboren, doch seine Mutter schickte ihn als kleinen Jungen mit einer Schlepperbande über die Berge nach Nepal, damit er in einer tibetischen Gemeinschaft aufwachsen, die tibetische Sprache sprechen und ihre Kultur und den Glauben leben könne. Ein hartes Los! Er sah seine Mutter nie wieder. Sie weiß aber, dass er in Nepal untergekommen und in Sicherheit ist. Höchstwahrscheinlich werden sie sich nie mehr begegnen.

Wir hatten uns den schlechtesten Bus ganz Nepals ausgesucht, so schien es. Er knatterte, zitterte, ächzte und stöhnte sich um jede Gebirgskurve. In Nepal gibt es keine Tunnel, die Straßen schlängeln sich um die Berge herum wie Finger, die verzweifelt versuchen, sich am Fels festzuhalten. Der Bus quälte sich bei den Steigungen, immer wieder heulte der Motor jaulend auf wie ein geprügelter Hund, schwarze Rauchwolken verdunkelten die Sicht aus dem Rückfenster, der Auspuff krachte, und der Motor kam ins Stottern. Wir krochen dahin, und oft hatte ich Angst, wir würden die eben erkämpfte Steigung wieder rückwärts herunterrollen. Der Bus schlingerte, ratterte und ruckelte sich die Berge entlang. Neben uns stets der Abgrund, der auf mich furchteinflößend wirkte wie der aufgerissene Schlund eines Drachen. Manchmal sah ich die Wracks abgestürzter Busse zerfetzt in den Abhängen oder im Geröll des Tales liegen wie eine stille Mahnung, vorsichtiger um die nicht einsehbaren und unbefestigten Kurven zu fahren. Steinschläge bargen eine weitere unkalkulierbare Unfallgefahr. Oft lösten sich ganze Felsbrocken groß wie Autos und gingen ab ins Tal, erzählte mir Lhundrup leichthin. Und wie zur Bestätigung seiner Worte mussten wir ständig Geröll ausweichen, Steinen so groß wie Medizinbälle.

Klagend kam der Bus immer wieder zum Halt. Wie ein taumelnder längst besiegter Boxer kurz vor dem Knockout. Der Fahrer und seine Gehilfen sprangen heraus und reparierten schwitzend und debattierend am Motor herum. Der Bus war einfach alt und hatte ausgedient. Man hatte bereits alles und mehr aus ihm herausgeholt, er war am Ende. Jedes Mal, wenn wir anhielten, sprang der Bus danach nicht mehr an, und wir mussten alle aussteigen und anschieben. Erst waren es nur die Männer, die schoben, doch da sich die Stopps häuften, mussten schließlich auch die Frauen mithelfen. Am Ende kannte jeder jeden im Bus, es war eine ganz besondere Fahrt durch den ständigen gemeinsamen Einsatz. Wir benötigten 20 Stunden zur indischen Grenze, die man in acht erreichen kann. Ich konnte mir nicht vorstellen, dass der Bus noch einmal die Reise zurück schaffte.

Gerädert und übermüdet nahmen Lhundrup und ich ein Zimmer in einem indischen Guesthouse an der Grenze. Es war ein ranziges, verpilztes Loch, aus Beton gebaut und unverputzt, selten sah ich etwas Uneinladenderes, doch wir hatten keine Wahl. Mein einziger Wunsch war, mich auszustrecken und nicht mehr durchgeschüttelt zu werden, ein wenig zu schlafen vor der nächsten Etappe mit dem indischen Bus. Gerade war ich eingeschlafen, als ich meinen Namen hörte. »Stella, wake up«, flüsterte Lhundrup in der Dunkelheit. »Possible to sex?«

Ich hatte den Mönch fast schon als heiligen Mann angesehen, und nicht im Geringsten war ich jetzt daran interessiert, ihn unheilig werden zu lassen. »Nein, Lhundrup, bist du verrückt? Wir fahren zum Dalai Lama, His Holiness, da ist das aber ganz schlechtes Karma!«, entgegnete ich ihm entrüstet. »No, no problem. Please, please. This is no bad karma. Only little bit sex. Dalai Lama not see. He sleeping now, eyes closed. Pleeease.« Und er faltete tatsächlich bittend die Hände. Ich sagte ihm, er solle sich das aus dem Kopf schlagen, ich würde jetzt schlafen und damit basta. Immerhin hatte er mich nicht berührt und ich fühlte keine Gefahr von ihm ausgehen. Aber er hatte etwas zerstört zwischen uns und ich war von ihm enttäuscht.

Diese Episode verdeutlichte mir, was ich bereits gelesen hatte. Mönch werden bedeutet, Bildung zu erhalten, das Lesen und Schreiben lernen zu dürfen. Nicht jeder empfand es als Berufung. Früher gaben die Familien traditionell einen Sohn ins Kloster, während die anderen auf dem Feld arbeiteten oder Nomaden waren. Außerdem bleiben die Buddhisten nicht unbedingt ihr Leben lang Mönch, sondern verlassen das Kloster oft nach Jahren. Mein romantisches Bild von tibetanischen Mönchen war grundfalsch, für Lhundrup war seine Bitte wahrscheinlich gar nicht so verwerflich, wie ich sie empfunden hatte. Ich trennte mich trotzdem von ihm und setzte mich im Bus weit weg und schmollte. Doch auch ohne ihn sollte ich dem Dalai Lama begegnen. Während einer seiner öffentlichen Audienzen mischte ich mich unter die Menschen. Viele Tibeter, aber auch Westler waren anwesend. Ich empfand den Dalai Lama als sehr warmherzig und sympathisch. Er ging offen auf andere zu, interessiert an der Begegnung. Er benahm sich so natürlich, scherzte und lachte, kratzte sich zwischendurch, füllte den Moment zu hundert Prozent aus. Durch und durch präsent, gütig, freundlich und aufmerksam. Nahbar. Er verlangte nicht nach falscher Ehrfurcht, so natürlich wie er agierte. Sein Charisma baute sichtbare Brücken zwischen den Menschen und den Kulturen. Der Dalai Lama erschien mir wie eine Quelle, jeder schöpfte daraus, doch das Wasser versiegte nicht.

Als der Dalai Lama den Platz verließ, lief er an mir vorbei. Ich faltete meine Hände vor der Stirn zum Gruß, Tashi delek, er blieb tatsächlich stehen, schaute mich an und sagte schließlich lächelnd: »Love and compassion! Das ist das Wichtigste in deinem Leben. Das ist dein Leben, das bist du. You always follow love and compassion.«

Ich nahm das auf meine Art auf, denn natürlich wünschte ich mir Liebe. Am liebsten einen humorvollen, gutaussehenden, charmanten Südländer. Vielleicht begegnete ich ihm ja hier auf Reisen, wer weiß …

In einer kleinen tibetischen Pinte traf ich einen Franzosen, einen richtigen Althippie mit langen, lockigen Haaren und auffälligen Ringen an den Fingern, der dort *thupka*, Nudelsuppe, schlürfte. Wir kamen ins Gespräch, er bereiste Asien bereits seit vielen Jahren. Seine nächste Etappe war Varanasi, Benares, die heilige Stadt Indiens. Ich hatte bereits viel über das Ziel aller Hindupilger am Ufer des Ganges gehört, manche vergötterten die Stadt, andere nannten sie einen Stadtkadaver. Gleichgültig ließ sie niemanden. Alain unterbreitete mir den Vorschlag, mit ihm auf seiner Enfield nach Benares zu fahren. »Ich brauche einen Mitfahrer. Möchte nicht alleine unterwegs sein«, murmelte Alain. Ich sagte ihm knallhart ins Gesicht, dass er mich als Mann nicht interessiere, er sei zu alt für mich, immerhin locker 20 Jahre älter als ich, das waren nicht meine Jagdgründe. Es würde sich also keine Liebesgeschichte entspinnen, auch nicht, wenn der Reifen platzte …

Nachdem wir das abgesprochen hatten und er mir versicherte, mich völlig in Ruhe zu lassen, ging die Reise bald los. Ich wusste, dass es von Benares eine direkte Busverbindung zur Grenze und von dort nach Kathmandu gab. Die wollte ich dann nehmen, nachdem ich mir den heiligen Fluss angeschaut hätte.

Kurz nachdem wir auf der schweren Enfield Bullet losknatterten, hatten wir auch schon den ersten Unfall. Wir schlängelten uns auf dem dürftig asphaltierten, unbefestigten Highway die Berglandschaft hinunter, als das Bike auf einmal ins Schliddern geriet, seitlich wegrutschte und mit uns meterweit in eine Richtung schoss wie eine abgefeuerte Kanonenkugel. Unser Glück war, dass wir am Berg landeten und nicht im Tal, das tief unter uns lag. Als ich aufstand, zitterten mir die Knie. War Alain der richtige Fahrer für solche Strecken? Doch dann sah ich, was zu unserem Fall geführt hatte. Eine schmierige Öllache lag auf der Straße, die hatte uns ins Rutschen gebracht. Wir sammelten uns und fuhren weiter. Drei Stunden später platzte uns ein Reifen mit einem einzigen Knall. Wieder gerieten wir ins Schlingern, doch Alain konnte das Bike abfangen, und wir fielen diesmal nicht. Wir waren gerade im Tiefland angekommen. Es war viel grüner als in den Bergen, und die Felder standen wohl kurz vor einer Ernte. Ich schaute mich um, während Alain sein Motorrad unter die Lupe nahm. Große Vögel standen auf stelzigen Beinen in den Äckern und pickten. Hier und da sah ich Feldarbeiter beladen mit riesigen Körben durch das Grün im Gänsemarsch laufen. Alain suchte wild in seinem Gepäck nach Werkzeug, und ich hörte immer wieder »merde!« und andere französische

Flüche. Die wuchtige Enfield hatte einen metallischen Gepäckrahmen angebracht, so dass wir wirklich viel geladen hatten. Der Rahmen war das Erste, gegen das Alain trat, als er jetzt ausflippte, schrie und tobte. Die Feldarbeiter hatten uns längst erspäht und kamen neugierig näher. Ich fragte Alain, was sein Problem sei, und er antwortete mir, dass er nicht das passende Werkzeug hätte. So ein Idiot! Wie kann man denn quer durch Indien fahren und die wichtigsten Schraubenschlüssel nicht dabeihaben? Die Straße war nicht sonderlich befahren, es waren Radfahrer und Ochsenkarren unterwegs und seltener ein Auto oder Truck. Doch ich sah einen kommen und machte Alain darauf aufmerksam. »Es muss doch irgendwo ein Städtchen geben, dort kannst du hinfahren, um Werkzeug zu besorgen. Ich bewache solange Bike und Gepäck«, schlug ich ihm vor. Der Wagen hielt sofort, und nachdem wir durch viele Gesten verständlich machten, was wir wollten, stieg Alain ein. »A plus tarde!«, bis später, so viel Französisch verstand ich noch, und weg war er. Ich blieb zurück, die Sonne ging gerade unter. Um mich herum hatten die Feldarbeiter einen Halbkreis gebildet und starrten mich an. Ich war aber ganz gebannt von dem Spektakel der untergehenden Sonne. Noch nie hatte ich einen derart großen Sonnenball gesehen, der direkt vor mir farbspeiend wie ein Vulkan in grünen Feldern untertauchte für die Nacht.

Ich versuchte, von den Einheimischen zu erfahren, wie weit das nächste Dorf sei, doch niemand verstand mein Englisch. Meine Zeichensprache deuteten sie wohl eher als angeborene Spasmen, da sie diese zwar kommentierten, aber nicht darauf kamen, dass die Gestik etwas zu bedeuten hätte. Die Männer waren von eher schmaler Statur und kleinerer Körpergröße, sie waren in Lunghis gekleidet und trugen obenherum ärmellose weiße, dünne Unterhemden. Manche hatten ihr Feldwerkzeug geschultert, sie waren gewiss auf dem Weg nach Hause. Auch ein paar Radfahrer stoppten sowie ein Ziegenhirte mit seiner Herde, die meckerte und weiterwollte. Für die Ziegen war ich nicht interessant. Ich konnte nicht wirklich einschätzen, ob die Situation gefährlich war. Die Männer starrten mich an, nicht die Enfield oder das Gepäck. Einen Raubüberfall hatte ich wahrscheinlich nicht zu befürchten. Obwohl es spielend leicht für sie gewesen wäre, mir jetzt an Ort und Stelle alles abzunehmen und das Bike irgendwo hinzuschieben. In unseren Rucksäcken befanden sich bestimmt mehr Dinge und wesentlich Wertvolleres, als ihre Familien im Gesamten besaßen. Ich beruhigte meine Gedanken, um nichts Negatives anzuziehen und versuchte, so »normal« wie möglich zu agieren. Obwohl es dunkel wurde, holte ich mein Notizbuch hervor und fing zur Beruhigung an, einen Brief an meinen Bruder zu schreiben. Ich konnte nicht länger zuschauen, wie sie mich im Halbdunkel anstarrten. Doch ich erreichte das Gegenteil. Sie fanden es äußerst aufregend, als ich die ersten Worte kritzelte, und diskutierten das lautstark untereinander. Als ich dann noch meine Nepali-Stirnlampe auspackte, glaubten sie wohl, ich sei ein Alien und traten erst einmal ein paar Schritte weg von mir. Dennoch beobachteten sie mich weiter wie ein fremdes Flugobjekt vom anderen Stern. Ich fühlte mich äußerst unwohl in meiner Jeans. Jedes Mal, wenn jemand Neues sich zur Gruppe gesellte, überboten sich alle in ihren Erzählungen, so schien es, der Geräuschpegel ihrer Stimmen schwoll an. Zu gerne hätte ich gewusst, was sie sprachen. Ich versuchte, so unauffällig wie möglich im Straßengraben zu sitzen und hoffte darauf, dass Alain bald wiederkäme, selbst wenn er ein Choleriker war. Besser als die 30 halbnackten, barfüßigen Typen, die ich überhaupt nicht einschätzen konnte. Einer trat auf einmal vor und sagte: »Very dangerous!« Erschrocken schaute ich ihn an und fragte, was denn gefährlich sei. »You very dangerous.« »No, no, ich bin nicht gefährlich«, versicherte ich ihm freundlich lächelnd, da sagte er noch mal eindringlicher: »You have dangerous! Night time coming, wild animal coming!« Entsetzt riss ich die Augen auf. Was für wilde Tiere? Es gab Tiger, Löwen, Bären, Schlangen und allerlei Todbringendes in Indiens freier Wildbahn, wenn man im ungünstigen Moment deren Weg kreuzte. Also was? Jetzt wurden auch andere mutig und redeten in ihrer Sprache auf mich ein. Ich verstand immer wieder *hathi*, konnte mir aber keinen Reim darauf machen. Dann machte ich ihnen verschiedene Tiergeräusche vor: das Bellen der Hunde, das Brüllen eines Tigers, das Zischeln einer Schlange. Sie begriffen langsam, was ich wollte, und es schien ihnen einen Heidenspaß zu machen, doch wir kamen so nicht weiter. Schließlich hatte einer die Idee, mir ein Amulett zu zeigen, das er um den Hals trug. Er zuckte zusammen, als ich mein Licht auf ihn richtete, doch so kam ich auf die Lösung, denn er trug einen Ganesh. Es handelte sich also um Elefanten. Ich hatte bereits von den Horden wilder Elefanten gehört, die manchmal in abgelegenen Dörfern ihr Unwesen trieben und auf Futtersuche alles platt walzten. Dabei fallen ihnen oft Menschen zum Opfer. Die sich retten können, klettern schutzsuchend auf Bäume, dort müssen sie sich dann stunden- oder tagelang festklammern und ausharren, bis die Elefanten vom Dorf ablassen. Mittlerweile war es stockfinster, keine Siedlung war weit und breit auszumachen. Einige der Arbeiter machten sich auf den Heimweg, andere blieben noch auf der Straße stehen.

Ich weiß nicht, wie lange ich wartete in der dunklen Nacht, doch auf einmal hörte ich ein Tuckern und sah ein schwaches Licht nahen. Eine Motorrikscha hielt, und Alain stieg aus mit Werkzeug in der Hand. Kurzum, er konnte das Bike in der Dunkelheit nicht flottmachen. Zu meiner Erleichterung hatte ich ein Licht in der entgegenkommenden Richtung entdeckt, das sich nicht bewegte. Es musste ein Haus sein. Dort wollte ich hin. Wir bräuchten auch eine Unterkunft für die Nacht. Wir stritten noch, weil Alain die Enfield nicht zurücklassen wollte, als ein Fahrzeug auf uns zukam. Es hörte sich an wie ein Rasenmäher. Zu unserem großen Glück waren es die Besitzer ebendieses Lichtes, das ich sah. Sie luden uns ein, die Nacht bei ihnen zu verbringen und wuchteten tatsächlich die Bullet auf die Ladefläche ihres landwirtschaftlichen Fahrzeuges. Bestimmt sechs Männer hoben das schwere Motorrad an und schoben es auf die Holzplanken. Wie war ich dankbar für diese Gastfreundschaft und Hilfe! Wir waren bei Großgrundbesitzern gelandet. Das Licht gehörte zum Häuschen des Gärtners und der Wache, das eigentliche Gutshaus lag hinter Bäumen verborgen. Wir wurden ins Haus eingeladen und erhielten sogleich einen dampfenden, wohltuenden Chai. Ich sah, dass viele Bedienstete mit gesenktem Blick durch das Anwesen huschten. Unser Gastgeber bot uns eine Mahlzeit an, die wir freudig annahmen. Der Hausherr sprach ganz gut Englisch, und wir unterhielten uns bis in die Nacht und tranken noch einige Chais zusammen. Ein sauberes Zimmer wartete ganz auf mich allein, weit besser als in allen Hotels bisher, blitzblanke, gutriechende Laken. Und ein Kopfkissen, das nicht nach altem, saurem Pferdeschweiß stank.

Am nächsten Morgen genoss ich meinen Tee mit wunderbarer Aussicht auf eine weite, blühende Landschaft. Der Gutsbesitzer zwinkerte mir fröhlich zu, als Alain sich nervös schnaubend auf den Weg machte, sein Motorrad zu reparieren. Das war nämlich längst geschehen. »Reifen geflickt, aufgepumpt und noch mal jede Schraube nachgezogen«, verkündete er unter seinem üppigen und seitlich nach außen wegstehenden Schnauzbart, den er immer wieder zwirbelte.

Geld wollte er dafür nicht. Seine Gastfreundschaft war ihm eine Ehre, wie schön, dass es solche Menschen gibt, die völlig Fremden ihre Tür öffnen. Winkend brausten wir davon.

In den nächsten Tagen durchfuhren wir hauptsächlich verschlafene Dörfer, wir schlängelten uns durchs Land und mieden meistens die ganz großen Transportwege, auf denen die rasenden und überladenen, buntangemalten sowie dauerhupenden Lastwagen unterwegs waren. Es wurde täglich wärmer, und so kam es, dass ich Alain bat, bei jedem Fluss, Weiler oder Brunnen, den wir passierten, anzuhalten, damit ich schnell ein kühlendes Bad nehmen oder mir Wasser überschütten konnte. Ich ließ mich dann im Fahrtwind trocknen, eine wunderbare Erfrischung. Ich hatte mir nach meinem Unbehagen in der Jeans auf dem ersten Basar, den wir passierten, indische Frauenkleidung zugelegt. Die Pumphose eignete sich bestens zum Motorradfahren. Alain war überhaupt nicht entspannt im Umgang mit den Indern. Er regte sich sofort über alles auf und beleidigte sie, wenn sie sein »Frenglisch« nicht verstanden. Ich machte mit ihm aus, dass ich den Kontakt zu den Leuten übernähme, also verhandelte, einkaufte oder nach dem Weg fragte, während er sich ganz auf das Motorradfahren konzentrieren solle. So lief es besser.

Für die Nacht suchten wir uns jeweils eine Unterkunft entlang des Weges. Ein- oder zweimal mussten wir noch lange durch die Dunkelheit fahren, um fündig zu werden. Ich konnte mich kaum noch festhalten vor Müdigkeit. Die meisten Guesthouses in diesen abgelegenen Gegenden waren schmutzstarrend und schäbig, insekten- und parasitenverseucht. Stinkende, muffige Rattenlöcher. Ich kaufte mir ein eigenes Laken, das ich überall darüberlegte und hoffte so, Flöhe, Läuse und Bettwanzen abhalten zu können.

Einmal türmten wir auch aus einem Guesthouse. Wir beide bekamen plötzlich ein ganz mulmiges Gefühl, als sich die »Gaststube«, ein schmuckloser, karger Raum mit Neonröhren an der Decke, Plastiktischen und angegilbten Plastikstühlen, mit zwielichtigen Gestalten füllte. Einer sah krimineller und schmieriger, hinterhältiger und widerlicher aus als der nächste. Wie eine Versammlung der Mafia vom Land. Sie bestellten einen Whisky nach dem anderen, normalerweise wird in den meisten Teilen Indiens nicht so offen ausgeschenkt. Ich ahnte schon, das würde ausarten und fühlte ihre Blicke auf mir haften. Alain und ich besprachen kurz die Lage, packten blitzschnell unsere Sachen zusammen und verschwanden in die Nacht.

Nachts zu fahren war ein großes Wagnis auf den unbeleuchteten Straßen und Wegen, die mit Wellen, Dellen und Schlaglöchern überzogen waren. Doch die größte Gefahr ging von den unbeleuchteten Verkehrsteilnehmern aus, den Ochsengespannen, Fahrrädern, Fußgängern und denjenigen, die ihre Verkaufsstände auf Karren nach Hause schoben. Die sah man meist erst im letzten Augenblick, und sie fuhren nicht am Rande des Weges, sondern da, wo es ihnen gerade beliebte.

Tags wie nachts lag die größte Gefahr darin, ein Kind oder eine Kuh zu überfahren. Gruselige Geschichten gehen unter den Travellern um, die besagen, dass man vielleicht noch eine Art Blutgeld bezahlen könnte für den Verlust einer Tochter, doch dass man erbarmungslos erschlagen würde, falls ein Junge oder eine heilige Kuh zum Opfer würden.

So eroberte ich mir Indien wahrlich durch das Hinterland kommend, quasi durch die Hintertür. Es war ein Erlebnis, mit dem schweren, schwarzen Motorrad durch die traumhaft schöne Landschaft Indiens zu düsen. Das einzigartig laute Motorengeräusch war der knatternde Bass der Melodie der Freiheit. Ich jubelte vor Freude. Meistens hörte ich meine Kassetten auf dem Walkman, sang laut mit oder träumte, während wir an Papayabäumen und Bananenstauden, Blumen, Blüten, Blättern, in den Himmel gewachsenen Palmen und dichten, dunkelgrünen Bambuswäldern vorbeifuhren. Hibiskus in allen Farben und leuchtende, mannsgroße Bougainvilleabüsche säumten uns den Weg. Vorbei an Dörfern, die oft aus Kuhdung erbaut waren, eingebettet in die Landschaft. Sie fügten sich wunderbar in die

Flora und Fauna ein. Die meisten Dörfer hatten einen alten mächtigen Dorfbaum, unter dessen Krone die Menschen sich versammelten. Schreine waren um ihn gebaut und farbige Wimpel flatterten an seinen knorrigen Ästen im Wind. Ich nahm diese Bilder ganz tief in mir auf. Als führen wir durch das Dschungelbuch. Jeden Abend den Sonnenuntergang zu genießen wurde mir zum Ritual der Reise. Wenn wir nicht in dessen Richtung fuhren, bat ich Alain, für diese magischen Minuten anzuhalten. Es lag zwar gar nicht auf dem Weg, doch wir beschlossen, einen Abstecher nach Bodhgaya zu machen, bevor wir diese Reise in Benares beenden wollten. In Bodhgaya hatte Buddha sein Erwachen unter einem Bodhibaum, und diesen Ort wollte ich erleben. Dieser Buddhabaum steht neben dem Mahabodhitempel. Es ist nicht mehr dieselbe Pappelfeige, unter der Buddha selbst meditierte, diese wurde vor Jahrhunderten gefällt durch einen shivanistischen Herrscher. Vorher aber noch, zu des Herrschers Ashokas Zeit im 3. Jahrhundert vor Christus, hat man einen Zweig des Originalbaumes nach Sri Lanka gebracht, der dort zu einem gesunden Bodhibaum wuchs. Bis heute pilgern Buddhisten aus aller Welt dorthin. Von diesem gewaltigen Baum wurde ein Zweig wieder in Bodhgaya eingepflanzt, der Bodhibaum, vor dem ich stand. Die Pappelfeige wird auch *ficus religiosa* genannt, die ausdrucksstarken Blätter erinnern an ein Herz.

Wir wohnten in Bodhgaya in einem buddhistischen Kloster, die Pilger gegen eine Spende aufnahmen. Das Kämmerlein glich einer Zelle, doch die Nähe zur Tempelanlage war durch die gekalkten Wände spürbar, und die schlichte Umgebung füllte sich mit Serenität und Leichtigkeit.

Als wir uns schließlich auf den Weg nach Benares machten, wurde ich Zeuge einer Szene, die mich tief erschreckte. Wir fuhren in der Nähe von Gaya an einer Schule vorbei, die am Dorfrand gelegen war. Fast neongrün leuchteten ihre Mauern im Sonnenlicht. Neugierig wollte ich einen näheren Blick darauf werfen, als ich im Schulhof vier Kinder gekrümmt auf dem Boden liegen sah. Sie waren gefesselt, und sie schmorten in der prallen Sonne! In ein paar Sätzen waren wir bei ihnen und lösten die Stricke, die sie um Hände und Füße gebunden hatten.

Die Kleinen nahmen sofort ihre Beine in die Hand und verschwanden. Alain und ich rissen die nächstbeste Klassentür auf und schrien den Lehrer an, dass das hier Folter sei und keine Erziehung. »They verrry naughty boys«, wollte uns der Lehrer beschwichtigen. »That's a school, not war!«, ermahnten wir ihn wütend. Alain hatte genug, schnappte sich den Lehrer beim Kragen und schüttelte ihn durch. Der wusste überhaupt nicht, wie und was ihm geschah und stieß nur noch jammernde Laute aus. Ich konnte Alain gerade noch abhalten, ihn windelweich zu prügeln. Als er von dem Lehrer abließ, taumelte dieser ein paar Meter durch den Raum. Es herrschte Totenstille, nur Alain atmete schwer. Der Lehrer hatte sich bepinkelt vor Angst, seine Hose war ganz nass, und der Urin verteilte sich auf dem Boden des Klassenraumes. Schluchzend sackte er zu Boden, die Schüler verharrten schockiert auf ihren Bänken. Ich zerrte Alain zurück zum Bike, um das bereits eine Traube Menschen stand. Wo waren die nur wieder hergekommen? Mir war ganz flau im Magen, als wir weiterfuhren. In Benares angekommen, trennten sich unsere Wege, Alain verließ die Stadt schnell wieder. Ich sollte nun meine Bettler kennenlernen.

TEIL II

18

Die erste Straßenklinik

Nach einem Monat trafen endlich in dicken Umschlägen die Broschüren der WHO an Avans Adresse ein. Natürlich waren die Umschläge geöffnet und durchsucht, der Briefträger hatte schon so einige Fotos stibitzt, die mein Bruder oder meine Freunde Jasmin und Achim mir schickten. Er musste ein schönes kleines Fotoalbum meiner Familie zusammenhaben, das er bestimmt gerne von Zeit zu Zeit den Nachbarn zeigte. Die Leprabroschüren interessierten ihn deutlich weniger, wie froh war ich, dass er sie ablieferte. Sie wurden zu meinen ständigen Begleitern, von Wundbehandlung, medikamentöser Therapie, Früherkennung, Schutz der Augen bis hin zur Wiederherstellungschirurgie waren alle Themen behandelt, bebildert und erklärt. Ich las mich fit über Lepra.

Im Anfangsstadium der Lepra bilden sich weiße, depigmentierte Flecken am Körper, die kein Gefühl mehr aufweisen. Musafirs Beine waren davon überzogen, Singeshwars ebenso, er hatte diese Stellen auch an den Armen und am Rücken. Die Broschüren zeigten einfache Tests, wie für jedermann festzustellen war, ob er betroffen sein könnte. Der zu Untersuchende schließt die Augen, und man berührt mit einem Stöckchen willkürlich abwechselnd depigmentierte und gesunde Hautstellen. Der Patient soll ansagen, wenn er etwas fühlt. Ist er von Lepra betroffen, wird er die Berührung an den Läsionen nicht bemerken. Ich probierte das alles an Musafir, Singeshwar, Lalu und Ramchandra aus. Ich studierte die Zeichen an ihren Körpern, die Deformationen und Schädigungen durch Lepra. Die Broschüren lieferten mir die Erklärungen zu allem. Ihre Körper wurden zum Bildband des WHO-Textes.

Wenn sich das *Mycobacterium leprae* ungehindert im Körper vermehren kann, lähmt es das periphere Nervensystem, setzt Muskeln und Nerven außer Kraft. Es beginnt an den kältesten Stellen des Körpers wie den Fingern, Fußzehen, der Nase. Diese Körperteile werden gefühlstaub. Darin liegt eine große Gefahr, denn wenn ein Leprakranker sich an Händen oder Füßen eine Wunde, eine Verbrennung oder einen Schnitt einhandelt, merkt er es vielleicht erst gar nicht. Da das Gewebe nicht mehr gut ernährt ist, schließt sich die Wunde aber nicht und infiziert sich durch den Dreck der Straße. Wenn diese Infektion bis zum Knochen reicht, bleibt oft nur die Amputation. Das Leprabakterium zerstört aber nicht nur den Temperatur- und Tastsinn, sondern lähmt auch motorische Nerven, so kommt es zu den Deformationen wie den Klauenhänden oder dem Fallfuß.

Die Leprabakterien verteilen sich durch die Blutbahn, die Schleimhäute und das Lymphsystem im Körper. Bei fortschreitender Krankheit schädigt Lepra auch die Organe schwer. Lepra begünstigt dazu noch weitere Krankheiten. Deshalb sterben die meisten Menschen nicht direkt an der Lepra, sondern an Superinfektionen, die sie sich zusätzlich zuziehen oder an der Tuberkulose. In der richtigen Umgebung könnte man mit einer gestoppten Lepra durchaus alt werden.

Lepra ist in jedem Stadium heilbar. Durch die Gabe von Medikamenten kann man zwar das Bakterium stoppen, aber die bis dahin entstandenen Schädigungen sind nicht rückgängig zu machen. Das gelähmte periphere Nervensystem kann medizinisch nie wiederhergestellt werden. Die Hände und Füße bleiben ohne Gefühl und jede Verletzung ergibt eine Wunde.

Für den Betrachter sieht es so aus, als hätten sie immer noch Lepra. Dass frische Wunden nichts mit dem Leprabakterium zu tun haben, sondern nur Folgeschäden sind, will den Normalbürgern nicht in den Kopf. Das macht eine Reintegration in die Gesellschaft fast unmöglich. Tatsächlich geht von den geheilten Leprapatienten keinerlei Gefahr mehr aus, eigentlich eine wunderbare Ausgangsposition für eine Wiederaufnahme in die Gesellschaft. Aber traurigerweise war Indien das Land mit den meisten Lepraneuinfektionen weltweit, dem Stigma geschuldet.

Ich teilte mein neues Wissen sogleich mit den Leprakranken. Stunden um Stunden saßen wir beisammen und sprachen die gewonnenen

Informationen durch. Sie wussten rein gar nichts über ihre Krankheit, das spornte mich an, sie so weit ich konnte aufzuklären. Wir hockten im Underground ums Feuer, alle waren dick eingemummelt, hatten wollene Mützen auf dem Kopf und breite Schals um ihre Schultern gebunden, nur die Füße waren nackt wie immer oder steckten in Plastiksandalen. »Die Wärme des Menschen geht aus dem Schädel heraus, deshalb ist eine Mütze wichtig, aber keine Schuhe«, antwortete mir Lalu auf meine Frage, warum sie ihre Füße nicht einpackten. Zugegeben, ich tat es genauso, die Plastiksandalen trug man hier das ganze Jahr über. Da man verpflichtet war, in jedem Haus und Tempel stets die Schuhe auszuziehen, waren Chappals einfach praktischer als normale Schuhe. Sie ließen sich auch schneller und einfacher von dem Kot und Schmutz befreien, durch den man täglich tappte.

Der Winter hatte Einzug gehalten und Benares erobert, wir froren alle sehr in seinen eiskalten Pranken. Am Morgen lag oft nasser Nebel in der Luft, statt Sonnenschein begrüßte mich klebriges, kaltes Grau. Es dauerte jeden Morgen länger, bis sich endlich die Sonnenstrahlen am Himmel zeigten und das missliche Grau auflösten. Nachts kroch uns die nasse Kälte in die Knochen, und obwohl ich auf den trockenen Bootsplanken lag, spürte ich die kalten Fluten unter mir. Mittlerweile bibberte ich, in zwei pieksige Pferdedecken eingewickelt, bevor ich in den Schlaf fiel.

Im vergangenen Monat, also vom Neumond des Oktobers bis zu dem im November, endete die viermonatige Pause der Sadhus, die Chaturmasa, und die vielköpfige Schar der heiligen Männer und Bettelmönche bereitete sich darauf vor, weiter ihrer Wege zu ziehen. Die Hindus glauben, dass der Gott Vishnu an diesem Tag aus seinem Viermonatsschlaf erwacht sei, deswegen wird dieser Tag auch Prabodhini, das Erwachen, genannt. Während des gesamten Monats waren die Ghats voller Pilger, die ihr Gelöbnis erfüllten und ihr tägliches Bad nahmen. Zur gleichen Zeit wurden die Himmelslampen aufgehängt, aus Bast geflochtene Körbe auf haushohen Bambusstöcken befestigt, die aussahen wie große Lampenschirme. In die Körbe stellte man brennende Lichter, die den Toten den Weg leuchten sollten, wenn sie nach ihrem jährlichen Besuch auf der Erde wieder in ihre Welt zurückkehrten. Diese Lampen im Himmel ergaben ein magisches Bild in der Nacht. Von der Flussmitte betrachtet schwirrten sie als Glühwürmchen über dem Panchganga Ghat. Abends glitten wir mit dem Boot langsam am Ghat vorbei und schauten zu, wie Angehörige die mit Seilen befestigten Körbe an den meterhohen Bambusstangen hochzogen, um geliebten Seelen die Rückreise zu erleichtern, auf dass sie im nächsten Jahr wiederkämen.

In dem Chaishop am Ufer, den wir vor Monaten wegen des Hochwassers blitzschnell zugemauert hatten, traf ich die Holländerin Franja. Sie erzählte mir, dass sie auf der Durchreise nach Kalkutta sei, um in einer der Stationen von Mutter Teresa zu helfen, denn sie sei Krankenschwester. Zwar dürfe sie dort nur die Böden wischen und Hilfsarbeiten übernehmen, doch sie wünschte, bei all dem sichtbaren Elend in Indien etwas zu tun. Ein Wort ergab das nächste, und Franja bot mir spontan an: »Ich habe noch über einen Monat Zeit, bevor ich heimreise. Wenn du in Benares etwas für Leprakranke auf die Beine stellen möchtest, bleibe ich hier und helfe dir.« So zogen wir gemeinsam los und erkundigten uns, was die Ausrüstung wie Scheren und Pinzetten sowie das Material zur Wundversorgung kosten sollten. Ich hatte ja schon öfters einzelne Packungen mit Bandagen gekauft und antiseptisches Puder oder Betadine, es musste aber einen Großhandel geben, der die Krankenhäuser eindeckte. Erstaunlicherweise half mir der Inhaber der kleinen, schmuddeligen Apotheke am Ende der Hauptstraße weiter. Er kritzelte mir die Ortsangabe des Großhandels auf ein Stückchen Papier und beschrieb mir den Weg in vielen Gesten. Franja und ich fanden das Viertel schließlich auch. Es reihte sich ein Shop neben den anderen, die allesamt Medikamente oder Dinge des medizinischen Bedarfs verkauften, wie praktisch. Wie fast alle Läden betrat man sie nicht, sondern stellte sich an die Theke und gab dem Inhaber die Bestellung auf. Seine Gehilfen suchten dann unter zahllosen Schachteln in vollgepfropften Regalen die gewünschten Dinge auf Zuruf zusammen. Es war ein bisschen aufgeräumter als in den kleinen Apotheken an der Straße, da hier die Dinge in der Großpackung verkauft wurden. Natürlich ging ein größeres Geschäft nicht über die Bühne, ohne den obligatorischen Chai oder Softdrink getrunken zu haben. Und auch nicht ohne Feilschen. Das wurde einfach erwartet, selbst in einer Apotheke. Kichernd bepackten wir die Rikscha mit unseren Paketen, denn wir hatten den Inhaber mürbe gemacht und wie arabische Teppichhändler mit großer Ausdauer unerbittlich gehandelt, um jeden einzelnen Posten. Avan besorgte mir eine recht große Metallkiste und zwei Köfferchen, ebenso aus Blech. Die waren handlicher, und ein Henkel zum Tragen war angenietet. Ich fragte die Bettler im Dharamsala, ob ich diese Kisten bei ihnen unterstellen könnte, und sie willigten freudig ein, auch wenn das ihr beengtes Kämmerlein noch mehr beschnitt. Dann besorgten wir noch eine feste Plastikplane für die Behandlungen und Strohmatten für uns zum Sitzen. Jetzt hatten wir alles beisammen, was wir für unsere erste Straßenklinik brauchten.

Aufgeregt trafen wir uns früh am Morgen zum Chai und holten unsere Utensilien. Wir legten die Plastikplane neben dem Weg unweit der Treppe aus, sozusagen an der Haustür zu Underground, öffneten unter neugierigen und erwartungsvollen Blicken die Koffer und packten die Instrumente, Salben und Verbände aus. Singeshwar strahlte über das ganze Gesicht und übernahm sofort die Regie auf seiner Seite. Er stellte die herbeieilenden Bettler fast schon militärisch in Reih und Glied auf, denn jeder wollte gern der Erste sein. Die Kinder wuselten um die Schlange herum, die die Erwachsenen nun bildeten, sie wollten nichts verpassen. Lalu hatte die Ehre, der erste Patient zu sein und öffnete dramatisch seinen Verband am Fuß, fast hörte ich die Fanfaren im Hintergrund. Er hatte eine zentimetertiefe Wunde am Ballen, es sah aus wie das Loch einer Wühlmaus. Um den Wundrand saß Schmutz in abgestorbener Haut. Die galt es zu entfernen und die Wunde zu säubern. Unter Franjas konstruktiver Anleitung schnitt ich vorsichtig mit einem Skalpell die dicken dunkelgelben Hautlappen um die Wunde weg. Es war abgestorbenes Gewebe, das nicht mehr zusammenwachsen konnte und so hart war wie Hornhaut. Von den Broschüren wusste ich, dass ich sorgsam schneiden musste, um Blut und weitere Infektionen zu vermeiden. Da die Leprakranken an ihren Extremitäten gefühllos geworden sind, taten Lalu meine Schnitte überhaupt nicht weh, das war eine große Erleichterung für mich. Es bedeutete aber auch, gleichzeitig noch vorsichtiger zu arbeiten, um nicht zu tief zu schneiden. Als ich Lalu den Fuß verbunden hatte, kniff er mich liebevoll in die Wange und kündigte an, er ginge Kartoffeln und Masala kaufen, um später Alu Paratha für mich zu brutzeln, ich sei danach bestimmt hungrig. Wir behandelten den ganzen Vormittag lang Wunden verschiedenster Art an Händen und Füßen, manche bereits langerworben, weniger und mehr infiziert, aber auch Verbrennungen, Verletzungen und widerliche Abszesse. Jeder Fuß war anders zu verbinden, nicht wegen der Größe, sondern wegen der erlittenen Amputationen, Verkürzungen und Schädigungen. Da musste man schon einfallsreich werden, denn wir hatten keinerlei Klemmen, um die Verbände zu fixieren und mussten sie festknoten. Eine Klemme hätte bei der Beanspruchung des Straßenlebens sowieso nicht lange gehalten. Irgendwann stellten wir fest, dass wir keine Bandagen mehr hatten und auch das Betadine ausgegangen war. Also beendeten wir unsere erste Straßenklinik. Ramchandra und Singeshwar halfen mit beim Zusammenräumen, sie waren stolz, teilhaben zu dürfen, das sah ihnen ein Blinder an. Ramchandra flitzte mit der eingedreckten Plane zu Ganga und säuberte sie ausgiebig im kalten Wasser. Lalu sammelte mich ein. Er hatte den Boden um sein Lager herum gekehrt und eine Strohmatte gefaltet hingelegt für mich. Die Parathas verströmten den Duft großväterlicher Zuneigung und mundeten köstlich. Ich war hochzufrieden mit diesem ersten Versuch heute.

In den nächsten Tagen legten wir uns zwei Wassereimer und mehrere Schüsseln zu, so dass die Patienten sich ihre Füße bereits vor der Behandlung reinigen konnten. Den Bettlern schärften wir ein, dass wir immer *somvaar* (Montag), *budhvaar* (Mittwoch) und *sukrevaar* (Freitag) ihre Wunden behandeln würden. Die Bettler Dasaswamedhs waren stolz auf ihre neue Straßenklinik. Manche stylten sich sogar ein bisschen, bevor sie zu uns kamen, sie scheitelten und kämmten ihr Haar oder zogen sich ein frischeres Hemd an. Die Frauen flochten ihre Zöpfe noch einmal neu und ordneten die Falten ihrer Saris.

Schon bald gesellten sich Traveller zu uns, die ihre Hilfe anboten. Wir wuchsen schnell zu einem richtigen Team an. Ich lernte Enni kennen, eine Finnin aus irgendeinem ganz kleinen Dorf mit unaussprechlichem Namen am Polarkreis, sie war Kinderkrankenschwester und packte sofort mit an. Sie verstand sich gut mit Franja, beide waren so hilfreich mit all ihrer Erfahrung. Ein italienisches Pärchen blieb während einer Straßenklinik wie gebannt stehen und schaute zu. Bei der nächsten Klinik arbeiteten sie schon mit. Wir hatten alle Hände voll zu tun, denn immer mehr Notleidende frequentierten unsere Straßenklinik. Da waren nicht nur unsere Leprakranken aus Dasaswamedh, es hatte sich auch im Nu in Sankat Mochan herumgesprochen, und auch von dort kamen viele für eine Behandlung zu uns. Ihre Leiden und ihre Krankheiten gingen weit über Wundbehandlung hinaus, doch nicht alles konnten wir auf der Straße leisten. Deshalb teilten wir uns auf, zwei bis drei blieben in der Straßenklinik, und einer oder zwei fuhren mit Patienten ins Krankenhaus zu Untersuchungen und für Verschreibungen von Medikamenten durch einen Arzt. In den ersten Wochen verschafften wir uns einen Überblick, wohin wir mit welchen Problemen am besten gehen konnten. Doch egal, wohin wir uns wandten, die Leprakranken waren nicht willkommen, und der Arztbesuch musste immer erst mühsam durchgesetzt werden. Es gab staatliche und private Krankenhäuser, alle waren sie heruntergekommen, sowie niedergelassene Ärzte in ihrer Praxis, die sie neben ihrer Krankenhaustätigkeit betrieben. In keinem einzigen dieser Hospitäler hätte ich liegen wollen, keine der Arztpraxen flößte wirklich Vertrauen ein, doch das war alles, was Benares damals zu bieten hatte. So stellte ich mir die Krankenversorgung bei uns vor dem Ersten Weltkrieg vor.

Wir ernteten mit unserer Straßenklinik viel Aufmerksamkeit, positive wie negative. Es gab die Gaffer mit ihren blöden Kommentaren, doch viele lobten uns auch und nannten das, was wir anboten, einen guten Service, *good karma* oder auch *karma yoga*, das Yoga der Tat.

Mein Ziel in diesen ersten Wochen war, die Anzahl der Patienten überblicken zu können, die wir im Schnitt zu versorgen hatten, und wie viele von ihnen die Lepratherapie nehmen würden. Im Großhandel ließ ich mir die Kosten der Lepratherapie ausrechnen, kalkuliert für ungefähr 100 Leprakranke. Ich war erstaunt. Bei dieser Patientenzahl kamen wir auf eine Summe von vier Mark pro Patient und Monat. Das waren bei zwei Jahren Therapie 96 Mark (50 Euro) pro Patient. Selbstverständlich würden viele Extrakosten entstehen neben der MDT. Angefangen von Bandagen zur Wundbehandlung brauchten viele noch weitere Unterstützung wie Seh- und Gehhilfen und Rollstühle, außerdem litten sie unter weiteren Krankheiten wie Tuberkulose.

Für die Therapie bräuchte ich ein kleines Grundkapital. Zumindest müsste ich das sichere Gefühl haben, die Therapie für alle durchhalten und bezahlen zu können für diese 24 Monate, dann könnten wir damit beginnen.

Ich schrieb tagelang an Briefen, die ich meinen Freunden und Bekannten in Deutschland schickte. Ich schilderte ihnen die Lage, dass es so einfach wäre, den Leprakranken zu helfen. Doch ich brauchte ihre Unterstützung. Ich bat sie, einmal abends nicht auszugehen und das Geld lieber mir zu geben für die Lepratherapie. Von den Touristen in Benares erfuhren wir erstaunlich viel Hilfe. Die meisten, die Augenzeugen unserer Straßenklinik wurden, spendeten ein bisschen Geld, und so konnten wir die Bandagen, Wundcremes sowie die Untersuchungen im Krankenhaus bezahlen. Manche begleiteten uns auch direkt in die Apotheke und zahlten die Rechnungen, die sich dort ansammelten. Während der Straßenklinik gab uns der Apotheker die Medikamente auf Zuruf und bediente auch die Verschreibungen, und ich beglich alle paar Tage die Rechnung, immer wenn Geld da war. Wir zahlten vieles aus eigener Tasche. Geld war notorisch knapp, doch wir hangelten uns von Straßenklinik zu Straßenklinik. Mit Unterstützung aus Deutschland könnten wir uns die Therapie hoffentlich leisten.

Eines Vormittags kam auf einmal Avan zu unserer Behelfsklinik und sagte schlicht: »Tara, I help you«, setzte sich neben mich und legte demjenigen, dem ich gerade die Wunde gesäubert hatte, geschickt und ohne Berührungsängste eine Bandage an. Ich war sprachlos, denn ich wusste, dass seine Familie das nicht gutheißen würde und es gewiss Streit brächte. Doch Avan ließ sich davon nicht beirren, erklärte mir, er hätte seine morgendlichen Pflichten als Bootsmann bereits erledigt, das sei jetzt seine *free time*, und er müsse erst am Nachmittag wieder ins Boot. »I not look you doing this and I doing nothing, no possible«, begründete er seine Entscheidung. Avan war mit seinem Organisationstalent eine wertvolle Ergänzung für das Team, manche Aufträge und Aufgaben konnte er wesentlich schneller und besser erfüllen als wir Ausländer. Selbstverständlich bekam er auch die niedrigsten Preise überall, denn er war außerordentlich hartnäckig im Handeln. Außerdem achtete er stets auf Qualität und beurteilte mit einem Blick die Verarbeitung eines Produktes oder die Frische der Ware. Nur das Beste akzeptierte er, gerade weil er ein armer Mann war. Die Bootsmänner witzelten und frotzelten Avan abends, als sie sahen, wie wir die benutzten Instrumente auf dem Kerosinkocher auskochten, ich hatte einen Topf dafür besorgt: »Daktar sahab, dard horaha hai« – Herr Doktor, ich hab Schmerzen. Doch das war nicht boshaft gemeint, wir lachten alle.

Die Monate November und Dezember strotzten nicht mehr vor Festivals, und es wurde immer kälter. Es bot sich an, Pilgerrunden zu drehen. Die wichtigste führte zu den acht Bhairavas. Der Bhairava ist die Manifestation des fürchterlichen Aspektes des Gottes Shiva. Bhairava, furchterregend schwarz, gab Zorn, Wut, Zeit und Vernichtung ein angsterregendes Gesicht. Gleichzeitig lieh man sich seinen Schutz, er war wie der Schutzpatron Kashis, Shivas Stadt. Wie ein gezähmter Dämon vor den Toren des Heiligtums. An Bhairavashtami lief man acht verschiedene Bhairava-Statuen ab, bis man zu der wichtigsten kam, die stets verhüllt blieb und nur das Gesicht des Schrecklichen frei ließ. An diesem Tag wurden die Tücher jedoch feierlich abgenommen. Dem gezähmten, aber dennoch gefährlichen Dämon wurde eine große Kette aus 51 silbernen Totenköpfen um den Hals gelegt. Die Pilger standen kilometerweit an, um einen Blick auf diesen Bhairava werfen zu können, bevor seine fürchterliche Gestalt wieder bedeckt wurde bis zum nächsten Jahr um dieselbe Zeit im Mondkalender.

Ich saß während der Straßenklinik gerade über Ramlals Fuß gebeugt, als ein Inder atemlos auf mich zustürzte, hektisch mit den Händen wedelte und mich aufforderte, sofort mitzukommen. Ich schaute hoch und sah einen jungen Mann, ordentlich gekleidet, augenscheinlich aus der Mittelschicht. Dauernd wollten alle möglichen Leute von uns behandelt werden, auch wenn sie keine Bettler waren. Ich erklärte ihm, dass wir unseren Service nur Leprakranken gäben und dass er sich ja an ein Krankenhaus wenden könnte. »Stand up!«, rief er im Befehlston, »You hurry! Come fast!«. Verzweiflung stand in seinem Gesicht, und ich verstand etwas von *Ma*, Mutter. Er deutete auf den Weg. Also stand ich schnell auf und folgte ihm. Schnurstracks führte er mich zu einer verletzten Kuh. Das hatte er also mit *Ma* gemeint, die Kuh wurde oft als Mutter bezeichnet, weil sie das erste domestizierte Tier der Inder war und die Menschen mit Milch, Ghee, Käse und Joghurt versorgte. Über dem Huf der Kuh klaffte eine eitrige, tiefe Wunde, und ich sollte ihr einen Verband anlegen. Immer mehr Schaulustige versammelten sich, die Aufregung knisterte schon in der Luft, ein Drama begann sich zu entfalten. Schnell holte ich meine Utensilien, reinigte die Wunde der Kuh und legte ihr unter 100 kritischen Augen einen Verband an. Die Leute waren begeistert und segneten mich.

Nach der Klinik aß ich meistens bei Shanti. Sie litt unter fürchterlichem Husten, und ich hatte ihr bereits eine ganze Flasche Hustensaft zugesteckt. Wir saßen uns gegenüber auf dem Boden, ich hatte einen verbeulten Aluminiumteller vor mir, den sie beständig mit Reis, Dal oder Subji füllte. Auch ein Schälchen Ghee, Butterschmalz, hatte sie mir besorgt und erhitzt, und ihre selbstgemachten, feurigen Pickels an den Tellerrand gelegt. Als sie erneut nachschöpfen wollte, quälte sie ein krampfartiger Hustenanfall, sie drehte sich zur Seite, und ein Schwall Blut schoss in hohem Bogen aus ihrem Mund. Ich schrie auf vor Schreck, das kam so plötzlich. Shanti hatte Tuberkulose, offenbar im fortgeschrittenen Stadium. Sie hatte es nur immer verborgen. Ich versprach ihr, sie gleich morgen früh ins Krankenhaus zum Test zu begleiten und ihr Medikamente zu kaufen. Hoffentlich war es nicht schon zu spät. Ich wusste, dass TB-Medikamente sehr kostspielig waren, doch das würden wir uns leisten müssen. Damit retteten wir nicht nur Shanti, sondern auch Singeshwar, der so sehr auf ihre Hände und ihre Mitarbeit angewiesen war. Im wahrsten Sinne des Wortes auf ihr Fingerspitzengefühl.

Avan bekam tatsächlich gehörig Ärger mit seiner Familie. Seine Schwester sowie er selbst seien noch nicht verheiratet, da könne sich die Familie doch nicht mit Lepra in Verbindung bringen lassen. Das bedrückte mich, denn ich lebte auf ihren Ruderbooten und hatte Angst, sie könnten sich völlig überwerfen. Das taten sie dann auch fast. Eines Nachmittags kam Avan mit einer Beule am Kopf und zwei gebrochenen Fingern von zu Hause ans Ghat zurück. Sein Vater hatte mit dem Stock auf ihn eingeschlagen, und er hatte versucht, den Bambus abzuwehren. Damit war alles »gesagt«, und Avan hörte auf, in der

Straßenklinik zu arbeiten. Dennoch unterstützte er mich weiterhin, nur ein wenig unsichtbarer.

Die Straßenklinik wuchs mit jeder Woche. Auch ganz fremde Bettler und die auf der Durchreise suchten unsere Hilfe, und wir gaben sie denen, die bedürftig und notleidend aussahen. Manche kamen nur einmal, andere blieben für einige Zeit unsere Patienten. Immer mehr Kinder trauten sich vor. Ihre Wunden und Verletzungen zeigten uns die Gewalt und Verwahrlosung, in der sie lebten, allzu deutlich. Manchmal standen uns die Tränen in den Augen. Als Kinderkrankenschwester lagen Enni die Kleinen besonders am Herzen. Ich ging gemeinsam mit ihr in den Großhandel, um Salben und Medikamente extra für Kinder einzukaufen. Mit Enni arbeitete ich sehr gerne zusammen. Sie besaß eine starke Persönlichkeit und war jemand, auf den man sich verlassen konnte.

19

Mit Pfeil und Bogen

Jede Straßenklinik war, als öffnete sich das verstaubte Medizinbuch eines Medicus aus dem alten Orient nach Hunderten von Jahren. Vergilbt waren die Seiten, sie zeugten von anderen Zeiten, und heraus traten alte, vergessene, scheußlich anzusehende Krankheiten, wie aus dem Mittelalter herbeigehext. Je nachdem, welche Seite aufgeschlagen wurde, materialisierten sich die handgezeichneten Illustrationen der Deformationen und unvorstellbaren Krankheitsgeschichten detailgenau vor meinen Augen in Persona. Als nähmen die Zeichnungen Gestalt an, versammelten sich auf unserer Plastikmatte Patienten mit Klumpfüßen, Tumoren oder Kröpfen, die so groß waren wie Pampelmusen. Oder Krüppel, deren Rückgrat oder Gliedmaßen derart verdreht waren, dass sie nicht aufrecht laufen, sondern nur kriechen konnten. Schielende, Einarmige, Schwindsüchtige, Leprakranke, Blinde und Straßenleute mit Zähnen so schwarz, dass es einen gruselte, wenn sie den Mund öffneten. Herausgetreten aus den Seiten des Buches brachten sie den Geruch des Mittelalters, den des Schwarzen Todes, den der Lepra und den des Verderbens, mit. Er haftete an ihnen genauso wie das Ungeziefer. Manche Patienten sahen so aus, als wären sie nach einer Zeitreise bei uns in der Straßenklinik gelandet. Persoram war einer von ihnen.

Es war die Zeit der »Lampen im Himmel«, noch bevor der Winter mit Wucht begann, als ich ihn das erste Mal sah. Nachts schlenderte dieser schlaksige, langgewachsene Mann mit Pfeil und Bogen über die Ghats hin und her, vorbei an den Schlafenden, scheinbar ohne festes Ziel. Dabei sang und brüllte er in die schwarze Nacht hinein. Die Straßenhunde jagten in einer wütenden Meute hinter ihm her, kläfften, knurrten und verbellten ihn aggressiv, sie wollten sich gar nicht mehr beruhigen. Es war mir schon klar, dass er irgendwie durchgeknallt sein musste. Kein anderer tobte sich nachts hier derartig aus, zielte mit Pfeil und Bogen auf Unsichtbares. Seine Gesänge bereiteten ihm offenkundig ein immenses Vergnügen, er klang überhaupt nicht verzweifelt oder bekümmert. Auch tagsüber sah ich ihn oft durch Dasaswamedh streifen, auffällig, laut und bunt wie er war.

Schnell landete er als Patient in unserer Straßenklinik. Ein Hund hatte ihn gebissen, und die Wunde war infiziert. Während ich sie ihm säuberte und verband, hatte ich die Gelegenheit, ihn genauer zu betrachten und mit ihm zu sprechen. Ein junger Typ, vielleicht Anfang 20, ausdrucksvolle, strahlende Augen, mit kohlrabenschwarzem Kajal umrandet, dominierten sein langes, ebenmäßig geschnittenes Gesicht. Er hieß eigentlich Parashuram und war ein Original vor dem Herrn. Alles, was er auf der Straße fand, band er sich zu wilden Ketten zusammengeknotet um den Hals, Schnüre, Nägel, Kämme, Kugelschreiber, eine Schachbrettfigur, ein Sammelsurium der Absurditäten.

Jeden Moment veränderte er seine Stimme, es hörte sich an, als würden 20 Menschen durcheinander reden. Stets unterwegs mit Pfeilen und einem großen Bogen aus Bambus, den er krachend dort fallen ließ, wo er gerade stand. Die unzähligen Malas und anderen, zusammengeklaubten und gefundenen Utensilien um den Hals, die Armgelenke, Oberarme und Fesseln geschnürt, ergaben ein ständiges Rassel- und Klapperkonzert, das sich noch steigerte, wenn er, durch seine eigenen Lieder inspiriert, in Tanzlust kam. Dann führte er, in andere Welten versunken, seinen für ihn so typischen Pogo auf. Dabei hüpfte er von einem Bein auf das andere, drehte sich und zog mit dem Bogen einen weiten Kreis um sich. Er wirkte wie ein Sufi kurz vor der Trance, der allerdings sein feines Gewand vergessen hatte. Er war nie ruhig, in vollster Inbrunst und Lautstärke, ohne Pause, teilte er sich der Welt mit. Es hielt ihn nie lange an einem Platz, und was immer ihm ins Hirn rieselte, setzte er sofort in die Tat um, ohne Rücksicht auf Verluste. Hatte er morgens Lust auf ein Feuerchen, so zündete er allerlei Kram an, den er dafür zusammentrug. Wollte er der Welt seine Gedanken mitteilen, erklomm er den Müllberg am Markt und brüllte seine Einsichten, auf den Abfällen stehend, in alle Himmelsrichtungen. Wo er auch hinging, drehten die Hunde durch, sie konnten ihn nicht riechen, sie bellten diesen aufgekratzten, außergewöhnlichen Typen in einem fort an und jagten ihm hinterher. Die Sonnenbrille mit den roten Gläsern, die er oft trug, würzte seine eigene Welt anscheinend mit zusätzlichem Effekt wie eine Chili die Mahlzeit. Er lebte in völliger Freiheit. Fast beneidete ich ihn um dieses grenzenlose Gefühl. Frei wie ein Vogel konnte er hinflattern und sich niederlassen, wo er wollte, um weiterzuziehen, wenn es ihm recht war. Keine Bindung oder Verpflichtung verknüpfte ihn mit der Gesellschaft, den Regeln des täglichen Lebens oder verwob ihn in Beziehungen zu Menschen. Der junge Vagabund besaß kein Heim, er brauchte sich um nichts und niemanden zu kümmern, außer um sich selbst. Sein Besitz war austauschbar und schnell zusammengesammelt, nichts Bleibendes. Nun, Zigaretten hatte er stets, Chai und etwas zu essen konnte er sich ebenfalls erschnorren, und das bisschen Geld, das er von anderen herausschlagen konnte, investierte er ganz und gar in Ganja, das günstigste Marihuana, und Prostituierte.

Das Spannendste an ihm war, dass er gar nicht zu 100 Prozent verrückt war, sondern vor allem ein zwangloses Dasein führen wollte, fern der Gesellschaft. Ich mochte seine irrwitzige, positive Ausstrahlung und freute mich immer, wenn ich sein buntbemaltes Gesicht sah. War sein Gesicht nicht orange angemalt oder mit Sandelholzpaste markiert, so hatte er sich an diesem Tag bestimmt Gesicht und Körper mit Asche der Burning Ghats, der Asche der Totenfeuer, eingerieben, wie Lord Shiva. Er war mit Abstand die schillerndste Figur Kashis, und es war immerzu spannend, ihm zu begegnen. Der Mann wäre auf einer Bühne oder vor einer Kamera aufgegangen und ein fesselnder Schauspieler oder Entertainer geworden. Nachdem ich ihm seine erste Bandage angelegt hatte, stand er nach ein paar Minuten wieder auf der Matte. Verdutzt schaute ich ihn an, hatte ich etwas vergessen, oder war die Bandage schon verrutscht? Doch da zog er grinsend eine Blumenblüte hinter dem Rücken hervor und überreichte sie mir. Als sein Dankeschön, da war ich gerührt. Lässig sagte er mir, sich durch den kurzgetrimmten Vollbart streichend: »Ich überlege gerade, mir Lepra anzuschaffen, denn dann werde ich jeden Tag von dir behandelt!« Lachend erwiderte ich ihm, das solle er sich mal lieber aus dem Kopf schlagen, er könne auch so zu uns kommen. Das tat er dann auch, und zwar täglich. Es dauerte nicht lange, bis er sich ebenfalls, so wie Ramchandra, zu meinem kleinen Bruder ernannte. Schon bald taufte ich ihn um in Persoram, *perso* bedeutet übermorgen, also war er der zukünftige Ram. Ram war ein Gott, der ebenso Pfeil und Bogen trug. Von dieser ersten Begegnung an schenkte mir Persoram fortan jeden Tag eine Blüte. An guten Tagen, aber auch an den schlechten.

Schnell war unsere Straßenklinik richtig in Schwung. Mehr und mehr Notleidende suchten uns auf, und ich hatte mittlerweile sechs Freiwillige an meiner Seite. Wir hatten alle Hände voll zu tun, meistens blieben wir zwischen vier und sechs Stunden auf der Straße, und die Krankenhausbesuche dauerten oft noch länger. Über die Wochen hatte sich ein fester Patientenkreis der Bettler Dasaswamedhs gebildet, ergänzt von denen Sankat Mochans und Bhadhois sowie allen Notleidenden, die von uns gehört hatten und irgendwie zu uns krabbelten oder krochen, oft im wahrsten Sinne des Wortes. Manche lagen auf kleinen Rollbrettern und schoben sich mühsam mit den Händen durch den Schmutz der Gassen vorwärts. Die Wunden waren erschreckend, oft konnte man bis auf den Knochen sehen, auch an den stinkenden Eiter, die blühenden Abszesse oder Beulen an den verschiedensten Körperteilen musste ich mich erst gewöhnen.

Es gab Tage, da ähnelte unsere Straßenklinik eher einer Katastrophenübung, es schien, als würden Dutzende Bettler gleichzeitig die Plastikplane erstürmen, jeder drängelte, schwatzte oder rief durcheinander und verlangte lautstark nach Bandagen und Medizin. Oft zankten sie auch untereinander. Wenn sie an der Reihe waren und direkt vor mir hockten, zeigten sie mir in dramatischen Gesten, wo und vor allem wie sehr es weh täte, jeder wollte die maximale Aufmerksamkeit auf sich lenken. Das war manchmal nervenzerfetzend, die laute Aufgeregtheit der Bettler und im Hintergrund das unaufhörliche Dröhnen der Generatoren von Underground, die sich anhörten wie Kriegsmaschinerie.

Sehr schnell stellte ich fest, dass die Inder medikamentengläubig waren. Sie glaubten, gegen alles gäbe es eine Pille, man müsse sie sich nur leisten können. Für jedes Unwohlsein, jeden Bauch- oder Kopfschmerz forderten sie vehement Medikamente ein. Sie waren bitter enttäuscht und fühlten sich nicht wertgeschätzt, wenn sie diese nicht erhielten. Mit Engelszungen redete ich auf sie ein und versuchte, ihnen klarzumachen, dass jede weitere Tablette auch mehr Nebenwirkungen bedeutete und dass es manchmal gar nicht richtig sei, Schmerz oder Fieber zu unterdrücken. Es seien Warnsignale des Körpers oder bereits der Weg zur Heilung. Natürlich half ich ihnen, wenn es wirklich Sinn machte, doch sie bekamen nicht einfach Tabletten ausgeteilt, wie sie es sich wünschten. Shambu war stinksauer. »Ich bin dir ganz egal, Tara didi«, klagte er bitter. »Ramchandra bekommt alle Tabletten, die er braucht. Weil er dein kleiner Bruder ist. Und wer bin ich? Niemand«, so versuchte er, Druck auf mich auszuüben. Ich grinste ihn an, unbeeindruckt von seinen moralischen Erpressungsversuchen. »*Kya baat hai.* Was sagst du denn da? Du bist mein Chacha, mein Onkel. *Chintha mat*, mach dir keine Sorgen, Shambu. Du bekommst jede Medizin von mir, die du brauchst. Aber keine, die du nicht brauchst.« Ich hatte mich bereits daran gewöhnt, dass ich überall nach Medizin gefragt wurde und nicht alle Wünsche erfüllen konnte. Hunderte Male am Tag musste ich *nahin*, nein, sagen. Nicht nur die Bettler teilten mir jedes Zwicken und Jucken mit, auch die anderen Leute in Dasaswamedh, die Shopkeeper, die Gemüse- und Hühnermarkthändler und die Polizisten waren dazu übergegangen, mich bei Kopfschmerzen oder kleinen Verletzungen herbeizurufen und Hilfe einzufordern. Jedes Mal veranstalteten die selbsternannten Patienten ein kleines bühnenreifes Drama. Dafür schnalzten sie mit der Zunge, rollten ihre Augen, stöhnten und ächzten, um ihren Schmerz zu unterstreichen und hoben ihre Hemden, Lunghis oder Hosenbeine, damit ich sofort einen Blick auf die betroffene Stelle werfen konnte, als besäße ich einen Röntgenblick. Mir wurden ständig irgendwelche Körperteile gezeigt oder grässliche Beulen vor meinen Augen angedrückt, geräuschvoll hochgeschleimt und vorgehustet oder ausgespuckt, der Stuhlgang beschrieben – ob ich wollte oder nicht. Das wurde schnell zu viel, und ich erklärte ihnen, dass ich dafür einfach nicht zuständig sei. Nur für Lepra. Außerdem sei ich keine Ärztin. Natürlich handelte ich mir damit Feinde ein.

Nur eine wollte meine Hilfe nicht, Shivani. Die junge Frau war außerordentlich schüchtern und zog sich ständig den Sari über das Gesicht. Sie nahm zu niemandem Augenkontakt auf. Vor ungefähr einem Monat hatte Rani devi sie mit nach Dasaswamedh gebracht. Die Fremde siedelte sich zusammen mit meinen beiden Großmüttern, Rani devi und Naurangi devi, an. Vor allem zu Rani devi schien sie ein gutes Verhältnis aufzubauen. Die beiden alten Frauen passten ein bisschen auf die junge auf, denn jeder bemerkte, wie hübsch sie war, obwohl sie stets bemüht war, ihre Anmut zu verbergen. Ich fragte Rani devi, ob die junge Frau auch Lepra hätte, da ich ihren leicht schleppenden Gang bemerkt hatte. »Ja, aber sie wird nicht zur Straßenklinik kommen. Sie ist noch nicht so weit. Sie weint immerzu und hat große Angst«, antwortete die Alte.

Wir hielten die Straßenklinik also immer vor ihren Augen ab, jedes Mal ging ich zu ihr hin und lud sie ein teilzunehmen. Dabei fiel mir auf, dass sie ihren Fuß mit Stoffresten umwickelt hatte und bat sie, ihn mir zu zeigen. Sie senkte nur den Kopf. Obendrein hatte sie ihre Füße, wie viele Leprakranke, in geschlossene Vollgummischuhe gequetscht, ein Versuch, ihre Wunden und Deformationen zu verstecken. Doch luftabgeschlossen gärten die Wunden der Leprakranken erst recht, und der Gestank, wenn sie die Schuhe auszogen, war unerträglich. »Bitte, Shivani, lass dir helfen. Ich bin doch Ranis und Naurangis Didi, ich will auch deine sein. Lass mich deine Freundin werden, deine *saheli*, nimm wenigstens die Bandagen«, und reichte ihr Bandagen und antiseptisches Puder. Sie nahm sie und schüttelte fast unmerklich den Kopf. Unsere Augen trafen sich, und ich konnte die alles erdrückende Angst in ihnen lesen, als würde ihr von innen heraus der Hals zugedrückt. Sie spiegelten das Entsetzen vor dem unaufhaltsamen Schicksal, das sie noch nicht begreifen konnte. Ich würde ihr Zeit lassen müssen.

Wie speziell der indische Umgang mit Medikamenten war, erfuhr ich bald. Ein Bettler, der nicht nach Dasaswamedh gehörte, litt an einer eiternden Infektion am Knie. Der Arzt im Krankenhaus verschrieb ihm Antibiotika für eine Woche, ich kaufte sie und gab ihm eine Tablette. Da ich aber nicht wusste, wo er in der Nacht schlief, gab ich ihm die Tablette für abends mit und schärfte ihm ein, diese auch zu nehmen. Nur so könne sein Knie besser werden. Morgen solle er zum Ghat kommen und dann gäbe ich ihm die nächste Dosis. Am nächsten Tag humpelte er auf mich zu. Ich freute mich, dass er wie verabredet auftauchte und fragte ihn sofort, ob er die Tablette gestern Abend genommen hätte. Stolz antwortete er mir: »Ja, Didi. Und ich hatte eine bessere Idee ...«, dabei schlug er die Falten des Lunghis beiseite und zeigte auf sein Knie, »... denn genau da tut es weh«, vorsichtig zog er die Bandage zur Seite. Er hatte die Tablette zu Puder zerstoßen und direkt auf das Knie gestreut, anstatt sie zu schlucken. Das besaß seine eigene Logik, das konnte ich gar nicht bestreiten. Doch ich wäre nie auf die Idee gekommen, dass er dermaßen aktiv an seiner Heilung teilnähme. Von Lachen geschüttelt, versuchte ich, ihn über die unterschiedliche Wirkungsweise von Tabletten und Salben in einfachen Worten aufzuklären. Solche Erfahrungen machte ich immer wieder, und ich lernte, anders logisch zu denken, indisch logisch.

Es war nun kalter Winter geworden, und das Ganga-Bad kostete echte Überwindung. Ich konnte meist nur kurz untertauchen, mich schnell waschen und schon war ich bibbernd wieder draußen. Mein Husten hörte sich an wie der eines alten Bergarbeiters, und so fühlte er sich auch an. Ich stieß schon dieselben Salven aus wie die Ghatleute und die Bootsmänner.

Wolf schrieb mir einen langen Brief. Ich las ihn wieder und wieder. Er hatte sich viele Gedanken gemacht, wie mein Projekt in Indien auf sichere Füße gestellt werden könnte und schlug Folgendes vor: Er würde in Deutschland einen Verein gründen, denn dann könnten wir in einem größeren Kreis um Unterstützung bitten. Nur so käme langfristige Hilfe zustande. Als eingetragener Verein würden wir vom Finanzamt regelmäßig geprüft werden, ob wir das Spendengeld satzungsgemäß ausgegeben und seinem Zweck zugeführt hätten, das schaffe Vertrauen und erhöhe die Spendenbereitschaft, auch weil wir als Verein Spendenquittungen ausstellen dürften. Für eine Vereinsgründung bräuchte er eine vorgeschriebene Anzahl von Gründungsmitgliedern an seiner Seite. Wenn ich einverstanden sei, spräche er mit seinen Freunden aus dem Studium. Das waren alles Juristen, angehende Anwälte und Richter, die er hoffte, zum Mitmachen zu überzeugen. Außerdem lese er sich bereits in das Vereinsrecht ein und habe sich dafür ein Buch besorgt, das die vielen Verordnungen, Erlasse und Gesetze erklärte, die hier zum Tragen kämen, insbesondere weil wir im Ausland tätig wären. Wenn er das alles überblickte, würde er sich an die Satzung setzen, die es zu entwerfen galt. Ich rief ihn an, und wir besprachen in Kürze die wichtigsten offenen Fragen und entschieden gemeinsam, den Verein »Back to Life« zu nennen.

Als unser Teammitglied Ciro mit Ramchandra und den anderen aus dem Krankenhaus zurückkam, merkte ich gleich, dass etwas vorgefallen sein musste. Ich fragte den Spanier, und er sagte traurig: »Ich weiß nicht, wie die Leprakranken ihr Schicksal aushalten. Ramchandra hat mir von seinen vier kleinen Kindern erzählt, die er von der Straße aus versorgen muss. Der Jüngste ist krank, und er braucht dringend Geld.« »Hast du ihm welches gegeben?«, wollte ich neugierig wissen. »Ja, ich hab ihm 500 Rupien in die Hand gedrückt für seinen Sohn.« 500 Rupien (25 Mark) war eine Menge Geld, ein kleines Vermögen für einen Bettler, der ja sonst nur Münzen anhäufte. Ich schüttelte den Kopf und gestand Ciro, dass er Ramchandra auf den Leim gegangen sei. Ramchandra war trickreich und schlau, das, was man hier *chalu* nennt. Er konnte jede Geschichte erzählen und damit sein Gegenüber weichkochen und zu Tränen rühren. Seine Haupteinnahmequelle war die traurige Geschichte von den vier Kindern, und die beschrieb er so blumig und dramatisch, dass man ihm auf jeden Fall Geld zusteckte. Er besaß großes Talent zum Betteln, aber es richtete sich auf den Tag, auf den Moment. Er war kein bisschen vorausschauend. Solange alles gutging, und er fit blieb, hatte er Münzen in der Tasche. Fast immer verziehen die Angeschmierten Ramchandras Geschichten, weil er ein lustiger und frecher Typ war, ein Tausendsassa. Was er mit dem ergaunerten Geld machen würde, war mir glasklar: Er würde eine kleine Party feiern, das Geld auf den Kopf hauen, *chicken* und *daaru* kaufen. Ein echter Filou eben, der mit seinem Witz und Charme immer irgendwie durchkam. Jeder hat so einen in seinem Freundeskreis. In einer für ihn besseren Welt wäre Ramchandra mit seinem Erzähltalent ein guter Reiseleiter geworden. In Britanniens alten Tagen sicherlich ein gutaussehender Dandy. Er hatte ein gutes Gespür für Westler und nahm manche aus wie Weihnachtsgänse, er bestahl sie nicht etwa, nein, er schenkte ihnen eine Geschichte, in der sie die Retter spielen durften. Wenn Ramchandra hätte studieren können, wäre er vielleicht Psychiater geworden. Trotz seines ganzen Schabernacks konnte er auch Verantwortung tragen und bot sich stets für alle möglichen Aufgaben an. Jeder Bettler hatte seine Talente, und ich versuchte, sie dementsprechend einzusetzen. Wir waren eine spannende Truppe mit vielen Originalen darunter – immer gut für eine Überraschung.

Als Musafir für seine Wundbehandlung an der Reihe war, fragte er mich nach Passfotos. Bereits seit einigen Tagen bat er mich immer wieder darum. Er drängelte und bedeutete mir, dass es wirklich wichtig sei. Also gut, ich versprach, nach der Straßenklinik mit ihm loszuziehen. Wir liefen zusammen die Straße nach Godaulia entlang, Musafir war noch gut zu Fuß, und wir erreichten problemlos das Fotostudio. Dort ließ ich auch meine Filme entwickeln. Ich kannte den Inhaber bereits, er sammelte für mich die leeren, schwarzen Fotofilmdöschen, in die ich Salben oder Tabletten füllte, die ich den Bettlern mit auf den Weg gab. Erstaunlicherweise akzeptierten sie recht reibungslos, ein Passfoto von Musafir anzufertigen. Im Studio saß er vor einer Fotowand, die eine Schweizer Alpenidylle samt Almhütte zeigte, ich musste lachen, denn es passte so gar nicht zusammen. Also fragte ich nach einem neutraleren Hintergrund, ein Vorhang wurde zugezogen, so sah es schon besser aus. Hochzufrieden lief Musafir neben mir zurück. Ich war an dem Tag sehr eingespannt, weil ich noch Testergebnisse abholen und einen Patienten im Krankenhaus versorgen musste, so dass ich die Fotos, die zwei Stunden später fertig sein sollten, vergaß. Müde und hungrig traf ich erst am frühen Abend wieder in Dasaswamedh ein, Musafir war entrüstet, dass ich die Abzüge nicht dabeihatte. Sie waren ihm wirklich wichtig, er wartete wie auf glühenden Kohlen darauf. Ich sah seine grenzenlose Enttäuschung und lief tatsächlich noch einmal los, um sie ihm vor Ladenschluss zu besorgen. Mein Magen knurrte mittlerweile, und mir war ganz flau von dem anstrengenden Tag. In dem Studio hatten sie kein Wechselgeld. Es dauerte endlos lange, bis der Assistent wiederkam. »Er hat bestimmt eine lockere Chaipause eingelegt oder irgendwo etwas gegessen«, dachte ich grimmig. Ich drängelte mich ungeduldig an den Rikschas, Menschen, Schiebekarren und heiligen Kühen vorbei, mir war jetzt nicht mehr flau, sondern schlecht vor Hunger, bis ich endlich mit den Bildern in der Hand vor Musafir stand. Mit Freudesblitzen in den Augen nahm er sie entgegen. Umständlich fischte er die Abzüge aus dem Umschlag und prüfte sie genau. Hochzufrieden wackelte er mit dem Kopf, steckte sie zurück und stand dann feierlich auf, um sie mir in einer großen Geste zu überreichen. »Für dich Taraji (-ji zeigte Respekt und Zuneigung), damit du ein Foto von mir hast. Die habe ich extra für dich gemacht. Die schenke ich dir.« Da war ich mal wieder sprachlos.

20

Im Spiegel der Einfachheit

Zur Sonnenwende Mitte Januar wurde ein großes Fest gefeiert, Makar Sankranti genannt, Tag und Nacht hatten die gleiche Länge. Danach begann die Sonne ihren nördlichen Kurs, und die Tage wurden länger, die günstige Zeit des Jahres begann. Wer heute, an diesem besonderen Tag verstarb, würde direkte Erlösung erfahren und musste nicht mehr wiedergeboren werden. Das Angebot galt nur zur Sonnenpassage. Es war eines der wenigen Festivals im Hindukalender, das sich nicht nach dem Mondkalender richtete und jedes Jahr auf dasselbe Datum fiel, den 14. oder 15. Januar. Traditionell wurde Kitchari gegessen, das war eigentlich die einfache Mahlzeit der Sadhu babas, Dal und Reis wurden im selben Topf zu einem Brei verkocht. Eine meiner Lieblingsspeisen, besonders mit einem Tröpfchen Ghee, einem Spritzer Zitrone, Joghurt und scharfen Pickles konnte man mir daraus ein Festmenü bereiten. Gleichzeitig wurden Sesamgebäck und *jaggery*, eingekochter und hartgewordener Zuckerrohrsirup, mit der Aufforderung angeboten: »Sprich süße Worte!« Das Festival diente der Verbundenheit untereinander, sollte Freude und Harmonie stiften und Zwist untereinander beenden. An Makar Sankranti war ein Bad in der Ganga obligatorisch, deswegen waren die Ghats überfüllt mit Badenden.

Besonders die Kinder freuten sich auf das Fest, das sie auch salopp Kite-Festival nannten, denn es drehte sich für sie alles ums Drachenfliegen. Schon Wochen vorher wurden überall auf dem Markt Papierdrachen in allen Variationen, Farben und Mustern verkauft. Man brauchte nur noch eine lange Schnur, und schon konnte man an dem großen Drachenfliegerwettkampf teilnehmen. Am 14. Januar tanzen auch heute noch in ganz Indien Drachen am Himmel, und Ziel des

Ganzen ist es, den Luftreiter des anderen herunterzuholen, indem man versucht, mit seiner eigenen Schnur die Schnur des anderen abzuschneiden. Manche reiben ihre Schnur sogar mit zerstoßenem Glas ein. Ganz Indien schaut an diesem Tag in den Himmel. Auch die Erwachsenen werden noch einmal jung und kämpfen mit ihren Drachen um jeden Meter Luftraum.

Natürlich zogen wir nach der Straßenklinik los und kauften genügend Drachen, so dass die Bettlerkinder auch ein schönes Fest feiern konnten. Kiran vorneweg, stürmten sie zum Nachbarghat, das wesentlich ruhiger war, um dort ihren Flugwettstreit auszutragen.

Es gab viele Tempel am Ghat, die dicht nebeneinanderlagen wie Läden in einer Einkaufsstraße, sie fingen schon gegenüber der langen Treppe an, auf der meine Bettler saßen. Ich war mit vielen Pujaris bekannt und nahm immer wieder gern an den Zeremonien der verschiedenen Tempel teil. Einer der kleineren Tempel wurde von einem Pujari mit langen Dreadlocks geleitet, der ein zwölfjähriges Schweigegelübde abgelegt hatte und bereits fast zehn Jahre Stille übte. Mein Lieblingstempel gehörte einer Familie alteingesessener Brahmanen. Sie waren sehr wohlhabend, denn ihnen gehörten nicht nur lukrative Geschäfte und mehrere Häuser, sie nannten sogar ganze Dörfer außerhalb von Benares ihr Eigen. Noch aus alten Zeiten, durch viele Schuldscheine erwachsener Abhängigkeiten, aber auch durch freiwillige Übertragungen von Land als Opfergabe hatte sich ein hübscher Großgrundbesitz zusammengeläppert.

Das Familienoberhaupt hieß Mahadev, der große Gott, ein Name Shivas. Es war der alte Guru, der mich einst zur abendlichen Puja eingeladen hatte. Mit seinen weißen, langen Haaren und dem Wallebart sah er aus, wie man sich einen indischen Yogi vorstellte. Gleichzeitig war er aber ein knallharter Geschäftsmann, seinem Tempel waren mehrere Räume angeschlossen, die er privat nutzte. Manchmal wechselte sich der alte Guru mit seinem ältesten Sohn Deva ab, der dann die abendliche Puja mit großer Hingabe zelebrierte, jeder konnte deutlich sehen, wie sehr er den Tempeldienst liebte und darin aufging. Deva sprach sehr gutes Englisch, er war vielleicht zehn Jahre älter als ich, und wir kamen immer öfter ins Gespräch. Er lud mich mehrere Male zu seiner Familie zum Essen ein, so lernte ich seine Geschwister, seine Mutter, seine Ehefrau und Kinder kennen. Besonders mit seiner jüngeren Schwester, die um die 18 Jahre alt war, verstand ich mich gut. Ich genoss den Kontakt zu einer gebildeten, jungen Inderin, wir unterhielten uns offen. Mit sanfter Stimme, aber in klaren Worten beschrieb sie mir die Zweifel, die in ihrem Herzen Unruhe stifteten. Wie könnte ihre Kultur und insbesondere ihre Kaste als so rein und heilig angesehen werden, wenn die Frauen wie Vieh behandelt würden. Das waren fast schon ketzerische Gedanken, noch nie hatte ich gehört, dass eine indische Frau ihre zugedachte Rolle anzweifelte. Sie war mehr oder weniger eingesperrt, durfte nie alleine aus dem Haus. Höchst selten konnte sie durchsetzen, dass jemand sie für ein paar Minuten zum Tempel begleitete.

Eines Tages überreichte mir Deva einen geschmückten Briefumschlag. Heraus zog ich eine Karte, die das Datum der Mundan-Zeremonie ankündigte, es war meine Einladung dazu. Das Mundan gehört zu den wichtigsten Ritualen im Leben eines Hindus, es reinigt von den Energien des vorherigen Lebens. Dafür werden einem Baby zum ersten Mal alle Haare abgeschoren, da man glaubt, dass alte, unaufgelöste Energie in diesen sitze. Dieses Haar gilt als unrein und kann negativen Einfluss auf das jetzige Leben des Kindes haben. Bereits in den alten Veden, der Sammlung religiöser Texte im Hinduismus, wird das Mundan beschrieben. »Und weißt du, Taraji, manche Leute glauben auch, dass durch die Rasur der Fluss der Intelligenz ausgelöst wird. Ab dem Mundan kann sich Wissen im Leben des Kindes ansammeln«, erfuhr ich von Deva. Ich musste lächeln, und er fügte hinzu: »Außerdem wird dadurch die Körpertemperatur des Kindes kühler, und man sagt, dass es deswegen ruhiger wird.« Selbstverständlich wurde das Datum der Zeremonie von einem Astrologen errechnet. Das war gar nicht so einfach, denn es durfte nur an einem ungeraden Tag und Monat stattfinden. Gleichzeitig mussten sämtliche Planeten der Geburtsstunde und der Mond in bestimmten Transiten oder Positionen sein.

Für mich war das alles hochspannend und mein Beginn, ein wenig tiefer in den Hinduismus einzusteigen. Leider jedoch nahmen mich nicht nur die legendenträchtigen indischen Riten und Epen gefangen, sondern auch die Tragödien, die sich in dieser Priesterfamilie abspielten. Deva hätte eigentlich längst den Tempel übernehmen sollen, doch sein Vater und er befanden sich seit Jahren in erbittertem Streit. Ein unauflösbares Zerwürfnis trennte sie wie ein tiefer Graben. Alles fing damit an, dass Deva als junger Mann heiraten sollte. Jahrelang weigerte sich der Älteste und widmete sich religiösen Studien, die ihm Zeit verschafften. Dennoch drängten seine Eltern weiterhin auf eine baldige Vermählung und erhöhten stetig den Druck. Da gab es kein Entrinnen. Der Handel war bereits seit Kindertagen abgeschlossen, und insofern seine Braut nicht schwachsinnig oder schwindsüchtig würde, müsste er sie nehmen. Deva lehnte sich auf, sprach mit seinen Eltern und sah schließlich keinen anderen Ausweg, als davonzulaufen. Erst nach einem Jahr kehrte er zurück. Zwischendurch hatte er die große Liebe gekostet. Er kam auch jetzt noch ins Schwärmen, als er von ihr sprach: »Sie war Spanierin und wunderschön wie eine Göttin. Ich war verrückt vor Liebe.« Eine Zeitlang ließen die Eltern Deva gewähren, dann wurde erneut die Hochzeit geplant. Dieses Mal rannte Deva im allerletzten Augenblick davon, die Familie verlor ihr Gesicht, das Drama war riesig. Als er sich ein halbes Jahr später wieder nach Hause traute, räumte ihm seine Mutter keinerlei Schonfrist mehr ein und nagelte ihn fest. Mit Rattengift in der Hand, das sie ansonsten schlucken würde, zwang sie ihn, die Sitzengelassene zu ehelichen. Deva vergrub das Gesicht in seinen Händen. »Mein Vater hat mir das nie vergeben und ich ihm auch nicht. Jetzt bin ich seit fast zehn Jahren mit einer Frau verheiratet, die mich nicht interessiert, die ich nicht lieben kann und die ich mir nicht ausgesucht hätte. Ich habe drei Kinder mit ihr, und doch liebe ich sie nicht. Am liebsten bin ich hier im Tempel. Zu Hause kann ich nicht atmen.«

Für Mahadev war der Tempel nur noch ein Machtinstrument und ein Geschäft mit der Erleuchtung. Die Liebe zum Göttlichen hatte er längst umgeleitet in irdische Bahnen. Er schnippte mit den Fingern und ließ sich von Avan und anderen Bootsmännern Fische aus Ganga fangen, die sind eigentlich tabu für einen Brahmanen.

Deva und ich unterhielten uns fast täglich, meistens im Tempel, der süß und schwer nach Blüten und den schwelenden Räucherstäbchen roch. Mir war klar, dass die Leute schlecht über uns redeten, weil es nicht schicklich war, dass wir Zeit miteinander verbrachten. Deswegen begegneten wir uns nur in der Öffentlichkeit, im Tempel oder auf dessen Terrasse, wir sonderten uns nie irgendwo ab oder setzten uns etwa zu zweit in einen Raum. Unser Verhältnis war rein platonisch. Deva erleichterte es sehr, sich mit einer Unbeteiligten auszutauschen, und ich hatte jemanden gefunden, der mir den Faden durch das Labyrinth des hinduistischen Göttergeflechts ausrollte. Ich brauchte diesen nur aufzunehmen und konnte immer tiefer in die Sagen, Legenden und Lehren vordringen.

»Bitte Deva, erklär mir doch, warum man am Sonntag Rot tragen soll und was es mit eurem Mondkalender auf sich hat ...?« »Das ist ganz einfach, Taraji. Die zwölf Mondmonate werden in sechs Jahreszeiten aufgeteilt, angefangen mit dem Neumond im März-April. Bei uns beginnt der Monat immer an Neumond und hat 30 lunare Tage. *Weg des Lichts* wird die Phase des zunehmenden Mondes bis Vollmond, unsere Monatsmitte genannt. Es ist die günstige Zeit, um Neues oder Wichtiges zu tun. Den ersten 14 lunaren Tagen sind Gottheiten zugeordnet, die verehrt werden. Nach Purnima, dem Vollmond, beginnt der Weg der Dunkelheit, abnehmender Mond bis zur dunklen Nacht. Derselbe Götterzyklus wird dann der Reihenfolge nach erneut angebetet. Ganesh also am vierten Tag und am 19. Tag. Außerdem haben wir auch jeden Wochentag einem oder mehreren Göttern gewidmet, deren Tempel man besuchen soll. Der Tag für einen Hindu erstreckt sich von Sonnenaufgang bis Sonnenuntergang, er fängt nicht wie bei euch um Mitternacht an. An bestimmten Tagen fasten wir, je nachdem, welchem Gott wir folgen oder welche Gunst wir erhalten möchten.« »Oft sehe ich aber die Leute auch an Fastentagen etwas essen«, unterbrach ich ihn. »Fasten kann der komplette Verzicht auf Nahrung sein oder die Entsagung bestimmter Speisen als Buße, als Reinigung oder als Opfer«, antwortete er mir. »Aber nun zu den Wochentagen im Einzelnen. Der Sonntag, gehört dem Sonnengott Surya. Rot ist seine Farbe und der Gläubige bringt rote Blumen und rotes Sandelholz dar. Wer fastet, nimmt kein Öl oder Salz zu sich und nur eine leichte Mahlzeit vor dem Sonnenuntergang. Das Fasten am Sonntag lässt deine Wünsche in Erfüllung gehen. Es schützt auch vor Hautkrankheiten und sogar vor Lepra, Taraji! Der Montag ist Shivatag, ganz wichtig hier in Kashi, wie du weißt. Am besten besucht man am Morgen und am Abend einen Shivatempel. Gefastet wird vom Sonnenaufgang bis zu ihrem Untergang, erst nach einem Abendgebet darf gegessen werden. Das Mantra ist ›*Om namah Shivaya*‹. Unverheiratete Frauen fasten für einen guten zukünftigen Ehemann und verheiratete für das Wohl ihrer Familie. Soll ich weitermachen?« »Ja klar«, antwortete ich, denn das erklärte vieles, was ich schon beobachtet hatte. »Der Dienstag ist Hanuman gewidmet. Jedem Tag werden auch Planeten zugeordnet. Am Dienstag ist das der Mars, der als Troublemaker gilt. Fasten hilft, Unglück abzuwenden. Die meisten fasten gleich 21 Dienstage hintereinander, um sich rundum zu schützen.« Deva fuhr fort: »Mittwochs finden wichtige Geschäfte oder Ladeneröffnungen statt, denn er gilt als Glückstag für alle Geschäftsleute. Die Farbe ist grün. Grüne Kleidung, grüne Tulsiblätter für die Puja. Wer fastet und Almosen gibt, wird vermögend. Die meisten beten zu Ganesh, der für Glück und Erfolg steht.« »Und was ist, wenn ein Mittwoch, also ein Ganesh-Tag auf den vierten lunaren Tag des Monats fällt, an dem auch Ganesh angebetet wird? Darf ich raten? Der gilt als besonders günstig, oder?« »*Bilkul*, richtig!«, strahlte Deva über das ganze Gesicht und fuhr fort: »Der Donnerstag kleidet sich in Gelb, gelbe Blumen und Früchte werden zu Vishnu gebracht und Ghee und Milch geopfert. Der zugehörige Planet ist der Jupiter. Der Freitag ist der Göttin in all ihren Formen gewidmet, gegessen werden weiße Speisen wie Milchreis, aber erst am Abend. Der Planet ist Shukra, das ist eure Venus. Der Samstag ist heikel. Dienstag und Samstag sind die gefährlichen Tage, an denen leicht Unglück oder Unmoral passieren kann, denn da ist man am leichtesten angreifbar«, erläuterte mir Deva. »Hast du den kleinen Shanitempel in der Vishwanath Gali gesehen? Dort zünden wir jeden Samstag Lichter an, damit unser Glück nicht unter den Schatten des Saturn fällt.« Wie gut, dass wir für die Straßenklinik die günstigen Tage gewählt hätten, fügte Deva noch an, sonst läge vielleicht ganz schnell das böse Auge auf uns.

Staunend erlebte ich Tag für Tag, wie die Menschen ihre Hingabe für alles Göttliche einander vorlebten und gemeinsam zelebrierten. Es fing gleich der Mutterliebe beim ersten Atemzug an und endete nie. Es bestimmte ihr ganzes Dasein und Tun. Eine Fülle an Fürbitten, Fastentage über das ganze Jahr verteilt, Tempelbesuche, Pilgerreisen, bestimmte Rituale zu Festivals oder Vollmond, zum Jahreszeitenwechsel, wenn jemand starb oder ein Kind geboren wurde sowie auch für die Namensgebung. Zu allem gab es Rituale, selbst zur Ladeneröffnung jeden Morgen und zum ersten eingenommenen Geld. Das wurde erst ehrfürchtig an die Stirn gehalten, bevor es in der Kasse verschwand. Bei der Fülle an Göttern und Möglichkeiten gab es einiges zu tun fürs Karma. Es gab einen Pilgerkalender, der den Hindu durch das Jahr führte und täglich genau anzeigte, wer wie wo verehrt wurde.

Neben den bunten Geschichten und Legenden, die in Kashi spielten, versank das real gelebte Indien kein bisschen. Beides profitierte voneinander und atmete durch das andere.

Deva hatte den loyalsten Begleiter im Leben, den man sich ausmalen konnte, an seiner Seite. Sein Schatten war Premanand. Er war 46 Jahre alt, Ingenieur, Genie und Sadhu. Er verehrte Deva, er würde tun, was immer dieser von ihm verlangte. Premanand war der großzügigste Mensch, den ich kennenlernen durfte, auch wenn er völlig besitzlos seiner Wege ging. Er hinterließ keine Spuren, nur im Herzen derer, die ihm nahe waren. Er war um die 30, als seine Frau und seine Kinder bei einem Busunglück ums Leben kamen. Das machte ihn zeitweise zu einem *half-mind*. Er zog sich aus dem alltäglichen Leben, aus der Gesellschaft, aus dem, was von einem verlangt und erwartet wird, zurück und kümmerte sich nie wieder darum, obwohl er die geistige Kapazität dazu besaß. Er erschien den meisten Menschen fremd und merkwürdig, weshalb sie ihn, ohne genauer hinzuschauen, ganz schnell als *pagal*, also als Verrückten, aburteilten. Doch das stimmte so nicht, das war zu einfach. Premanand war ein unglaublich selbstloser Mensch. Er half jedem bei allem und sorgte sich um das Wohlergehen der Menschen, die er mochte. Er gab alles, was er bekam, sofort weiter, wollte nichts, verlangte nichts, behielt nichts. Gab Deva ihm neue Kleidung, benutzte Premanand sie vielleicht für eine halbe Stunde, dann fand er jemanden, der die Klamotten in seinen Augen dringender benötigte, und gab sie weiter. Er selbst brauchte eigentlich gar nichts und war damit schon in einem Zustand viel, viel weiter als wir alle. Seine unglaubliche Flexibilität beeindruckte mich. Premanand konnte ganz einfach unter allen Bedingungen leben. Er hatte ja nichts, wollte auch nichts und das Wenige, das er brauchte, so wie

Mahlzeiten und Chai, bekam er von Deva. Wenn ich Premanand ein Symbol zuordnen würde, dann wäre es die offene Hand. »Don't take anything from anybody, my dear daughter!«, gab er mir immer als Rat. In seinem Herzen wohnte große Liebe. Er nannte mich stolz und liebevoll mit tiefklingender Beschützerstimme »my dear daughter« und überschüttete mich mit Fluten der Fürsorge und Wellen der Anteilnahme, der Verbundenheit. Vieles, was er sagte oder als Zitat einwarf, wurde mir erst bewusst und klar, als ich es an ihm wiedererkannte. Premanand war der Spiegel seiner Botschaft. Ein Verkünder der Wahrheit, die in der Einfachheit liegt, er lebte sie uns in ihrer wunderbaren Simplizität vor. »You can be what you wish«, sagte er immer. Premanand beherrschte Sanskrit und gebildetes Englisch. Außerdem philosophierte er gerne und war sehr belesen, immer wieder zitierte er indische Denker und spirituelle Lehrer. Er schien ein physikalisches Genie zu sein und zeigte echtes Talent im mathematisch-technischen Bereich. Im Nu hatte er ein Blatt Papier mit geometrischen Formeln und Zeichnungen gefüllt, baute Brücken auf den Seiten meines Notizbuches und zeichnete komplizierte Konstruktionen auf. Er konnte schneller kopfrechnen, als man in einen Taschenrechner einzutippen vermochte. Immer wieder überraschte er mich mit seinem infiniten Gedächtnis für Zahlen, ein Spiel, das wir für immer teilen sollten. Nannte ich ihm Daten, wie das Geburtsdatum meiner Freundin Jasmin, behielt er sich das für immer, auch wenn er sie gar nicht kannte, er wusste, dass sie mir wichtig war. Rein selektiv sortierte er seine Welt der Zahlen, nur was ihm gefiel, fügte er diesem Kosmos hinzu.

Abgöttisch liebte er die Ganga und ihr Wasser. Immerzu stand er in Ganga Ma, planschte, säuberte ihr Ufer, kehrte die Wasseroberfläche mit seinen langen Fingern wie mit einem Besen und fischte Abfälle aus dem heiligen Wasser.

Würde ich Premanand malen, dann wäre er ein einsam gelegener, vom Salz und den Jahren ausgehöhlter Leuchtturm an einem namenlosen, menschenleeren Küstenstreifen irgendwo am rauen Meer, dessen bescheidenes, aber behutsam gepflegtes Licht sicher den Weg wies. Premanand war hochgewachsen, schlank, aber mit breiten Schultern, er war mit fast 1,90 Meter locker 30 Zentimeter größer als die meisten Männer in Benares.

Und er klagte nie. Zu ihm gehörte ein Lachen, das aus der Tiefe herausfiel wie ein plötzlicher Steinschlag in einem Steinbruch. Hörte er jemandem zu, gab er leichte Brummtöne von sich. Wenn er sich wohl fühlte, brummte er merklich. Es war dem behaglichen Schnurren eines alten genügsamen Katers ähnlich. Mit Premanand übte ich mich oft im Schweigen, was äußerst vergnüglich war. Dann saßen wir einfach nur beieinander, im Hier und Jetzt und sprachen nicht. Ich hing meinen Gedanken nach, er war schon über Gedanken hinaus und brummte zufrieden. Dieser Mann verkörperte eine der klarsten und existentiellsten Botschaften, die ich je empfangen durfte: die Einfachheit!

21

Zwischen den Welten

Wir läuteten die erste Runde der Lepratests ein. Singeshwar wurde mir wieder zur unentbehrlichen Hilfe. Wir bestimmten 20 Patienten, die mit uns zum Test fahren sollten. Welche Unruhe, bis sie alle fertig wurden, ihr Gepäck zur Beaufsichtigung bei jemandem untergebracht hatten und wirklich abfahrbereit waren. Ganz Underground war geschäftig, wimmelte und wuselte wie ein Ameisenhaufen, in den man einen Stein geworfen hatte. Avan organisierte genügend Rikschas, die bereit waren, uns zu fahren, sie standen wie an einer imaginären Startlinie vor einem Rennen aufgereiht. Enni, Avan und ich füllten sie mit den Ausgewählten. Ständig war wieder jemand verschwunden, es war wirklich wie einen Sack Flöhe hüten. Singeshwar packte die Trödelnden dann am Schlafittchen und schleppte die Nachzügler an. Die Bettler folgten einfach einem anderen Zeitgefühl.

Wir fuhren hintereinanderher zum BHU-Krankenhaus. Es war eine lustige Fahrt, immer wenn eine Rikscha eine andere überholte, wurde sie angefeuert, die Bettler nahmen den Krankenhausbesuch wie einen Ausflug, sie scherzten und lachten und waren allerbester Laune. Es war, als wären wir auf dem Weg zum Rock am Ring. Der Mitarbeiter an der Anmeldung des Krankenhauses schlug die Hände über dem Kopf zusammen: »Pagal hai? Bist du verrückt? Man sieht doch, dass die Lepra haben, da braucht es doch kein Labor dafür! Ich sag dir, die haben Lepra. Haut ab.« Ich biss mich an ihm fest wie ein Dackel in einem Dachsbau, bis ich die Scheine in der Hand hatte. Dasselbe Spiel startete von neuem im Labor. Auch dort weigerten sie sich, uns zu untersuchen. Ich wedelte mit meinen bezahlten Anmeldungen, drohte ihnen und nervte sie so lange, bis sie endlich mit ihrer Arbeit begannen. Singeshwar war der Erste. Er setzte sich auf einen kleinen

Schemel, und angewidert ritzte ein Laborant mit einem Skalpell die Haut am Ohrläppchen an. Nur oberflächlich, so dass Gewebsflüssigkeit, aber kein Blut austrat. Diesen Tropfen brauchten sie für die mikroskopische Untersuchung, um das *mycobacterium leprae* feststellen zu können. Außerdem nahmen sie eine zweite Probe oberhalb der Augenbraue. Eine Sache von einer Minute, für die wir fast zwei Stunden diskutieren mussten. Selbstverständlichkeiten einzufordern war in Indien schwieriger, als Unmögliches zu erreichen. Die Bettler störte das alles nicht. Sie waren in Hochstimmung und zelebrierten, dass sie im Mittelpunkt standen. Jedem, der in den Gängen wartete, erzählten sie, ob er es hören wollte oder nicht, dass sie nun ausländische Ärzte aus dem Westen hätten, die sich um sie kümmerten. Diese Angrezis, die Westler, hätten auch weit bessere Medizin. Sie trumpften regelrecht auf, und ich gönnte es ihnen.

Auch wenn solche Tage eine wahre Tortur waren, wiederholten wir die Prozedur so oft, bis alle, die sich freiwillig gemeldet hatten, getestet waren. Das Testen war eine Angelegenheit, die Jagd auf die Ergebnisse eine andere. Es war zeitintensiv, nervenaufreibend und frustrierend, alle Zettel in dieser chaotischen, verstaubten Krankenhausadministration wieder einzuholen. Ein Job für sich, bei dem nur der Geduldige und Hartnäckige gewinnen konnte. Als wir die Laborergebnisse endlich in der Hand hatten, fuhren wir wieder mit den Patienten zum Krankenhaus, um eine ärztliche Verschreibung für die MDT, die Lepratherapie, zu bekommen. Dabei legte ich gleich eine Akte für jeden Einzelnen an. Ich erstellte für jeden Formulare, die ich mit der Zeit ausfüllte. Personalien, Familiendaten, Hintergrund der persönlichen Geschichte, wie verdiente er sein Geld vorher, und was tat die Familie zum Überleben? Ich notierte die Krankheitsgeschichte, wann, wie und wo wurde das erste Mal Lepra bemerkt? Außerdem wollte ich wissen, ob es weitere Leprakranke in Familie oder Umgebung gab und vieles mehr. Auf der ersten Seite kreuzte ich auf einer vorgefertigten Körperzeichnung an, welche Finger oder Zehen bereits amputiert oder verkrümmt, welche Deformationen vorhanden waren, als ich den Patienten das erste Mal traf. Mein Team lachte ein wenig über mich, sie zogen mich damit auf, eine typische Deutsche zu sein, weil ich gleich Formulare für alles entwarf.

An Schlaf war nicht zu denken. Es war noch lange hin bis zum Sonnenaufgang, doch das Ghat vibrierte wie die Saite einer Bassgitarre, so riesig war bereits der Ansturm der Badenden. Ein Gemurmel, Gesinge und Gesumme brummte durch das Ghat und über Ganga. Normalerweise blickte ich morgens, wenn ich erwachte, in hundert oder tausend Augenpaare, Gläubige, die ihr heiliges Bad nahmen und neben unseren Booten die Begrüßung der Sonne vollzogen. Heute waren es Abertausende. Schon auf den Treppen ergoss sich eine einzige Masse Mensch, drängelnd, schiebend, sich am Vordermann festhaltend, um nicht zu stürzen. Wie ein gewaltiger Fischschwarm bewegten sich die Pilger in Wellenbewegungen die Ghats hinunter bis zur Ganga. Die bunten Saris der Frauen erinnerten an schillernde Fischschuppen, kleine Kinder hängten sich wie Putzerfische fest an ihre Mütter, um in der Strömung nicht verlorenzugehen. Aus den Lautsprechern schallten *bhajans*, religiöse Gesänge, wie Wellen brandete die Geräuschkulisse der Betenden auf. Heute war Maghi Amavasya, der wichtigste Badetag des Jahres im Hindukalender, es war der Neumond zwischen Januar und Februar. Für den Gläubigen verwandelte sich das heilige Wasser der Ganga an diesem Tag zu Amrit, Nektar. Pilger aus ganz Indien waren für dieses eine Bad tausende von Kilometern in überfüllten Bussen oder Zügen angereist, Hunderttausend würden sich heute hier in Dasaswamedh baden.

Mein Kontakt zu der schüchternen Shivani wurde allmählich enger. Sie nahm zwar immer noch nicht an der Straßenklinik teil, doch sie öffnete sich mir mehr und mehr. Fast jeden Tag setzte ich mich zu den drei unterschiedlichen Frauen auf die Bettlertreppe und plauschte ein bisschen mit ihnen. Mit der Zeit baute Shivani Vertrauen auf und erzählte mir die Dinge, die sie im Herzen trug. »Ich habe zwei Söhne, Didi«, schwärmte sie stolz, und beschrieb die beiden in Worten, die nur eine liebende Mutter findet. »Babu ist keine zwei Jahre alt, und Vilok ist vier. Er hört immer darauf, was sein Vater sagt und ist ein lieber Junge. Sie sind mein ganzer Stolz«, ihre Augen glänzten, sie war ganz woanders, nicht mehr bei den Bettlern, sondern bei den Ihren. »Weißt du, Didi, wir waren immer arm und haben jeden Tag schwer gearbeitet. Doch wir hatten genügend zu essen, und ich wollte unsere

Söhne unbedingt zur Schule schicken. Es gibt eine Schule nicht weit entfernt im Nachbardorf, das ist größer als unseres. Mein Ältester ist ein schlauer Junge, er soll etwas lernen, damit er nicht die Äcker für andere Leute umgraben muss so wie wir.« »Hast du denn je eine Schule besucht?«, fragte ich Shivani. »Nein, Didi!«, sie lachte. »Keinen Tag in meinem Leben habe ich die Schule gesehen. Als ich ein Kind war, musste ich meiner Mutter auf den Feldern helfen. Bei uns konnte niemand lesen oder schreiben, auch nicht mein Vater. Ich wurde früh verheiratet, da war ich vielleicht neun oder zehn Jahre alt. Wir feierten die Hochzeitszeremonie, doch danach blieb ich zuerst noch bei meinen Eltern in meinem Heimatdorf. Da ich jetzt verheiratet war, durfte ich nicht mehr mit meinen Freundinnen zum Weiler oder zum Basar gehen. Alleine durfte ich überhaupt nicht mehr aus dem Haus.« »Ja, eine Frau muss sehr auf ihren Ruf achten, da sie sonst die Familie ihres Mannes beschmutzt«, warf Rani devi ein. »Als ich 15 Jahre alt wurde, ging ich dann zu meinem Ehemann ins Haus. Von da an lebte ich mit ihm und seinen Eltern in seinem Dorf.« Ganz ergriffen lauschte ich ihr. »Wie ging es dir an deinem Hochzeitstag?«, wollte ich wissen. »Erst am Tag der Hochzeit sagte mir meine Mutter, dass ich nun eine Braut sei.« Sie beschrieb, wie ihre Mutter und die Tanten sie schnappten und mit erwärmtem Wasser wuschen, sie schrubbten ihren Körper von oben bis unten wie ein Kleidungsstück am Fluss. Danach wurde sie mit einer wohlduftenden, selbsthergestellten Paste eingerieben, die, wieder abgewaschen, ihre Haut zum Schimmern brachte. »Auf einmal war ich wichtig, Didi. Zum ersten Mal in meinem Leben stand ich im Mittelpunkt«, erinnerte sie sich mit glühenden Wangen. »Bisher musste ich immerzu nur arbeiten, niemand bemerkte mich, und wenn, dann wurde nur geschimpft. Und jetzt wurden mir auf einmal Hände und Füße mit Henna verziert wie bei einer Maharani, einer Prinzessin.« Rani devi tätschelte ihr wissend den Arm. »An dem Tag war ich glücklich, und ich trug glitzernde Armreifen, um die mich meine Freundinnen beneideten. Ich wusste aber nicht im Geringsten, was eine Hochzeit bedeutet«, weihte sie mich in ihr Privatestes ein. »Und wie war das für dich, als du in das Haus deines Mannes kamst?« Bilder über Bilder zogen durch meinen Kopf. »Das war ein trauriger Tag. Ich hatte Angst. Ich wollte nicht von meiner Mutter und meinen

Geschwistern getrennt sein. Ich kannte ja nur mein Dorf und sonst nichts von der Welt, da machte mir das fremde Dorf mit all den fremden Leuten Angst. Jetzt erst begriff ich, dass ich nun ganz und gar zu der Familie meines Mannes gehörte, für immer. Ich kannte sie ja gar nicht. Wie es von mir erwartet wurde, strengte ich mich an und arbeitete hart, um ihnen zu zeigen, dass sie eine gute Schwiegertochter gewählt hatten. Ich schuftete vom Sonnenaufgang bis in den Abend. Wir hatten ein kleines Stück Land und arbeiteten auf den Feldern der *zamindars*, der Großgrundbesitzer. Der Familie meines Mannes ging es besser als meinen Eltern, wir hatten mehr zu essen und nicht jeden Tag so große Sorgen, sondern nur ab und zu, wenn die Ernte schlecht war, jemand krank wurde oder das Hochwasser kam.« »Mochtest du denn deinen Mann?« »Didi!«, sie war ganz erstaunt über die Frage, darüber hatte sie wohl noch nie nachgedacht. »Ja, er war gut zu mir. Er hat mich nie geschlagen, so wie andere ihre Frauen verprügeln. Er hat auch kein Daaru getrunken, sondern kam von der Feldarbeit immer nach Hause. Nach ein paar Jahren hatte er genügend Geld gespart, und er kaufte einen Büffel. Als ich ein kleines Mädchen war, träumte ich davon, einen Wasserbüffel zu besitzen. Wer einen Büffel hat, bleibt gesund und stark, weil die Familie die dicke Milch trinken kann. Manchmal sparte ich ein Töpfchen Malai, Rahm, auf und machte Ghee daraus.«

Als Shivani die ersten depigmentierten Stellen auf ihrem Körper fand, versteckte sie die Anzeichen. Sie war sich nicht sicher, doch fürchtete, an Lepra erkrankt zu sein. »Bist du zum Arzt gegangen?«, wollte ich wissen. »Nein, Didi, das war nicht möglich. Der nächste Daktar ist weit entfernt, alleine hätte ich dort nicht hingehen können, und außerdem hatte ich kein Geld für so etwas. Wo hätte ich das denn hernehmen sollen? Mein Mann gab mir nie Münzen oder Geldscheine in die Hand, er machte alles, was mit Geld zu tun hatte«, sie nestelte nervös mit den Fingern an ihrem Sari, das Thema fiel ihr schwer. Und doch bemerkte ich, dass sie darüber sprechen wollte. Es war, als rollte sie einen weiteren Stein von ihrem Herzen. Also hörte ich zu. »Jeden Tag schaute ich nach, ob die Flecken gewachsen waren und betete, dass sie nicht sichtbar werden für andere. Ich fastete nun zweimal die Woche, einmal für Surya und einmal für die Göttin. Jeden Morgen und Abend ging ich zu unserem Dorftempel und legte mich in den Staub vor die Göttin, doch sie erhörte mich nicht«, stellte sie traurig fest. »Dann hatte ich immer wieder Wunden an den Füßen, und die gingen gar nicht mehr weg. Jetzt wusste ich, dass ich Lepra hatte. Mein kleiner Finger fing langsam an, sich zu verkrümmen, ich hielt ihn ins Feuer und band einen Stoffrest darum. Doch das half alles nichts. Mein Mann entdeckte schließlich, dass ich eine Leprakranke war.« Ich wollte sie nicht bedrängen, doch musste ich wissen, wie er reagiert hatte. »Er schlug mich mit dem Stock und verbannte mich in derselben Nacht noch aus seinem Haus. Ich sollte nie, nie wiederkommen, rief er mir hinterher in die Dunkelheit. Ach Didi, ich wusste nicht, wohin und hatte große Angst. So viel Angst hatte ich noch nie im Leben. Ich lief über die Äcker zum Dorf meiner Schwester und versteckte mich im Viehstall, bis sie mich dort am Morgen auffand.« Ihre Schwester versprach, ihr zu helfen. Doch in einem indischen Dorf kann man niemanden unbemerkt verstecken. Alle benutzten dieselbe Wasserpumpe, hatten die gleichen Wege, arbeiteten auf den Äckern nebeneinander, die Häuser stehen dicht an dicht und sind nicht verschlossen. Jeder wusste, was der andere tat. Es wurde nicht Abend, da war sie schon entdeckt. Als die Dorfbewohner die Wahrheit eingefordert hatten, jagten sie Shivani mit Bambusschlägen aus dem Dorf. Auf Nimmerwiedersehen. Ihre verzweifelte Schwester konnte das nicht verhindern. »Ich ging in die nächste Stadt und musste mit dem Betteln anfangen. Didi, ich bin vorher nie aus unserem Dorf herausgekommen, ich wusste gar nicht, wie man in einer Stadt überlebt.« Unvorstellbar für eine indische Frau, die stets im Schutze ihrer Familie stand, alleine durch einen Basar zu gehen oder auch nur die Straße entlang. Sie muss tausend Tode gestorben sein vor Scham und Angst. Eine indische Frau entscheidet normalerweise nichts selbst, für alles zeigt sich der Mann verantwortlich. Sie arbeitet auf dem Feld, kümmert sich um den Haushalt, gebiert Söhne und sorgt dafür, dass Wasser und Mahlzeiten vorhanden sind, die Hütte gekehrt und das Vieh versorgt ist. Sie trifft keine Entscheidungen in ihrem Leben, nicht einmal, ob sie schwanger werden will und wie viele Kinder sie zur Welt bringen wird.

Welcher Ausweg blieb ihr also? Sie konnte in keinem Dorf Unterschlupf finden, es blieb ihr also nichts anderes übrig, als die nächste Stadt zu erreichen und sich irgendwo mit den Bettlern an der Straße anzusiedeln. Sie starb den sozialen Tod, und als ich sie kennenlernte, war sie auch innerlich tot. Ihre Würde als Frau war ihr genommen worden. Auf dem Weg nach Benares wurde sie bestimmt mehrfach vergewaltigt, deshalb war sie auch so verschlossen und traumatisiert, als sie bei uns in Dasaswamedh ankam. Da ich unter den Bettlern des Öfteren begehrliche Blicke in ihre Richtung wahrgenommen hatte, sprach ich ganz deutlich aus, dass ich es niemandem entschuldigen würde, wenn sich jemand an Shivani vergreife. Sie war meine *bahan*, meine kleine Schwester des Herzens.

Bei zunehmendem Mond wurde Vasanta Panchami begangen, der allersehnte Frühlingsanfang. Ich erwachte in einen gelben Tag hinein, so gelb wie die Sonne lachte, wenn sie guter Dinge war. Die gesamte Stadt leuchtete in Gelbtönen, die Saris, Hemden, T-Shirts und selbst die Haarspangen waren gelb, überall sah ich gelbe Blumen, und auch die Tempel wurden in Gelb geschmückt. Ein gelungener mitreißender Farbenrausch in nur einer Farbe, die überall dominierte.

Es war nur noch abends kühl, und tagsüber freuten wir uns über die Frühlingstemperaturen. Ich lud alle Leprakranken, die die MDT nehmen wollten, und das Team zu einem Bootsausflug auf Ganga ein. Am Spätnachmittag sollte es losgehen, und als ich in Underground eintraf, sah ich Singeshwar schon bestens vorbereitet. Er war wie zu einem Festtag gekleidet und hatte sich ein neues Hemd geleistet, weiß mit blauen, feingewobenen, dünnen Streifen. Er war außerordentlich schick!

Im Nu trommelte er die anderen MDT-Patienten zusammen, er musste bereits vor Stunden damit begonnen haben, weil sie recht schnell aufbruchsbereit waren. Die meisten trugen ein Bündel mit ihren wichtigsten Dingen mit sich. Wie ein Rudel wilder Wölfe liefen wir die Treppen zu Ganga hinunter, zum Boot. Und wen sah ich breit grinsend bereits im Bootsheck sitzen? Lalu! Mit seiner runden Sonnenbrille, dem orangefarbenem Hemd und pinkem Lunghi leuchtete er von den Planken und winkte mir spitzbübisch zu, erfreut, mich überrascht zu haben und der Erste zu sein. Wie immer wollte er nichts verpassen. Irgendwann saßen wir dann alle im Boot, wofür es ein bisschen Zeit brauchte, weil einige stark gehbehindert waren. Manche liefen an Stöcken, andere auf Holzbeinen, einige mussten ins Boot gehoben werden, weil sie nicht über die Bordwand steigen konnten.

Mir fiel auf, dass alle Bettler sich aufgeputzt hatten. Die Frauen trugen knallbunte Saris, und die meisten hatten einen Schal um die Schultern oder ein Tuch um den Kopf geschlungen, falls es doch noch kühl wurde. Rani devi hatte sogar ihre Wolldecke dabei.

In seinem größten Boot ruderte Avan uns die malerischen Ghats entlang bis nach Assi, das waren drei bis vier Kilometer. Die Sonne verschwand langsam hinter den Häusern, den Palästen und Tempelspitzen. Sie tauchte alles noch einmal in ihr schönstes Abendlicht. Eine Stimmung wie zwischen den Welten. Ein Moment, der sich anfühlte, als wäre die Zeit stehengeblieben. Nur die vollkommene Schönheit des Momentes zählte.

Ich nutzte diese Bootsfahrt, um mit den Bettlern ganz in Ruhe über die MDT zu reden, abseits der Hektik Dasaswamedhs und ihrer eigenen Tagesgeschäfte, bei denen sich alles darum drehte, hier noch eine Rupie zu ergattern und dort noch ein Almosen einzuholen.

Wir genossen es, über einen der außergewöhnlichsten Flüsse dieser Welt gerudert zu werden, nutzten aber auch die Zeit für das wichtige Gespräch über die *Multi Drug Therapy*. Daddu, den ich extra dafür mitgenommen hatte, übersetzte mein Kauderwelsch und erklärte den Bettlern in flüssigem Hindi und mit geschickten Worten, was ich sagte. Singeshwar fügte immer wieder einen Redeschwall in Bihari hinzu, und Daddu ergänzte auch noch durch Bengali, da meine Bettler aus verschiedenen Regionen Indiens stammten. Avan warf sogar Bhojpuri ein, den Benaresslang, den Dialekt, den vor allem die einfachen Leute sprachen. »Stellt euch einfach vor, Lepra ist wie eine feindliche Armee, die eure Körper besetzt hält. Die MDT ist eure Waffe, eine richtige Geheimwaffe. Die kämpft die gegnerischen Soldaten nieder und wirft die Besiegten aus euren Körpern heraus. Die sind nun tot, *kattam hogia*, und können niemand anderem mehr Leid zufügen. Die ganze Schlacht dauert seine Zeit, zwei Jahre lang, denn es ist eine große Aufgabe, die die MDT aber auf jeden Fall gewinnen wird.« Den anderen war es eine Freude, meine Worte zu übersetzen, und sie machten bollywoodreife Texte daraus, ich konnte allein an ihrer Gestik schon ablesen, wie eindeutig sie den Kampf zwischen MDT und Lepra beschrieben. »*Ganga Mata kijay. Bimari hatao*«, riefen sie auf einmal alle unisono. »Gelobt sei Ganga! Wir scheuchen die Krankheit aus unseren Körpern …«.

Ich wollte die MDT nicht über ihren Kopf hinweg administrieren, sondern brauchte ihre aktive Mitarbeit und Unterstützung. Dafür erklärte ich ihnen, was sie zu beachten hatten, denn die tägliche Tablettendosis brachte viele Nebenwirkungen mit sich, über die ich sie aufklärte. Kopfschmerzen, Übelkeit und andere Begleiterscheinungen sollten sie mir umgehend mitteilen. Außerdem dürften sie sich nicht wundern, wenn sich einmal im Monat ihr Urin rötlich verfärbte, das wäre kein Blut. Das lag an der hochdosierten Rifampicin-Tablette, die sie jeden Monatsanfang schlucken mussten. Das Wichtigste allerdings war, dass sie die Tabletten täglich einnehmen mussten, es sollte keine Lücke entstehen, da diese die Therapie gefährden könnte. Wir verabredeten, dass sie mir Bescheid geben würden, wenn sie auf Betteltour gehen wollten, denn die Bettler waren ein umtriebiges Völkchen, wahre Nomaden des Wegesrandes, immer in Bewegung. Ich bat sie, sich gegenseitig zu unterstützen, denn nur gemeinsam würden wir unser großes Ziel erreichen, die Heilung.

In Assi Ghat landeten die Boote direkt auf dem Lehmboden, das Ufer war nicht ausgebaut, und die Ghats begannen erst nach 50 Metern. Wir liefen zu den Treppen, an denen es mehrere Teeläden gab. Jeder Mann ging abends zum Ghat, um Freunden zu begegnen, ein bisschen Tratsch auszutauschen, dabei in Ruhe einen Tee zu trinken und auf Ganga zu schauen. Auch die Jugendlichen trafen sich hier. So pflegte man seine nachbarschaftlichen und freundschaftlichen Beziehungen. Halb Assi saß also versammelt auf den Treppen. Unter den Augen der Bevölkerung kam ich mir vor wie der Rattenfänger von Hameln, als meine Bettler und ich über die Lehmpiste liefen. Wir steuerten einen der Chaishops an und ließen uns, auf den Stufen sitzend, Chai in Tontöpfchen und Kekse servieren. Die Leute sahen uns zwar komisch und misstrauisch an, doch wir hatten unseren Spaß, tauschten unsere Geschichten aus und lachten.

Vieles in der Kommunikation läuft in Indien über Zeichen, die Augen oder ganz bestimmte Gesten. Wenn man sich erleichtern musste, hebt man den kleinen Finger der linken Hand und erspart sich jedes weitere Wort damit. Ein Augenzwinkern eines Fremden hingegen stellt keine Freundlichkeit, sondern eine Beleidigung dar, denn so leitete man das Feilschen mit Huren um den Preis ein. Man musste nicht alles in Worte packen, wir verstanden uns auch ohne sie. Wir waren eine in uns geschlossene kleine Welt, wie eine Wolke, die dort auf diesen Treppen schwebte. Wir waren unberührbar.

Die Strömung trieb uns heimwärts nach Dasaswamedh. Es war bereits dunkel, und Avan stellte die Körbe mit den Lichtern in die Mitte des Bootes. Er hatte gleich mehrere Streichholzschachteln dabei, die er an die verteilte, die noch genügend Finger hatten. Jeder ergriff sich ein Blumenschiffchen und ließ sich die Kerze darin anzünden. Gemeinsam übergaben wir dann unsere brennenden Lichter an Ganga Ma. Insgesamt setzten wir 151 Lichtlein ins Wasser, da die Zahl als besonders günstig galt. Naurangi und Rani devi sowie Lalu sangen, während die Lichter in den Wellen schaukelten und vom Ufer her der Klang der immerwährenden Tempelglocken hinüberwehte. Schließlich hielten wir in der Mitte des Flusses an einem der Hölzer, die im Flussbett verankert sind, und Avan packte die Töpfe aus, die das gemeinsame Abendessen enthielten. Freudig gaben sich die Bettler die Teller aus getrockneten Blättern weiter und luden sich mit Heißhunger Chapatis und Subji darauf. Die Stille während des Essens wurde nur durch ihr Schmatzen unterbrochen, das ausdrückte, wie sehr es ihnen schmeckte. Wir lagen sozusagen auf Reede und hatten einen wunderschönen Blick auf Dasaswamedh, sahen die vertrauten Lichter und waren hier draußen doch ganz für uns. Dann ruderten wir singend zurück nach Dasaswamedh Ghat. Als Rani devi ausgestiegen war, fasste sie mich großmütterlich ans Kinn und wünschte mir eine gute Nacht. »*Shubaratri*, Tara Ma«. »Du meinst wohl Tara didi?«, verbesserte ich sie und dachte schon, Rani sei ein wenig verwirrt. »Ma ist schon richtig«, antwortete die alte Frau. »Weil du für uns sorgst wie eine Mutter.« Glücklich kehrten die Bettler nach Underground zurück und legten sich schlafen, da die Betriebsamkeit auf den indischen Straßen bereits vor Sonnenaufgang einsetzte und die Tage sehr früh begannen. Außerdem war am nächsten Tag schon ein weiteres wichtiges Festival, auf das ich mich sehr freute. Der Tag würde noch früher erwachen als sonst.

Deva hatte mir bereits von diesem Fest erzählt, denn er wusste, dass ich mich für Surya, den roten Sonnengott, seine Legenden und Geschichten brennend interessierte. Erstens, weil ich die Sonne so liebte, und zweitens, weil Surya für die Heilung von Hautkrankheiten und der Lepra zuständig war. Die Ächtung der Leprakranken begründet sich nicht in den alten Schriften oder Göttergeschichten. Das Stigma der Kranken wurde durch keinen Hindugott auferlegt, sondern ist nur durch die Gesellschaft entstanden. So war mir der Sonnengott sympathisch, und morgen feierte man seinen Geburtstag.

Ratha Saptami galt als äußerst verheißungsvoller Tag an der Karmabörse. Wer fastete und alle Rituale beherzigte, konnte sich an diesem einen Tag von sieben verschiedenen Arten der Sünde befreien: den bewusst begangenen, den unbewussten, den Sünden der Worte, des Körpers und des Geistes, denen dieses Lebens und aller vorangegangenen. Das Bad vor der Dämmerung beschenkte den Gläubigen mit Gesundheit. Nach diesem Bad wurde die Sonne begrüßt, indem man ihr heiliges Gangawasser, Deepaks, Kapoor und Dhoop, Räucherware sowie rote Blumen darbrachte. So erwünschte man ein langes Leben, Gesundheit und Wohlstand. Vor allem Gesundheit konnten wir gut gebrauchen.

22

Durchblick

Persoram hatte sich ein schmales, schwarzes Tuch um den Kopf gebunden, es fehlte ihm nur der Krummsäbel zu Sindbad, dem Seeräuber. Sein Bündel mit dem ganzen Krimskrams geschultert neben Trisul, Shivadreizack, Pfeil und Bogen, stieg er klappernd auf die Rikscha. Er war heute Morgen so sehr verprügelt worden, dass er sich wahrscheinlich den Arm gebrochen hatte. Wir waren auf dem Weg zum Krankenhaus zum Röntgen. Unterwegs unterhielt Persoram, wie stets, die Masse, schrie den Leuten in den Bussen etwas zu, kommentierte die Fußgänger und die anderen Verkehrsteilnehmer, lachte lauthals über krumme Nasen und fette Bäuche. Tollkühn sprang er in der dahinradelnden Rikscha auf und warf mit seinem intakten Arm unsichtbare Blitze aus seinem Dreizack auf die Leute. Die fanden das nicht lustig und beschimpften ihn unflätig. Dann wandte er sich an den jungen Rikschawala und erzählte dem immer mehr Staunenden, dass ich zwei Kinder hätte und dass ich verrückt sei, er passe nur auf mich auf. »Half mind. Ekdam out! Die erkennt ihre eigenen Kinder nicht mehr«, beschrieb er meinen Zustand. Ich sah ja auch fast so aus, da ich zeitweise den Trisul oder den Bogen in der Hand hielt sowie sein Bündel unter den Füßen liegen hatte. Persoram zeigte manchmal keinen guten Sinn für Humor, weil er mich damit in Schwierigkeiten brachte. Die Leute behandelten mich dann ebenso schlecht wie ihn.

Im Krankenhaus mussten wir lange warten. Also sahen wir zu, wie jemandem das Bein eingegipst wurde. Damit die Knochen wieder in die richtige Position kämen, zog der Assistent des Arztes so fest an dem gebrochenen Bein, dass der mit Seilen fixierte Patient vor Schmerz gellend losschrie, denn er hatte offensichtlich keinerlei Betäubung bekommen. Der Arzt, der seinen Helfer dirigierte, holte aus und knallte dem Verletzten eine scheppernde Ohrfeige mitten ins Gesicht. Ich war sprachlos. Persoram sprang mit einem Riesensatz zu dem Patienten, knetete seine Hand, redete auf den armen Kerl ein und massierte mit einer Hand sein Gesicht. Da war er wieder, der echte Persoram unter der verrückten Maske, der mit dem guten Herzen.

Derselbe Assistent gipste dann auch Persoram ein, allerdings unter meinen wachsamen Augen und ohne Ohrfeige. Persorams Arm war gebrochen, wie vermutet. Selbstverständlich nutzte »mein kleiner Bruder« das schamlos aus, ich sollte seine Wanderausstellung der Absurditäten hinter ihm hertragen. Da spielte ich aber nicht mit. Einen Arm hatte er schließlich noch, also schnappte ich mir Pfeil und Bogen und überließ ihm den Rest. Bevor wir in die Rikscha stiegen, übergab er mir mit schelmischem Grinsen eine Blüte, die er am Rande des Weges für mich gepflückt hatte. Dauerhaft konnte ich ihm nie böse sein.

Wieder zurück in Dasaswamedh war mir sehr unwohl, ich fühlte mich, als müsse ich mich übergeben. Dann setzten Bauchkrämpfe ein. Das hörte einfach nie auf. Als hätte ich ein Raubtier verschluckt, das mir die Gedärme von innen auffräße. Oft war der Schmerz so groß, dass ich in die Hocke gehen musste, um ihn zu ertragen. Außerdem war mein Körper schon wieder von einem Ausschlag überzogen, der juckte und stach, ähnlich den Hitzebläschen, doch die Pusteln sahen anders aus, wahrscheinlich irgendwelche Milben, die sich auf mir festsetzten. Ich war auf dem Weg zum Dharamsala, um mich kurz hinzulegen, da lief ich auf dem Pilgerweg überraschenderweise in Samant, meinem indischen Bekannten aus der Mittelschicht. Er hatte ein Vierteljahr in Delhi verbracht und dort für einen Freund gearbeitet, doch die Stimme der Heimat pfiff ihn zurück. Ich freute mich, vergaß sein vorheriges Abrücken von mir, und wir begegneten uns unbelastet. Er staunte ehrlich über unsere Straßenklinik und drückte mir ganz unerwartet 1000 Rupien (50 Mark) in die Hand für Medikamente. »Du hast wirklich viel Liebe im Herzen. Das werde ich meinem Onkel berichten, er wird dich und deine Arbeit segnen, Taraji.«

Ich traute meinen Augen nicht, als ich während der Straßenklinik zum nächsten Patienten hochblickte. Vor mir stand Shivani, und sie schickte sich an, sich hinzusetzen und ihre Bandage zu öffnen. Ich war wie vom Donner gerührt, tat aber so, als sei es ganz normal, weil ich ihr den Schritt nicht noch schwerer machen wollte. Die Infektion am Fuß war so schlimm, ihre Selbstversorgung reichte nicht mehr aus. Welch ein Meilenstein, das war ein guter Tag heute, Naurangi zwinkerte mir bedeutungsvoll zu. Sie wusste genau, welche innere Kraft es Shivani gekostet hatte, endlich ihr Schicksal zu akzeptieren und etwas gegen die Krankheit zu tun.

Außer Lepra gab es noch andere Probleme. Musafir, Laxman, Dasu und einige andere brauchten eine Brille. Wir sahen gewiss aus wie ein mittelalterlicher Wanderzirkus, und ich wie ihre Zirkusdirektorin, als wir im *Chowk-Market* die Brillengeschäfte abliefen. Wie üblich in Indien waren mindestens zehn Optiker hintereinander weg in derselben Straße zu finden. Das machte es besonders leicht, alle Angebote in Augenschein zu nehmen. Darum ging es bei uns allerdings weniger, denn es war umgekehrt. Wir mussten jemanden finden, der bereit war, uns zu bedienen. Das war nicht einfach, und aus den ersten sechs Geschäften flogen wir in hohem Bogen wieder hinaus, meistens durften die Bettler gar nicht erst eintreten. Ich änderte meine Taktik und sprach den Inhaber des nächsten Geschäftes alleine an, die Leprakranken warteten ein paar Meter weiter. Ich offerierte ihm ein gutes Geschäft auf lange Sicht, denn ich hätte 200 Patienten, von denen gewiss jeder zweite eine Brille bräuchte. Ich sah förmlich, wie sein Gehirn Zahlen jonglierte und ließ ihn erst, nachdem er seinen Profit überschlagen hatte, wissen, dass es sich um Leprakranke handelte. Wir könnten das ja außerhalb seiner normalen Geschäftszeiten regeln, schlug ich ihm vor. Er mache den Laden eben nur für uns auf, so störten wir nicht seine Kundschaft. Darauf ging er tatsächlich ein. Wir verabredeten, ganz früh am nächsten Morgen zu beginnen.

Mit einem Dutzend machte ich mich erneut auf den Weg, die Großmütterchen Rani devi und Naurangi waren auch dabei. Der Weg war zwar nicht weit, doch für die Amputierten, Lädierten und die Alten orderte ich Rikschas, wir anderen liefen.

Der Ladeninhaber zuckte dann doch heftig zusammen, als er mein Grüppchen sah. Erstaunlicherweise blieb er bei seinem Wort und ließ uns eintreten. Erst musste er seine Morgenpuja vollziehen, bevor er zur Tat schreiten konnte. Die Räucherstäbchen waren schnell entzündet und verbreiteten ihren schweren Duft im Raum. Er steckte sie vor die kleinen tönernen Götterfiguren, die in einem Altar an der Wand ihren Platz hatten. Daneben hing ein jahrzehntealtes Schwarzweißbild seines verstorbenen Vaters mit einer großen roten Tika mit Reiskörnern auf dem Glas, dort wo die Stirn des Verblichenen war. Da das Bild mit einem Faden so befestigt war, dass es schräg in den Raum hineinstand, sah es aus, als beobachtete der Vater uns von oben. Blumenmalas waren sowohl um die Figuren als auch um das Bild des Vaters gehängt. Sie waren zwar vertrocknet, leuchteten aber noch wie gestern geschälte Orangenschalen.

Dann wurden die Bettler einzeln zum Sehtest gerufen. Schon am Tag darauf waren die Brillengestelle fertig. Ich holte sie ab und teilte sie aus. Bei manchen war das Erlebnis groß, endlich scharf sehen zu können, und freudige Ausrufe begleiteten die Anprobe der Sehhilfen. Rani devi war begeistert, wie klar die Boote auf der Ganga und auch das andere Ufer erkennbar wären. Ich freute mich mit ihr. Es kam mir vor, als besuchte ein Kind zum ersten Mal ein Kino und staunte über die großflächige Leinwand. Als Musafir an der Reihe war, setzte er sich seine Brille auf die Nase. Als ich ihn fragte, ob er damit gut sehe, sagte er ganz ernsthaft: »Na ja, nicht alles ganz klar, Taraji. Ich bin gestern hingefallen, da ist etwas in meinem Kopf kaputtgegangen!«, und klopfte sich an den Schädel.

Der darauffolgende Monat, *phalguna*, im Februar/März, war der Frühlingsmonat schlechthin. Die kalten Monate waren vergangen und vergessen. Am 14. Tag des abnehmenden Mondes wurde Shivaratri, das größte Festival in der Stadt Shivas, gefeiert. Die Dharamsalas der Ghats waren angefüllt, und auch an Tempelmauern und den Treppenabsätzen der meisten Uferabschnitte lagerten zahllose Sadhus. Shiva ist der Gott der Asketen, der Mahayogi, der größte aller Yogis. Die Sadhus, die seine Anhänger sind, leben asketisch und besitzlos, tragen Dreadlocks und reiben sich ihre Haut mit Asche ein. Als Zeichen ihres Glaubens malen sie sich das *Vibhuti* quer über die Stirn, drei weiße Linien aus Sandelholzpaste oder Asche, die Shivas Macht, seine übernatürlichen Kräfte und seine ewige Existenz anzeigen. Die Welt ist für diese Sadhus nur *maya*, ein Trugbild wie eine Erscheinung. Wie ein Nebel, der erst, wenn er sich auflöst, das wahre Bild dahinter zeigt, das Göttliche.

Wenn man in diesen Tagen an den Ghats entlanglief, sah man Sadhus mit Dreizack und alte Gurus auf Tigerfellen sitzen, so wie ihr Gott Shiva. Das Fell des wilden Tieres symbolisierte die Meisterung der Wut. Die langen Dreadlocks fielen manchen bis zum Boden wie die Luftwurzeln eines Banyanbaumes.

In der dunklen Nacht vor Neumond, der auch Shivamond genannt wird, hatten die Hindus die ganze Nacht Tempelwache, sie rezitierten Shivas Namen tausendfach, sangen Bhajans und intonierten Mantren, wie *»Om namah Shivaya«*. Die Gläubigen schmückten die Shivalingams in den Tempeln mit Blumen, Früchten und Reis, sie badeten ihn in Honig und Milch, dem Göttertrank, Amrit genannt.

Man glaubt, das sei die Nacht, in der Shiva auf die Erde kam und dass er in dieser Nacht über die Erde wandelte und die Sünden der Gläubigen hinwegnahm. In den Puranas, den alten Schriften, stehen viele Geschichten über die Belohnungen, die diejenigen bekommen, die nächtliche Wache halten, selbst die Diebe und die Jäger, die es gar nicht wegen Shiva machten, genießen diesen Benefit.

Natürlich musste man an Shivaratri einen der großen Tempel der Stadt besucht haben, am besten sogar mehrere. Kashi war an diesem Tag überfüllt, man trat sich auf die Füße und gelangte gar nicht so leicht in die Tempel hinein, sondern musste erst einmal Schlange stehen. Die Stadt sah aus wie ein Pendlerzug, bei dem Trauben von Menschen aus den Türen und Fenstern hingen und ebenso viele oben auf dem Dach mitfuhren. Die meisten Leute verbrachten den Festtag, indem sie einen großen Tempelkreis beschritten. Natürlich zog es jeden zum Vishwanath Mandir, dem Goldenen Tempel, da war die Menschenschlange kilometerlang, aber auch der Kedartempel und die gesamte Altstadt barsten vor Verehrungswütigen. Jeder sichtbare Shivalingam der Stadt wurde hingebungsfreudig mit Blumen geschmückt und mit Gangawasser begossen, selbst die, die in den kleinsten Ecken das ganze Jahr über unbeachtet standen und halbverwittert waren. Es gab auch Tempel und Schreine, die nur für Shivaratri geöffnet wurden und den Rest der Tage nicht zugänglich waren. Kaum zu glauben, doch die Hindus durften an dem Festtag sogar in einer Moschee ihren Shiva anbeten. Vor langer Zeit, als die Muslimherrscher Benares unterworfen hatten, wurde auf einem Shivatempel, namens Krittivasa, ein muslimisches Gebetshaus errichtet. An Shivaratri durften die Pilger kommen und mitten in der Moschee Blumenmalas hinterlassen, weil darunter ein Shivalingam begraben lag. Shivaratri gehörte zu meinen Lieblingsfesten, die ganze Stadt verbeugte sich vor ihrem Gott.

Auch wir Westler feierten Shivaratri ausgiebig, angesteckt von der Festtagsstimmung. Dem Fieber konnte sich keiner entziehen. Nachdem wir durch die lichtergeschmückten Gassen mitgezogen waren, entzündeten wir auf Ennis Hausdach ein Feuer und spielten Musik, eine Fusion aus indischer klassischer Musik und Rhythmen aus aller Welt, da wir ein recht internationales Grüppchen Reisender waren. Sitar, Bansuri-Flöte und Tabla mischten sich mit den wilden Schlägen der Jambe, ein Didgeridoo rundete das Ganze ab. Tief unter uns lag die Ganga, doch auch sie schlief nicht, zu aufregend war diese großartige Nacht Shivas.

Am nächsten Tag gab es einen beeindruckenden Festzug, bei dem Kinder als Shiva und Parvati verkleidet wurden. Sie spielten die Hochzeit des Götterpaares nach und waren ausstaffiert, gekleidet und geschminkt, wie man sich die Unsterblichen vorstellte. Sie ritten auf einem riesigen Elefanten, der wunderschön dekoriert und bemalt war, erhaben durch die Stadt. Festzüge in Indien haben ihre ganz eigene Geräuschkulisse, oft werden laut knatternde Generatoren auf Rikschas mitgeführt, um die Verstärker und Lautsprecher der Musiker mit Strom zu versorgen. Außerdem leuchtet eine lange Reihe von Neonlichtröhren, in edlerer Variante sind es Leuchter aus Kristall, die Tagelöhner auf dem Kopf vor dem Zug hertragen. Viele Frauen Undergrounds übten diesen Job aus und bekamen dafür ein paar Münzen.

Natürlich schaute ich mir diesen glitzernden Festzug an, sämtliche Kinder Undergrounds an den Händen, standen mein Team und ich in Godaulia, um Shiva und Parvati, den Musikern und den Elefanten zuzujubeln.

23

Fliegende Backsteine

Die Straßenkinder machten mir den Abschied schwer, jedes Einzelne drückte sich fest in meinen Arm. Besonders dramatisch wurde Kiran, der Schlingel. »Don't forget me, Tara didi«, rief er der Rikscha hinterher. »Come back fast!« Mit dem Bus fuhr ich nach Nepal, denn ich musste mein Visum verlängern und dafür das Land verlassen. Zum Vollmond erlebte ich in Kathmandu das Holi-Festival, das bunteste, ausgelassenste, verrückteste und gleichzeitig eins der ältesten Feste, die sich Indien und Nepal teilten. Am Abend vor dem Vollmond des Monats Phalguna (Februar/März) werden gewaltige Scheiterhaufen entzündet. Wochenlang haben die Menschen Äste und Holz zusammengetragen, um die Dämonin Holika, die aus Stroh gebastelt wird, den Flammen zu übergeben. Symbolisch gewinnt hier das Gute gegen das Böse, und die Menschen tanzen ausgelassen und hoffnungsfroh um das Feuer. Mit dem nächsten Morgen beginnt das Fest der Farben, und das kann man wörtlich nehmen. Farben werden mit Wasser angemischt, und jeder bespritzt und bewirft den anderen damit. Beutel werden geschleudert, aus Wasserpistolen ergießen sich bunte Fontänen, ganze Eimer farbigen Wassers werden ausgegossen. Man kann dem Farbrausch nicht entkommen, noch nicht einmal im tibetischen Kloster. Hier wurden zwar nicht wie in Indien auch gleich die Hauswände mitbegossen und eingefärbt, die Mönche bewarfen sich im Hof mit Farben. Die Leichtigkeit, Ausgelassenheit und Freude, die Holi stiftet, soll die Menschen dazu bringen, Streitigkeiten zu beenden, Schulden zu begleichen und Frieden zu halten. Während der Feier zählen keine sozialen Unterschiede mehr, die Farbe trifft Arme und Reiche, Hellhäutige und Dunkle, die aus hohen und niederen Kasten. An diesem Tag sind sie alle bunt.

Mit einem neuen Visum in der Tasche kam ich aus Nepal rechtzeitig zurück für die totale Mondfinsternis, die Anfang April von Benares aus sichtbar war. Pilgermassen versammelten sich an den Ghats für die Chandra Grahan, die Finsternis. Die ungünstige und gefährliche Zeit begann schon drei *praharas* vorher, ein *prahara* ist ein Achtel des Tages. Während dieser Zeit wurden keine Speisen zubereitet, weil sie als ungenießbar galten. Der Hindu fastete vollständig. Eine verheiratete Frau durfte sich an diesem Tag nicht das Haar waschen, auch Haare- oder Nägelschneiden war untersagt. Wichtige Vorhaben, Studien oder Geschäfte mussten ruhen. Wer gar Geburtstag hatte, durfte unter keinen Umständen in die Himmelserscheinung schauen. Man konnte sich astrologisch genau ausrechnen, ob die Finsternis günstig oder ungünstig für einen war. Die Astrologen und Pujaris hatten Hochsaison und verlangten Mondpreise. Das Beste, was einem Hindu an diesem Tag geschehen konnte, war, einmal um eine kalbende Kuh zu laufen. Mit diesem einen schmerzlosen Kreis hatte man eine Pilgerrunde um die ganze Welt gedreht, *pradaksina* genannt, das anbetungsvolle Umzirkeln eines Heiligtums. Die Pujaris häuften Geld und andere Gaben an, die Bettler erfreuten sich an Almosen, die einmal über die kleine Münze hinausgingen, es war ein richtig guter Tag für manche. Underground lag da wie ein verlassener Bahnsteig, alle, die laufen konnten, waren unterwegs. Ich hörte, dass reiche Leute sich in Metallwaren, Kupfer, Silber und sogar Gold aufwiegen ließen und das Äquivalent spendeten. Jedes Almosen, heute gegeben, zählte ein Vielfaches, da wurde frohgemut und gewinnträchtig mit dem Karma spekuliert. Einmal zu Anfang und dann wieder am Ende der Mondfinsternis taucht der Gläubige in die Fluten, um sich von den Schatten, die auf ihn gefallen waren, zu befreien.

Ich traf mich mit Enni und Giulia, und wir zogen los durch das Festtagsgewirr. Auf einmal sahen wir Shivani, die hundsmiserabel aussah. Ich lief ihr entgegen, besorgt. »Was ist los, Shivani?« Sie ergriff meine Hand und barg schluchzend die Stirn darauf, dem Zusammenbruch nahe. Ich führte sie zu Naurangi devis Platz. Dort brach dann alles aus ihr heraus, ihr Unglück, ihre tiefe Trauer. Sie hatte ihre Kinder so sehr vermisst, dass sie in ihr Dorf zurückgefahren war. »Didi, ich wusste, dass ich meine Söhne nicht treffen und in den Arm nehmen konnte, ich wollte sie einfach nur sehen, ihre lieben Gesichter. Wenigstens aus der Ferne!« Sie schluchzte bitterlich. »Ich vermisse sie so sehr, manchmal denke ich, ich muss sterben, weil es so weh tut.« Sie nahm also den Zug, und den Rest des Weges legte sie zu Fuß zurück, ein Marsch von sechs Stunden. Den Bus zu nehmen getraute sie sich nicht, aus Angst, dass ihre Krankheit entdeckt oder dass sie wiedererkannt würde. Sie pirschte sich an ihr ehemaliges Zuhause heran und wartete. Von Weitem glaubte sie ihre Jungen auf den Feldern gesehen zu haben, den Älteren hatte sie erkannt. Sie stand angstvoll hinter einem Baum verborgen. »Und noch etwas habe ich gesehen, Didi«, fuhr sie unter Schluchzen fort. »Mein Mann hat wieder geheiratet. Auf der Wäscheleine hing ein bunter Sari, und ich sah eine Frau aus meinem Haus kommen. Ich kenne sie. Sie ist die jüngste Tochter vom Schuster.« Ich wusste kaum, was ich entgegnen sollte. »Ach Shivani, das tut mir leid für dich. Vielleicht ist es aber gut für deine Kinder, dass wieder eine Frau für sie sorgt. Meinst du nicht, sie ist gut zu ihnen? Du kennst sie doch, wenn ihr aus demselben Dorf seid?« »Didi, das verstehst du nicht. Sie ist schwanger, das habe ich ganz genau gesehen.« Naurangi, ein wenig schwerhörig, bemühte sich, alles zu verstehen. Sie tätschelte Shivanis Hand beruhigend, sagte aber nichts. »Tara didi, wenn die Frau ein Kind bekommt, dann will sie alles nur noch für ihr Kind. Das bekommt das meiste Essen und Medizin, wenn es krank wird. Meine Jungen dagegen wird sie nicht so gut füttern. Das ist hier so.« In Naurangis Blicken konnte ich die Bestätigung lesen.

»Didi, ich will jetzt auch die MDT nehmen«, flüsterte Shivani fast. »Was? Shivani, ich freue mich, das ist eine gute Entscheidung von dir.« »Du sagst doch, dass ich die Krankheit nicht weitergeben kann, wenn ich die *dawai*, die Medizin, nehme. Stimmt das wirklich?« Bekräftigend antwortete ich: »Ja, Shivani, genau so ist es. Schon nach der allerersten Tablette bist du nicht mehr ansteckend, so nennt man das.« Ich saß neben ihr und nahm sie in den Arm. Sie ließ ihren Tränen freien Lauf, was in Indien verpönt ist, man weinte nicht öffentlich, außer im Angesicht des Todes.

Im Krankenhaus stellten sie fest, dass Shivani auch noch unter Hauttuberkulose litt, eine Form der Krankheit, von der ich noch nicht gehört hatte. Sie schädigt nicht die Lunge, sondern es bilden sich

Hautläsionen, entzündliche Papeln, eitrige Knötchen und chronische Geschwüre. Shivanis Schicksal schien den jungen Arzt zu berühren, es war das erste Mal, dass einer wirkliche Sorgfalt an den Tag legte und die Leprakranke behandelte wie einen Menschen. In Ruhe erklärte mir der Arzt die unterschiedlichen Formen der Tuberkulose bis hin zur Knochen-TB. Aus meinen Broschüren wusste ich, dass Tuberkulose ein Schwesternbakterium der Lepra war, ein Mycobacterium. Wegen der hohen Ansteckungsrate auf der Straße litten die Bettler meist unter beidem.

Ich fasste mir ein Herz und erzählte dem Doktor von unserer Straßenklinik, der Therapie und unseren Versuchen, die Leprakranken zurück ins Leben zu bringen. Außerdem beklagte ich mich über die Ablehnung in den Krankenhäusern und die Arroganz und Ignoranz der meisten seiner Kollegen. Er versuchte erst gar nicht, das herunterzuspielen. Ich fiel mit der Tür ins Haus und fragte ihn, ob er sich vorstellen könnte, uns zu unterstützen. Einen Arzt während der Straßenklinik dabeizuhaben würde uns viele mühselige Krankenhausbesuche ersparen. »Also gut. Montag komme ich vorbei«, antwortete er schnellentschlossen. Ich konnte unser Glück kaum fassen, das war wie ein Hauptgewinn in der Lotterie.

Jubelnd berichtete ich dem Team davon. Enni reagierte verhalten: »Das glaube ich erst, wenn ich es sehe.« Giulia, die sich intensiv mit indischen Schriften und dem Hinduismus befasste und die indische Kultur bewunderte, sagte: »Es gibt auch gute Inder.« »Wenn es um Lepra geht, schwer zu finden«, erwiderte ich. Leider hatte Enni recht behalten. Der Arzt kam zwei Mal in unsere Straßenklinik und war eine glorreiche Hilfe. Ich schöpfte schon Hoffnung, aber er hatte sich offenbar ausgerechnet, über mich nach Deutschland zu kommen. Als er sah, dass die Straßenklinik auf Strohmatten alles war, was ich außer meinen Träumen hatte, sagte er ab. Ich hatte mittlerweile gelernt, Enttäuschungen nicht lange mit mir herumzutragen.

Im April und Mai wurden wir von der Hitze heimgesucht und es schien, dass Temperaturen wie in den Bleikammern des Dogenpalastes zu Venedig herrschten. Mit der unentrinnbaren Hitze wuchsen Aggressivität und Gewaltbereitschaft. Man fackelte jetzt nicht lange,

Streit brach schneller aus und heftiger. Viele mussten unter der sengenden Sonne arbeiten, die Bettler saßen stundenlang in der Glut des Pilgerwegs, die Stadt war gereizt. Selbst die beliebten Feste zu Ehren der Ganga änderten daran nichts.

Eine offensichtlich Verrückte lagerte seit zehn Tagen in Underground. Sie wurde geduldet, war aber noch nicht aufgenommen. Sie war kohlrabenschwarz, nicht von der Hautfarbe, sondern von der Schmutzkruste. Ein Bein zog sie hinter sich her und kam ohne ihre Krücken keinen Meter vorwärts. Wenn sie lief, sah es aus, als gehörte das Bein nicht mehr zu ihr, wie ein abgestorbener Ast eines fast verdorrten Busches. Die Frau war übelster Laune und brabbelte wirres Zeug vor sich hin. Sie hielt sich fern von der Gruppe, war aber froh, unter dem Dach Dasaswamedhs zu sein. Hier wollte sie bleiben. Argwöhnisch beobachteten Singeshwar und die anderen die Fremde. Offensichtlich hasste sie Kinder, jedes Mal, wenn eines der Straßenkinder ihr zu nahe kam, warf sie mit Steinen. Am Anfang sah das noch aus wie ein Schabernack, aber die Steine wurden größer und schwerer. Die Bettler verwarnten sie. Mittlerweile warf sie mit Backsteinen aus der Mauer. Die ersten Stimmen wurden laut, man müsse sie zum Weiterziehen zwingen. Für die kleinen Bengel und die Gören war es ein Spiel, sie reizten die Vagabundin und rannten johlend weg. Manchmal nahmen sie ihr auch die Krücken, und sie war dingfest gemacht. Kalika saß mit ihrem kleinen Bruder auf der Bambusmatte und spielte mit ihm das Spiel »Schere, Stein, Papier«, auch wenn der bald Dreijährige das nicht kapierte. Er quietschte vor Freude, wenn sie mit den Fingern ein Zeichen formte, und machte es nach. Dann plötzlich ein Schlag, und der Junge fiel vornüber, von einem Backstein getroffen. Kalika schrie wie am Spieß, ich war sofort bei ihnen. Vorsichtig hob ich den Jungen auf. Er lebte. Um mich herum tobten die Bettler. Ich war erleichtert, als ich sah, dass der Stein ihn nicht am Kopf, sondern an der Schulter getroffen hatte. Die schien allerdings zerschmettert. Kalikas Mutter stand weinend vor mir, ich bat sie, rasch ein Bündel zu schnüren, und hieß jemanden eine Rikscha herbeizuholen. Singeshwar stürzte sich auf die Verrückte und traktierte sie mit harten Schlägen. »*Baghao!* Hau ab!« Weil er keine Finger hatte, nicht einmal mehr Stümpfe, schlug er sie mit den Handknochen krachend auf den

Rücken. Als ich am späten Abend aus dem Krankenhaus wiederkam, war die Alte verschwunden.

Allerdings dauerte es nicht lange bis zum nächsten Verrückten. Ein fremder Junge passte mich nach einer Straßenklinik ab. »Taraji, you take«. Er gab mir ein kleines Paket, und weg war er. »Was ist das?«, fragte Enni neugierig. »Keine Ahnung«, sagte ich achselzuckend. Gespannt wickelte ich das Zeitungspapier auf und hielt ein kleines liniertes Schulheft in den Händen. Ich schlug es auf und las: »Tara, I love you. I love you Tara. Tara i love you. I love you Tara.« So ging das durch das ganze Heft. Der letzte Satz hieß: »God please help me!« Keine Unterschrift, aber die Handschrift war die eines Erwachsenen. Enni schaute mich mit hochgezogenen Brauen an, ihr war auch nicht recht wohl bei der Sache. Doch wir dachten nicht länger darüber nach, denn wir hatten unser Teamtreffen. Nach jeder Straßenklinik sammelte ich die entstandenen Quittungen ein, und wir füllten die Straßenklinikliste aus. Wie im Krankenhaus bei der Übergabe, jeder berichtete, welchen Patienten er wie behandelt hatte, und ich trug es ein. An manchen Nachmittagen verzog ich mich außerdem für ein paar Stunden ins Dharamsala. Das nutzte ich als Freiluftbüro, weil ich tagsüber keinen Rückzugspunkt hatte, die Boote waren meist in Benutzung, oder es war schlicht zu heiß. Dort ordnete ich die Rechnungen, verschaffte mir einen Überblick über die laufenden Kosten und komplettierte den Patientenordner. Wenn Zeit blieb, suchte ich in der Stadt nach besseren Gehhilfen, Rollstühlen mit Handkurbel und Prothesen. Es gab aber kaum »Fachgeschäfte«, Benares bot nur prähistorische Geräte, die Rollstühle gaben eher Requisiten eines Horrorfilms ab. Die Beinprothesen sahen aus wie abgeschnittene Besenstiele. Sie wurden auch nicht weiter angepasst, sondern mit einem Ledergurt um die Hüfte angeschnallt. Jeder Pirat um 1700 selbst auf den fernsten Gewässern hatte schon bessere gehabt.

24

Mit dem Mut der Verzweiflung

Sternschnuppen erfüllen also doch Wünsche! Der Brief meines Bruders machte mich unbeschreiblich glücklich. Wolf würde in vier Wochen zu mir nach Indien kommen und für zwei Monate bleiben. Mitten in den Monsun hinein. Außerdem schrieb er mir, dass er Geld für die Straßenklinik und die Lepratherapie gesammelt habe. Die Resonanz auf meine Briefe sei so positiv gewesen, alle unsere Freunde hätten etwas gegeben. Das gab mir Mut.

Pünktlich zum Beginn des Monsuns konnte Persorams Gips endlich abgeschnitten werden. Er jubelte, denn während der Hitzezeit einen Gips zu tragen war eine Qual. Im Monsun wurde ein ungepflegter Gips dagegen schnell zum Gewächshaus. Bevor sich Persoram also in einen Pilz oder eine undefinierbare Pflanze verwandeln würde, war es besser, der Gips kam ab.

Ganga stieg wieder mit jedem Tag. Ihre opulente Inszenierung begann von neuem. Wieder ließen wir uns, auf den Booten schlafend, auf die gefährliche Liebschaft mit dem aufregenden und langersehnten Regen ein. Nachts wurde ich vom Boot geholt. Während ich die Treppe hochlief, beschrieb mir Ramchandra in abgehackten Sätzen, was passiert war. In den ersten Nachtstunden wollte sich ein betrunkener Polizist mit einer der Straßenfrauen vergnügen, allerdings ohne ihr Einverständnis. Sie nächtigte mit ihrem Sohn Valmicki vor dem Rollgitter eines Lädchens am Anfang des Pilgerweges, dort fiel der Polizist über sie her. Der Junge griff einen Backstein und schlug ihn dem Uniformierten über den Schädel. Der rächte sich fürchterlich und prügelte auf Valmicki ohne Erbarmen ein. Als ich bei dem Zwölfjährigen kniete, konnte er sich nicht mehr bewegen, hatte kein Gefühl in den Beinen und Zehen. Er lag da mit aufgerissenen Augen und atmete stoßweise, aber flach. Ich besprach mich mit Singeshwar und den anderen, die herbeigeeilt waren. Ich warnte sie, wie gefährlich jede falsche Bewegung und jeder Ruck für Valmicki wäre, dass sie zur Querschnittslähmung führen könnten. In Deutschland könnte ich jetzt einen Krankenwagen rufen und der käme sogar, ging es mir durch den Kopf. Aber wir mussten eine indische Lösung finden. Mohan organisierte eine *Trolleyrikscha*. Die legten wir mit den Matten aus, die Lalu herbeigeschafft hatte. Vorsichtig zogen wir ein Tuch unter Valmickis Körper. Zu sechst hoben wir ihn wie ein rohes Ei auf die Ladefläche. Die Mutter und eine andere Frau hockten sich daneben. Valmicki war unglaublich tapfer, kein Klagen, keine Träne. Er war bei vollem Bewusstsein, stand aber unter Schock und schwieg. Wenn er etwas sagte, dann versuchte er, seine Mutter zu beruhigen. Mohan, eines der Löwengesichter unserer Gruppe, hatte eine Fahrradrikscha herbeigeholt, ich sprang auf den Sitz, Ramchandra kam auch noch mit. Wir fuhren versetzt neben der Trolleyrikscha, um alles aus dem Weg zu räumen, was einen Unfall hätte verursachen können, und wiesen den ohnehin schon verschreckten Fahrer jede Minute an, doch ja behutsam, langsam und noch vorsichtiger zu fahren. Wir steuerten das nächstgelegene Krankenhaus im Chowk an. Ich machte zehn Kreuze, als Valmicki auf der Trage lag und sich endlich ein Arzt über ihn beugte. Während der Junge geröntgt wurde, wollte der Doktor wissen, wie das passiert sei, und beschimpfte im selben Atemzug das »Pack der Straße«, die doch alle besoffen und unnütz wären. Als ich ihm sagte, was vorgefallen war, interessierte es ihn dann doch nicht sonderlich, und in den Patientenbogen trug er ein, Valmicki sei gestürzt. »Nein«, brauste ich auf. »Notieren Sie, dass er fast zu Tode geprügelt wurde!« Spöttisch schaute der Arzt mir in die Augen: »Und bei wem willst du dich beschweren? Haha. Bei der Polizei? Hahaha«, und lachte tatsächlich schallend los.

Valmicki wurde ein Stahlbett in einem der Säle zugewiesen. Hier lagen alle nur möglichen Krankheiten und Verletzungen durcheinander wie weggeworfene Gemüsereste einer Großküche. Die trägen Ventilatoren an der Decke rührten die Bakterien zu einem eigenen Gebräu zusammen. Man wusste nie, was man da alles einatmete. Schnell gewöhnte ich mir so eine Art flache Schutzatmung an.

Die indischen Krankenhäuser hatten auch sonst viele Überraschungen zu bieten. Ich weiß noch, wie erstaunt ich war, als der Arzt auf die Frage, wo ich die Mahlzeiten bezahlen könne, antwortete: »Essen? Für die Patienten? Nein, das gehört nicht zum Programm.« Im Krankenhaus gab es gar nichts, keine Bandagen, keine Pflaster, keine Spritzen, keine Medikamente. Der Arzt verschrieb alles Benötigte bis hin zur Injektionsnadel. Bevor auch nur ein Verband angelegt oder eine Spritze gegeben werden konnte, mussten die Angehörigen des Patienten loslaufen und die Sachen besorgen.

Allein konnte sich niemand ins Krankenhaus einweisen lassen, ein Angehöriger musste rund um die Uhr bereitstehen, um den Patienten zu versorgen. Die Krankenschwestern gaben zwar Spritzen oder nahmen Blut ab, aber sie pflegten den Patienten nicht. Ihn auf die Toilette bringen, waschen und füttern, das war Aufgabe der Angehörigen. Sie nächtigten im Krankenhaus, neben oder unter dem Bett des Patienten auf dem Boden, manche lagerten auch im Innenhof samt Sack und Pack und Kleinkindern. Dort hatten sie auch ihre kleinen Kerosinkocher aufgestellt, um für sich und den Kranken kochen zu können. Es ging wahrlich lebhafter zu in einem indischen Krankenhaus, als ein westlicher Kopf sich das ausmalen konnte.

Ich schärfte Valmickis Mutter ein, den Raum nicht zu verlassen, bis ich Ablösung schickte. Valmicki war ja nicht unser erster Patient im Krankenhaus, und ich hatte schon üble Erfahrungen gemacht. So rissen Leute einem unbewachten Patienten den Tropf aus dem Arm und ließen ihn ihrem eigenen Kranken in die Vene stecken. Medikamente waren ein teures Gut, für viele unerschwinglich. Es gab keine Krankenversicherung, jeder musste für Verletzungen, Krankheiten, Operationen und Arztbesuche selbst aufkommen. Bezahlung nur cash, sonst bekam man keinen Arzt zu sehen und schon gar keine Medikamente. Wer nicht zahlen konnte, wurde abgewiesen, selbst wenn es um das Leben ging. Auch nach dem Tod gab es keine Hilfe. Die Angehörigen mussten ihre Toten selbst wegbringen, Leichenwagen oder Bestattungsunternehmen gab es nicht. Man besorgte sich eine Bambusleiter, auf die der in ein Tuch gewickelte Tote geschnürt wurde. Die Leiter stellte man dann längs in die Fahrradrikscha oder legte sie auf das Autodach. Die Einwohner von Benares waren da schmerzfrei.

Es kam oft vor, dass man neben einer Leiche im Stau stand, die auf Westler wirkte wie eine Mumie, geklaut aus einer Ausgrabungsstätte.

Es war schon lichter Tag, als ich mit der guten Nachricht nach Underground zurückkam, dass Valmicki nicht gelähmt sei. Im Krankenhaus würden sie ihn wieder auf die Beine bringen, doch das würde dauern. Valmicki lag nun da mit Gewichten an den Füßen, die ihn strecken sollten, und die Rede war von einem Korsett, das er über längere Zeit tragen müsste. Ich kannte ja schon die Rollstühle und Prothesen, da gruselte es mich bei der Vorstellung von einem indischen Korsett.

Enni erfuhr erst in der Straßenklinik von dem Zwischenfall und verbrachte von da an viele Stunden an Valmickis Krankenbett. Die Underground-Schicksalsgemeinschaft half großartig mit. Immer war jemand für die nächste Wache da. Valmicki hatte viel Besuch von den Straßenkindern, allen voran Kiran, der ihn glühend dafür bewunderte, dass er sich tollkühn gewehrt hatte. Mir fiel auf, dass Monu sich ganz unberührt zeigte. Er ging nicht ins Krankenhaus, und er sprach auch nicht über Valmicki. Wahrscheinlich ging ihm die Geschichte zu sehr unter die Haut, steckte er doch im selben Dilemma. Zusammen mit Daddu versuchte ich mit Monu darüber zu reden, um ihm den inneren Druck zu nehmen, doch stachelig wie ein Igel verschloss er sich. Das fiel auch Enni auf, die oft ihre Nachmittage mit den Kindern Dasaswamedhs verbrachte. Sie kaufte ein paar Malbücher und Wachsstifte und schenkte den Kleinen die Aufmerksamkeit, die sie so dringend brauchten. Wie manche aufblühten, wenn sie eine farbenfrohe Krakelei präsentieren konnten. Immer öfter saß ich mit der Finnin zusammen. Wir machten uns Gedanken um die Situation der Kinder. Außer dem Bettlerleben auf der Straße lernten sie nichts. Wir wussten, dass wir etwas tun mussten. Kein einziges der Undergroundkinder besuchte eine Schule. Keine Schule hätte sie genommen, so schmutzig und parasitenüberzogen wie sie waren. Allein ihr Straßenjargon hätte jeden Einschulungstest gesprengt. Zudem konnten sie noch nicht einmal eine Geburtsurkunde vorweisen. In Underground sprangen 40 bis 50 Kinder herum, jeden Alters.

Die Sorge um die Kinder verband auch Giulia und mich. Mit der Italienerin hatte ich mich mittlerweile genauso angefreundet wie mit

Enni. Wir sprachen Italienisch miteinander, was ich genoss, denn damit hatten wir so etwas wie eine Geheimsprache, niemand verstand auch nur ein Wort. Außerdem fehlte mir Rom, fast wie eine unerfüllte Liebe. Giulia wohnte weiter flussaufwärts, manchmal fuhr ich zu ihr, und sie kochte so italienisch wie das in Indien nur möglich war. Dann saßen wir den halben Abend beieinander und lachten, diskutierten, hörten Musik, es war ein bisschen wie im früheren Leben. Es war schön, sie als Freundin zu gewinnen in dem zwischenmenschlichen Chaos hier.

Giulia stellte eines Tages Enni und mir eine Inderin vor, die eine kleine Schule bei sich zu Hause eröffnen wollte und bereit war, unsere Kinder zu unterrichten. Die Lehrerin war zehn Jahre älter als wir, geschmackvoll gekleidet, eine selbstbewusste und gebildete Frau, die ein verständliches Englisch sprach. Eher ein Sonderfall zur damaligen Zeit in Benares, sie hatte bereits über den Tellerrand geschaut, in Delhi und in Bombay, dem heutigen Mumbai, gelebt und gearbeitet. Das hatte sie weltoffen gemacht und aus ihr eine recht moderne Frau geformt. Sie hatte Ideale und gute Ansichten, doch keine Geldmittel. Giulia eröffnete Enni und mir, dass sie vor ihrer Reise Geld gesammelt hätte, das sie nun gern in den Schulunterricht investieren würde. Ich bat die Lehrerin um eine Liste der Dinge, die sie für den Unterricht brauchte, damit wir die Kosten ausrechnen könnten. Eigentlich hatten wir überhaupt kein Geld übrig. Wir hangelten uns von Monat zu Monat. Hatten wir nicht genug Geld für alle Rechnungen, mussten wir unser eigenes hineinschießen. Rikschafahrten und die vielen Kleinigkeiten, für die wir keine Quittungen bekamen, trugen wir sowieso selbst. Giulias Startkapital für die Schule wäre bald aufgebraucht. Aber es blieben teure monatliche Kosten. Das alles ließ mir keine Ruhe. Würden wir das auf Dauer stemmen können? Mein Bruder schrieb, dass Geld eingehe von den Freunden, für die Straßenklinik. Er kam auch voran mit der Vereinsgründung. Mit der Anerkennung der Gemeinnützigkeit könnten wir dann auch Spendenquittungen ausstellen. Irgendwann komme dann schon mehr Geld ein. Unglaublich, was mein Bruder da auf die Beine stellte. Er baute mir eine Basis auf, er goss das Fundament dieser Hoffnung, er pflanzte in Deutschland die Wurzeln für diesen Verein ein, der die Menschen zurück ins

Leben bringen sollte. Er pflegte die Wurzeln so aufmerksam, dass sie angingen. Ich setzte auf ihn und darauf, dass wir die Schule für die Straßenkinder würden finanzieren können.

Da kam uns der Zufall zur Hilfe. Ein junges Paar schaute während einer Straßenklinik beeindruckt zu. Sie waren aus Österreich und reisten durch Indien, um Abschied von ihrem Kind zu nehmen und seinen plötzlichen Tod zu verkraften. Sie wollten etwas hinterlassen in Indien, weil das Land sie aufgewühlt hatte und ihnen gleichzeitig Heilung gab, wie sie sagten. Sie lernten hier, ihren Schmerz einzuordnen. Ihn zuzulassen, aber sich nicht von ihm beherrschen zu lassen. Sie hätten Geld zur Seite gelegt, um in Indien ein Kinderheim zu unterstützen. Nun seien sie am Ende ihrer Reise und hätten das Geld immer noch, ob sie etwas für unsere Kinder tun könnten? Enni fiel fast vom Hocker und schaute mich auffordernd an. Eine Schulrikscha brauchten wir, um die Jungen und Mädchen zum Unterricht schicken zu können!

Enni sprang herum vor Freude, wenig später auch Mohan. »Ich habe dich schon Fahrrad fahren sehen, Mohan, kannst du auch eine Schulrikscha mit Kindern lenken?«, fragte ich. »Na selbstverständlich, Tara didi. Ob Kartoffeln, Hühner oder Kinder, ich kann alles fahren!«, sagte er und drückte das Kreuz durch. »Außerdem habe ich ja noch ein paar Finger.« Er wackelte mit den halben Stümpfen, die ihm geblieben waren. Ich bot ihm den Job an. Er hob fast ab vor Freude. Wir amüsierten uns, weil er uns den Himmel auf die Erde holte. Er pries sich in den höchsten Tönen an: »Ich werde pünktlich sein, ich werde die Rikscha gut pflegen, jeden Tag die Schrauben nachziehen, alles wird immer blitzen und strahlen! Und ich liebe Kinder!« Enni fragte: »Warum ausgerechnet Mohan? Er ist so kompliziert und auch so rau mit den Kindern. Da macht er mir fast ein bisschen Angst.« »Ich weiß Enni, er ist nicht gerade der Sympathieträger, aber sein Stolz wird ihn dazu bringen, gut zu arbeiten. Es ist Vergeudung, wenn er einfach nur auf der Straße herumsitzt, ein starker Mann mit 40. Außerdem haben wir sonst keinen, den einen fehlen die Gliedmaße, die anderen spucken Blut.«

Als wir am nächsten Morgen gemeinsam loszogen, hatte Mohan sich schon schlaugemacht, und bald verhandelten wir mit dem Werkstattbesitzer. Eine indische Schulrikscha hatte zwei lange Sitzbänke, darüber war ein Blechdach geschweißt. Die Kinder saßen wie im Hamsterkäfig, bis zu zehn passten hinein. Die Gefährte waren immer angemalt und krabbelten wie bunte Marienkäfer durch den Verkehr. Wir feilschten um Extras wie Rasseln in den Speichen, eine Tröte, und Spiegel in doppelter Ausführung. Mohan hatte Feuer gefangen. Seine Augen leuchteten. Das war die Chance seines Lebens, die würde er nutzen.

Gemeinsam gingen wir zurück nach Dasaswamedh, und ich erfuhr, dass der kleine Monu verschwunden war. Daddu, der sich so lieb um ihn kümmerte, ihm ein paar Manieren beibrachte und geduldig seine Fragen beantwortete, war verzweifelt. Er war zwar nicht verwandt mit dem Jungen, liebte ihn aber wie ein Großvater seinen Enkel. Und er war der Einzige, der Monu echte Zuwendung gab. Als Monu am Abend immer noch nicht da war, wuchs unsere Sorge. Auf der Straße liefen genug zweifelhafte Gestalten herum, die von weither kamen und noch weiter weg reisten, sie könnten sich durchaus ein Kind schnappen. Tagelang suchte ihn ganz Underground und die gesamte Bettlerriege. Nach fünf Tagen stand Monu dann wie herbeigezaubert wieder auf den Stufen vor dem Dharamsala. Er sah aus wie ein Wolfswelpe direkt aus dem Wald, wild und dreckig. »Monu! Was bin ich froh, dass du wieder da bist! Wo warst du nur?«, ich schloss ihn in die Arme, dann krabbelte er gleich auf Daddus Schoß. »Bei meinem Vater!«, antwortete Monu. Es stellte sich heraus, dass er tatsächlich seinen Vater aufgespürt hatte. Die Mutter Harita verkaufte sich auf der Straße, ihre Kinder waren von verschiedenen Männern. Sie war mit keinem dieser Männer zusammen, wurde nur benutzt, bediente aber auch Stammkunden. Monus Vater verkaufte Gemüse in einer anderen Ecke von Benares und war den *subji walas*, den Gemüsehändlern, von Dasaswamedh bekannt. Immer wenn er etwas anlieferte, sprang er auch schnell über Harita drüber. Das war vor ein paar Jahren, jetzt bevorzugte er eine andere. Monu hatte ihn ausfindig gemacht und war einfach hingelaufen, quer durch die Stadt. Er war immerhin ein Junge, aber der Vater wollte trotzdem nichts von ihm wissen. Er hatte seine eigene Familie zu ernähren. »Sie haben mich immer wieder weggejagt. Zu essen haben sie mir auch nichts gegeben«, sagte er schwer getroffen. »Mein Vater will mich nicht haben. Die ersten Tage bin ich ihm hinterhergelaufen auf den Markt. Ich wollte ihm helfen und zeigen, dass ich arbeiten und selbst Geld verdienen kann. Aber er schlug mich nur.« Daddu wischte dem Fünfjährigen die Tränen ab. Gerade in diesem Augenblick stellte Bengali baba, der mit Daddu den Dharamsala bewohnte, eine leckere Mahlzeit vor den hungrigen Jungen. Sofort tauchte Monu die schmutzigen Finger in den Reis und Dal, vermengte beides genüsslich und stopfte es sich in den Mund. Als der Magen nicht mehr knurrte, war auch die Traurigkeit weg, und er plapperte munter von anderen Dingen, die er unterwegs gesehen hatte. Daddu war erleichtert und glücklich, den Kleinen unbeschadet wiederzuhaben, sein altes Gesicht leuchtete vor Freude und Liebe zu dem Jungen.

25

Geteert und gefedert

Ich kletterte über die miteinander vertäuten Boote zu meinem, als mich jemand aus der Dunkelheit rief. Ich erkannte die Stimme Devas. Er saß mit dem Bootsmann Jelal im großen Boot schräg gegenüber. Premanand war auch dabei. Deva bat mich, mich eine Weile zu ihnen zu setzen. Er habe etwas auf dem Herzen und müsse mit mir sprechen. Da ahnte ich noch nicht, dass eine der dramatischsten Nächte meines Lebens vor mir lag.

Wir unterhielten uns inmitten der Bootsmänner, die kochten, ratschten oder sich schon schlafen legten. Es wurde schon Nacht, aber wir waren in einem intensiven Gedankenaustausch. Persoram entdeckte uns, und es zog ihn ebenfalls aufs Boot. Jelal verschwand, und so blieben wir vier zurück, ein seltsames Quartett auf dem heiligen Fluss. Avan hatte keine Lust auf Gespräche, er schlief schon am Bug des Bootes. Ganga Ma war gewaltig gestiegen, der untere Abschnitt des Ghats metertief unter Wasser, und unsere Boote waren direkt mit den Hausmauern vertäut. Premanand und Persoram zogen immer wieder los und besorgten Chai für uns. Auf der Dasaswamedh Road gab es den die ganze Nacht. Persoram trampelte von Boot zu Boot wie ein trächtiger Elefant. Seine Holzsandalen klackerten, die kleinen Boote schaukelten und stießen geräuschvoll aneinander. Seine dröhnende Stimme füllte die Nacht. Die Ghathunde stimmten ihr Heulkonzert an. Manche Bootsmänner grunzten wütend. Wenn Persoram so weitermachte, würde es Schläge setzen.

Neben unserem Boot lagen Babaji und sein Sohn. Babaji hatte einen bis auf die Brust reichenden schwarzen Bart mit weißen Einsprengseln und längeres, lockiges Haar. Gekleidet war er meist in Schwarz. Sein Sohn war wohlgenährt. Seit zehn Tagen schliefen sie auf einem

Boot, das Jelal ihnen zur Verfügung gestellt hatte, und übten sich in verschiedenen Riten und Pujas, wie ich sie noch nie gesehen hatte. Nach Mitternacht feierte der Brahmane eine Feuerpuja und brannte dabei 34 verschiedene Hölzer ab, deren Rauchkombination Körper und Geist reinigte. Dazu sprach er Mantren und sang.

Nebel zog auf und wurde immer dichter. Es mag so gegen ein Uhr nachts gewesen sein, als sich ein dumpfes Bollern in unsere Gespräche drängte, ein Klappern, ein maschinenartiges Geräusch wie ein herannahendes Aufeinanderschlagen von Metall. Es hörte sich wie Kriegsgetöse an. Wir sahen uns an, aber keiner wusste, was das sein könnte. Auch die Bootsmänner wachten davon auf. Der Nebel war so dicht, dass man nicht die Hand vor Augen sehen konnte. Avan packte meinen Arm. Wir witterten die Gefahr. Voller Angst starrten wir in die Dunkelheit und das Grau auf dem Fluss, da riss der Nebel wie ein Vorhang auf. Uns packte das schiere Entsetzen. Die riesige Ramnagar-Pontonbrücke schoss in der reißenden Strömung auf uns zu. Wie oft hatte ich sie überqueren müssen, als ich meine im Ashram gefangenen Bettler besuchte. Wir sahen die baumhohen aneinandergeketteten Pontons wie feindliche Krieger auf uns zukommen. Über sie verlief der Weg aus gewaltigen Holzplanken. Die Brücke diente jahrelang den Rikschas, Autos und Fahrrädern, den Büffeln, den Ochsen- und Pferdegespannen und den Ziegenherden, die Ganga überqueren wollten. Jetzt kam das Monstrum direkt auf uns zu wie eine Wand aus Stahl. Aufgetaucht fast wie ein U-Boot. Wir sahen es zu spät, es gab kein Entkommen über die Boote. Todesangst packte mich, ich zitterte am ganzen Leib. Auch die Bootsmänner verharrten auf den Booten, manche fingen an zu singen, andere beteten laut.

Deva rief: »Was kann denn schon passieren, außer dass wir alle sterben?« Ob wir etwa Angst hätten. Dann stieg er in das letzte Boot direkt neben meinem. Er breitete die Arme aus, erwartungsfroh. Deva wartete auf die Brücke, fast fröhlich. Mein Blick war gefesselt von den gigantischen Metallkesseln unmittelbar vor uns. Wir fassten uns alle an den Händen. Da wusste ich auf einmal, dass uns nichts geschehen würde. Wie von Zauberhand bewegt, drehte sich die Brücke jetzt auf Höhe des dunkelroten Tempels und passierte Dasaswamedh längs und nicht in voller Breite. Sie rauschte um wenige Meter an uns vorbei und nahm nicht ein einziges Boot mit. Ein Stück weiter den Fluss hinab schlug sie dann in eine Traube anderer Boote. Den Fluss hinunter stand noch in Sichtweite eine mächtige Eisenbahnbrücke auf Pfeilern, ein Zubringer für den Eisenbahnknotenpunkt Mughal Sarai auf der anderen Seite Gangas. An einem der wuchtigen Pfeiler blieb die Pontonbrücke schließlich hängen.

Wir setzten uns alle erst einmal. Für einige Augenblicke blieben wir still, jeder dankte seinem Gott oder den Schutzengeln. Dann fiel die Anspannung von uns ab, wir gerieten alle in Hochstimmung, lachten, scherzten und plapperten durcheinander, wach, aufgedreht, wie betrunken von der Sensation Leben. Schnell waren wir alle am Ufer, kochten Tee und feierten unser Überleben. An Schlaf dachte keiner mehr.

Am Spätnachmittag saß ich müde bei meinen Bettlern auf der Treppe, es war schon kurz vor der Puja, bei der ich für gewöhnlich die Glöckchen schlug. Mahadev, der alte Tempelpriester, schnappte sich plötzlich das Mikrophon und brüllte über die Lautsprecher, aus denen sonst die Mantren ertönten: »Tara, du verdammte Hure! Du dreckige Nutte!« Jeder an den Ghats konnte es hören, es drang durch Mark und Bein. Mahadev schäumte und erklärte mich für vogelfrei. Ich sei unrein, jeder könne mit mir machen, was er wolle. Mir schwand fast der Boden unter den Füßen. Welch ein Albtraum! Meine Bettler bekamen es mit der Angst zu tun und fragten, was denn geschehen sei. »Nichts«, sagte ich, »aber wahrscheinlich denkt Mahadev, ich hätte etwas mit seinem Sohn Deva.« Die Bootsmänner rieten mir dringend, die Stadt sofort zu verlassen. Aber wäre ich gegangen, hätte ich eine Schuld eingestanden und nie zurückkommen können. Avan war verzweifelt. Ich müsse gehen, der Priester habe mich zur Vergewaltigung freigegeben. Aber ich weigerte mich.

Nachts rückten wir alle zusammen. Die Bootsmänner passten auf mich auf wie abgerichtete Wachhunde. Alle Boote um meines herum waren belegt. Niemand hätte im Schutze der Nacht unbemerkt auf meins springen können. Bablu, der Bootsmann, den wir einmal zu Hause besucht hatten, zeigte mir vor dem Einschlafen seine Schrotflinte und sagte fast schon liebevoll: »Happy good night. You not worry, Tara. I am here. Avan here.« Immer wenn ich aufwachte, sah ich Avan im Schwarz der Nacht mir gegenübersitzen und Wache halten. Das Gefühl einer lauernden Gefahr zerrte dennoch an meinen Nerven. Ich dachte, die ganze Stadt müsse Mahadevs Verleumdungen gehört haben und jeder zeige mit dem Finger auf mich. Schließlich fasste ich mir ein Herz und ging zur Familie Mahadevs: Der Guru zerstöre gerade mein Leben und stürze mich in große Gefahr. »Du kannst nicht mit ihm reden«, antwortete mir seine Frau freundlich und tätschelte meine Wange. »Du weißt doch, mit ihm ist nicht zu reden. Duck dich, solange das Gewitter über dich zieht! Geh ihm aus den Augen«. Der Spießrutenlauf dauerte drei quälende Wochen. Ich fühlte mich wie geteert und gefedert. Immerzu böse Blicke und verächtliche Kommentare, die Leute starrten, ich wurde noch häufiger als sonst begrapscht. Auch das wöchentliche Schulheft mit Liebesschwüren kam nicht mehr. Nicht, dass ich es vermisst hätte, aber ich fühlte mich geächtet.

Der Spuk endete genauso plötzlich, wie er begonnen hatte. Wieder saß ich bei meinen Bettlern an der Treppe, es war kurz vor der Puja, als der Guru die Tempelstufen herunterkam, direkt auf mich zu. Der Alte bückte sich und berührte meine Füße, die größte Ehrerbietung, die man in Indien jemandem erweisen konnte. Er nahm mich wortlos bei der Hand und führte mich zurück in den Tempel. Ich war verwirrt, ließ es aber geschehen, denn das war meine öffentliche Rehabilitierung. Danach war wieder alles in Ordnung. Ich schlug auch wieder die Glöckchen der Puja zum Sonnenuntergang.

Nun begann der Sonnengott Surya den südlichen Kurs seiner Heimreise.

26

Bruder und Schwester

Vom Bahnhof lief ich die Basarstraße von Pahar Ganj hoch, um ein günstiges Zimmer zu finden. Es war einfach nur hässlich hier, und die Räume, die ich zu Gesicht bekam, hatten meistens keine Fenster, waren schmutzig, stinkig und bedrückend. So konnte ich mein Bruderherz nicht empfangen, aber für etwas Besseres hatte ich kein Geld. In einer Seitenstraße, auf der Suche nach Früchten, fand ich schließlich zufällig das passende Guest House. Ein schmales, altersschwaches Gebäude, fest angelehnt an die Nachbarhäuser, ragte dreistöckig in den rußverschmutzten und kohlegrauen Himmel Neu-Delhis. Pro Nacht kostete es nur zwei Mark und bot Räume auf dem Dach. Ich suchte mir die Nummer 10 aus und stellte meine Tasche hinein. Ein großes Stahlbett stand im Zimmer und sonst nichts. Einen schiefen Deckenventilator gab es, der schon bei langsamer Fahrt beunruhigend ratterte. Die Wände waren wohl einmal hellblau, jetzt aber überzogen von Graffiti, Cartoons und Kritzeleien. Es roch alt und sauer, also ließ ich die Tür offen stehen.

Der niedergehende Regen störte mich kein bisschen, denn ich war aufgeregt und platzte fast vor Vorfreude. Nicht nur, dass ich mein Bruderherz lange nicht gesehen und schwer vermisst hatte, sondern dass er tatsächlich in seinen Semesterferien kam, um meine Bettlerwelt kennenzulernen, das machte mich so glücklich. In vielen Briefen versuchte ich ihm meinen indischen Alltag mit all seinen Verrücktheiten und Besonderheiten zu beschreiben, es war aber etwas ganz anderes, das nun teilen und gemeinsam erleben zu dürfen. »Wolf, hiiiier bin ich!« Als er endlich in die Ankunftshalle trat, sprang ich über das Gitter und fiel ihm um den Hals, ich wollte ihn gar nicht mehr loslassen! Wir waren beide glücklich, uns wiederzuhaben und zogen los im Bewusstsein, dass eine wunderbare Zeit vor uns lag.

Direkt aus Deutschland kommend, wirkte das Hotel tausendfach schmutziger und verkommener auf ihn als auf mich. Wir lachten darüber. Am Morgen, als er das Kopfkissen beiseiteschob und Licht auf das Bett fiel, entdeckte Wolf einen riesigen Ameisenhaufen unter dem Kissen und der Matratze. Alles krabbelte und Tausende kleine ovale Ameiseneier fielen auf das Bettgestell. Im Prinzip bestand die Matratze aus Ameisen und deren Nestern. Ich versicherte Wolf, dass es besser werde, doch er glaube mir kein Wort, antwortete mein Bruder augenzwinkernd.

Eigentlich wollten wir einen Abstecher nach Jaipur machen, Rajasthan lockte mit seinen Turbanen, Kamelen, buntgebatikten Mustern und Maharadschapalästen, doch es zog uns, wie auf einem fliegenden Teppich sitzend, unaufhaltsam nach Benares. Also buchten wir Zugtickets der zweiten Klasse und schauten uns noch ein wenig in Delhi um. Mit einer Motorrikscha tuckerten wir am Parlament vorbei, eindrucksvoll gebaut, mein Bruder staunte. Der alte Sikh, der uns fuhr, bemerkte trocken: »Wenn die Engländer gewusst hätten, dass sie wieder gehen müssen, hätten sie nicht so groß gebaut.«

Wolf wachte vor mir auf, schon zum Sonnenaufgang, und blickte aus dem vergitterten Zugfenster. Wir passierten ein paar Dörfer in Uttar Pradesh. Die Männer von dort saßen relativ nah an den Gleisen mit dem nackten Hintern zugewandt und verrichteten ohne Eile ihr Morgengeschäft, während der Zug vorbeirauschte. Mein Bruder fuhr also an Hunderten von nackten Hinterteilen vorbei. Als ich aufwachte, witzelte er: »Während du schliefst, habe ich die Kehrseite der indischen Dörfer gesehen«, und wir lachten beide. Es war wirklich schön mit ihm, ich würde jeden Moment genießen, den er bei mir war. Übermüdet krochen wir nach knapp 14 Stunden aus dem Zug in Kent Station, Varanasi. Eine Fahrradrikscha brachte uns nach Dasaswamedh. Noch auf der Hauptstraße entdeckten uns die Straßenkinder, sie rannten jubelnd herbei und sprangen mit einem lauten »Tara didi, Tara didi!« von hinten auf die Rikscha für die letzten Meter. Als wir hielten, waren wir von einem Dutzend Kinder umzingelt, jeder wollte Wolf zuerst kennenlernen. Er hatte im Nu an jeder Hand fünf Racker, die ihn bestürmten. Die Größeren trugen seinen Rucksack voraus. An mir hingen mindestens genauso viele Kinder, wir kamen nur zentimeterweise voran. Es wurde gerade dunkel, als wir auf den Pilgerweg einbogen. Bollywoodmusik schallte aus den Radios der Chaishops, der dem Pilgerweg eigene Geruch von Tee, Räucherstäbchen, Blumenketten, Gemüseabfällen, Kohlenfeuern, Müll und Menschen waberte durch die Luft, mal überwog die eine, mal die andere Geruchsnote.

Ramchandra hielt in großen Schritten auf uns zu, das pure Glück ins Gesicht geschrieben, und zog uns direkt zu Hiralals Hochsitz, wo Amoli, Mukul, Lalu und andere versammelt waren. Mein Bruder war noch gar nicht zu Atem gekommen, da hatten sie ihn schon zu Hiralal auf den Hochsitz geschoben. Jeder schwatzte auf ihn ein, natürlich verstand er kein Wort. Amüsiert schaute ich der Szene zu, Lalu hatte Chai besorgt, und so kam Wolf in den Genuss seines ersten *special chais* aus Büffelmilch. Natürlich wollte ich Singeshwar meinem Bruder vorstellen, also zog ich ihn in die Tiefen von Underground. Singeshwar und Shanti begrüßten Wolf feierlich und hängten ihm Blumenmalas aus dunkelroten Rosen mit weißem Jasmin um den Hals, die Shanti blitzschnell erworben hatte, als sie uns ankommen sah. Nach einer Viertelstunde hatte Wolf so viele leuchtend orangefarbene und rote Blumenmalas um die Schultern, dass er aussah wie ein preisgekrönter Yogi. Ich sah Avan am Weg stehen, er beobachtete uns lächelnd und gab mir ein Zeichen, dass wir am Ghat essen würden. Begleitet von der Schar aufgekratzter Kinder liefen wir weiter zu den Dharamsala babas, dort gab es wieder Tee und einen kurzen Plausch. Wolf gefiel die gesetzte Ruhe, die Daddu ausstrahlte, der sein bestes Oberlehrerenglisch hervorholte. Avan wartete im Boot. Er hatte besonders gute Zutaten besorgt und bereitete eine indische Geschmacksexplosion zu. Wolf und Avan verstanden sich auf Anhieb. »You and me see the Benares. Tara all time busy. All time Leprosy. Tomorrow and every day you and me together go and see«, bot Avan verbrüdernd an. Bis es spät war, saßen wir zusammen im Boot, und die einzigartige Atmosphäre, wenn das Ghat sich schlafen legte, beeindruckte Wolf. Er fing an zu verstehen, was ich am Bootsleben so liebte. Ich wollte nicht erneut eine Hexenjagd heraufbeschwören, deshalb schlief Wolf auf Avans Boot.

Als wir uns hinlegten, fragte Wolf mich noch, ob es auf den offenen Booten viele Ratten gäbe, von den Hausbootratten wusste er ja aus meinen Briefen. Ich spielte das Problem ein bisschen herunter, machte die Wasserratten ein wenig kleiner und harmloser und hoffte, sie würden sich nicht gleich in der ersten Nacht zeigen. Doch es kam weit schlimmer, wie immer. Als ich am nächsten Morgen aufwachte, hatte ich gleich den Verwesungsgeruch in der Nase. Eine aufgedunsene Wasserleiche hatte sich zwischen unseren Booten verhakt. Die Haut war blau, der Körper zu doppelter Größe aufgeschwemmt und zerfasert. Der Bauchraum war aufgeplatzt, und der Darm trieb neben der Leiche im Wasser. Rasch kletterte ich auf die Planken von Avans Boot und weckte Wolf. »Namaste. Guten Morgen, Wolf. Schau einfach nicht neben dich, sondern komm mit.« Wolf unterbrach mich sofort: »Was stinkt hier so?«, da zog ich ihn schon vom Boot. Von Land aus sah er dann den Leichnam, und wir verschoben das Frühstück.

Es war Straßenklinik, und für Wolf bedeutete das einen Direkteinstieg in mein Leben und meine Gewohnheiten hier. Zur Regenzeit waren wir spärlich besetzt, nur Ben, Giulia und ein weiterer Helfer waren da, und Wolf staunte, wie wir den Ansturm unserer Patienten bewältigten. Der Kern des Teams bestand aus Enni, Giulia, Ben und mir, doch nie waren wir alle gemeinsam vor Ort, denn ein jeder hatte verschiedene Visumszeiten oder musste ab und zu in seine Heimat zurück. Dazu halfen abwechselnd viele andere Freiwillige mit, die es einzuarbeiten galt. Je nach Jahreszeit wuchs oder schrumpfte das Team.

Ratan aus der Leprakolonie in Bhadhoi schleppte sich mit letzter Kraft nach Dasaswamedh. Er war abgemagert und sah aus wie der entblätterte Stiel einer Pflanze. Er spuckte Blut, das er in einer Tüte auffing, in der bestimmt ein Viertelliter dunkelrote Flüssigkeit mit Brocken schwamm. Ben brachte ihn sofort ins Krankenhaus.

Meistens fing ich mit der MDT bei Musafir an, doch dieser ließ sich noch sein Halwa, ein süßes Frühstück, schmecken, also setzten Wolf und ich uns zu ihm auf die Treppe. Als er schließlich die Tabletten nacheinander schluckte, hatten wir Zuschauer um uns geschart.

Musafir erklärte ihnen stolz und mit wichtiger Miene, dass das Lepramedizin sei. Über solche selbstbewussten Momente freute ich mich.

Wenig später stellte ich allerdings fest, dass Bhumeshwar und Dasu zusammen ins Dorf gefahren waren, ohne ihre Ration MDT vorher abzuholen. Ich ärgerte mich, dass sie ihre Therapie auf die leichte Schulter nahmen, da zupfte mich Urmila am Arm: »Didi, ich soll die Medizin bei dir abholen für Bhumeshwar und Dasu. Ich fahre auch ins Dorf.« Da war ich beruhigt. Also zählte ich die Tabletten ab und gab ihr auch Bandagen und Salbe mit. In Underground ging es zu wie im Taubenschlag, in dem ständiges Kommen und Gehen der Bettler war es schwer sicherzustellen, dass auch alle ihre Therapie ohne Unterbrechung nahmen.

Da der Apotheker Englisch lesen konnte, schickte ich oft Ramchandra während der Straßenklinik mit kleinen Bestellzetteln zu ihm, wenn uns etwas fehlte. Er kam gerade von einem solchen Botengang zurück und richtete mir aus, dass der Apotheker mich dringend zu sprechen wünschte. Da ging es bestimmt um offene Rechnungen, dachte ich mir und schnappte meine Geldbörse. Doch der Apotheker hatte ganz anderes auf dem Herzen. Eine unglückliche, junge Mutter stand vor dem Laden mit ihrem Kleinkind im Arm. Der Apotheker winkte sie heran und umriss ihre Not in wenigen Worten. Sie war arm, hatte keinen Ehemann mehr, und ein Kind war bereits gestorben. »Taraji, kannst du dem Kleinen den Rest seiner Tuberkulosetherapie bezahlen? Seit drei Monaten nimmt er die Tabletten. Bitte, übernimm den Rest der Therapie, er stirbt sonst!« Was blieb mir da anderes übrig? Noch bewohnte die Frau ein bescheidenes Zimmer, aber der Abgrund der Gosse tat sich schon vor ihr auf. Ohne Mann hatte eine Frau in Indien keine Chance. Sie besaß nichts, kein Land, kein Geld. Leihen konnte sie sich auch nichts. Den Körper zu verkaufen war oft die einzige Möglichkeit zu überleben. »Wolf, die Tuberkulosepatienten nehmen überhand, ich weiß gar nicht, wie wir das stemmen sollen. Jede Woche kommen neue Patienten hinzu, und die Tabletten sind zehnmal teurer als die MDT. Unsere Leprapatienten, die auch noch Tuberkulose haben, die müssen wir behandeln, doch bei allen anderen werde ich noch strikter ablehnen müssen.« »Wir setzen uns nachher hin und rechnen das alles durch. Ich helfe dir dabei«, antwortete Wolf nachdenklich, denn auch er sah das Fass ohne Boden.

Während der Straßenklinik spielte Wolf mit den Kindern, die ihn fröhlich kreischend fortzogen. Auf einmal kam er mit einem Jungen im Schlepptau an. Über dessen rechtem Auge prangte eine so große Beule, dass es schon zugedrückt wurde. Wir machten uns mit dem Jungen auf den Weg ins Krankenhaus, dort war gerade wieder Stromausfall, Wolf hielt die Taschenlampe, während der Arzt die Beule aufschnitt und nähte. Bevor wir den Kleinen wieder mitnahmen, besuchten wir noch Valmicki, der im selben Gebäude lag. Der war ein echter Kämpfer, und es ging ihm merklich besser. Seit Wochen war er Tag und Nacht in ein starres Gipskorsett gezwängt. Klaglos ertrug er die lange bettlägerige Zeit.

Erst am Nachmittag konnte ich mich um eine Bleibe kümmern, Wolf wollte nicht die Regenzeit auf dem Ruderboot neben Wasserleichen verbringen. Verständlich, da musste man erst hineinwachsen. Ich fragte wieder bei Nikhil nach, und er ließ Wolf und mich bei sich unterkommen. Lieber in einer indischen Familie als ins Hotel, dachte ich mir, außerdem hätte ich mir ein Guest House auf lange Sicht nicht leisten können. Avans Boot hatte mich nichts gekostet, und mein Geld floss immer dann in die Straßenklinik, wenn keines mehr da war, also war ich im ständigen Sparmodus verhaftet. Mein Bruder hatte zwar das kleine Sparbuch aufgelöst, das meine Großmutter mir einst angelegt hatte und jeden Monat kleine Beträge einzahlte, auf dass ich mir eines Tages etwas Schönes davon leisten könnte. Aber auch dieses Geld musste ich strecken, wenn ich in Indien bleiben wollte. Es gab Tage, da brauchte ich selbst gar kein Bares, weil ich zum Essen eingeladen wurde, an anderen benötigte ich vielleicht drei Mark, um über die Runden zu kommen. Nikhil brachte uns im Neubau seines Hauses unter. Unsere Unterkunft war blitzblank und bot einen guten Rückzugsort, Wolf war hochzufrieden. Durch das Fenster blickten wir auf einen Tempel, und unter uns verlief einer der tausend Pilgerpfade Kushis. Jeden Morgen strömte ein Menschenfluss an Pilgern direkt unter dem Fenster vorbei Richtung heiliger Fluss. Wenn wir aufwachten, hörten wir als Erstes ihr Singen und Beten und auch das Aufklatschen ihrer nackten Fußsohlen auf dem Stein wie ein menschgewordener Wasserfall.

Wegen des Hochwassers konnten wir nicht an den Ghats nach Dasaswamedh laufen, also nahmen wir Rad oder Rikscha. Im Monsun waren die tiefsten Schlaglöcher der Straßen oft durch hochaufgestellte Astgabeln markiert, so dass man mit dem Rad nicht hineinfuhr. Unmöglich konnte man auf alle Strudel achten, die sich auf der Straße bildeten. Im Regen kamen wir in Dasaswamedh an und verzogen uns zu Singeshwar und Shanti. Singeshwar ging es leider gar nicht gut. Er war schwach und verweigerte die Mahlzeiten. Außerdem plagten ihn ständige Rückenschmerzen, die nicht besser werden wollten. Dringend bräuchte er einen Rückzugsort, um sich zu regenerieren. Shanti und er würden wahrscheinlich für eine Woche in sein Dorf fahren. »Wie kommt es, dass er nach Hause zurückkehren kann und andere nicht?«, wollte Wolf von mir wissen. »Singeshwar hat sich seine Würde nicht nehmen lassen, er ist stark, in meinen Augen der Stärkste hier. Außerdem ist er ein Profibettler, er kommt mit einem Batzen Geld nach Hause. Ein paar andere Männer, Bhumeshwar, Laxman, Lalu machen das auch, das ist aber eher die Ausnahme.«

Als die Regenflut in ein mildes Geplätscher überging, begleitete ich meinen Bruder in den Gandhi Ashram Shop, denn er wollte sich ein paar Kurta-Pyjamas, also ein indisches knielanges Hemd mit Stehkragen und einfacher Baumwollhose mit Zug am Hosenbund kaufen. Hier konnten wir handgesponnene Baumwolle in organischen Farben wie Ocker, Safran, Terrakotta, Himmelblau oder Moosgrün finden. Diese Baumwolle heißt *khadi* und ist, genauso wie das Spinnrad, zum Freiheitssymbol Indiens geworden. Mahatma Gandhi forderte einst das indische Volk auf, seine Stoffe wieder selbst zu spinnen und Khadi zu tragen, statt die industriell hergestellten und importierten britischen Stoffe. So gelang es ihm, das indische Volk zum friedlichen Widerstand zu bewegen, das Spinnrad wurde zum Zeichen der Unabhängigkeit. Ich sah Gandhiji vor mir, wie er, nur in ein Lendentuch gehüllt, gebeugt am Spinnrad saß und mit gutem Beispiel vorausging. Obwohl er, wie er selbst zugab, zwei linke Hände für das Handwerk besaß.

Einfach und ordentlich, ein bisschen muffig riechend, verströmte der Laden die Geschichte Gandhis intensiv wie ein Kräuterduftkissen im geschlossenen Schrank. Es hingen historische Fotos über den

Regalen an den Wänden, die Gandhiji mit jedem Kleidungsstück, das man herauszog, wieder auferstehen ließen. Es war irgendwie bereichernd, hier einzukaufen. Wir wurden überhaupt nicht bedrängt, weil die Verkäufer nicht auf Provision arbeiteten, sondern im *government-shop* ein monatliches Gehalt erhielten. Es war ihnen einfach egal, ob etwas über die Ladentheke ging oder nicht. Direkt neben dem Laden saß ein Schneider an seinem Minitisch, bereit, die Nähte noch mal zu verstärken oder kleine Änderungen auszuführen. Wolf bekam von allen Seiten Komplimente für seine Kleiderwahl und passte jetzt auch optisch ins Bild, selbst wenn bei seiner Größe die Ärmel nicht ganz bis zum Handknöchel reichten. Mit seinen fast 1,95 Metern überragte er jede indische Männergröße, und seine Schultern waren breiter.

Auf dem Heimweg wurden wir von allen Seiten angesprochen, sie versuchten, uns in ihre Läden zu locken oder uns irgendetwas anzudrehen. Das Straßenbild in Benares war geprägt von fliegenden Händlern und Dienstleistern. An jeder Ecke saß ein Schuster, der mitten im Straßenverkehr Schuhe flickte, oder jemand, der Feuerzeuge auffüllte. Jetzt hatte ein Ohrenputzer meinen Bruder in Verhandlungen verstrickt. Sie liefen mit kleinen schwarzen Kästchen herum, die Holzstäbchen enthielten, an deren Enden sie kleine Wattebäusche zwirbelten. Damit gingen sie einem ins Ohr. Nur bei Erfolg sollte man zahlen. Ich warnte meinen Bruder davor, das auszuprobieren, denn oft steckten sie einem erst kleine Steinchen ins Ohr, die sie dann für viel Geld wieder herauspulten. Wir gingen lachend weiter, ohne ihre Dienste in Anspruch genommen zu haben.

27

Der Schlaf des Gerechten

Es war noch sehr früh am Morgen, als Wolf und ich direkt neben dem Ghat, wo wir wohnten, nach unserem Morgenchai einen kleinen Jungen fanden, der neben dem Rinnstein lag. Er sah aus wie ein aus dem Nest gefallener Jungvogel, der sich die Flügel gebrochen hatte. Der Junge war schwach, fast verhungert und nur noch ein Strich in der Landschaft. Seine Haut war gelbstichig, und er konnte nur unter Mühen seinen Namen murmeln. Er hieß Anil und lebte auf der Straße mit einem Bettler, den er »Onkel« nannte. Zitternd zeigte der Junge mit dem Finger in eine Richtung, und ich verstand, dass ich seinen Onkel bei den Rikschawalas in dem Chaishop an der Müllkippe finden würde. Ein pockennarbiges, verschlagen wirkendes Männchen antwortete auf meine Frage, wer der Onkel sei, und folgte mir. Wolf hob die kleine Portion Haut und Knochen in die Rikscha, ich setzte mich daneben, und der Onkel kauerte sich mit auf die Trittfläche für die Füße. Das war normal in Benares, auf den Rikschas fuhren ganze Familien mit.

Anil konnte vor Schwäche nicht mehr auf den Beinen stehen, deshalb musste Wolf ihn im Krankenhaus durch die Gänge tragen.

Der Arzt untersuchte den Kleinen und stellte fest, dass er auf jeden Fall Gelbsucht, vielleicht auch eine schlimmere Form der Hepatitis B oder C habe und ordnete Bluttests an. Außerdem war der Junge gefährlich unterernährt und dehydriert. Er litt wohl bereits seit Wochen an Durchfall und immer wiederkehrendem Erbrechen. Ich diktierte dem Arzt für den Aufnahmebogen, dass der Knabe vielleicht sechs oder sieben Jahre alt sei, aber der Arzt schüttelte nur den Kopf. »Der ist zwölf, dreizehn oder gar vierzehn«, sagte er. »Er sieht nur so jung aus, weil er todsterbenskrank ist.« Um den Arzt herum herrschte

Unruhe, der Behandlungsraum war gefüllt mit Kranken und ihren lärmenden Angehörigen, die sich in jedes Gespräch mit einmischten oder irgendetwas riefen, um auf sich aufmerksam zu machen. Die fünf Pharmakonzernvertreter komplettierten das Chaos, denn sie standen Aasgeiern gleich so dicht wie möglich neben dem Arzt und beschwatzten ihn in einem fort. Der neben dem linken Ohr pries Schmerzmittel an, der am rechten hatte die besten Tuberkulosetherapien. Dabei wedelten sie mit Schaubildern oder trugen groteske Modelle unter dem Arm und legten dem Arzt Proben ihrer Tabletten auf den Tisch. Alles geschah gleichzeitig, und der Arzt examinierte seine Patienten in diesem Chaos. Damals hatten die Ärzte keine Computer. Außer seinem Stethoskop und einem Notizblock hatte der Arzt keine Hilfsmittel. Wir hatten ohne Zweifel einen extrem ungünstigen Tag erwischt, denn Dr. Mishra überwachte gleichzeitig noch die Malerarbeiten, die im Behandlungsraum inmitten der Leute stattfanden. »*Pagal*, Verrückter, zieh die Linie gerade!«, rüffelte er den Arbeiter an, um zu zeigen, dass er Herr der Lage war. Er sah nämlich die belustigten und erstaunten Blicke meines Bruders. Ich bat den Arzt, Anil stationär aufzunehmen, wir würden für alles aufkommen. Bald darauf lag er in einem Krankenbett und war mit einem Tropf versorgt. Anil bekam wenig davon mit. Wolf blickte traurig in das erschöpfte Gesicht. Ich schärfte dem Onkel ein, den Kranken nicht aus den Augen zu lassen und ihm bei allem behilflich zu sein. Ich käme noch vor dem Abend wieder.

In einem der Optikerläden neben dem Krankenhaus sah ich zufällig am Rand der überdekorierten Auslage einen Stapel *safety sunglasses*. Ich sprang sofort in den Laden. Diese Sonnenbrillen waren an den Seiten geschlossen mit einer Art Scheuklappe, so dass weder Licht noch Staub oder Wind eindringen konnte. Ein wichtiges Utensil für Leprakranke, deren Augen nicht mehr richtig schließen, weil die unteren Lider herabsinken. Die Brille half, ihre Augen vor dem Austrocknen zu bewahren. Die billig gemachten Plastikbrillen mit den schwarzen Gläsern waren nur schwer aufzutreiben. Sie waren nicht gerade in Mode, denn der Träger glich einem ängstlichen Maulwurf. Ich kaufte alle, die sie hatten, und bestellte weitere.

Als wir in Dasaswamedh ankamen, war die Straßenklinik schon

im Gange. Ramchandra und Puru hatten den gesamten Underground vom Müll befreit. Ich lobte sie dafür anerkennend, denn es war bestimmt kein Vergnügen, den stinkenden Unrat einzusammeln und wegzutragen, doch es musste von Zeit zu Zeit getan werden.

Shambu wollte unbedingt auch eine Safety-Sonnenbrille sein Eigen nennen, aber die waren nur für die Leprakranken bestimmt. Die anderen Bettler konnten auch eine ganz normale Sonnenbrille aufsetzen, aber die Leprakranken brauchten diese wirklich. Er wollte das absolut nicht einsehen und verweigerte daraufhin kategorisch die Einnahme seiner Tuberkulosemedizin. Er hielt sich sogar den Mund zu wie ein bockiges Kind und sah dabei mit seiner schulterlangen Mähne aus wie ein in die Jahre gekommener Struwwelpeter. Lalu schaltete sich mit autoritärem Ton ein, der keinerlei Einwände zuließ: »*Dawai khao! Chup chap raho!* Nimm sofort die Medizin und halt die Klappe«, und Shambu schluckte beleidigt seine Pille.

Nachdem die Straßenklinik ohne weitere dramatische Zwischenfälle beendet war, eilten wir zurück ins Krankenhaus zu Anil. Als wir den Krankensaal betraten, in dem mindestens 20 Betten standen, traute ich meinen Augen kaum. Statt Anil fand ich seinen Onkel gemütlich und genüsslich im Bett liegend vor. Er schlummerte den Schlaf des Gerechten, bequem ausgestreckt unter dem Deckenventilator. Ich war fassungslos. Anil hatte er auf dem Boden abgelegt wie einen krumpeligen Bettvorleger. Wütend packte ich den Onkel am Arm und beförderte ihn mit einem Ruck aus dem Bett. Ich schimpfte mit ihm in allen Facetten, die mein Hindi hergab, und jagte ihn davon. Der würde Anil auch noch kaltlächelnd die Mahlzeiten wegessen. Als Wolf den Kleinen wieder ins Bett legte, sahen wir ihn das erste Mal lächeln. Ein zartes Siegerlächeln, noch ganz zerbrechlich, aber ein erster Kontakt, eine Reaktion. Wir freuten uns und blieben noch lange bei Anil sitzen, fütterten ihn vorsichtig und hielten einfach seine Hand. Ich ging noch einmal schnell zurück nach Dasaswamedh, um jemanden für die Nachtwache aufzutreiben. Wenn ich niemanden fände, müsste ich sie selbst übernehmen. Wolf wollte ich das dann doch ersparen. Er sieht schon weiß Gott genug hier in dieser kurzen Zeit, dachte ich. Kalikas Mutter kam mit mir, sie tat es nicht wegen des Jungen, Mitgefühl für andere konnte sie sich nicht leisten. Sie wollte ihren Dank dafür abstatten, dass ich ihre Kinder zur Schule schickte und ihnen medizinische Hilfe gab. Ich wusste, sie würde gut auf Anil aufpassen.

Wenn ich am Morgen die MDT austeilte, kümmerte sich Wolf mit den anderen aus dem Team um die Kinder. Jeden Morgen mussten ein oder zwei der Racker erst gesucht und gefunden werden, damit sie ihr Bad in Ganga nahmen und sich für die Schule rüsteten. Das Baden war ein Programm für sich, denn die Kleinen tobten lieber im Wasser anstatt sich abzuseifen. Wenn man es ihnen aber wie ein Spiel präsentierte, schrubbten sie sich den Straßendreck von ihren kleinen Körpern, fröhlich planschend. Wieder an Land wurde ausgiebig gekämmt und geölt. Das Öl war kostbar, deshalb hielt ein Teammitglied die Flasche fest, die Kinder stellten sich wie im Sportunterricht an und erhielten ein paar Tröpfchen auf die Hand. Die Mädchen wollten selbstverständlich Zöpfe geflochten haben, so wie es hier üblich war. Für unsere Kinder hatten wir die typisch indische Schuluniform eingeführt. Ihre ungewaschene, stinkende, parasitendurchseuchte und zerrissene Straßenkleidung war unzumutbar für die Lehrerin, fand doch der Unterricht in ihrem Haus statt. Läuse, Flöhe, Wanzen, Milben, Pilze, Maden ... alles haftete an der Bettlerkleidung, gemischt mit Resten von Mahlzeiten, Blut, Eiter, Kot, Urin und Müll. In die Uniform gekleidet waren sie nun für ein paar Stunden keine sofort erkennbaren Straßenkinder mehr, sondern Schulkinder, Teil der Gesellschaft. Die Uniformen durften sie nur während der Schulzeit tragen und nicht auf der Straße anbehalten. Nur so bestand die Chance, dass die Kleidung eine Zeitlang überlebte. Diese Regel war zu befolgen, und auch Singeshwar, Lalu und die anderen Erwachsenen hielten einen strengen Blick darauf, denn sie konnten einschätzen, was uns das kostete.

Wenn die kleine Meute morgens dann fertig angezogen war, gab es Chai und Kekse, dann ging es zur Schule. Als Wolf sie in die Rikscha gesetzt hatte, kam er zu mir. »Würde ich in der Schule stören?«, fragte er mich. »Ich würde sie so gern besuchen.« »Kein Problem, Wolf. Du kannst ja morgen Mohan mit einer Rikscha hinterherfahren.« Kiran entschied am nächsten Tag sofort, Wolf unter seine Fittiche zu nehmen und stieg nicht mit in die Schulrikscha ein, sondern kletterte geschwind auf Wolfs Rikscha. »Falls der Rikschawala den Weg nicht findet …«, war seine plausible Ausrede. Stolz hing er an dem großen Wolf und ließ dessen Hand nicht mehr los. Leider auch bis nach dem Schulbesuch. Als Wolf nach einer Stunde ging, damit endlich so etwas wie Unterricht stattfinden konnte, blieb Kiran natürlich bei ihm. Unterwegs dirigierte der Schlingel die Rikscha an seine Lieblingsplätze und gab meinem Bruder eine ganz eigene Stadtführung. Ich wusste gar nicht, dass der Kleine schon so herumgekommen war in den Straßen der Stadt. Als sie dann beide wieder in Dasaswamedh standen, schimpfte ich. Kiran sollte doch zur Schule gehen. »Er haftete an mir wie ein Magnet am Eisen, untrennbar!«, verteidigte sich Wolf, und Kiran grinste. Er war ein kleiner Luftikus, der oft schwänzte oder in der Pause einfach weglief, weil er meinte, nun genug gelernt zu haben. Er konnte nicht stillsitzen und brodelte wie ein Topf kochendes Wasser vor Ideen und Energie. Er war keck, liebenswert und witzig, aber kein einfacher Schüler. An den Ghats hatte er schon ein paar englische Wörter aufgeschnappt und sich behalten. Wie ein Kartenspieler zückte er die Wörter und konnte sich der Aufmerksamkeit der Touristen sicher sein. Wolf erzählte er gestenreich, dass er zwar ganz gerne in die Schule ginge, aber nicht unbedingt jeden Tag. Stolz blitzte in seinem Gesicht auf, als er meinem Bruder eine Schreibprobe seines Namens gab. Hochkonzentriert kritzelte er »Kiran« auf das Papier und schrieb ungefragt die Zahlen von eins bis zehn auf. »Ich will später Häuser bauen. Richtige Häuser aus Stein, ganz große Häuser. Deshalb gehe ich zur Schule. Damit man mich Häuser bauen lässt«, ließ er Wolf wissen.

Es war Mitte August, und man konnte man sich der vielen Schlangen am Ghat zu Nag Panchami nicht entziehen. Alle Augenblicke kam ein schlangenwedelnder Baba auf einen zu und verlangte Almosen. Wir saßen im Dharamsala, und Daddu klärte Wolf über das Schlangenfestival auf: »Die Verehrung von Schlangen gibt es schon seit jeher. Heute ist ein ganz spezieller Tag für dich, und du hast großes Glück, dass du hier bist.« »Warum das?«, wollte mein Bruder, neugierig geworden, wissen. »Weil heute alle Frauen die Schlange um den Schutz ihrer Brüder bitten, indem sie der Schlange Milch offerieren, Blumen und Süßes. Wenn Tara also heute der Schlange diese Opfer bringt, wirst du niemals von einer gebissen werden.« Das erledigten wir dann auch gleich, sicher ist sicher, eine Schlange war ja wirklich problemlos zu finden.

Das war gerade getan, als wir über die Buschtrommel der Bettler in die Leprakolonie zu Hilfe gerufen wurden. Es war mir wichtig, dass Wolf Sankat Mochan kennenlernte, ich wollte ihn mit der entspannten Atmosphäre beeindrucken, die stets dort herrschte, doch jetzt fuhren wir in aller Eile zu einem Notfall dorthin. Auf dem Weg hielten wir bei Ben, der mitkam. Wir fanden eine Frau mit einem von oben bis unten verbrannten Bein vor. Der Kerosinkocher war explodiert und hatte ihren Sari in Brand gesetzt. Den hatte sie sich zwar vom Leib reißen können, doch nicht schnell genug. Stoffreste klebten im versengten Fleisch. Ich war froh, dass Ben dabei war. Er zog diese Fetzen verbrannten Stoffes aus den offenen Wunden, Wolf und ich hielten die Frau. Verbrennungen zu behandeln fiel mir schwerer, als die Leprawunden zu beschneiden, denn die Opfer der Flammen litten kaum auszuhaltende Schmerzen. Fast einen Monat lang sollten wir beschäftigt sein mit der Patientin in Sankat Mochan. Jeden Tag ging jemand aus dem Team dorthin und schaute nach ihr. Die Verbrennung war schlimm, aber sie heilte schließlich doch. Solche kleinen Wunder gaben mir Kraft.

Da wir schon in Sankat Mochan waren, besuchten Wolf und ich die zwei alten Frauen, Saguna und ihre Freundin, die ich sehr mochte. Die beiden waren richtige Urgesteine und die Ältesten der Gruppe. Sie waren ganz verschrumpelt und dürr und sahen deshalb aus wie luftgetrocknete Eidechsen, so dass man sich fast erschrak, wenn sie sich bewegten. Jeden Tag kamen sie nach Dasaswamedh zum Betteln und hatten dort seit 25 Jahren ihren festen Platz. Sie saßen nur zwei Treppenstufen unter dem »alten General« Musafir. Saguna konnte nur noch über den Boden robben, also schob ihre Freundin sie auf dem Karren, dem Holzmaruti. Gemeinsam waren sie autark. Saguna machte vorne das Geld, die andere schob hinten. Die beiden Alten freuten sich wie Kinder über unseren Besuch. In ihrem kleinen Häuschen war es furchtbar stickig, also setzten wir uns auf den Boden der schmalen Veranda. Im Nu kamen die übrigen Bewohner der Kolonie herbei, hockten sich dazu, und die Luft war erfüllt von Geschwätz und Geplapper.

Einige Familien saßen ebenso im Freien und sortierten Müll. In Indien wurde alles bis zum Letzten verwertet. Zugegeben, die Straßen waren wesentlich schmutziger, als wir es von zu Hause kannten. Die Leute warfen ihren Müll einfach auf die Gasse. Tiere aller Arten: Kühe, Ziegen, Hunde, Hühner, Ratten, Kakerlaken und Fliegen verwerteten dann alles Organische. Danach pickten die Müllsammler, leider oft Kinder, die Reste auf, um diese in ihren Slums nach übriggebliebenen Wertstoffen zu trennen und dann für ein paar Paisa pro Kilo zu verklappen. Außerdem gab es die Sammler, die marktschreierisch auf ihren Trolleyrikschas von Haus zu Haus fuhren und den Leuten alte Pfannen oder Töpfe abkauften. Eine solche Rikscha wurde gerade vor unseren Augen abgeladen. Saguna kroch ins Häuschen und kam genauso auf allen vieren wieder heraus, eine Plastiktüte hinter sich herschleifend. Aus ihren schmutzigen Tiefen beförderte sie verkrustete Süßigkeiten ans Tageslicht. Die bot sie freudig an. Es ekelte mich, doch ich nahm sie und schluckte sie mit einem Stoßgebet in einem Happen herunter. Gleich zur Magensäure, die hoffentlich damit fertigwürde. Damit wollte ich eigentlich meinem Bruder die Kostprobe ersparen, denn Saguna hätte ein Ablehnen niemals akzeptiert. Doch von meinem beherzten Zugreifen ermutigt, hatte sich Wolf schon so eine Bakterienbombe einverleibt.

Das versuchte ich wiedergutzumachen, denn eigentlich wollte Wolf die Geheimnisse der indischen Küche ergründen, weil er leidenschaftlich gern kochte. Also gingen wir immer, wenn Zeit blieb, etwas Spezielles essen. Avan nahm sich dessen an und zeigte uns, was seine Stadt an Gaumenfreuden zu bieten hatte. Wir schlemmten Köstlichkeiten, die man nicht auf Speisekarten bestellen konnte. In Benares gab es Gemeinschaften aus allen Regionen Indiens, und sie kochten die Gerichte ihrer Heimat, der Gaumen und die Geschmackssinne wurden einmal durch den riesigen Subkontinent entführt. So erschmeckten wir uns die Wüste, die Berge und das Meer. Eine südindische Familie servierte ihre scharfen Gerichte auf großen, grünen, frischgeschnittenen Bananenblättern. Es war die reinste Freude, wenn die Fingerspitzen über das samtige Blatt strichen, sinnlicher als das feinste und hauchdünnste Porzellan. Avan und Wolf begaben sich wie auf eine Schatzsuche nach den außergewöhnlichen Geschmacksnoten, sie besuchten gemeinsam Gewürzmärkte und Wolf erstand seine Lieblingsgewürze für die Studenten-WG in Berlin. Außerdem suchten wir einen Vaidya, Doktor der Ayurveda, auf, der uns in Akupressur und der ayurvedischen Massage unterrichtete. Er zeigte uns, welche Druckpunkte an Händen oder Füßen gehalten oder gepresst mit welchen Organen in Verbindung standen. Wenn also im Körper das Gleichgewicht gestört ist oder Unwohlsein und Krankheiten sich abzeichnen, kann man die Heilung mit Akupressur durchaus unterstützen. Kopfschmerzen, Nervosität, manche Bauchschmerzen und anderes ließ sich mit einfachen Griffen beheben. Die Ayurveda zielt darauf ab, die Gesundheit ganzheitlich zu stärken, physisch und mental und weniger darauf, Krankheiten zu heilen. Selbstverständlich bezog der Vaidya auch das ayurvedische Kochen in unsere Gespräche mit ein, half uns zu verstehen, aus welchen Elementen wir gemacht seien und wie wir Ungleichgewichte in Balance brächten. Der Körper zeigt uns zuverlässig an, was er braucht und was nicht, man muss ihn nur sorgsam bewohnen.

Vollmond nahte, wie freute ich mich darauf. Ganz Indien wartete auf das Bruder-Schwester-Fest, das bei den üblich großen Familien jeden betraf. Dieses Mal auch mich, weil mein Bruder bei mir war. Die Schiebewägelchen der fliegenden Händler hatten nun keine Götterfiguren oder Schlangen im gestapelten Angebot, sondern Armbändchen in unendlicher Variation und Ausfertigung. Auf die besseren waren Glitter und Steinchen, Spiegelchen, Glöckchen und Blümchen appliziert, manche waren kunstvoll verwoben, andere stachen mit grellen Farben hervor. Wenn man länger hinschaute, wurde einem schwindelig, und man war nicht mehr fähig, eines auszusuchen, aus schierer visueller Überforderung. Wolf und mir bereitete es schon seit Tagen ein großes Vergnügen, im Vorbeifahren auf die kitschigsten zu zeigen, die aussahen wie ein gesamtes Weihnachtsbaumschmuckset samt Lametta auf ein Handgelenk geschrumpft. Ich kündigte kichernd an, ihn damit zu schmücken. Selbstverständlich gab es ein vom Astrologen errechnetes Zeitfenster. Siebeneinhalb Stunden betrug die günstige Zeit, das *rakhi*, so wurde das Band genannt, zu binden. Die Schwester segnete damit den Bruder, der wiederum bekräftigte ihr seinen Beistand im Leben. Außerdem schenkte er ihr etwas, traditionell war das ein Sari. Oft war es das einzige Präsent, das eine Frau nach ihrer Hochzeit überhaupt noch erhielt. Zu Geburtstagen schenkten sich die einfachen Familien üblicherweise nichts.

Es wurde ein wirklich schöner Tag, im Götterhimmel, wo auch die Götter Raksha Bandan feierten, hätte er nicht strahlender sein können. Er gipfelte darin, dass wir mit Avan das Boot nahmen und trotz des Hochwassers und der schnellen Strömung eine Lichterpuja abhielten. Das Wetter spielte mit, und es fiel kein Regen. Das Boot vertäuten wir an einem der kleinen Tempel, von dem nur noch die Spitze aus den schlammigen Fluten lugte, der Rest war versunken. So konnten wir in aller Ruhe die Lichtlein entzünden und mit den bunten, duftenden Blumenmalas ins heilige Wasser setzen, begleitet von unseren Wünschen und Hoffnungen und der Dankbarkeit, dass wir das alles gemeinsam erleben durften. Avan hatte 501 Lichter vorbereitet, der Moment, als diese in Ganga schwammen, gehört zu den kostbarsten Geschenken meines Lebens.

28

Der Engelmacher

Singeshwar und Shanti waren schließlich doch für ein paar Tage in ihr Dorf gereist. Als sie wiederkamen, hatten sie gleich mehrere Überraschungen für mich dabei. Freudestrahlend überreichte mir Singeshwar eine Papaya, groß und schwer. »Vor der Tür zum Haus meiner Mutter wächst dieser Baum«, erklärte er mir stolz, es seien die besten Papayas weit und breit. Ein kleiner Junge saß schüchtern auf dem Holzmaruti, den Blick auf den Boden gerichtet, und fühlte sich sichtbar unwohl in Underground. Fragend schaute ich Singeshwar an, und er rief den Jungen zu sich. »Das ist Mangal«, stellte er ihn vor. »Er kommt aus meinem Dorf, und er hat Lepra. Kannst du ihm die Medizin geben, Tara didi?« Ein Dorfjunge also, kein Bettler, kein Wunder, dass er vor den Leuten hier Angst hatte. »*Mera naam Tara hai.* Ich heiße Tara. Mangal, *kitna saal ho gaya*, wie alt bist du?«, wandte ich mich direkt an den Kleinen. Er war zehn Jahre alt. »Woran hast du erkannt, dass er Lepra hat?«, fragte ich Singeshwar. »Seine Mutter sprach mit meiner, denn sie hat die hellen Flecken an ihm entdeckt. Wie gut, dass ich gerade zu Besuch war. Ich habe ihnen von dir erzählt und dass du Mangal bestimmt helfen wirst, deshalb hat mir die Mutter den Jungen gleich mitgegeben. Ich habe ihr gesagt, dass er nicht seine Finger verlieren muss, wenn er nur schnell die Medizin nimmt.« »Das ist großartig, Singeshwar! Du rettest ihn vor der Lepra! Gleich morgen fahren wir mit ihm zum Test.« Außer den Flecken hatte der Junge keinerlei Anzeichen der Lepra, Hände und Füße waren normal. Ich strich ihm über den Kopf und versprach ihm, dass er bald in sein Dorf zurückfahren könne mit der Medizin. Da schaute er schon nicht mehr so bedrückt drein. »Woher wird er wohl Lepra haben? Gibt es noch weitere Kranke in eurem Dorf? Was ist mit den Eltern von Mangal?«, wollte ich von Singeshwar wissen. »Ich wusste, dass du mich das fragst, Tara didi. Nein, niemand sonst hat Lepra dort. Und ich bin schon zu lange weg. Mangals Eltern besitzen nicht genug Land, um zu überleben. Deshalb waren sie jahrelang unterwegs, Geld verdienen beim Straßenbau. Sie lebten dann immer für viele Monate dicht an dicht mit den anderen Arbeitern unter Plastikplanen. Da haben sie gemeinsam gekocht, geschlafen, gelebt, so wie hier. Ich glaube, Mangal hat die Lepra daher. Er war da noch ein Kleinkind.« Nachdem ich Wolf alles übersetzt hatte, sagte er: »Schön, wie Singeshwar mitdenkt. Da hast du wirklich einen prima Assistenten an deiner Seite, Tara. Wie beeindruckend, dass er nach all den Jahren nicht verroht ist wie so manche hier.« Nachdenklich fügte Wolf an: »Mir geht ein Gedanke nicht aus dem Kopf: Wenn er Jahre zuvor selbst so jemanden getroffen hätte, dann wäre ihm das Schicksal des Löwengesichtes erspart geblieben.«

Shambu, der zwei Meter weiter auf dem Boden lag, nestelte aus seinem Beutel eine Plastiktüte und zeigte meinem Bruder eine grausige Tablettensammlung. Wolf blickte alarmiert zu mir herüber. Kapseln und Tabletten, halbe, ganze und Viertelstücke in den buntesten Farben. Das waren Tablettenabfälle, wahllos zusammengeworfen, da konnte alles dabei sein, gegen Bluthochdruck, gegen zu niedrigen, alle Sorten Antibiotika oder die Pille danach. Einen solchen Beutel hatte ihm ein Scharlatan teuer verkauft. Überall gab es selbsternannte Doktoren, die ihr Geld mit den Ärmsten der Armen machten. Die konnten sich nicht an die Krankenhäuser wenden. Shambu zu warnen war zwecklos. Denn er schwor darauf und meinte, es ginge ihm damit schlagartig besser. Nachdem ich ihm erklärte, dass dies ein lebensgefährlicher Mix sein könnte, entgegnete er nur: »Nicht gefährlich. Das hilft gegen alles, deshalb der Mix. So werde ich einfach nie wieder krank.« Deshalb kaufte er immer, wenn er Geld in der Tasche hatte, solch einen Beutel des Scharlatans. Da zog mein Bruder ein Röllchen aus seiner Tasche. »Probier lieber das«, und er hielt Shambu eine Vitaminbrausetablette hin. Glücklich über die Größe der Tablette, dadurch sah sie potenter aus, wollte Shambu sie sich sofort in den Mund werfen. Das konnten wir gerade noch verhindern und zeigten ihm, wie man sie einnahm. Kaum traf die Tablette auf das Wasser im Becher, begann sie wild zu schäumen wie die See, wenn sie sich an einem Felsen bricht. »Da sind ja Kracher in meinem Glas gelandet, schaut mal alle her. Ich habe hier ein Feuerwerk!« Shambu war begeistert, längst auf die Beine gesprungen und hüpfte fast wie Rumpelstilzchen von einem Fuß auf den anderen. Den Becher hielt er weit weg vom Oberkörper, so als würde er noch explodieren, doch ließ das Geschehen darin nicht aus dem Blick. Mein Bruder und ich lachten. Mit solch einer Aufregung um eine Vitamintablette hatten wir nicht gerechnet. Fragend schaute Shambu uns an, als die Tablette versprudelt und aufgelöst war. Das Wasser leuchtete orange, und kleine Blasen stiegen auf. »Trinken!«, antwortete ich ihm. Shambu blickte in die Runde, ob auch genügend Zuschauer seinen großen Moment miterlebten, und dann trank er. »Bahout accha, sehr gut«, befand er unter den neidischen Blicken der anderen. Schnell nutzte mein Bruder den Moment und tauschte mit Shambu. Eine Rolle Feuerwerksmedizin gegen die Tablettensammlung. Der sonst so dickköpfige Shambu brauchte nicht lange, um abzuwägen, schnell griff er nach den zauberhaften Brausetabletten, die hatten es ihm wirklich angetan. »Bestimmt sind die morgen früh schon leer, und er hat einen Vitaminschock, weil er es allen immer wieder vormachen wird«, bemerkte ich.

Diese Röllchen wurden zur wahren Kostbarkeit. Wolf gab mir alle, die er hatte, denn so etwas fand man damals in Indien noch nicht. Die Produktpalette war wesentlich einfacher gestrickt als heutzutage, ausländische Produkte gab es in Benares noch nicht. Wolf fielen all die Dinge auf, die für mich schon zum Alltag geworden waren. Noch war kaum Plastik im Umlauf. Alle Güter wurden entweder in Zeitungspapiertüten, in einfache, getrocknete Lehmtöpfchen, frische große Bananenblätter oder graue, dünne Pappschachteln verpackt. Getragen wurden die Sachen im Korb oder zum Bündel gewickelt, meist auf dem Kopf. Wenn unterwegs gegessen wurde und keine Aluminiumteller zur Hand waren, nahm man natürliche, aus getrockneten Blättern zusammengesteckt und mit Dampf in Form gepresst. Nach dem Essen weggeworfen, waren sie Futter für die Kühe. Den Dung der Kühe kneteten die Leute zu Fladen und trockneten ihn in der Sonne, meist an Hauswänden. Sie ergaben gutes Brennmaterial, um das morgendliche Kohlenfeuer zu schüren. Mit Schwung an die Hauswand geworfen, drückten sich stets die fünf Finger der Werferin in den Fladen ab und das ergab fröhliche Muster winkender Hände überall auf den Mauern und Wänden.

Während der nächsten Straßenklinik bat mich Nalini um eine Schwangerschaftsuntersuchung. Sie war eine der Frauen Undergrounds. »Didi, bald ist es so weit. Vielleicht noch eine Woche, höchstens«, und strich sich über den Neunmonatsbauch. »Gerne«, antwortete ich ihr, und wir machten uns wenig später auf den Weg. Um ihr die lange Wartezeit im bakterienverseuchten, stinkenden Krankenhaus zu ersparen, suchten wir einen privat niedergelassenen Gynäkologen auf, in der Hoffnung, es würde schneller gehen. Wolf begleitete uns. Wenn mein Bruder neben mir ging, fühlte ich mich sicher und beschützt. Seit Wolf an meiner Seite war, tatschte mich kein Inder mehr an, das war eine echte Erleichterung und Verschönerung meines Alltags. Ich wusste, es war nur eine gedrückte »Pausetaste«, aber ich genoss es.

In der Arztpraxis, die rudimentär eingerichtet war, herrschte Betrieb. Dr. Pandey nahm uns sofort dran. Nachdem er seinen fachlichen Blick auf Nalini geworfen hatte, stellte er fest, dass sie Ende des siebten Monats sei. »Sind Sie da sicher?«, fragte ich. »Die Schwangere meint, sie sei kurz vor der Entbindung.« Spöttisch lächelnd sagte er von oben herab: »Ach, die kann doch gar nicht lesen und schreiben, woher soll die denn das Datum wissen? Dumm wie Büffelkühe. So sind die alle, das kenne ich schon.« »Sprechen Sie nicht so abfällig von ihr! Das ist nicht fair, sie hat sich ihr Los nicht ausgesucht«, sagte Wolf scharf. »Also gut, ich mache noch eine Untersuchung«, willigte Dr. Pandey ein. Just in dem Moment wurde er in eine Behandlungskabine gerufen. Durch den halbgeöffneten Vorhang sah man dort eine hochschwangere Frau liegen. Eine Assistentin schleppte einen Eimer Wasser an die Stahlpritsche. Dr. Pandey steuerte aber nicht den Behandlungsraum an, sondern stellte sich in den daneben und fragte laut nach dem Stand der Dinge. »Ich fange jetzt an«, rief die Assistentin zurück. Sie zog das oben vollständig bekleidete Mädchen, das mit geöffneten Beinen dort lag, bis ans Ende der Pritsche, nahm dann ein Eisen, das aussah wie ein Wagenheber, und stieß es heftig in den Leib der sehr jungen Frau, immer wieder. Es dauerte einen Moment, bis wir begriffen, was da vor sich ging, eine gewaltsame Abtreibung. Das

Ungeborene musste schon nach dem ersten Stoß tot gewesen sein. Die Assistentin setzte eine große Spritze an, mit der sie einen Schwall Wasser in das Innere der Frau drückte. Teile des Embryos wurden ausgespült und fielen blutig in den bereitgestellten Eimer. Dr. Pandey blökte weiter seine Anweisungen vom Nachbarraum, nicht ein einziges Mal schaute er hin. In Teilen Indiens dürfen sich Frauen nicht einmal vor dem Arzt entblößen, auch nicht in einem Notfall. Wolf war grün im Gesicht und zitterte vor ohnmächtiger Wut und Entsetzen. Ich packte ihn, und wir rannten mit Nalini aus der Praxis. »Wir hätten den Arzt aufhalten müssen, Tara!« Wolf mit seiner Rechtschaffenheit würde in Indien noch verzweifeln.

»Solche grausamen Taten der Ausweglosigkeit wird es geben, bis die Frauen Rechte haben. Hast du nicht gesehen, dass die junge Frau ihre Mutter dabeihatte? Wahrscheinlich musste das Mädchen abtreiben, um die Ehre ihrer Familie zu bewahren. Ich vermute, sie wurde vergewaltigt und ist noch unverheiratet. Mit einem unehelichen Kind hätte sie ihre Zukunft verwirkt, den Namen der Familie beschmutzt. Sie müsste ihr Zuhause verlassen und würde in der Gosse landen«, versuchte ich die Umstände dieser Tat in Worte zu fassen, aber nicht zu rechtfertigen.

Nalini hatte recht behalten. Nur zwei Tage nach dem Arztbesuch gebar sie ihr Kind in Dasaswamedh. Es war eine Sturzgeburt. Alles ging so schnell, dass wir sie nicht mehr ins Krankenhaus bringen konnten. Die Frauen spannten ein paar Tücher als Sichtschutz auf, und mitten im Chaos von Underground tat das Kind seinen ersten Schrei. Wolf und ich saßen bei Shanti und Singeshwar, nur drei Meter entfernt. Wir kamen uns vor wie in einem Film. Hier das normale Treiben der Bettler, Frotzeleien und Streitereien wechselten sich ab, und da die Schreie einer Frau, die ihr Kind ohne Betäubung ins Leben presste. Kalikas Mutter gab die Geburtshelferin, und mindestens drei andere Frauen fuhrwerkten geschäftig um die selbstgebastelte Lumpenambulanz herum. Ich musste nicht helfen, das konnten sie viel besser als ich. Mir war es auch lieber, dieses Geheimnis des Lebens noch nicht lüften zu müssen. Mit *special chai* feierten wir die Ankunft eines kleinen Mädchens. Nalini drückte uns die Neugeborene in den Arm. Das zarte Menschenwesen trug die Schwingungen einer anderen Welt wie eine Aura um sich. Wolf wischte sich eine Träne aus dem Auge und wollte sich für eine halbe Stunde die Beine vertreten. Die Frauen säuberten schon den Boden vom Blut und gossen eimerweise Wasser aus, das sie mit dem Besen wegkehrten. Die Plazenta warfen sie weg. Ich hatte da besondere Rituale erwartet. Vielleicht nicht bei solch einer Geburt am Straßenrand, die eher einem Wurf ähnelte. Kalu, der Bandenchef der Straßenhunde, schlang sie mit ein paar Bissen hinunter. Sichtlich zufrieden mit der Welt legte er sich dann faul in den Schatten, es fehlte nur noch ein wohlgefälliges Rülpsen. Als Wolf wiederkam, hatte er eingekauft und beschenkte Nalini mit liebevoll ausgewählter Babykleidung, Gamcha und einem Sari für sie selbst. »So hat sie einen besseren Start«, sagte er und drückte ihr auch einen Geldschein in die Hand. Dicke Tränen kullerten über Nalinis Wangen. Ich glaube, mein Bruder kam ihr vor wie ein Prinz aus dem Abendland, der ihren Schicksalsweg glücksbringend kreuzte. Sie wollte, dass er den Namen des Kindes bestimmte. Ich übersetzte ihr, dass er gar nicht genügend Hindi-Namen kannte, um einen geeigneten auszuwählen. »Dann eben einen ausländischen, *same same America*«, entschied sie großzügig. Da die indischen Namen stets wunderschöne und tiefe Bedeutungen haben, bedachte Wolf die Kleine mit dem Namen Asha, die Hoffnung.

29

Traum und Albtraum

Der König von Benares, der Maharadscha, hieß Dr. Vibhuti Narayan Singh. Er lebte noch und war schon ein alter Mann, der zwar kein Fürstentum mehr regierte, weil Indien längst zur Republik geworden war, aber dennoch wichtige Posten bekleidete und die Kultur und die Spiritualität der Stadt förderte. So war er der Kanzler der BHU-Universität und Vorsitzender des Shri Vishwanath-Mandir-Komitees.

Es lag mir viel daran, mit meinem Bruder auch die schönen Dinge zu unternehmen, die Benares zu bieten hatte, so geschichts- und kulturträchtig wie die heilige Stadt war. Bisher hatte er Indien hauptsächlich aus der Perspektive der Bettlerwelt kennengelernt, dem wollte ich auch etwas entgegensetzen. Also fuhren wir mit Avan auf die andere Seite von Ganga, um den Maharadschapalast aus der Nähe zu sehen. Das Ramnagar Fort, der Palast, thronte am Ufer mit Blick auf die quer gegenüberliegenden Ghats der heiligen Stadt Kashi. Das Fort wurde im 17. Jahrhundert aus Sandstein erbaut und lockte den Betrachter mit seinen verzierten Balkonen, ausgearbeiteten Balustraden, morgenländischen Pavillons und Türmchen. Man wusste gar nicht, wo man zuerst hinschauen sollte. Ein verwinkeltes Spiel der Torbögen, ein Wechsel aus halbrund, eckig, gerade und rund, sichtbar und unsichtbar. Ein Königspalast wie aus Tausendundeiner Nacht entsprungen, wenn er etwas gepflegter und gleichmäßig angestrichen wäre. Verwittertes Weiß, Ockergelb und Terracottarot mischten sich unüberlegt. Das Fort stand auf imposanten steilen Festungsmauern, die sicheren Schutz vor dem jährlichen Hochwasser boten. Es war im Mughal-Stil erbaut, und man erahnte die Innenhöfe, die halbrunden Säulen, Torbögen und Treppen, die Hülle und Fülle der Meißelarbeiten, die versteckt vor den Augen des einfachen Volkes hinter diesen

Trutzmauern lagen. Die Maharadschafamilie befand sich oft auf Reisen, war sie anwesend, wehte eine Fahne über dem Fort.

Wegen des Hochwassers hatten wir statt des Ruderbootes die Straße genommen. Auf dem Rückweg nach Dasaswamedh ging die Autorikscha kaputt. Der Fahrer stieg aus und kratzte sich erst einmal ausgiebig und ratlos den Bauch. Als er endlich das Bündel Werkzeug, das in ein öliges Tuch eingeschlagen war, unmotiviert hervorgekramt hatte, schnappte Avan es ihm aus der Hand und machte sich selbst daran, den Schaden zu reparieren. Ich staunte. Was konnte er eigentlich nicht, außer Lesen und Schreiben? Er war schlichtweg lebenstüchtig. »Das ist es, was ich an Indien schätze«, sagte ich zu Wolf. »Ich liebe die Findigkeit auf der Suche nach Lösungen. Indien ist eine ständige Improvisation der Dinge.«

Ganz Dasaswamedh brodelte schon wieder vor Vorfreude auf ein Götterfest. Lichterketten wurden überall aufgehängt, Bauchladenverkäufer schoben sich durch die überfüllten Straßen, Blumenmalas waren so hoch aufgeschichtet, dass man die Verkäufer dahinter nicht mehr sitzen sah. Die Sonne schien, doch es war nicht zu heiß, sondern einfach nur angenehm. Ein perfekter Septembertag, so schien es. Des Gottes Krishna Geburtstag. Aufgeregt schnatterten die Bettler untereinander und zählten ihre Münzen, von denen es heute schon reichlich geregnet hatte. Für das Krishna-Fest richteten die Familien kleine Tonfiguren her, die das Leben und besonders die Kindheit und Jugend Krishnas zeigten. Die Lehmfiguren wurden Tage vorher überall auf der Straße von Handkarren weg verkauft, eine überbordende Auswahl an tönernen Tieren und Göttern, manche simpel und naturbelassen, andere detailreich angemalt. Vor meinem inneren Auge sah ich Frauen und Kinder in den Dörfern auf dem Lehmboden sitzen, mit Pinseln in der Hand und bunten Farbtöpfen um sie herum, diese Massengeburt von Tonfiguren anpinselnd.

Zusammen mit Wolf hatten die Straßenkinder Figuren besorgt und dekorierten liebevoll ihre Göttergeschichte aus. Kiran schleppte einen Bastkorb an, der umgedreht und mit einem Tuch bedeckt einem Hügel glich. Dahinein steckte Kalika Zweige, die als Bäume dienten. Um den Korb legten sie einen Kreis aus Backsteinen aus, auf denen sie die tierischen Figuren aufstellten. Zwischen die Tiere legten sie Blumen und Blätter ab. Krishna stand auf dem Hügel und spielte Flöte, die *gopis*, die Kuhhirtinnen, lehnten an den Zweigen. Noch bevor alles fertig war, wurde Kiran gerufen. Er sollte in Shankars Chaishop etwas helfen. Das war gang und gäbe, dass jemand, der mächtiger war, der einer höheren Kaste angehörte oder bei dem man Schulden hatte, die Kinder einfach zur Arbeit rief, ganz gleich wie alt sie waren. Wenn es Aufgaben gab, die ein Straßenkind unbezahlt erfüllen konnte, wurde es dazu benutzt und gezwungen. Da gab es kein Weigern. Wir zuckten alle heftig zusammen, als wir den Schrei hörten, der nicht enden wollte. Es war, als bliebe die Welt stehen, als zwitscherten die Vögel nicht mehr, weil sie im freien Flug abgestürzt waren. Lalu stürzte vom Pilgerweg her auf mich zu und fuchtelte mit den Armen, ich rannte los. Wolf war direkt hinter mir. Ein dichter Kreis von Zuschauern hatte sich bereits um den Chaishop gebildet, die alle drängelten, um einen besseren Blick erhaschen zu können. Wir schoben uns durch. Kiran lag am Boden, sein Kopf war in den Schoß seiner klagenden Mutter gebettet. Regungslos. Ich nahm seine kleine leblose Hand und versuchte, noch einen Puls zu finden, legte mein Ohr auf seinen Brustkorb, tastete nach der Halsschlagader, doch fand kein Lebenszeichen mehr. Er war tot. »Was ist passiert?«, mir blieb fast die Stimme weg vor Schmerz. Kiran hatte den maroden Kassettenrekorder und die Lautsprecher einstöpseln sollen, da traf ihn der Stromschlag.

Kirans Geschwister knieten um ihren toten Bruder, ich nahm sie in den Arm, und wir weinten gemeinsam. Als ich das nächste Mal hochblickte, sah ich, dass das Kleinkind der Familie vom Rockzipfel der Mutter weg auf Kiran geklettert war und versuchte, ihn zum Spielen zu bewegen. Dieses Bild brannte sich mir ein. Mein Bruder nahm das Baby und beschäftigte es. Kirans Vater war seit dem Morgen stockbesoffen und keinerlei Hilfe für die Seinen. Aus rotunterlaufenen, aderndurchfrästen Augen blickte er auf seinen toten Sohn, brach auf dem Boden zusammen und blieb dort in Embryohaltung liegen. Er war noch im Delirium und wollte dort auch bleiben. Lalu lief los und besorgte das Leichentuch, Blumenmalas und alles Notwendige.

»Wolf, hast du Geld dabei?«, das würde die Familie brauchen für die Verbrennung. Holz könnten sie sich nicht leisten, und ich wollte

Kiran nicht mit einem Stein am Fuß in den Fluss werfen lassen. Ich war noch dabei, als wir seinen kleinen Körper, aus dem die Wärme des Lebens bereits gewichen war, in ein Tuch wickelten. Lalu sagte mir zu, sich um den Rest zu kümmern. Wolf und ich nahmen die Kinder, und wir gingen zurück zu Underground. So schnell kann sich alles ändern. Der Tag hatte so wunderschön begonnen.

An der großen Feier nachts in Nikhils Haus konnten Wolf und ich nicht teilnehmen. Wir erschienen kurz, um bei der Puja anwesend zu sein, unseren Respekt zu zeigen und verdrückten uns dann auf das Hausdach, von wo wir auf Ganga schauten und über Kirans viel zu kurzes, hartes Leben sprachen. Von überall drangen Bhajans bis zu uns herauf. Ich war dem Schicksal dankbar, dass Wolf an meiner Seite war. Mit ihm gemeinsam konnte ich das alles leichter ertragen, da ich es nicht mehr nur mit mir selbst ausmachen musste.

Wolf hatte in den folgenden Tagen ein besonderes Auge auf die Geschwister von Kiran. Der nur um ein Jahr jüngere Bruder Milan rückte jetzt in den Vordergrund, er wurde zum kleinen Leitwolf seiner Geschwister. Milan war Kiran sehr ähnlich, das fiel vorher nur nicht auf, weil er in seines Bruders Gegenwart stiller war und stets dem Älteren den Vortritt ließ. Über Nacht schien Milan gereift und gealtert. Er ließ sogar seine beiden Schwestern in Ruhe, die an ihrer Mutter klebten und immer wieder in Tränen ausbrachen. Keinen ließ der frühe Tod Kirans kalt in Underground, doch das Leben ging weiter.

Dann kam Ben ein paar Tage später mit einer Sensation aus der Stadt zurück. »Ich habe eine Klinik für uns gefunden«, rief er freudig. »Nein, ich meine keine Klinik, sondern ein Haus, in dem wir eine richtige Klinik einrichten könnten!« Wir packten also schnell alle Sachen zusammen und folgten Ben. Er bog nur dreimal um die Ecke, wir waren im Viertel Augustkunda, das sich an Dasaswamedh anschloss und aus vielen engen Gässchen bestand. Ben blieb vor einem Haus stehen und klopfte geräuschvoll an das Tor. Als es geöffnet wurde, gab es den Blick frei auf ein hübsches dreistöckiges Gebäude mit langgezogenen Verandas und einem weitläufigen Innenhof. Doch das Schönste war der terrakottarot getünchte Shivatempel im Hof. Ein bezaubernder Ort, zwei Bäume wuchsen vor dem Haus. Ich war sofort angetan, und der Besitzer lud uns ein, alles zu besichtigen. Es gab neun Zimmer und ein großes, flaches Hausdach mit einem kleinen Raum, in dem die Küche untergebracht war wie bei den meisten Familien. Mit jeder Minute wurde ich glücklicher. »Wolf, schau doch, das wäre der perfekte Ort für ein Leprahaus. Hier könnten wir sauber und ohne Platznot unsere Klinik unterbringen, den Bettlern Wasch- und Kochmöglichkeiten geben, Schwache und Verletzte pflegen und selbst die Todkranken könnten hier in Ruhe sterben«, ich wurde immer aufgeregter und auch Giulia nickte. Feuer und Flamme fragte ich den Hausbesitzer schließlich nach dem Preis. So etwas verhandelte man nicht am Anfang des Gespräches. Erst muss man sich durch die Standardfragen und Antworten quälen, sämtliche Geschichten und Anekdoten anhören, manche nutzten regelrecht aus, dass man ihnen das Ohr leihen musste und fingen ab Kindheit an zu erzählen. Schließlich folgte eine umfassende Unterredung über den Sinn des Lebens, das Karma und was man heute schon getan hatte, um es zu polieren, im Tempel oder beim Fasten. Erst dann, nach vielen Chais konnte eine solche Frage gestellt werden. Ich war bereits ganz ungeduldig, wollte auch keinen weiteren Chai, sondern endlich wissen, ob wir uns einen derartigen Traum leisten könnten. Wie eine Erscheinung in der Wüste war mir dieses Haus, der nächste Schritt entschied, ob sie eine Fata Morgana oder eine Oase würde. Pro Monat wollte der Besitzer 10 000 Rupien (500 Mark) Miete haben, das war gar nicht so teuer. Danach fiel ich Ben um den Hals, die Leute drehten sich um, doch das war mir egal in dem Moment. Wir gingen zu viert Mittagessen und machten Pläne. Mit meinen inneren Augen richtete ich das Leprahaus schon ein.

Wolf und ich rechneten, diskutierten, überlegten und zeichneten den ganzen Abend lang Pläne. Draußen regnete es in Strömen, und kühle, nasse Luft strich durch den Raum und füllte ihn mit einem würzigen Geruch. Der Regen spülte den Staub aus der Luft. »Na siehst du, manchmal ist es doch praktisch, in einem Zimmer zu wohnen und alles griffbereit zu haben, oder nicht?«, fragte Wolf, denn er wusste, dass ich das Bootsleben vermisste. Da unser Viertel wieder einmal keinen Strom hatte, setzten wir uns mit Kerzen hin und brachten in ihrem Schein allerlei zu Papier. Mit meinem Bruder waren solche Momente sehr konstruktiv, nach ein paar Stunden hatten wir einen Projektplan »Leprahaus« entwickelt, unsere Ziele formuliert und wie wir sie erreichen wollten. Dazu hatten wir eine Bedarfsliste angefertigt und die laufenden Kosten geschätzt. Zur Basis nahm er meine Aufzeichnungen und die Rechnungen, die ich alle gesammelt hatte. Er zeigte mir, wie ich die Buchhaltung führen musste, wenn er damit in Deutschland etwas anfangen wollte, etwa beim Finanzamt. Ich war dankbar, er brachte Struktur in die Arbeit. »Das Projekt Leprahaus ist nur Schritt für Schritt zu verwirklichen, Tara. Am Anfang kannst du froh sein, wenn du die Miete und die Medikamente bezahlen kannst. Mahlzeiten, soziale Hilfen, Workshops, Jobs für die Bettler – das kommt alles später«, fasste Wolf seinen Eindruck zusammen. »Ich werde in Deutschland alle Leute, die ich kenne, mobilisieren, und sobald der Verein einsatzfähig ist, musst du kommen und Vorträge halten, damit wir Unterstützer finden.« »Meinst du Wolf, das wird klappen?« »So wie ich dein Projekt bisher kennengelernt habe, bin ich überzeugt davon! Wenn du das willst, dann schaffst du das auch.« »Wir, Wolf«, verbesserte ich ihn. »Also gut. Wir schaffen das gemeinsam!«, bekräftigte mein Bruder. »Ich von hier aus und du von Deutschland«, so schliefen wir dann irgendwann ein.

Die Bettler sahen mir am nächsten Morgen direkt an, dass ich gute Nachrichten hatte und stocherten so lange, bis ich nicht mehr widerstehen und weiter dichthalten konnte. Ich erzählte ihnen von dem Haus. Jubel brach aus, und Lalu, Singeshwar, Ramchandra, Puru und zwei drei andere bettelten so lange, bis ich sie mitnahm. Fein angezogen liefen wir im Grüppchen die paar Schritte zum Haus. Alle waren wir bester Laune und aufgekratzt vor Freude, wie man es bei uns sonst am Geburtstag ist.

Aber als dieses Mal das Tor aufging, änderte sich alles. Der Hauseigentümer befahl den Lepramännern in rüdem Ton, außen vorzubleiben, nur wir vier durften eintreten. Meine Laune war mit einem Schlag am Nullpunkt. Gerne könnten westliche Ärzte hier wohnen und auch eine Klinik betreiben, das sei schließlich gut für alle hier, vor allem für die Nachbarn und für seine Familie. Doch selbstverständlich sollten sich keine Leprakranken hier sehen lassen. Die dürften nicht ins Haus. Ich war wie vor den Kopf geschlagen. Am liebsten hätte ich vor Enttäuschung laut losgeheult. »Aber ich habe doch gestern von meinen Bettlern erzählt, dass sie Lepra haben und wir sie davon heilen. Wieso war das gestern in Ordnung und heute ist es indiskutabel?« Argumentieren nutzte nichts, da war nichts zu machen. »Meine Familie erlaubt das nicht. Ekdam no.« Ich sah ihm an, dass er gern jeden Monat das Geld gezählt und Kontakt zu Westlern gehabt hätte, aber er verachtete die Leprakranken zu sehr. Wir schlichen davon wie besiegte Straßenhunde. Immerhin hatte ich für 24 Stunden ganz wunderbar geträumt.

Wolfs Abschied nahte und Daddu ließ es sich nicht nehmen, ihn in einen ganz besonderen Tempel zu führen. Ich habe den alten Mann nie das Dharamsala verlassen sehen, außer für einen kurzen Gang zum Chaishop. Das Besondere an dem Bharat Mata Mandir war, dass es keine Götterfiguren zum Anbeten gab, sondern ein in den Boden eingelassenes riesiges Relief der indischen Landmasse. Mit einem Blick kann man die Topographie dieses gewaltigen Subkontinents erfassen. Küste, Wüste, Hügelland und die steil heraufragenden höchsten Berge der Welt.

»Mahatma Gandhi hat diesen einzigartigen Mutter-Indien-Tempel 1936 persönlich eingeweiht. Da war ich um die 15 Jahre alt«, begann Daddu mit einem fast jugendlichen Leuchten im Blick. »Die Geographie unseres Landes ist uns Indern heilig. Für uns ist Bharat Mata unsere Mutter, das Land der sieben heiligen Ströme, des Himalaya, der zugleich Wohnsitz der Götter ist, der sieben heiligen Städte wie Kashi, *sapta-puri*, der vier heiligen Punkte der Himmelsrichtungen, *dhama*. Sieh hin mein Sohn, auf dem Relief sind die 108 Sitze der Göttin und alle heiligen Orte, an denen sich Shiva manifestiert hat, eingezeichnet.« Daddus runzeliges Gesicht erstrahlte. »Ja, ein heiliges Netzwerk liegt über ganz Indien. Ich staune über die Distanzen, die Pilger seit Jahrtausenden auf sich nehmen, wenn sie zu allen vier heiligen äußersten Punkten reisen«, antwortete mein Bruder beeindruckt.

30

Allein unter vielen

Bei meinen Bettlern lebte auch eine Gruppe von Rasierern, die als niedrige Dienstleister angesehen wurden, die meisten besaßen nicht mehr als die Kämme und Spiegel sowie ihr Rasiermesser. Sie arbeiteten am Straßenrand und hängten den Spiegel an einer Mauer oder einem Baumstamm auf. Sie schoren die Pilger, die aufgrund religiöser Riten ihre Haare opferten. Wenn jemand in der Familie starb, rasierten sich die Söhne der Familie die Köpfe als sichtbares Zeichen ihrer Trauer. Auch Witwen wurde die Haarpracht genommen. Die Männer am Ghat waren keine Friseure, sondern Scherer. Wie eine Schafherde kamen die Pilger und beugten ihre Köpfe zur Komplettrasur. Das spärliche Einkommen der Barbiere reichte nicht aus, um sich ein Zimmer leisten zu können.

Einer von ihnen, Gagan, lag halbtot am Straßenrand. Gesicht, Hände und Füße waren aufgeschwollen, die Zunge hing ihm aus dem Mund. Er war kaum ansprechbar und wimmerte. Ich wollte zumindest versuchen, ihn zu retten und brachte ihn mit Wolfs Hilfe ins Krankenhaus. Während der Fahrt dorthin hatte ich mehrfach die Sorge, er könnte in meinen Armen versterben. Im Krankenhaus bekam ich sogar einen einfachen Rollstuhl bereitgestellt. Wie ein zerbrechlicher Reishalm, der durchgenickt war, saß Gagan in dem eisernen Rollstuhl, der klobig und schwer zu schieben war. Gagan wurde untersucht, abgetastet, geröntgt und als Letztes nahmen sie ihm Blut ab. Also legte ich seinen Arm frei. Bis dahin ging alles gut, als er aber sah, dass sein Blut in das Röhrchen lief, wurde er plötzlich ganz lebendig und zog sich mit einem Ruck die Spritze aus dem Arm. Blut spritzte aus der Kanüle in einem Halbkreis durch den Raum. Gagan schrie, als hätte er die Tollwut und war nicht zu beruhigen. Schnell schob ich ihn nach draußen. Er zeterte weiter und schrie um Hilfe! Natürlich hatten wir in Sekundenschnelle Dutzende um uns geschart, die sich an dem Drama ergötzten. »Das ist ein Dämon«, schrie Gagan wie von Sinnen. »Sie hat mein Blut verkauft, helft mir, sie verkauft mein Blut! Hilfe! Hilfe!« Ein Raunen ging wie ein Rasseln durch die Menge und wie immer war sie zwiegespalten. Manche riefen Gagan zu, er solle die Klappe halten, andere schauten finster in meine Richtung und überlegten laut, wie viel Geld ich wohl damit einstrich, den Armen ihr Blut zu rauben. Natürlich merkte mein Bruder auch ohne Hindikenntnisse, dass die Situation leicht entzündbar war. Bevor sich ein Mob aus Wütenden bilden konnte, sprangen wir mit Gagan auf eine Fahrradrikscha und brachten ihn nach Dasaswamedh zurück. »Hilfe, Hilfe, helft mir!«, brüllte er die ganze Fahrt lang, es war anstrengend. »Das war knapp. Was für ein Drama! Warum regt er sich so auf? Was ist sein Problem?«, fragte Wolf, als wir zu Atem kamen. »Das Röhrchen Blut war in seiner Vorstellung eine Ampulle Lebenskraft, die er nun weniger hat.« »Ihn vom Gegenteil zu überzeugen wird wohl zwecklos sein«, schätzte Wolf die Situation realistisch ein. Weil es nicht regnete, war es drückend heiß, und ausgelaugt kamen wir am Ghat an. Dort richteten wir Gagan ein Plätzchen im Schatten ein und ich sprach mit meinem Team, dass sie ein Auge auf ihn hätten in der kommenden Zeit.

Nach eineinhalb Monaten waren meinem Bruder die Kinder sowie die Bettler fest ans Herz gewachsen. Jetzt drängten sich alle um ihn, jeder Einzelne wollte Wolf persönlich verabschieden. Wir fuhren gemeinsam für knapp 14 Tage nach Nepal, denn ich musste nach sechs Monaten mein Visum wieder verlängern.

Mein Bruder fuhr in Deutschland sommers wie winters Motorrad und traute sich die holprigen Nepalpisten zu. Also knatterten wir durch das Kathmandu-Tal und buchten uns für ein paar Tage in einem kleinen verschlafenen Nest, namens Dhulikhel, ein. Von dort aus konnte man bei wolkenlosem Himmel während des Sonnenaufgangs die ganze Himalayakette sehen. Berg an Berg standen sie aufgereiht wie Perlen an der Schnur. Jeden Morgen schlichen wir uns noch bei Dunkelheit mit der Wolldecke in den Garten und erwarteten das Spektakel der erwachenden Berge. Es hätte mich nicht gewundert, wenn ein ohrenbetäubendes Gähnen als Echo zu hören gewesen wäre.

Die Sonne begrüßte jeden ihrer Berggipfel einzeln, und wenn sie ihn mit ihrem Morgenlicht anstrahlte, sah es aus, als legte sie ihm die Hand auf die Schultern. Hier verbrachten wir ganz ruhige Tage, tranken eine heiße Schokolade nach der anderen und unterhielten uns ausführlich und ohne Störung, denn wir waren die einzigen Gäste.

»Die Gewalt in Benares ist schwer zu ertragen, vor allem die an den Frauen und Kindern«, begann Wolf das Gespräch, das ihm auf dem Herzen lastete. »Diese Menschenverachtung, die die Leprakranken und damit auch du jeden Tag erfahren … wie willst du das nur aushalten?« »Auch wenn sich das vielleicht merkwürdig anhört, aber ich halte es nur aus, weil die Situation für die Unberührbaren so ungerecht und würdelos ist. Ihnen wurde jede Kraft zum Handeln genommen. Alleine können sie ihre Situation nicht ändern. Könnten sie sich selbst helfen, wäre es *nur* die Armut, würde ich mich umdrehen und mein bisheriges Leben weiterleben. Doch niemand ist unberührbar!« Mein Bruder nickte. »Wolf, mir ist klar, dass ich nicht das Stigma für alle Leprakranken Indiens in Luft auflösen kann, doch ich kann zumindest versuchen, für diese Menschen, die meinen Weg so dramatisch kreuzten, etwas zu erreichen.« Wolf fiel mir ins Wort: »Das hast du bereits mit deinem Team getan. Ich sehe, wie sich die Kranken wieder als Menschen wahrgenommen fühlen, das ist das größte Geschenk, das du ihnen machen kannst, neben der laufenden medizinischen Heilung. Dein ganzes Projekt strahlt Hoffnung aus.« »Und zu deiner Frage zurück, Wolf, wie ich das aushalte«, setzte ich erneut an. »Es gibt genügend Kraftmomente, eben diese Hoffnung und die Liebe der Leprakranken, mit der sie mich überschütten, die überwiegen den Schmerz der schlechten Momente. Die Leprakranken müssen viel mehr aushalten als ich, das schaffe ich schon. Ich bekomme so viel zurück, mein Herz ist voll.« Wolf lächelte, in Gedankenbildern versunken, und fügte hinzu: »Hier lernt man, dass es schöner ist zu geben, als immer nur zu nehmen. Ich bin froh, dass ich diese Erfahrung jetzt schon als junger Mensch gemacht habe«, fasste mein Bruder seine Eindrücke zusammen. »Das habe ich auch schon unserer Mutter geschrieben.«

Der Abschied von meinem Bruderherz fiel mir unendlich schwer, wieder wollte ich ihn gar nicht loslassen. Er hatte ein aberwitziges Gepäck dabei, denn Avan schenkte ihm vor der Abreise einen Mörser für die Gewürze Indiens. Das Ding war riesig, aus massivem Stein und wog mindestens vier Kilo.

Die Tränen liefen, als Wolf am Flughafen Kathmandu durch die Sperre ging. »Ich bin immer für dich da!«, und tippte auf sein Rakhiband, das er noch ums Handgelenk trug.

Ich sah sogar sein Flugzeug abheben und über mir Richtung Himalaya hinwegschweben. Ich sendete ihm all meine Liebe in die Höhe und weinte. Jetzt war ich wieder alleine! Allein unter Millionen Indern.

Am ersten Halt des Busses nach der Grenze stieg ich aus, um mir eine Packung Kekse zu kaufen. Ich trat an die kleine Bretterbude, nahm die trockenen übersüßten Standard-Kokosnusskekse und wollte sie gerade bezahlen, als mir der 15-jährige Verkäufer, freundlich grinsend, einen Willkommensgruß in Hindi auf mein Namaste zukommen ließ: »*Sali*, du weiße Hure. Ich habe einen langen Bambus, den kannst du gerne haben jetzt gleich.« Ich dachte, ich höre nicht recht! Dabei lächelte er mich dümmlichdreist an. Hätte ich kein Hindi verstanden, hätte ich das wohl für Freundlichkeiten gehalten! Ich knallte ihm wortlos eine im Namen aller Frauen und stieg wieder in den Bus. Verdutzt rieb er sich die Wange, und sein Blick wurde noch intelligenzbefreiter. Gut, dass mein Bruder das nicht gesehen hatte. Kaum war er weg, flogen mir schon wieder die Anzüglichkeiten um die Ohren. Welcome to India.

Es war dunkel, der Bus sollte über Nacht durchfahren bis Benares, er würde zwar mehrmals halten, doch ich musste nicht mehr wechseln. Ich schlief ein und träumte schlecht. Irgendwie fühlte ich mich verfolgt und dauerbelästigt. Da merkte ich auf einmal, dass ich gar nicht in einem Albtraum gefangen war, sondern dass tatsächlich eine Hand an mir herumfummelte. Ich packte sie im Dunkeln und fand heraus, dass sie zu dem Mann im Sitz hinter mir gehörte. Der saß da mit offener Hose und begrabschte mich in einem fort. Ich schrie laut auf, das Licht ging an, und es dauerte nur wenige Sekunden, bis der Typ mit heruntergelassener Hose aus dem Bus geworfen wurde. Mitten im Nirgendwo, doch das hatte er nicht anders verdient. Danach konnte ich nicht mehr schlafen. Der ganze Bus starrte mich an. Ich vermisste meinen Bruder. Das Gefühl des Alleinseins begleitete mich bis Benares.

31

Straßentiger

»Tara didiiiiii!«, gerade als die Rikscha schwungvoll in die Dasaswamedh Road einbog, hörte ich die altbekannte Stimme Ramchandras vom Straßenrand. Sofort ließ ich ihn aufsteigen, und wir fuhren die letzten Meter zusammen. Er kam vom Betteln aus der Stadt zurück, das tat er nicht oft, also musste am Ghat momentan nicht viel zu holen sein. Ramchandra sah ganz verändert aus. Seine Wuschelhaare abrasiert, trug er nur noch kurze Stoppelhaare, vielleicht einen Millimeter lang. Er sah blendend aus. Selbst war er gar nicht begeistert von seiner neuen Frisur, sie stand ihm aber wirklich, sein Teddybärengesicht erhielt auf einmal markante Züge, er sah viel männlicher aus.

Das Gefühl, wieder nach Hause zu kommen, erfüllte mich. Die Bettler waren genauso aufgeregt wie ich, die Kinder sprangen um mich herum und zupften mich am Arm, damit ich sie ja nur bemerkte. Chai für Chai arbeitete ich mich vor, bis ich schließlich im Underground bei Singeshwar und Shanti saß. Singeshwar berichtete, dass die Straßenklinik während meiner Abwesenheit reibungslos weitergelaufen sei, keine besonderen Vorkommnisse, alle nahmen jeden Tag die MDT-Medikamente. Das waren gute Nachrichten. Shanti hatte beobachtet, dass ich wieder meine Kopfhaut wund kratzte und versprach mir, bis morgen das Anti-Läuse-Öl zu mischen und mich damit einzuschmieren. Das war auch bitter nötig: Fasste ich mir an den Kopf, fand ich eine Laus neben der anderen. Wie eine mächtige Zucht lebte dort auf meinem Haupt wieder eine ganze Kolonie und ernährte sich dreist von meinem Blut. Fast wie eine Kräuterhexe hatte Shanti in langjähriger Erfahrung eine Geheimtinktur entwickelt. Was sie genau in das Öl mischte, wusste ich nicht, es konnte zugegebenermaßen alles sein, besser, ich fragte nicht. Hauptsache, mir fielen nicht die Haare aus und die Läuse wurden fühlbar dezimiert, Nachfragen hätten wahrscheinlich Ressentiments geweckt, doch hier zählte nur der Erfolg, wenn ich nicht mit Glatze herumlaufen wollte wie eine indische Witwe. Die Seifen, Öle und Shampoos aus den Apotheken halfen im Vergleich dazu gar nicht. Während sie schnalzend meine Kopfhaut in Augenschein nahm, erzählte sie mir den Underground-Gossip, wer mit wem was veranstaltet hatte. Fast wie in einer Teenagerclique, ich musste schmunzeln. Durch Shanti erfuhr ich, dass Shivani sich mit Juddin zusammengetan hatte. »Sie ist jetzt seine Frau!«, wiederholte Shanti bestimmt, als ich sie ungläubig anschaute. Ich freute mich für Shivani, das war eine gute Entscheidung. Sie brauchte Schutz auf der Straße, den konnten ihr die Großmütterchen Naurangi und Rani kaum bieten. Juddin war ein sehr lieber Mann, ein reizender Zeitgenosse, immer ein Lächeln auf den Lippen. Er saß in der Bettlerreihe auf dem Pilgerweg noch vor den Treppen, ein guter Platz, den er schon jahrelang innehatte. Wir scherzten oft miteinander, er hatte immerzu einen positiven Spruch für die anderen parat. Ein guter Mittelklassebettler, beständig, relativ sauber und selten krank. Juddin war bereits seit seiner Geburt verkrüppelt und hatte eine derart verdrehte Wirbelsäule, dass sein Rücken dem Gewinde einer Schraube glich. Aufrecht stehen konnte er nicht, kam aber weit vorwärtsgebeugt ein paar Schritte voran unter vielen Mühen. Meistens saß er auf einem Rollbrett und schob sich mit den Händen vorwärts. Verteidigen konnte er sich nicht, aber er strahlte die Autorität des sanftmütigen Weisen aus. Ich hoffte, dass Shivani und er es gemeinsam besser hatten. Er lebte in einem Grüppchen mit drei anderen Bettlern und seiner Mutter zusammen, die noch einigermaßen in Schuss war.

Mein nächster Weg führte mich zu Giulia, mit der ich den ganzen Abend gemütlich zusammensaß. Das Schulprogramm lief großartig, erzählte sie mir strahlend. Von 14 Kindern, die am ersten Tag den Unterricht wagten, wuchs die Zahl schnell auf über 20. Mohan musste jeden Morgen schon zwei Mal hin- und herfahren. Das war ein riesiger Erfolg, den Giulia initiiert hatte. Wir wussten, es war nur eine Frage der Zeit, bis auch die übrigen Straßenkinder zur Schule wollten. Die Kinder machten eine gewaltige Wandlung durch. Mühsam lernten sie stillzusitzen, erzählte Giulia mir, und ich musste nicht lange raten, wer unsere Zappelphilippe waren. Das Schwierigste war wohl, ihnen den Straßenslang abzugewöhnen. Oft hörte man schon die Kleinen fluchen wie volltrunkene Hafenarbeiter. Die Kinder waren völlig ungebildet und benahmen sich wie wilde Straßentiger, sie hatten auch keine guten Vorbilder zu Hause. Sie hatten gar kein Zuhause. Für die Lehrerin war es eine riesige Herausforderung, die sie mit großem Herzen anging.

Da die Kinder jeden Morgen vor der Schule Chai tranken, kam mir die Idee, Puru einen kleinen Job anzubieten. Als ich das nächste Mal in Dasaswamedh war, gab ich ihm 150 Rupien für einen Kerosinofen. Ich schlug ihm vor, damit jeden Morgen für die Schulkinder Chai zu kochen, und er werde dafür von uns bezahlt. Er schlug ein, und wir verabredeten, dass er den Ofen abbezahle, indem er die erste Woche ohne Lohn arbeite. Puru litt nicht unter Tuberkulose, und gegen die Lepra nahm er regelmäßig die MDT, also konnte er die Kinder nicht anstecken. Puru war zurzeit rundherum glücklich und hatte sich mit Plastikplanen und dem Bambusschirm, den wir für die Straßenklinik benutzten, ein kleines provisorisches Heim gebaut. Die Frau von Ashok, der vor drei Monaten an Tuberkulose gestorben war, und ihre kleine Tochter mit den dicken Pausbacken, lebten jetzt bei ihm. Jeden Tag kochten sie, meistens Fisch, eben typische Bengalis! Ein unübersehbares Strahlen umgab Puru und seine neue Familie. Genau der richtige Moment, um ein kleines Geschäft zu starten. Zufrieden schwang ich mich auf mein Fahrrad und fuhr heim.

In Nikhils Haus lebte zu der Zeit auch eine kleine westliche Familie, die Französin Valerie mit ihrer Tochter und ihrem belgischen Freund. Sie waren bestimmt zehn oder 15 Jahre älter als ich und bewohnten zwei Zimmer am Anfang des Flures. Wir waren nicht gerade befreundet, kamen aber gut miteinander aus und tranken manchmal einen selbstgebrauten französischen Kaffee zusammen, eine kleine Kostbarkeit.

Dann kam der Tag, den ich nicht so schnell vergessen sollte. Ich kehrte gerade von meinem Taekwondo-Unterricht zurück, den ich, seit mein Bruder abgereist war, nahm, als Valerie sich vor mir aufbaute. Sie verlangte in wütendem Ton, dass ich sofort das Haus verlassen sollte! »Du hast Lepra, Tara. Das ist doch offensichtlich! Du bist ja auch den ganzen Tag mit Leprakranken zusammen, kein Wunder! Raus hier, ich habe Angst um meine Tochter!« Ich erstarrte. Das konnte sie doch unmöglich ernst meinen. Ich erklärte ihr, dass man nicht einfach so eben Lepra bekomme und die Inkubationszeit zehn bis 15 Jahre betrüge. Fast hasserfüllt deutete sie auf meinen Fuß. Da hatte ich seit ein paar Tagen eine entzündete Wunde, die nicht heilen wollte, weil die Plastiksandalen daran scheuerten. Valerie hielt das für Lepra, sie war panisch, ihr war mit keinem vernünftigen Argument beizukommen. Ich ging zu Nikhil und erklärte ihm die Lage. Natürlich zog ich nicht aus, es gab aber ein langes Palaver. Ich war sehr enttäuscht, von den Indern war ich ja so einiges gewohnt, aber Valerie war eine Westlerin!

Obwohl Nikhils Familie in der Kastenleiter ganz oben stand und das meiste Ansehen genoss, lebten sie im Grunde genommen auch nicht anders als Avans Familie, die auf derselben Leiter ganz unten dümpelte. Nikhils Familie bezog ihre Einkünfte aus dem Landbesitz. Trotzdem lebten sie ihren Wohlstand nicht, sie leisteten sich noch nicht einmal einen Kühlschrank. Innen war das Haus sauber, aber ebenso wenig möbliert. Außer den *chowkis*, einfachen Holzpritschen, und den abschließbaren Stahlschränken, die aussahen wie Restbestände der Stasi, gab es keinerlei Möbelstücke. Man saß auf dem Boden. Auch hier war der Umgang rau. Der älteste Sohn, Nikhil, war mit einer wirklichen Schönheit verheiratet. Ihr Gesicht war so ebenmäßig, wie das von Schneewittchen beschrieben wird, fast dunkelblau schimmerndes Haar, große Augen und eine Haut wie Elfenbein. Ihre Schönheit verlieh ihr eine Grazie und Anmut, die jeden bezauberte. Botticelli hätte seine Venus noch einmal umgearbeitet und ihr angeglichen, wenn er ihr begegnet wäre. Doch sie beging den riesengroßen Fehler, nur drei Töchter auf die Welt zu bringen und keinen einzigen Sohn. Die Frauen Indiens standen unter dem Druck, Söhne gebären zu müssen. Zumindest ein Sohn war notwendig, denn nur der älteste Sohn konnte den Scheiterhaufen anzünden, auf dem die Eltern verbrannt wurden, und so sicherstellen, dass die Seelen in den Kreislauf der Wiedergeburten eintraten. Wenn die Frau ein Mädchen gebar, war sie nichts wert, denn die Mädchen verursachten nur Kosten, während des Heranwachsens und wegen der Mitgift. Kam ein

Mädchen auf die Welt, war es immer die Schuld der Mütter. Ich versuchte oft, den indischen Männern zu erklären, dass es medizinisch gesehen nicht an den Frauen lag, welches Geschlecht das Neugeborene hatte. Da hätte ich genauso gut gegen eine Wand anreden können.

Ein Sohn hätte Nikhils Angetrauter Respekt verschafft und sie vielleicht davor geschützt, dass Nikhils Vater sich an ihr verging. Um sie vor weiteren Übergriffen zu bewahren, sperrte Nikhil seine Ehefrau tagsüber in ein Zimmer ein, es lag nur zwei Räume neben meinem. Nikhils Frau kam mir vor wie ein Singvogel in einem viel zu kleinen Käfig, gewiss würde sie jegliche Lebensfreude und ihre angeborene Stimme verlieren. Oft hörte ich sie weinen. Sie stillte noch, also war das Baby immer bei ihr, die beiden größeren Töchter tollten im Haus umher und wurden von den anderen Frauen des Hauses miterzogen und mitgefüttert. Nikhil selbst war den ganzen Tag aus dem Haus, auch wenn er keiner Arbeit nachging, denn die meisten Tätigkeiten und Berufe waren für einen Brahmanen nicht geeignet.

Der alte Vater soff fast jeden Abend bis zur Bewusstlosigkeit. Irgendwann hielt ich die Streitigkeiten, die er vom Zaum brach, kaum noch aus. Nikhil, seinem Bruder und den beiden Schwestern machte die Situation sehr zu schaffen. Die hierarchischen Strukturen waren festgefahren, und der Respekt stand über allem, selbst wenn er ungerechtfertigt war. Wenn der Vater oder der älteste Sohn in einem Teeladen saß, durften die jüngeren Söhne diesen nicht betreten. Was die Respektspersonen dort beredeten, ging sie nichts an. Das betraf nicht nur die Familie, sondern das war auch zwischen den Kasten so. Wenn auf der Straße ein Unfall passierte, zählte nicht, wer den Zusammenstoß verursacht hatte, sondern nur, wer aus welcher Kaste stammte. Der aus der höheren Kaste hatte das Recht auf seiner Seite. Ein Brahmane konnte auf der Straße mit den Fingern schnippen und einen Wildfremden herbeirufen. Dem gab er eine Münze und schickte ihn eine Zigarette holen. Die konnte man einzeln kaufen, die wenigsten erwarben ein ganzes Päckchen von zehn. Widerstandslos wurde der Dienst ausgeführt. So war es in Benares. Klar, dass das die Reichen und Mächtigen nicht ändern wollten, denn sie hatten leichtes Spiel.

Während der nächsten Straßenklinik schlief Musafir beim Bandagenwechsel einfach ein. Seelenruhe oder musste ich mir Sorgen machen? Als ich ihn fragte, polterte er los, dass er nachts kein Auge zugetan hätte, weil schon wieder Diebe unterwegs waren, die den Schlafenden die Dinge unter dem Hintern wegzögen. Deshalb hätte er Wache gehalten, so wie auch schon andere Nächte. Er war eben unser »alter General«. Nach getaner Arbeit in der Straßenklinik setzte ich mich ein bisschen zu Shivani, die gelöst und glücklich wirkte. Juddin war sicherlich nicht der Mann ihrer Träume, doch er gab ihr Würde zurück, weil er sie davor bewahrte, Freiwild zu werden. Man sah Shivani an, dass es ihr gefiel, sich wieder um eine Familie zu kümmern, Juddins Hemden und Lunghis im Fluss zu waschen und dadurch auch ohne Obdach so etwas wie Normalität in ihr Leben zurückzuholen. Stolz zeigte sie mir die glitzernden, türkisblauen *Bangles*, die sie am Armgelenk trug und die bei jeder Bewegung fröhlich klackerten. Mit dem Rascheln des Saris und dem Klimpern der Fußkettchen ergab es das Lied der Lebendigkeit, das jede Inderin umschwirrte, ob reich oder arm. Das Set hatte Juddin ihr geschenkt.

Ich war etwas abgelenkt, weil ich über das Gespräch mit Mohan nachdachte. Er hatte sich bei mir beschwert, er werde schlecht behandelt. Mohan machte seine Arbeit eigentlich gut. Er war jeden Morgen pünktlich und hielt die Rikscha in Schuss. Es war nicht leicht für ihn, denn als Lepramann wurde er auf der Straße oft beschimpft. Keiner der anderen Verkehrsteilnehmer fand es gut oder gar bewundernswert, dass er arbeitete und sich sein Geld verdiente, statt sich mit der Bettlerrolle zu begnügen. Auch die Lehrerin verabscheute ihn, und es kam ständig zu Konflikten. Der andere Schulrikschafahrer, wir hatten bereits eine zweite im Dienst, hatte kein Lepra. Deshalb durfte er, im Gegensatz zu Mohan, die Schule betreten, während Mohan wie ein Hund draußen warten musste. Ich sprach mit der Lehrerin und sagte, dass es so nicht ginge – wenn sie dem einen Tee anböte, müsse sie dem anderen auch welchen geben. Die Lehrerin zeigte dieselbe Befangenheit in Bezug auf Lepra, wie sie alle anderen Inder auch empfanden: »Wenn die Leute sehen, dass er in mein Haus geht, ist es nicht gut für uns!«

Mohan durfte die Rikscha auch nachmittags benutzen, und er fand tatsächlich kleine Nebenjobs. Einmal fuhr er eine ganze Zeitlang lebende Hühner, und alle regten sich darüber auf, die Schule und mein

Team, weil die Schulrikscha nach Federvieh stank und voller Dreck war. Aber ich fand es gut, dass er sich nebenbei noch Geld verdiente und bat ihn nur, die Rikscha gründlicher auszufegen.

Allerdings ging Mohan nicht unbedingt weise um mit dem Geld. Hatte er welches, trank er viel und aß Hühnchen. Seiner Frau gab er nichts davon ab. Außerdem war er lotteriesüchtig und spielte ständig – dafür ging das meiste Geld drauf. Also sprach ich ihn darauf an, dass ich einen Teil seines Lohnes einbehalten und für ihn ansparen könnte. Er überlegte erst hin und her, denn so sehr er mich respektierte, so sehr kränkte es ihn in seiner Mannesehre, Vorschläge von einer Frau anzunehmen. Schließlich erklärte er sich bereit, ein Viertel seines Gehaltes einzusparen. Neben der MDT war das sein nächster großer Schritt ins Leben zurück.

32

Stimmentheater

»Persoram, gib doch einfach mal Ruhe! Was soll das denn?«, tadelte ich ihn vorwurfsvoll. »Du kommst jeden Tag mit anderen Verletzungen und brauchst neue Bandagen. Das tut doch weh!«

Persoram schaute mich spöttisch an und behauptete: »Nein, das tut mir nicht weh! Den Leuten, die mich verprügeln, tut das viel mehr weh! Schlechtes Karma für sie.« Er übertrieb gnadenlos und wurde immer verrückter. Ich konnte ihn nicht mehr bremsen. Nachts kam er oft nach Assi Ghat und schrie und sang laut wie ein Presslufthammer unter meinem Fenster. Die Nachbarn wachten auf und waren stinkwütend, die Babys schrien. Erst drohten sie ihm, dann verprügelten sie ihn, jede Nacht härter. Ich kannte Persoram mittlerweile gut und konnte die vielen Stimmen, die er nutzte, auseinanderhalten. Die kamen aus seiner Vergangenheit. Sie entsprachen Personen oder bestimmten Charakterzügen und Stimmungen. Ich hörte an der Tonlage, ob sein Vater, sein Onkel oder seine Mutter sprach. Natürlich hatte er auch seine eigene Stimme, die ließ er aber nur selten völlig ungeschminkt heraus, auch die ertönte in fünf Varianten. Irgendetwas Tragisches musste wohl vorgefallen sein, denn oft stritten die Stimmen heftigst miteinander, und er simulierte Schussgeräusche. Persoram erzählte seine Geschichten nicht nur, er untermalte sie stets mit großer Gestik und Mimik. Er war ein wandelndes Puppentheater, seine Stimmen waren die Puppen. Wenn man das begriffen hatte, ergaben manche Geschichten Sinn.

Persoram konnte flüssig lesen und schreiben, oft notierte er Sanskrit-Mantren. Deva bestätigte mir bereits, dass Persoram die alte und heilige Sprache Indiens beherrschte. Eine arme Familie hätte sich eine solche Ausbildung nicht leisten können, oder war Persoram in einem Ashram groß geworden? Es war nicht aus ihm herauszulocken.

Persoram agierte immer verrückter und baute körperlich ab. Mittlerweile passte er in Kindershorts. »Ganz klar, fortgeschrittene Syphilis!«, stellte der Arzt fest. »Ich kann für nichts garantieren. Vielleicht ist es schon zu spät«, sagte der Arzt bei der klinischen Untersuchung, nachdem er ihm die Lymphknoten, die Arme und Beine abgetastet sowie in den Rachen geschaut hatte. Bluttests und Abstrich bestätigten die Diagnose. Er bekam umgehend Penicillin in den Gesäßmuskel gespritzt. »Da der Impfstoff hochdosiert ist, tut er sehr weh«, erklärte mir der Arzt grinsend, so als hätten die Kranken das als Bestrafung verdient. Persoram jammerte und rollte die Augen.

Auch Premanand machte es sich zur festen Angewohnheit, jeden Abend unter mein Haus zu kommen. Er lief dafür stromaufwärts an den Ghats entlang und wartete vor der Tür, bis ich kam. Egal, wie lange das dauerte. Er wartete ruhig und fast unsichtbar, zumindest störte er niemanden. Wenn ich dann heimkam, faltete er seine Hände vor der Stirn, schaute mich liebevoll an und sagte schlicht: »Good night my dear daughter!«. Danach drehte er sich um und lief zurück nach Dasaswamedh. Das machte er viele Jahre, so wie Persoram unzählige Blüten für mich pflückte. Ich wusste das zu schätzen, das war auch eine Art Reichtum.

Aufgeregte Vorfreude lag in der Luft, weil Navratri begann, die neun Nächte der Göttin Durga, die zweimal im Jahr gefeiert werden, im Frühjahr und im Herbst. Sie gipfelten in der Durgapuja. Ich fastete neun Tage lang, das taten alle Frauen hier, und ich wollte das am eigenen Leib miterleben. Ich merkte, wie ihr Respekt für mich stieg, indem ich es ihnen gleichtat. Während dieser neun Nächte hegten die Familien einen Wasserpott, einen *ghata*, im Haus, der ein Symbol für die heilige Anwesenheit der Göttin war. Überall werkelten die Leute, bauten Bühnen auf und brachten Girlanden an, um die Wege zu säumen. Wenn es Strom gab, zuckten Lichterketten in allen Farben um die Wette, und Musik plärrte aus den Lautsprechern. Jedes Viertel errichtete seinen eigenen Durgaaltar. Schon die Vorbereitungen waren spannend zu beobachten, denn die verschiedensten Nachbarschaften,

Vereine und Tempel begaben sich in einen Wettstreit der ausufernden Anbetung. In den Straßenfluchten entstanden binnen Stunden großartige Tempel aus Holz, Pappe und bemaltem oder in Tücher eingewickeltem Styropor. Ein dramatisches Zusammenspiel aus Farben und Formen. Manche Tempel wären es wert gewesen, in Stein gebannt für die Ewigkeit zu bleiben. Der Verkehr wurde umgeleitet, die Göttin hatte Vorfahrt. Die Festivalstimmung legte sich über die ganze Stadt. Es gab niemanden, der keine Beziehung zu Durga gehabt hätte. Sie war wie die Mutter für jeden. Mutter Natur, Mutter Leben, das Weibliche, Shivas Shakti. Als die vielen Tempel standen, wurden die Durgafiguren, die mehrere Meter hoch sein konnten, dorthin transportiert und aufgestellt. Sie trugen eine Augenbinde, denn die Göttin wohnte noch nicht in dieser Gestalt. Mit einer Puja wurde der Statue Leben eingehaucht und die Binde feierlich abgenommen. Danach begann der Darshan, der Besuch der Gläubigen.

Persoram ging es derweil immer schlechter. Sein Gesicht war über Nacht eingefallen und glich einem Totenkopf. Aber noch immer rannte er kreischend durch die Menge und riskierte Schläge wegen seiner Obszönitäten. Jetzt war er wirklich ein Pagal, ein Verrückter. Ich drang nicht mehr zu ihm durch, aber die tägliche Blüte brachte er mir immer noch. Ich wünschte, er würde ein bisschen mehr nach sich selbst schauen. Mitten in der Nacht schreckte ich hoch durch Schreie. Persoram brüllte unter dem Fenster meinen Namen. Zuerst dachte ich, es sei wieder irgendeine Spinnerei von ihm, doch die Dringlichkeit und die Verzweiflung in seiner Stimme ließen mich nachschauen. Es ging ihm so schlecht, dass ich ihn sofort ins Krankenhaus brachte. Es war bestimmt zwei Uhr nachts, ich schleppte ihn durch die streng nach Ammoniak stinkende Pinkelgasse zur Hauptstraße. Tagsüber benutzten die Männer des Viertels die langgezogene Mauer des schmalen Weges als Pissoir, da ursprünglich in den meisten Häusern Toiletten nur für die Frauen vorgesehen waren, die Männer erledigten das im Freien. So entstanden Pinkelstraßen und Kackfelder inmitten der Viertel. An der menschenleeren Hauptstraße angekommen, legte ich Persoram kurz ab und machte mich daran, einen schlafenden Rikschafahrer zu wecken, damit er uns ins Krankenhaus führe. Meine Notlage ausnutzend, verlangte er das Fünffache des normalen Preises, das wollte ich aber nicht mit mir machen lassen. Also rüttelte ich den nächsten wach, der bereit war, mit uns loszufahren. Ich hatte Angst. Um zwei Uhr nachts konnte ich eigentlich nur auf *gundas*, Gangster, und Betrunkene treffen, keine normale Frau war zu solch einer Uhrzeit alleine unterwegs. Der Mond schien nicht hell genug durch die Wolken, um mir Sicherheit zu suggerieren.

Persoram war zu kraftlos, um etwas zu äußern, seinen Pfeil und Bogen konnte er auch nicht mehr bei sich tragen, das Gesicht war nicht bunt bemalt, sondern aschgrau und eingefallen. Er sah nicht mehr aus wie der Verrückte, sondern wie ein ganz normaler Sterbender. Ich brachte ihn also im Krankenhaus unter, und er wurde an den rettenden Tropf gehängt. Ich blieb, bis es hell wurde, bei ihm sitzen. Premanand war so lieb, die Tageswache zu übernehmen, und am Abend schien Persoram wieder so weit bei Kräften, dass er lauthals herumkrakeelen konnte, also nahm ich ihn wieder mit.

Am selben Abend schoben sich die Familien in Festtagskleidung durch die Gassen, um die zahllosen Tempel zu besuchen, und huldigten einer großartigen Durga nach der anderen. Die vergängliche Pracht, die mit großer Fingerfertigkeit gestaltet wurde, zog mich ebenso in ihren Bann wie jeden anderen. Überall gab es Leckereien zu kaufen, und besonders die Kinder kamen auf ihre Kosten und schwelgten in Bäuschen rosaroter Zuckerwatte oder suchten sich bunte Luftballons aus, die sie stolz an der Schnur bändigten. Die ganze Stadt roch nach Räucherstäbchen, Kampfer und Dhoop sowie nach Gebratenem, Frittiertem oder Zuckrigem. Wenn die Männer nicht die üble Angewohnheit hätten, sich zu solchen Festlichkeiten hemmungslos zu betrinken, hätte es ein rundum schönes Familienfest werden können. Als ich ein Dutzend blaue Flecken durchs Kneifen zählte, hatte ich genug und ging nach Hause.

Mit Persoram wurde es nicht besser. Inzwischen rutschten ihm selbst die Kindershorts in die Knie. Ein Freund und ich brachten ihn wieder ins Krankenhaus. Es war der Abend von Vijaya Dashami, an dem die ersten Durgastatuen zur Ganga gebracht und versenkt wurden. Auf den Straßen tanzten die Menschen vor den Statuen der Göttin und feierten Durgas Sieg über den Dämon. Sie trugen Fackeln und brannten Räucherstäbchen in dicken Bündeln ab. Die Musik war so laut, dass man sein eigenes Wort nicht mehr verstand, hinzu kam das schreckliche Knattern der allgegenwärtigen Generatoren. Es war kein Durchkommen, auch die Rikschas fuhren nicht. Wir liefen kilometerweit durch die Menge, Persoram taumelte hinter uns her. Sobald wir stehen blieben, waren wir von Neugierigen umzingelt. Persoram war völlig desolat. Trotzdem behielt er seine Frechheit. Als ihn einer unterwegs fragte, wer wir seien und wohin wir wollten, antwortete er, dass wir unterwegs ins Krankenhaus seien, weil ich gerade sein Kind bekommen würde. In solche Situationen brachte er mich immer wieder, doch in Indien sind anzügliche Witze überhaupt nicht komisch, sondern können eher gefährlich werden. Im Krankenhaus blieb Persoram dann ein paar Tage lang, Premanand hielt die ganze Zeit Wache. Als ich sah, dass er barfuß unterwegs war, besorgte ich ihm Sandalen. Doch als ich sie Premanand reichte, wackelte er nur mit dem Kopf und gab sie mir zurück mit den Worten: »I have nowhere to go.«

Körperlich ging es Persoram besser, doch er wurde immer verrückter, was an der Syphilis liegen konnte. Als er durch die erste Phase seiner Penicillinspritzen gegen die Syphilis durch war, fasste ich den Plan, ihn zurück in die Heimat zu bringen. In Benares würde er nicht überleben, sie würden ihn eines Tages totschlagen, da war ich mir gewiss.

Ich hörte nach und nach heraus, dass er wohl aus Haryana stammte, dem Bundesstaat oberhalb von Delhi, der an den Punjab angrenzt. Er gilt als die Kornkammer Indiens. Wenn Persoram guter Dinge war, lenkte ich unser Gespräch auf seine Heimat und seine Familie, um seine Herkunft einzukreisen. Ich war überzeugt, er müsse aus der Nähe von Panipat sein, denn der Name dieser Stadt fiel manchmal. Wenn, im schlimmsten Fall, die Familie ihn nicht annahm, dann hätten wir es wenigstens versucht. Persoram war sofort einverstanden und fragte, wann es losgehen würde. Abends erzählte ich einer deutschen Freundin, die ich in Benares kennengelernt hatte, im Chaishop davon. Sie hatte Benares gestrichen satt und schlug vor, uns zu begleiten. Das nahm ich gerne an, denn ich ahnte, es würde keine einfache Reise mit Persoram werden, fast 1000 Kilometer quer durchs Land. Ich klärte alles Notwendige mit meinem Team und packte einen Rucksack. Persoram freute sich auf ein großes Abenteuer, das sah ich bereits am Leuchten seiner Augen, die er dramatisch mit schwarzem Kajal umrandet hatte. Neben Pfeil und Bogen trug er ein schweres Bündel. Es war eine Kopfkissenhülle, wie Hotels sie benutzten, in die er seine Utensilien gestopft hatte. Mir kam nicht die Idee nachzufragen, was darin sei, er war schließlich nicht mein Gefangener. Fröhlich und voller Reiselust stiegen wir in einen der Bummelzüge nach Delhi, die hier *Express* genannt wurden. In der dritten Klasse fanden wir drei Plätze, Persoram saß uns gegenüber, dichtgedrängt und eingequetscht unter Mitreisenden. Kein Meter blieb frei im Waggon. Wo niemand kauerte, war Gepäck in die Lücke gedrückt. Wie sehr hoffte ich, Persoram würde seine gute Laune behalten und uns eine einfache Fahrt bescheren. Doch die Hoffnung währte nicht lange. Die gute Laune behielt er, er war in Hochstimmung, doch die der anderen Passagiere kippte. Noch bevor der Zug aus dem Bahnsteig rollte, hatte Persoram sein erstes Ganjaschillum, eine Marihuanapfeife, angezündet und qualmend durchgezogen, ein lautes »Bom Shiva« rufend, so wie ein Jäger das Jagdhorn bläst. Anna und ich schauten uns entsetzt an, die ersten Stimmen der Mitreisenden wurden laut. Persoram setzte ein schallendes »Har har Mahadev« hinterher und kicherte über die Empörung der Leute. Im Nu hatte er ein weiteres Pfeifchen gestopft, und erneut schwelte der Ganjaqualm durch die vollbesetzte Kabine. Manche husteten, einige drohten bereits mit der Faust. Der Mann neben mir, er trug einen rosarot karierten Wollpullunder, beschwerte sich. »Ich werde bei der nächsten Station die Polizei rufen und den Pagal entfernen lassen«, kündigte er an und warf Persoram einen Blick zu wie einem Ungeziefer, das zertreten werden musste. »Nein, nein, bitte nicht. Wir sind Krankenschwestern und bringen ihn zum Arzt, in Delhi warten sie bereits auf uns. Ich bekomme den größten Ärger, wenn ich ihn nicht abliefere«, versuchte ich, ihn zu beschwichtigen, doch der gesamte Waggon empörte sich. Ich gebot Persoram, das Schillum verschwinden zu lassen. Als er sein Bündel öffnete, kam eine Menge Staub heraus und verteilte sich im Abteil. Jedermann war bedeckt davon, es saß in den Haaren, auf den Schultern und der Kleidung, manch einer hustete, so dicht war die Staubwolke, die wir da einatmeten. »Persoram, was ist das denn?«, fragte ich ihn und wünschte sofort, ich hätte das unterlassen. »Manikarnika!«, antwortete er mit seiner tiefen, rollenden Stimme. Die Asche der Toten! Danach hassten uns die Leute im Abteil. Die restlichen 14 Stunden Fahrt, die wir noch gemeinsam hatten, waren angefüllt vom Abscheu aller Mitreisenden. Anna und ich trauten uns nicht, einzuschlafen, weil wir Angst hatten, dass sie Persoram aus dem fahrenden Zug stoßen würden.

Zermürbt kamen wir in Delhi an. So hatte ich mir das nicht vorgestellt. Persoram provozierte jeden bis aufs Blut, und kein Guest House war bereit, uns ein Zimmer zu geben, Persoram wirkte zu durchgeknallt. »Die Zugfahrt war schon der absolute Horror, und jetzt macht Persoram Psychoterror mit uns. Ich kann nicht mehr«, sagte Anna. Sie riet mir, hier abzubrechen. Stattdessen ging ich mit Persoram zum Busbahnhof. Als wir den Bus nach Haryana fanden, wandte er sich plötzlich mit seiner normalen Stimme an mich. »Tut mir leid, Taraji, dass Anna sauer ist. Ich fahre alleine nach Haryana. Geh du zurück und such Anna«, und so stieg er ohne mich in den Bus ein. »Bis bald in Kashi«, und weg war er.

33

Bittere Pillen

Es wurde geschoben, gerempelt und gedrängelt. Ich stand in der Schlange vor dem Krankenhausschalter. Von Schlangestehen konnte man in Indien eigentlich nie reden, es war eher wie in einem Schlangenkorb. Jeder versuchte, sich am schnellsten hinein- und hindurchzuschlängeln, eine mühsam erlernte indische Kunst. Der Ungeübte zahlte mit blauen Flecken und langer Warterei, der Experte drängte sich unbremsbar durch. Mir kam zugute, dass ich größer war als die meisten, denn ich behielt auch bei dichter Menschenmasse den Überblick, weil ich über die meisten Köpfe hinwegschauen konnte. Ein unschlagbarer Vorteil, um im Schlangengewirr die Lücken zu entdecken.

Inmitten drängelnder Patienten stand ich im Krankenhaus vor der Medikamentenausgabe. Enni, Ben und ich waren mit einer Gruppe von 22 Bettlern hier, zur Tuberkulosebehandlung. Das Programm, so hieß es, wurde wohl von internationalen Geldern bezahlt. Arme konnten die kostspielige Tuberkulosetherapie umsonst beziehen. Das wollten auch wir nutzen. Im Krankenhaus reagierten sie stinkesauer: »Haut ab mit eurem Lumpenpack!« Das war ich nun schon gewöhnt, und irgendwann erhielt doch jeder sein Röntgenbild. Stolz zeigten unsere Patienten die Röntgenbilder herum. Sie gingen von Hand zu Hand. Dann verglichen sie die Schatten und Flecken auf ihren Lungen, als wären es Schönheitsmerkmale oder Auszeichnungen. Bei manchen konnte man die Spuren der Tuberkulose auf den ersten Blick erkennen. Diese Röntgenaufnahmen wurden erst recht bestaunt.

Als ich endlich an die Reihe kam, händigte man mir pro Patient ein Papiertütchen mit Tabletten aus. Kommende Woche könne ich die nächsten Rationen abholen, hieß es. Es waren ganz andere Tabletten als die, die ich in der Apotheke kaufte, klein und weiß. Das kam mir gleich merkwürdig vor, ein kurzer Gegencheck könnte nicht schaden. Auf den ersten Blick identifizierte unser Apotheker die Tabletten als Paracetamol und zeigte mir die identischen aus seinem Vorrat. Paracetamol kann die TB weder aufhalten noch heilen. Es ist einfach nur ein fiebersenkendes Schmerzmittel, das fast jeder in seiner Hausapotheke hat.

Im Krankenhaus war es gewiss gelaufen wie so oft: Irgendjemand hatte das teure TB-Mittel an Apotheken verkauft. Sich darüber zu beschweren wäre zwecklos gewesen. Wenn ich in Indien etwas gelernt hatte, dann das: Kämpfe nie gegen etwas, kämpfe nur für etwas! Es wäre aussichtslos gewesen, das zu ändern. Die Moral war anders gelagert in Indien. Korrupt zu sein galt nicht unbedingt als ehrrührig oder schändlich, sondern jemand, der nicht korrupt war oder einen geldlichen Vorteil ungenutzt verstreichen ließ, galt als Idiot, Weichei oder nicht ganz bei Sinnen. Jedes Kind gierte bereits nach jeder Rupie. Jeder, der die Macht hatte, sich an jemand anderem zu bereichern, sei es durch Geld oder Arbeitskraft, tat es. Davon lebten die Bessergestellten, aber auch die Mittelschicht. So ein System konnte ich nicht einfach aushebeln. Man konnte nur versuchen, nicht hineingezogen zu werden, indem man seinen eigenen Weg ging.

Am nächsten Tag war das natürlich das beherrschende Gesprächsthema zwischen unseren Teammitgliedern. Doch auch die Bettler kamen darauf zurück. Lalu holte sich für 14 Tage die Tuberkulosemedizin ab und sagte schelmisch: »… aber die richtige bitte!« Er wollte auf eine kleine Pilger- oder Bettlertour gehen. Mein bunter Großvater war jemand mit Reiselust. Kaum ein Ort, den er noch nicht gesehen hätte. Selbstredend war er auch schon in Kathmandu, hatte Pashupatinath besucht, den Lord Shiva geweihten Tempelbezirk. Fast jeden Sommer reiste er für mehrere Wochen nach Rishikesh und Haridwar, heilige Städte Indiens, stromaufwärts an der Ganga gelegen. Stets verband Lalu seine Reisen mit etwas Spirituellem, meist hatte er einen Tempel zum Ziel. Mehrere Male hatte er in früheren Jahren die Pilgerreise zur Amarnath-Höhle in Jammu und Kaschmir unternommen. Im Juli/August pilgerten Abertausende einen der beschwerlichen Wege bei Minusgraden zu der fast 4000 Meter hoch gelegenen Höhle. Jedes Jahr bildete sich dort ein Shivalingam aus Eis und diese Eissäule wuchs bei zunehmendem Mond, um beim Vollmond ihren Höhepunkt zu erreichen, danach nahm sie wieder ab. Das nahmen die Gläubigen als sicheres Zeichen, dass Shiva selbst anwesend war. Der Legende nach offenbarte Shiva in dieser Höhle seiner Gattin Parvati das Geheimnis des ewigen Lebens. Ein Papagei hatte wohl aufmerksam zugehört und gab das Geheimnis der Unsterblichkeit an seine Nachkommen weiter. Bis in die heutigen Tage flogen die Papageien in der Höhle umher und erzählten davon, man müsse nur genau lauschen. Die Strecke war äußerst hart für die Pilger, aber Lalus Augen leuchteten immer, wenn er davon sprach. »Dort oben war ich auf dem halben Weg zu den Göttern«, ließ er mich wissen. Den Eisstalagmiten mit eigenen Händen zu befühlen versprach, von Krankheiten geheilt zu werden, einfacher zu sterben und ohne Verzögerung ins Nirwana einzugehen. Dafür würde wohl jeder den Berg hochlaufen. Ich wünschte Lalu eine schöne Reise, so weit wie nach Kaschmir sollte es nicht gehen, er war auf dem Weg nach Rishikesh. »Wenn du erst mal alle hier mit deiner Medizin geheilt hast, Tara didi, dann gehen wir beide nach Rishikesh und bleiben dort. Da kannst du ganz *shanti shanti*, ruhig und in Frieden leben. Hier sind doch alle *pagal.*«

Ich gab Lalu also die Tabletten und schaute nach Amoli. Bei meiner morgendlichen MDT-Runde hatte ich festgestellt, dass es ihr nicht gutging. Obwohl beste Bettlerzeit war, lag sie eingehüllt in ihre Wolldecke, und es war ihr schrecklich übel. Sie habe etwas Verdorbenes gegessen, sagte sie. Am Abend übergab sich die Arme immer noch. Ich bot ihr nochmals an, sie zum Arzt zu bringen, aber sie wollte bis morgen abwarten. Die Bettler um sie herum murmelten, sie hätte zu viel getrunken. Ramchandra stellte mir seinen Bruder vor, der für ein paar Stunden zu Besuch gekommen war. Er sah aus wie seine jüngere und gesündere Kopie, dieselbe haselnussbraune Haut, die gleichen großen Knopfaugen. Wir tranken Chai, Ramchandra gab mit mir an. Als der Bruder erzählte, dass er verheiratet sei und vier Kinder hätte, warf Ramchandra ein: »Und was glaubst du, Tara didi, mit wem mein kleiner Bruder verheiratet ist? Mit meiner Braut! Die musste er damals nämlich schnell heiraten, bevor das Drama noch größer wurde. Den Büffel nahm die Familie trotzdem wieder mit.« Die Geschichte, die er mir damals am Bahnhof erzählt hatte, war also doch wahr.

Der Krankenhausbesuch mit Amoli am nächsten Tag brachte nichts. Auch der Arzt sagte, sie habe einfach einen schlimmen Kater. Seltsam, sie trank eigentlich nie viel. Amoli war wohl Ende 20 und lebte seit fast einem Jahrzehnt mit dem viel älteren Mukul zusammen. Sie waren kinderlos, aber Amoli hatte mir oft erzählt, wie gern sie Mutter geworden wäre, auch mit Mukul als Vater. Es galt als Makel, wenn eine indische Frau keine Kinder gebar. Die Familie ihres Mannes hatte Amoli verstoßen, da war sie noch nicht volljährig und hatte schon fünf Fehlgeburten hinter sich. Sie landete auf der Straße, und Mukul pflückte sie damals gleich vom Wegesrand, als sie in Dasaswamedh ankam. Er bot ihr Geld und Schutz. Es musste aber mehr als das gewesen sein, was sie bewog, den Leprakranken zu nehmen. Amoli und Mukul mochten und verstanden sich. Sie war die einzige Frau, die sich manchmal wie verträumt an die Schulter ihres Mannes lehnte oder Rücken an Rücken mit ihm saß, während sie die Mahlzeit zubereitete. Abends klönten die beiden stets mit Ramchandra, Puru und Lalu. Amoli zockte auch als einzige Frau manchmal beim Kartenspiel mit und gewann sogar. Vor etwa drei Jahren dann brach Lepra bei ihr aus, sie nahm die MDT und hatte bislang kaum sichtbare Deformationen.

Zwei Tage später dann der Schock: Es waren angenehme 35 Grad am frühen Vormittag, ein schöner Herbsttag, und ich fuhr mit dem Fahrrad nach Dasaswamedh. Als ich es am Underground neben Mukuls Lager abstellen wollte, fiel es mir vor Schreck fast aus der Hand. Amoli sah aus wie ein Monstrum aus der schlimmsten aller Höllen. Ihr Gesicht war bis zur Unkenntlichkeit aufgequollen, dunkel verfärbt, rissig und aufgeplatzt. Als hätte sie Gift getrunken, die Gesichtshaut hing in Fetzen. Hände und Füße sahen aus wie Ballons. Sie konnte sich nicht mehr bewegen, ohne vor Schmerz zu schreien, und glühte vor Fieber. Jede Berührung tat ihr weh. Da wusste ich Bescheid. Sie litt unter einer Immunreaktion. Bei bis zu einem Viertel der Leprakranken traten solche Reaktionen im Verlauf der chronischen Krankheit auf. Auch die Therapie konnte sie auslösen, wenn der Körper die Antibiotika abwehrte. Die Leprareaktion galt als die schwerste Komplikation bei der Krankheit. Die Patienten litten fürchterliche Nervenschmerzen am ganzen Körper, wie Zahnschmerzen von Kopf bis Fuß.

Ich brachte Amoli ins Krankenhaus, sie bekam Steroide, laut WHO das einzige Mittel gegen eine Leprareaktion. Die würde sie nun über Wochen nehmen müssen, in immer geringer werdender Dosis. Tat man nichts, traten irreversible Schäden am peripheren Nervensystem auf, die zu den typischen Entstellungen führten, herunterhängende Augenlider und Lippen, Verlust der Augenbrauen und Haare, die Krallenhände.

Am Tag darauf sah Amoli aus, als hätte sie die Schwarze Pest. Sie hatte schon den größten Teil der Augenbrauen und ihrer Wimpern verloren. Ich hielt ihre Hand. Mukul köchelte neben uns den Reis, er hatte nun alle Aufgaben übernommen. Es dauerte drei qualvolle Wochen, bis Amoli zum ersten Mal wieder lächelte. Schon morgens saß sie aufrecht an die Blechbox gelehnt da. Mukul und sie hatten von Touristen drei Dollar zum Tauschen, und als ich ihr 100 Rupien dafür gab, lachte sie ihr unverkennbares Lachen und steckte den Schein in ihre Saribluse. Erst als Amoli ihre vierte Woche mit Steroiden begann, war sie über den Berg. Ihr Gesicht war endlich abgeschwollen. Sie aß auch wieder mit Appetit. Mukul ließ sich nicht lumpen und besorgte Hühnerherzen, das waren die Trüffel der Straße. Amoli hatte noch Glück gehabt, bei manchen hielten die Leprareaktionen bis zu drei Monate an. Amoli sah jetzt 15 Jahre älter aus.

34

Fax vom Yogi

Seit ich flussaufwärts wohnte, hatte ich einen Deal mit Singeshwar. Im Zuge der MDT mussten die Patienten einmal im Monat eine der Tabletten auf nüchternen Magen nehmen. Da die meisten Bettler bereits zwischen vier und fünf Uhr morgens auf den Beinen waren, musste ich genauso früh die Tablette austeilen, damit sie noch keinen Chai getrunken hatten. Wie der Italiener am Morgen seinen Espresso an der Bar nimmt, zieht es den Inder zum nächsten Chaishop. Als ich noch auf dem Boot direkt unter der Bettlertreppe lebte, war die frühe Uhrzeit kein Problem. Singeshwar schlug mir eines Tages vor, für mich einzuspringen und die Ausgabe der Tablette zu übernehmen. Zuerst zögerte ich, da ich mir kaum vorstellen konnte, dass er, ohne eine Liste zu führen, wirklich keinen vergaß. Doch da hatte ich ihn unterschätzt. Er machte zu frühester Morgenstunde seine Runde, die meisten weckte er auf. Wenn ich dann gegen acht oder neun zum Ghat kam, zählte er mir genau die Namen derer auf, die er nicht angetroffen hatte, damit ich das vermerken konnte in der täglich geführten MDT-Liste. In den ersten Monaten gab ich ihm noch einen dicken Stift, mit dem er die Handrücken derjenigen markieren sollte, die ihre MDT genommen hatten, das war aber bald nicht mehr nötig.

Zu dieser Zeit hatte Singeshwar wieder verstärkt Augenprobleme. Er litt unter Lagophthalmus, er konnte die Augenlider nicht mehr schließen, und die Hornhaut drohte auszutrocknen. Oft waren die Augen feuerrot. Das untere Augenlid fiel immer weiter nach unten. In den WHO-Broschüren hatte ich darüber gelesen. Ich ließ ihn die Augen schließen, sie blieben einen halben Zentimeter offen, auch als Singeshwar rief: »*Hogia!* Fertig, geschlossen!« Man sah nur noch das Weiße in seinen Augen, wie bei den kleinen Hunden, die mitten im

Straßenverkehr ein Schläfchen hielten. Singeshwar trug zum Schutz eine Safetybrille und hielt die Augen mehrmals am Tag mit Tropfen feucht. Er klagte aber über zunehmendes Brennen, und ich fürchtete, eine Hornhautentzündung oder ein Geschwür könnte ihm das Augenlicht nehmen. Würde Singeshwar erblinden, wäre er sozusagen doppelt blind, da ihm ja auch sämtliche Finger und der Tastsinn fehlten. Die medizinischen Möglichkeiten in Benares hatten wir bereits ausgeschöpft, aber etwas außerhalb von Allahabad, im 130 Kilometer entfernten Naini, gab es ein Lepra-Missionskrankenhaus mit Wiederherstellungschirurgie.

Es war eine kleine Odyssee mit Zug, Bus und Motorrikscha, aber es lohnte sich. Ein kleines, überraschend sauberes Krankenhaus auf dem Lande, alle Patienten waren Leprakranke. Es gab Sprechstunden und Behandlungszimmer für ambulante Patienten und mehrere Säle mit stationär Aufgenommenen. Hier herrschte ein freundlicher Umgangston, jeder wurde mit Respekt behandelt. Viele, die hier arbeiteten, waren geheilte Lepröse. Sie übten ihre Tätigkeiten mit Stolz aus. Als der Arzt Singeshwar untersucht und zur MDT befragt hatte, schlug er vor: »Er kann gleich hierbleiben, wenn er das möchte, und wir operieren seine Augen. In einer Woche könnt ihr ihn wieder abholen.« Unglaublich, da machte jemand Nägel mit Köpfen. Ich sprach mit Singeshwar, der ebenso Vertrauen gefasst hatte und einwilligte. In diesem Krankenhaus wurden die Patienten sogar von Krankenschwestern versorgt, Angehörige, falls überhaupt vorhanden, sollten nach Hause fahren.

Im Krankenhaus gab es eine Abteilung für die Herstellung von Prothesen, in die ich neugierig einen Blick warf. Es roch nach Gummi, Leder und Klebstoff, und ich entdeckte, dass sie dort auch Lepraschuhe anfertigten. Die doppelschichtige Sohle dieser Lepraschuhe war aus zwei verschiedenen Gummiarten, direkt am Fuß ein weicher, der in Südindien hergestellt wurde, und unten alter, abgefahrener Lastwagenreifengummi. Um dem Fuß Halt zu geben, benutzten sie überkreuzte Kunstlederstreifen, die zwischen den Sohlen fest verklebt wurden. Lepraschuhe dürfen weder Nägel noch scharfkantige Verschlüsse oder Schnallen haben, weil die Patienten nichts mehr fühlen an den Füßen und sich unbemerkt verletzen. Der Leiter der Werkstatt schien Schuster mit Leib und Seele zu sein. Hocherfreut über die ungeahnte Aufmerksamkeit zeigte er mir seine Arbeit. Er hatte eine ganze Reihe von Tricks auf Lager, mit denen die Fußstümpfe der Kranken an Ort und Stelle gehalten werden konnten. Er müsse den Fuß nur einmal sehen und brauche einen Fußabdruck auf Papier. Selten müsse nach der Anprobe noch etwas geändert werden. Ich erzählte ihm von meinen Leuten in Dasaswamedh und dass wir dringend Schuhe bräuchten. Ein Paar Schuhe kostete um die 200 bis 250 Rupien aus den Materialien, die er nutzte. Das war sogar günstiger als die jetzige Notlösung. Oft passte den Leprakranken ein Paar Plastikschuhe nicht, weil linker und rechter Fuß unterschiedlich groß waren. Manchmal betrug die Differenz bis zu 3 Größen und mehr. Also mussten sie sich zwei Paar Schuhe kaufen und jeweils einen davon ungenutzt lassen. Wir begannen sogleich mit Singeshwars Schuhen, und ich rief ihn zum Vermessen herbei. Beide Füße sahen so aus, als ballte man eine Faust und stellte dann seine Hand mit dem Handknöchel nach unten zeigend hin. Zwei kurze Stumpen, die gleich in das Bein übergingen, doch der Schuster war mit solchen Füßen vertraut. Für Singeshwars Fußabdruck reichte ein DIN-A6-Blatt aus.

Auf dem Heimweg war ich in Hochstimmung. Mit Shanti sprach ich über Verdienstmöglichkeiten für die Bettler. Die Mitarbeiter des Krankenhauses zu sehen hatte Hoffnungen geweckt. Eine Handvoll unserer Bettler kam zu neuen Jobs in den vergangenen Monaten. Laxman schnitt den anderen immer noch die Haare und hatte mittlerweile ein Friseurset mit Rasiermesser, Pinsel, Scheren und Kämmen in allen Größen sowie mit mehreren Spiegeln. Mohan fuhr unsere Schulkinder und verdiente ordentliches Geld damit, Puru bereitete ihnen den morgendlichen Tee zu als kleinen Extraverdienst, und Thiru gravierte Pötte aus Blech. Dieses Talent hatte ich zufällig entdeckt. Mit einer abgebrochenen Fahrradspeiche gravierte er die Henkeltöpfe, die jeder hatte, und machte sie zu individuellen Schmuckstücken. Also gaben meine Freunde und ich Bestellungen bei ihm auf. Er hatte mehrere Designs im Angebot: blumig, Götterbilder, Tierwelt vom Tiger bis zum Schmetterling, oder auch einfach nur Namen und Daten. Als Special Edition gab es den »Happy Birthday Henkelpott«. Auch meine gesamten Kochtöpfe, selbst den Reistopf, hatte Thiru verziert.

Doch ich musste etwas finden, womit alle Geld verdienen konnten, da ich nicht für jeden eine Chance wie für Mohan bereithalten konnte, dafür fehlten uns die Mittel. Ich war Realist genug zu wissen, dass von indischer Seite keine Hilfe zu erwarten war. Niemand würde meine Bettler einstellen, selbst wenn sie geheilt wären. Produkte wären wahrscheinlich nur für Touristen akzeptabel, da sie die soziale Komponente verstanden. Die wussten, dass diese Hilfe zur Selbsthilfe der Weg aus dem Elend sein konnte. »Didi, ich möchte einen Sweetshop aufmachen«, träumte Shanti laut. Ich war überzeugt davon, dass sie die besten Süßigkeiten des Viertels zaubern würde, aber wer würde schon Lebensmittel bei einer Leprabettlerin kaufen? Ein Geschäft nur unter Bettlern würde sich wiederum nicht lohnen, da Sweets oft ausgeteilt wurden, nach Hochzeiten oder großen Pujas, bei allen Festen war es üblich, große Kartons mit indischen Süßigkeiten an die Bettlerreihe zu verfüttern. Für Süßes brauchten die Bettler kein Geld ausgeben, das kam gratis, wenn auch oft alt und trocken.

Seit einiger Zeit nahm ich regelmäßig Yogaunterricht bei einem inspirierenden Lehrer. Yogesh lebte in einem Tempel an der Ganga, der ihm nur einen mausgroßen Raum bot, dafür genoss er aber eine grandiose Aussicht. Wir hielten dort auch die Yogastunden ab, die Atmosphäre atmete Spiritualität und war, wie die Inder sagen würden, »beneficial«, förderlich. Yogesh gab mir vorher einen Ausblick auf seinen Unterricht: »Wir widmen uns zuerst dem Hatha Yoga. Dein Körper ist der Tempel deiner Seele, Taraji, und deshalb sollst du ihn ehren und gesund halten. Für jedes spirituelle Streben ist Gesundheit die Basis. Dafür gibt es Asanas (Yogastellungen), Pranayama (Atemübungen) und zur Tiefenentspannung Shavasana, das werden wir üben, üben, üben. Gleichzeitig sind aber auch die richtige Ernährung, die richtigen Gedanken und Taten wichtig. Dann werden wir auch mit Meditation beginnen.« Hatha Yoga gehört zum Kundalini Yoga und ist die Vorbereitung für Raja Yoga, der Herrschaft über den Geist.

Yogesh war wie in eine Yogalehrerform gegossen und herausgesprungen. Hellwache Augen, ein Körper wie ein junger Baum, elastisch und kraftvoll, leuchtete er von innen heraus. Yogesh hatte lange, leicht wellige Haare, die er stets zu einem Dutt tief am Hinterkopf

nderground, das Zuhause der Bettler und Kinder

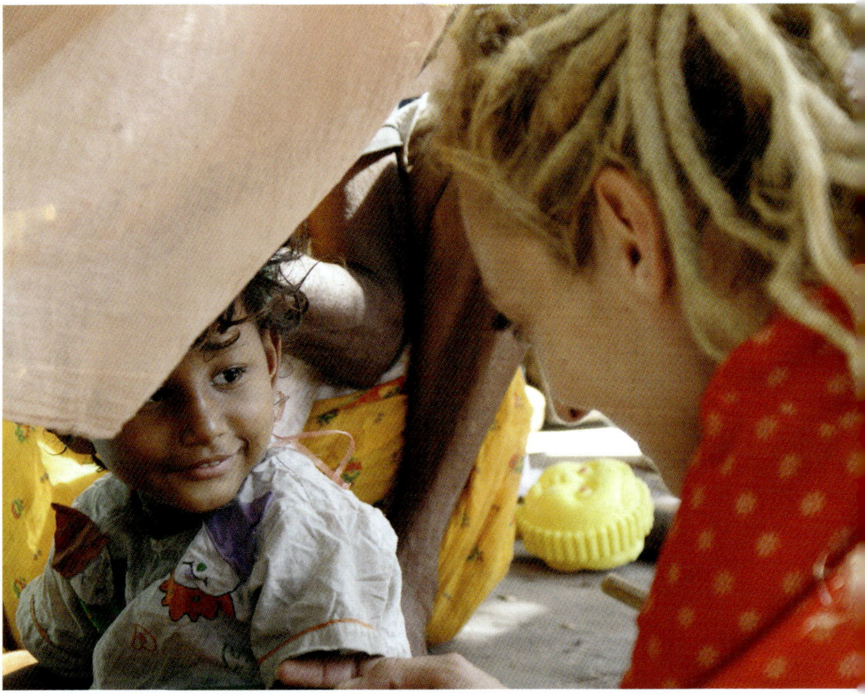

Das Wohnzimmer der Bettler

urück ins Leben

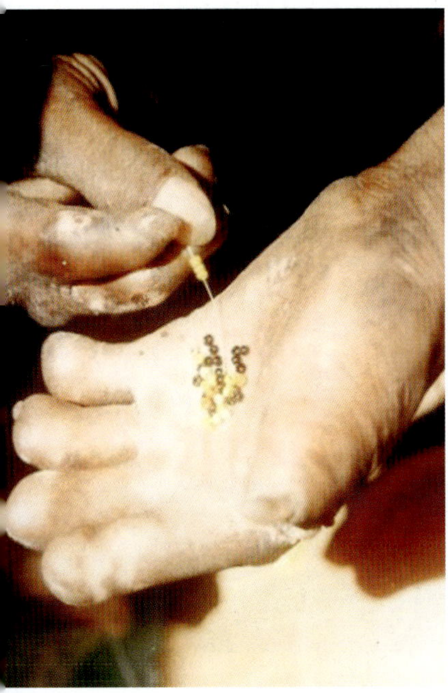

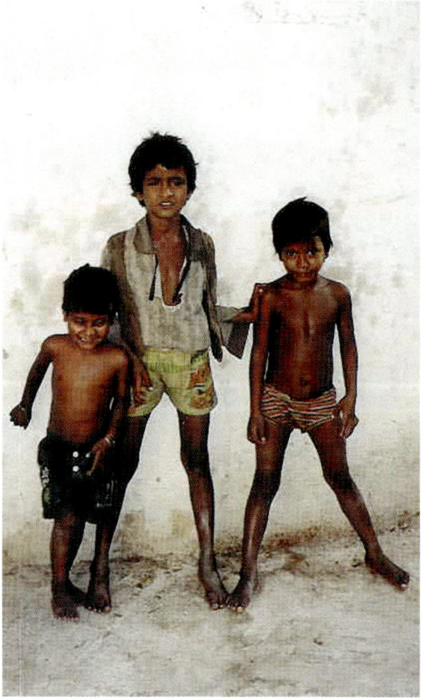

Kleine Bettlerprofis

Kiran (Mitte) in der Schulrikscha

Aus Straßenkindern werden Schulkinder

Volf in Benares

Volf und ich mit Avan, dem Bootsmann

Lichterpuja

Meinem Bruder lag die Zukunft der kleinen Racker besonders am Herzen.

:osmo und ich in Indien

Meine Omi und meine Mutter, als ich zu Besuch in Deutschland war.

Foto: Matthias Ziegler

zusammenband, und ständig zwirbelte er die Spitze seines Vollbarts. Man sah ihm an, dass er das Yoga lebte. Die helle Haut schimmerte gesund, der Gang war voller Elan, der Geist wach und aufmerksam und das Gemüt heiter. Im Westen hätte er bestimmt seine eigene Fernsehshow für Yoga, der perfekte Yogi. Sein Unterricht war intensiv und fordernd. Keine Sekunde durfte ich gedanklich abschweifen, er erwartete die volle Konzentration und mehr als das, Hingabe. Er ließ mich auch Kriyas machen, das waren Reinigungsübungen, um meinen Körper anzuregen, die Schadstoffe, die sich durch falsche Ernährung und Stress akkumuliert hatten, auszustoßen. Die Kriyas kurbelten das Selbstreinigungssystem meines Körpers an. Wir führten die Salzwasserreinigung der Nasengänge durch. Mit einem *neti*, einem Kännchen mit langem Ausguss, ließ ich lauwarmes Salzwasser durch die Nase laufen und spuckte es wieder aus. Das Ergebnis war fühlbar. Bühnenschauspieler und Sänger taten Ähnliches für ihre Stimme. Das Sutra Neti lehnte ich ab, da zog man sich einen in Wachs getauchten Faden durch die Nase und im Rachen wieder heraus, mit dem man das Riechorgan wie ein Rohr durchputzte, indem man mal am linken Ende, mal am rechten zog. Das sei noch nicht einmal unangenehm, versicherte mir Yogesh, doch ich wollte nicht. Ich stellte mir vor, wie das Wachs zerkrümelte, dort verblieb und in der Hitzezeit dann in meiner Nase schmolz. An die Tuchreinigung wiederum wagte ich mich, deren Wichtigkeit konnte ich nachvollziehen. Erst sollte ich so schnell wie möglich anderthalb Liter Salzwasser auf nüchternen Magen trinken und dieses gleich anschließend wieder herauswürgen. Das diente zur Vorreinigung meines Magentraktes. Dann begann das Eigentliche. Yogesh wies mich immer wieder darauf hin, bei der Prozedur ruhig zu bleiben. Ich hockte mich nur mit den Füßen auf den Boden, den Rücken gerade, die Arme angewinkelt, und mein Yogalehrer gab mir den Streifen Tuch. Er war drei Finger breit, dünne weiße durchscheinende Gaze, vier Meter lang. Die sollte ich binnen weniger Minuten schlucken, millimeterweise. Je mehr Stoff in meinem Hals verschwand, umso mehr steigerte sich das Gefühl zu ersticken. Yogesh hatte mir eingeschärft, in regelmäßigen Zügen durch die Nase zu atmen und es entwickelte sich eine Synchronität zum Schlucken. Doch sobald sich meine Gedanken in den Vordergrund drängten und mir bewusstwurde, dass mein Hals mit einer Stoffbahn blockiert war, kam das Gefühl der Panik hoch. Sofort verabschiedete ich mich wieder von den Gedanken und versuchte, nichts zu denken. Dann öffnete sich auf einmal ein Bild wie ein Buch vor meinem inneren Auge. Ich sah die Wiesen und Felder, durch die ich oft in Deutschland mit meinem Hund gestrichen war. Auf diesen Wiesen ging ich nun gedanklich spazieren, schaute mir die Feldblumen an und blickte in die bauschigen deutschen Wolken. So gelang es mir, den Streifen trockener Baumwolle zu vertilgen, ohne zu ersticken, nur ein Zipfel schaute noch heraus. »Und jetzt würge ihn wieder heraus und zieh kräftig«, befahl mir Yogesh. Am liebsten hätte ich laut gelacht, doch unmöglich mit vier Metern Baumwolle intus, ich wusste, dass ich im Moment ein lustiges Bild abgäbe, könnten meine Freunde in Deutschland mich nur sehen. Also gedanklich zurück auf die Wiese, ich würgte und zog so schnell es ging. Yogesh hatte mir vorher klargemacht, dass wir ein Zeitfenster einzuhalten hätten, bevor die Verdauung begänne. Als das Band vollständig entfernt war und ich es stolz betrachtete, wunderte ich mich über die vielen Ablagerungen, die man in sich trägt. Weiß war es nicht mehr. Mit dieser Prozedur, Hrid Dhauti genannt, reinigte ich also die Speiseröhre und den Magen. Danach sollte ich eine Diät halten und Milch und Joghurt zu mir nehmen als kleines Trostpflaster für die Schleimhäute.

Die Jahreszeit nach dem Monsun und vor dem Winter war wirklich zum Genießen. Das Wetter stimmte, es war nicht zu heiß, doch die Sonne leuchtete sonnenblumengelb vom Himmel. Ich badete noch immer in Ganga, auch wenn ich nun nicht mehr auf dem Boot lebte. Jetzt kam ich als Pilgerin zu ihren Ufern. Ich lief jeden Morgen die paar Schritte zum Fluss und watete mit Hunderten anderen ins flache Wasser. Hier stieg man nicht die Stufen hinunter ins Nass, sondern glitschte über aufgeweichten Lehm. Mit Giulia nahm ich oft am Spätnachmittag ein Boot, und dann fuhren wir auf die andere Seite von Ganga, um dort in aller Ruhe zu baden. Meine Freundschaft zu ihr wurde stärker, und wir sahen uns jeden Tag, auch außerhalb der Straßenklinik, da wir jetzt nicht mehr weit voneinander wohnten.

Auch mein Yogalehrer wollte engere Bande. Nach dem Yoga bestürmte er mich meist, eine Mahlzeit mit ihm einzunehmen. Oft hatte ich gar keine Zeit dazu, aber manches Mal aßen wir gemeinsam. Hin und wieder kam Yogesh auch zum Ghat, und wir tranken einen Chai zum Sonnenuntergang. Eines Nachmittags zogen wir zu einem Tempel los, und auf einmal nahm er meine Hand. Es wunderte mich, für normale Inder war das absolut nicht möglich auf der Straße, aber Yogis, Sadhus und andere heilige Männer lebten ja ein wenig außerhalb der Regeln. Er drückte meine Hand immer wieder erwartungsvoll. Ich wusste nicht, wie ich damit umgehen sollte und zog sie weg. Ein paar Tage später kam es dann zu einem großen Liebesausbruch. Der Spruch »Stille Wasser sind tief« enthüllte seine ganze Bedeutung, denn wie aus einem gebrochenen Staudamm ergossen sich seine Liebesschwüre über mich. Nie wieder dürfe ich ihn in seinem Leben verlassen, ich müsse immer bei ihm sein, er wolle mich stets anschauen können und bei sich haben. Er war völlig von Sinnen. Mit mir wolle er in diesem Tempel leben, er würde einen weiteren Raum anbauen für uns, und wir würden eine weiße Kuh haben. Tara und die weiße Kuh, ich sagte nein dazu. Yogesh bestürmte mich, er ließ nicht ab von seinem Traum. »Jede Nacht konzentriere ich mich auf dich, Taraji. Ich sitze hier und meditiere über unser Leben in diesem Tempel mit einer weißen Kuh. Hast du das nicht schon bemerkt oder in deinen Träumen selbst gesehen?«, fragte er mich fast flehend. »Nein, Yogesh, habe ich nicht. Und ich will das auch nicht«, stellte ich klar, stand auf und ging. Als Warnung rief er mir hinterher, dass er sich jetzt erst recht gedanklich auf mich konzentrieren würde. »I always telefax with you!«

Als wir Singeshwar aus dem Missions-Krankenhaus abholten, hatte ich Herzklopfen. Da wir damals keine Handys hatten, gab es auch keine Nachricht zwischendurch, hoffentlich war alles gutgegangen. Singeshwar saß im Hof und debattierte lebhaft mit ein paar anderen, als er uns sah. Sofort schnellte seine Hand hoch, und er rief freudig: »Tara didi!« Es ging ihm blendend. Der Arzt bestätigte den Erfolg der OP und schrieb Augentropfen auf. Mit dem chirurgischen Eingriff hatte er Singeshwars Augen geschmälert, die Lider straffer und nach außen gezogen, zugegeben, Singeshwar ähnelte nun ein wenig Sylvester Stallone. Aber Singeshwar konnte seine Augen nun schließen, das führte er mir auch gleich mehrmals vor. Er war in guter Verfassung und trug eine frische, saubere Bandage um den Fuß. Stolz zeigte er mir die haargenau angepassten Lepraschuhe. Ich war dem Krankenhaus zutiefst dankbar. Nach Naini würde ich meine Leute an einem Tag hin und her begleiten können, das war eine neue Perspektive.

»Moment Singeshwar, *ek minut*. Ich muss noch mit dem Schuster sprechen«, hielt ich ihn noch zurück und eilte in die Werkstatt. »*Namaskaar!*«, grüßte er mich freundlich. »Ich habe mir überlegt, dass ich nach Diwali kommen kann. Zwei bis drei Tage lang. Bis dahin habe ich hier noch zu viel zu tun.« Ich jubelte. »Was brauchst du?« »Gar nichts, ich bringe alles mit.«

Mein Yogalehrer kam in Nikhils Haus vorbei, um sich zu entschuldigen. Da er es so offiziell tat, nahm ich dies an. Für einen indischen Mann war das ein ungewöhnlicher Schritt, der mich versöhnlich stimmte. Er überredete mich, mit dem Unterricht fortzufahren, der wirklich nicht hätte besser sein können. Ich stellte die Bedingung, dass das Yoga hier bei Nikhil im Haus stattfände, um neue Liebesdramen zu verhindern. Er sei geläutert, versicherte mir Yogesh mit weisestem Yogigesicht und zwirbelte den Bart.

Zu Diwali waren die Schaufenster der Geschäfte überdekoriert mit Seide und Stoffen, die mit funkelnden Perlen und Spiegeln bestickten Saris lockten die Frauen wie farbige Blütenkelche, die Insekten heranschmeicheln. Jede wollte in Festtagskleidung glänzen. Die Schneider hatten so viele Aufträge, dass sie bereits eine Woche vorher schon nichts mehr annehmen konnten, die Nähmaschinen ratterten bis in die Nacht.

Diwali, auch der »Weg des Lichts« genannt, ist ein Lichterfestival, das den Sieg über die Dunkelheit und das Böse markiert. Außerdem steht es für die Erkenntnis der inneren Stärken. Das Lichterfest, auch Dipavali genannt, dauerte fünf Tage und Nächte an und umschloss sowohl die dunkle Nacht als auch den Neumond zwischen Mitte Oktober und Mitte November, dem Monat Kartika. In früheren Zeiten wurden ausschließlich Kerzen und Öllichter in die Hauseingänge, Fenster, Dächer und selbst die Wege gestellt, im moderneren Indien kamen nun auch zahlreiche zuckende elektrische Lichterketten hinzu, die das gesamte

Land erleuchteten. Ganze Häuserfronten waren damit eingekleidet. Schon Tage vor dem Festival hörte man es an allen Ecken und Enden krachen, weil die Kinder zu gerne die Böller und Knallfrösche testeten und mit dem bengalischen Feuer spielten. Nicht nur die Kinder.

Absoluter Höhepunkt war der dritte Tag, die Laxmipuja. Alle Geschäfte und Fabriken kamen zum errechneten und spirituell günstigsten Moment zum Stillstand. Die Göttin Laxmi wurde bei den Menschen zu Hause begrüßt. Ein jedes Haus wurde vorher gesäubert und gekehrt, angestrichen und verschönert. Denn es hieß, dass Laxmi unaufgeräumte und schmutzige Behausungen verschmähte, und alle wollten doch, dass die Göttin der Liebe, des Glückes und des Geldes bei ihnen Einzug hielt. Also strengten sich gerade die ärmsten Familien an. Von jedem Fenstersims und jeder Türschwelle flackerte wohlig das Licht des Feuers. Viele ließen die Kerzen durch ihr ganzes Haus wandern und beleuchteten den Weg vom Eingang bis zum Dach. Selbstverständlich war der Eingang ganz besonders geschmückt durch Rangolis, das sind Mandalas, die aus gefärbtem Pulver oder Blumenblüten vor die Haustür gezeichnet oder gelegt werden. Kashi, die Stadt des Lichts, erstrahlte wahrlich in Glanz und Gloria. Das war in ganz Indien die hellste Nacht im Jahr. An den Ghats waren die Treppenstufen über Kilometer dicht an dicht mit brennenden Butterlämpchen geschmückt. Schmale Wege zum Durchlaufen verblieben, doch von Weitem sah es wirklich aus wie ein Lichtermeer. Ich kam mit Avan von Dasaswamedh, und wir fuhren mit dem Boot bis Assi. Zwischendurch legten wir mehrmals an, denn ich musste zwischen diesen Lichtern wandeln. Ganga spiegelte die Pracht wider, ihr stand die funkelnde Lichterkrone vorzüglich, und deshalb hielt sie auch so still. Sie lauschte wohl auch den Tabla- und Sitarklängen, die die Ghats einhüllten und zusammen mit der Flöte eine himmlische Klangdusche ergaben.

Den Tag über hatten die Leute dem Glücksspiel gefrönt, weil er als besonders glücksverheißend galt. Tombolas und Lottostände waren bereits die Woche zuvor wie Pilze aus dem Boden geschossen. Weil Laxmi Geld und Glück verhieß, legten Geschäftsinhaber neue Bücher an, die mit einer Puja auf zukünftigen Erfolg getrimmt wurden.

Leider hielt Yogesh nicht, was er versprochen hatte. Während einer Yogastunde wanderten seine Hände auf einmal überall dahin, wo sie nicht sein sollten, und er warf sich stürmisch auf mich. Doch auch Tantra-Yogis haben eine empfindliche Stelle, die traf ich mit dem Knie und entwand mich seinem Griff. Mit einem Schrei stürzte er sich abermals auf mich und würgte mich. Ich schrie um Hilfe, und Sekunden später war die Familie in der Tür. Yogesh ließ los, brabbelte wie verwirrt seine Geschichte von Tara und der weißen Kuh, sammelte seinen Schal vom Boden und wollte gerade gehen. Dann wandte er sich nochmals um, blickte mir fest in die Augen und sagte: »You are a single terrible piece in this world! Without me you never success. Without me you forever all time lonely.« Ungewitterähnlich ließ er weitere Verwünschungen und Flüche los. Seine letzte Drohung blieb im Raum stehen: »I forever telefax with you!«

35

Entkommen

Zur selben Zeit noch vor Diwali war ich mit Thiru verabredet und wartete an den Treppen auf ihn. Irgendwann kam er herbei. Er machte sich rar in letzter Zeit, das fand ich schade. Wir fuhren gemeinsam nach Sankat Mochan. Dort hatten wir einen Spezialauftrag, es war noch vor dem Fest. Wir durften die Kali Ma des Tempels in der Leprakolonie für das bevorstehende Diwali-Festival neu bemalen, weil ihr Lack über das Jahr ein wenig abgeblättert war. Thiru war dabei voller Tatkraft, das war schön, ihn so zu erleben. Mittlerweile hatte ich die Erfahrung gemacht, dass es sich mit Thiru wie mit einem Ozean zur Hurrikansaison verhielt. Mal waren die Wasser ruhig wie vor dem Sturm, dann wieder aufgewühlt, und sein Boot stand kurz vorm Kentern. Dazwischen gab es nichts.

Wir kauften Pinsel und Farben, bis wir sie kaum noch zur Rikscha tragen konnten. Selbst Silber und Gold hatten wir an Bord, in Indien nicht ungewöhnlich. In der Leprakolonie waren alle Bewohner beschäftigt, das große Streichen. Vor Diwali wurden nicht nur die Häuser gesäubert, gekehrt und aufgeräumt, sondern auch außen gestrichen oder zumindest weißgewaschen mit einer kalkigen Lösung, die ein bisschen Frische auf die Mauern legte. Wer es sich leisten konnte, investierte in Farbe, um die Göttin Laxmi im eigenen Haus willkommen zu heißen. Ein praktischer Ritus. Jedes Jahr nach der Monsunzeit wurde ein bisschen aufgefrischt, so blieben Dreck und Armut erträglich. Während also um uns gekalkt und gestrichen, getropft, gelacht und gerufen wurde, saßen wir vor der schwarzen Göttin Kali Ma mit den acht Armen und machten uns an die schöne Aufgabe. Wir trugen Farbe auf, bis es dunkel wurde. Weil wir uns so viel Mühe gaben und akkurat arbeiteten, ging es langsam voran, aber ich genoss jeden Pinselstrich und fühlte mich rundherum glücklich inmitten der Leprakranken, die sich so fröhlich und betriebsam auf Diwali vorbereiteten. Drei Tage lang strichen wir den Tempel innen an, und Thiru erzählte mir in der Zeit mindestens genauso viel Klatsch und Tratsch wie Shanti devi oder die Weiber von Underground. Da stand er ihnen in nichts nach, und ich erfuhr manch neue Geschichte. Die Bettler führten andere Beziehungen als die übrigen Inder. Freier und offener tat man sich zusammen und warf sein bisschen Schicksal auf einen Haufen. Wenn es nicht klappte, verließ man sich auch wieder und suchte sich den Nächsten. Unvorstellbar in der indischen Gesellschaft, aber zu der gehörten sie ja nicht mehr. Sie lebten also ihre Liebesgeschichten, und weil sie sonst unberührbar waren, kosteten sie die Körperlichkeit miteinander aus, die Berührung, die Leidenschaft. Die meisten hatten ein reges Sexleben. Es schien fast, als wäre jeder mit jedem schon einmal zusammen gewesen, wenn Thiru so dahinerzählte. Natürlich gab es auch die mit Ehepaarstatus, wie Singeshwar und Shanti oder Dasu und seine Frau, die wechselten nicht. Es gab Leprakranke, die sich junge Straßenfrauen kauften, um dauerhaft versorgt zu sein, Mukul und Amoli waren so ein Paar. Alle anderen waren in Beziehungsdingen Saisonarbeiter. Solange es gutging, blieb man zusammen. Setzte es Streit und Schläge, trennte man sich und dockte woanders an. Das, was wir heute »Patchworkfamilie« nennen, lebten sie schon damals, weil manche auch Kinder mitbrachten. Während Thiru in den Gerüchten schwelgte, kam ich mir wieder vor wie einst auf dem Schulhof – wer geht mit wem? Als wir den letzten Pinselstrich getan hatten, zeigten sich alle begeistert. Das Schwarz der Göttin Kali leuchtete und blendete beinahe. Das würde eine festliche Puja geben, ich freute mich, und Thiru platzte fast vor Stolz wegen des Lobes und der Anerkennung.

Nikhils Familie besaß eine Kuh, angebunden am Haus, des Nachts wurde sie hereingebracht. Ich war nicht dabei, als der Unfall passierte, aber die Kuh rutschte wohl oberhalb der Ghattreppen aus und fiel ungefähr ein Stockwerk tief. Sie brach sich das Rückgrat und war gelähmt. Ich weiß nicht, wie viele Leute es brauchte, um die schwerverletzte Kuh wieder vor dem Haus abzulegen. Sie konnte Kopf und

Hals noch bewegen, die Hinterbeine aber nicht mehr. »Nikhil, warum erlöst ihr sie nicht?«, fragte ich ihn entsetzt, denn die Kuh litt fürchterlich, rollte die Augen, ließ die dicke Zunge heraushängen. »Nicht möglich, Taraji. Die Kuh ist heilig, unantastbar, keiner darf sie töten.« »Das wäre aber ein Gnadenakt für sie, sie müsste nicht mehr leiden!« Aber ich wusste, dass es hier nichts zu verhandeln gab. Am nächsten Morgen sah ich, dass die Hunde des Viertels die Kuh bei lebendigem Leib angefressen und sich über ihren Schwanz und ein Hinterbein hergemacht hatten. Mir standen die Tränen in den Augen, wieder bestürmte ich Nikhil. »Ich rufe einen Tierarzt und bezahle ihn auch. Wenn er ihr eine Spritze gibt, kann sie einfach einschlafen.« »Wenn du das tust, Taraji, könntest du erschlagen werden«, war die knappe Antwort. Das Verenden des Tieres dauerte vier Tage.

In der Zeit beschloss ich auszuziehen. Ich wurde hier zu tief in Nikhils Familienprobleme hineingezogen, das war nicht zu ertragen. Es gab Momente, da lag ich weinend oben auf dem Dach. Mit all dem konfrontiert zu sein und nichts ändern zu können schnürte mir die Luft ab. Ich war Nikhil dankbar, dass er mir diesen Unterschlupf gewährt hatte, er hatte nie Miete für das Zimmer verlangt und sah es als seinen Dienst an der Sache an, mir ein Dach über dem Kopf zu geben. Ich war zwar notorisch knapp bei Kasse, weil ich ja nichts verdiente, aber ich musste mir jetzt etwas anderes suchen, hier konnte ich nicht mehr bleiben. Ich brauchte einen Ort, wo innerer Frieden möglich war.

Dann schlug das Schicksal zu. Ich konnte gar nichts tun, um diesen Schlag abzuwehren, ich sah ihn auch nicht kommen. Seit zwei Wochen bereitete ich mich auf eine besondere Puja vor, mit dem schwarzgekleideten Baba in Dasaswamedh, der stets die aufwendige Feuerzeremonie gefeiert hatte, als ich noch auf dem Boot lebte. Er gab mir Mantren, Atemübungen und Meditationen auf, und ich übte. Die Mantren intonierten wir gemeinsam, so dass ich die richtige Aussprache erreichte, denn auf die kam es an beim Rezitieren. Mittlerweile sprudelten sie nur so aus mir heraus, ich hatte sie auswendig gelernt. Mit Spannung erwartete ich die Puja. Zusammen mit seinem Sohn liefen wir durch die Gassen der Altstadt bis zu einem Haus, das im Eingang einen Innenhof mit einem großen Shivalingam hatte, zugänglich für Pilger und Gläubige. Im Pujaraum des Hauses, verziert mit Götterbildern und Blumenmalas, sollte ich mich im Lotussitz hinsetzen und mit dem Rezitieren anfangen, um den Geist freizuräumen von Gedanken. Ein weiterer Pujari war schon da, und gemeinsam erfüllten wir den Raum mit der Schwingung, die mit der dauernden Wiederholung des immer gleichen Singsangs entsteht. Ich weiß nicht mehr, ob ich die Augen offen oder geschlossen hatte, zumindest war ich in einem geistigen Ruhezustand, als ich auf einmal mit einem heftigen Stoß zu Boden gedrückt wurde. Der Baba und der andere Brahmane hielten mich niedergedrückt. Es blieb mir keine Chance, mich zu wehren, ich konnte mich ihrem Griff nicht entwinden. Aus den Augenwinkeln sah ich seinen Sohn an der Wand stehen, der stumm zuschaute. Da wusste ich, dass ich diesmal nicht entkommen würde. Während sich der Baba an mir verging, öffnete sich in meinem Geist ein Tor, wie bei der Meditation. Ich ging hindurch und stand wieder auf dem Kornblumenfeld meiner Kindheit. Dort setzte ich mich hin und blieb, bis man von mir abließ.

Ich konnte nicht aufstehen. Ich hatte das Gefühl, jemand hätte mich in tausend Teile zerteilt, wie ein Porzellan, das fällt und zersplittert. Meine Beine gehorchten mir nicht, als sei der Körper abgetrennt von meinem Ich. Ich lag nur da und wartete, ob das Leben weitergehen würde oder nicht. Baba und der andere Brahmane führten sich auf wie im Siegesrausch und zogen ab. Sein elfjähriger Sohn spuckte vor mir auf den Boden und hatte dieselbe höhnische Verachtung im Blick, wie sie ausgewachsene Brahmanen so oft zeigten.

Es dauerte einige Minuten, bis ich mich endlich aufgesetzt hatte. Nein, der Baba würde mich mit seiner Tat nicht zerstören, das schwor ich mir. Also schleppte ich mich aus dem Haus. Als ich unten an dem Shivalingam vorbeimusste, der mich als riesiger Phallus auslachte, brach ich in Tränen aus. Geradewegs lief ich zu meinen Bettlern und setzte mich zu Musafir. Er war wie vom Donner gerührt. Er wusste nicht, was geschehen war, aber er fühlte meinen Schmerz und nahm mich fest in den Arm. Ich ließ mich von ihm trösten. Als ich ein Bad nahm, dachte ich, ich könnte den Missbrauch abwaschen und mich dann besser fühlen. Aber so einfach war es nicht.

Ich wählte zitternd die Nummer meines Bruders und hoffte, er würde abheben. Zu wissen, dass ich nicht allein war, seine Stimme zu hören, das war genug.

Wolf fand die richtigen Worte, ich fühlte mich, wie von ihm in die Arme geschlossen. Ich nahm mir vor, mich körperlich durch Yoga zu reinigen, aber der Missbrauch hatte mein Vertrauen erschüttert, zu schlimm war die Erinnerung an meine Hilflosigkeit. Dass Baba seinen Sohn Zeuge werden ließ und ein Kind damit fast schon zum Mittäter machte, verfolgte mich. Was würde aus diesem Jungen werden, wenn er zum Mann heranwuchs? Wann würde er das erste Mal eine Frau vergewaltigen?

Dann überwältigte mich der Schmerz. Ich konnte nicht mehr länger bei den Bettlern sitzen, sie bestürmten mich mit Fragen und mit gutgemeinten Wohltaten, aber der Sinn stand mir nicht nach Chai oder indischem Essen. Der einzige Ort, an dem ich jetzt sein konnte, war Manikarnika, das Verbrennungsghat. Ich lief mit Persoram, der mittlerweile wieder in Benares war, und Premanand hin. Sicher wussten sie, was geschehen war, aber in Indien konnte man über solche Dinge nicht sprechen, das machte alles nur schlimmer statt besser. Also schwiegen meine beiden Verrückten. Heute war ich verrückter als sie, verrückt vor Schmerz. Ich wusste, der musste aus mir heraus. Wenn ich den jetzt begrübe, würde ich krank. Bislang hatte ich Liebe und Leidenschaft immer genossen, und das sollte auch so bleiben. Aber zuvor musste ich durch die Wut, durch die Scham, durch den Schmerz.

Ich starrte die ganze Nacht in die Totenfeuer, schaute zu, wenn wieder ein Leichnam, schon halb verbrannt, auf dem Scheiterhaufen von den Feuerbestattern mit langen Stöcken zusammengeklappt wurde, damit er zu Asche zerfallen konnte. Die Köpfe platzten stets mit einem Knall, ein Leichnam macht gruselige Geräusche, während er brennt. Für mich roch hier an diesem Abend alles nach Elend und Verderben. Das Leben war der Tod, und der Tod das Leben. Es wurde immer später, Premanand und Persoram flehten mich an umzukehren. Manikarnika war ein gefährlicher Ort für eine Frau, nur düstere Gestalten lungerten nachts hier herum. »Ihr braucht nicht auf mich aufzupassen. Ich bleibe hier. Ich will die ganze Nacht hier sitzen bleiben«, sagte ich. Sie blieben in meiner Nähe, wir sprachen nicht.

Ein kleiner rundlicher, nach allen Seiten offener Tempel lag erhöht über den Feuern. Dort ließ ich mich für die Nacht nieder, lehnte mich an die Balustrade und starrte in die Flammen, die ein gelebtes Leben zu Asche verzehrten. Wenn ich den Blick hob, lag Ganga Ma ruhig und gelassen vor mir wie immer, in der Finsternis wirkte ihr Wasser petrolfarben und dickflüssiger als am Tag, wenn Hunderte Boote und Pilger es durchwühlten. Nachts war die Beziehung zu Ganga enger, ich merkte, wie verbunden ich mich dem Fluss fühlte.

Als der Morgen graute, wusste ich, ich hatte überlebt. Mit dem ersten Sonnenstrahl standen wir auf, tranken einen Chai und liefen zurück. Ich ging wieder zu meinen Bettlern. Nach Hause hätte ich noch nicht wieder gekonnt, dort das Zimmer aufzuschließen und weiterzumachen wie immer. Der Trubel in Dasaswamedh war aber auch zu viel für mich, ich fuhr mit Thiru nach Sankat Mochan. Thiru schaute mir in die Augen und sagte: »Wenn du willst, Taraji, kann ihn jemand umbringen. Wir könnten Malik fragen, der schickt einen.« »Nein!«, entfuhr es mir. »Nein, Thiru. Das ist keine Lösung.« Aber die indische Vorstellung, dass der Brahmane für sein Verbrechen würde büßen müssen, weil er damit sein Karma zerstört hatte, die tat mir gut.

Sankat Mochan gab mir die Ruhe, die ich so dringend brauchte. Mit einem Dutzend Leprakranken saß ich im Kalitempel, und wir sangen Bhajans. Einer hatte das Harmonium ausgepackt und begleitete uns. Das hatte heilende Kraft. Ich ließ meinen Tränen freien Lauf, musste nichts erklären und war aufgefangen in der Liebe und Zuneigung der Unberührbaren. Abends ging ich wieder nicht nach Assi Ghat, sondern nach Dasaswamedh. Dort schlief ich im Dharamsala bei meinen Bettlern. Daddu hielt meine Hand die ganze Nacht.

»Taraji, du siehst ja schon aus wie eine Mutter, am besten, ich nenne dich jetzt Mataji«, zischelte mir der Baba zu, wie immer in Schwarz gekleidet. In seinem Gesicht stand der Hohn, keine Spur von Schuld oder Scham. Panik und Hass stiegen in mir hoch. Ich konnte seine Nähe nicht ertragen. Es dauerte keine Sekunde, da waren meine Bettler so dicht um mich herum, dass der Baba wie Treibholz abgedrängt wurde. Er ging weiter und war aus dem Blickfeld.

Sofort war meine Angst vor einer aufgezwungenen Schwangerschaft wieder da, vor HIV, Hepatitis und Syphilis. Ich würde mich auf alles testen lassen müssen.

Sollte ich zur Polizei gehen? Als Ausländerin würde ich leichter Gehör finden. Ich musste auch nicht auf eine Familie und ihren Ruf achten. Aber wenn ich weiter hier leben wollte, durfte ich den Missbrauch nicht öffentlich machen. In den Augen aller wäre ich selbst schuld, ich wäre unrein, eine Hure. Und einen Brahmanen würde man ohnehin nicht bestrafen.

Die Tests auf sexuell übertragbare Krankheiten fielen gottlob alle negativ aus. Die Arbeit lenkte mich von meinem inneren Chaos ab, dennoch wurde mir jetzt alles zu viel. Die Bettler waren gut zu mir, aber sie waren krank und hilfsbedürftig wie eh und je. Ständig wollte jemand etwas, dauernd schwatzte jemand auf mich ein. Ich kam nicht zur Ruhe. Premanand war von dem allen so mitgenommen, dass er sich veränderte. Er lachte nicht mehr, er brummte nicht, er verlor seine einzigartige Ruhe und redete ohne Punkt und Komma. Sein Hauptthema war der schwarzgekleidete Baba. Irgendwann ertrug ich es nicht mehr und zog mich zurück.

Ich wurde schwächer, hatte Schmerzen, vor allem im Brustkorb, und das Fieber ging auch nicht zurück. Der Arzt diagnostizierte eine Lungenentzündung. Jerome übernahm das, er war Krankenpfleger und gab mir zweimal täglich die Spritze mit den Antibiotika. Es war schon November und furchtbar kalt. Jeder Atemzug tat weh.

Dann besuchte uns tatsächlich der Schuster aus Naini, der erste Grund zur Freude seit langem. Er nahm von jedem Leprakranken, der gerade in Dasaswamedh war, einen Fußabdruck, kritzelte Anmerkungen dazu und war am Tag darauf schon fertig. Nach einer Bootsfahrt auf Ganga und einem Besuch des Kashi Vishwanath Mandir machte er sich wieder auf den Heimweg. In vier bis sechs Wochen könnten wir die Schuhe abholen.

Meine Fingernägel veränderten sich auf einmal, am Nagelbett waren Kerben zu sehen, die Nägel hatten brüchige kleine Löcher. Es stand offenbar wirklich nicht gut um meine Gesundheit. Körper und Seele rebellierten gegen das, was der Baba mir angetan hatte. Ich kam nicht richtig auf die Beine. Deshalb wehrte ich mich schließlich nicht mehr, als Freunde mich in den Zug setzten.

36

Meeresleuchten

Zwischen der kleinen Küstenstraße und dem Ufer lagen die Häuser der Fischer. Neben manchem war ein großes Boot an Land gezogen und mit Palmwedeln bedeckt. Es sah so aus, als schliefen sie ruhig. Hinter den Palmen leuchteten schon die Fischkutter lustig hellblau, grün, zitronengelb und pink. Der Weg mündete in eine Bucht.

Ich war endlich am Meer angekommen, im nördlichsten Zipfel Goas, in Arambol, damals noch nicht touristisch ausgebaut. Es gab Hütten am Strand und kleine Baumhäuser in den Palmen. Das Wasser der Arabischen See war nicht türkis, sondern steingrau, aber wenn man im Meer stand und sich umdrehte, hatte man einen paradiesischen Blick auf einen palmengesäumten Strand, einzig der Kirchturm des Dorfes schaute aus den Palmwipfeln hervor. Am Küstenstreifen Goas lebten viele Christen, weil Goa 450 Jahre lang portugiesische Kolonie war. Im Landesinneren gab es mehr Hindus. Rechter Hand erstreckte sich eine Bucht, die einladender nicht hätte sein können, schwarzer Fels stieg aus dem Meer und gab dem Ganzen einen wilden Look, so als segelte gleich ein Piratenboot aus dessen Schatten. Alle paar Meter hatten Einheimische kleine Palmwedelhütten an den Strand gesetzt, Chaishops und einfache familienbetriebene Restaurants, meist mit Hängematten und gemütlichen Kissen ausgestattet, die neben dem obligatorischen Fischcurry auch Pancakes und handgeschnitzte French Fries anboten. Am besten waren die Fruchtshakes aus Melone, Mango, Papaya oder gezuckerter Avocado und die pflückfrischen Kokosnüsse. Es dauerte keine halbe Stunde, da hatte ich mich für einen kleinen Bungalow entschieden und zog ein. Vor mir lag das Meer, die Brandung lullte mich ein. Hier würde ich gesunden, das nahm ich mir fest vor. Schon am zweiten Tag merkte ich, wie die innere Anspannung in der Sonne schmolz. Ich hatte mich mit Händen und Füßen dagegen gewehrt, Benares zu verlassen, bis ich merkte, wie schlecht es mir ging. Während der 56 Stunden bis Goa war ich mehrmals drauf und dran umzukehren, weil ich die Bettler vermisste. Aber jetzt sah ich, wie sehr ich die Ruhe brauchte, die Zwiesprache mit dem Universum. Es gab so vieles zu ordnen in meinem Kopf und meiner Seele.

An einem Mittwoch nahm ich eins der Fischerboote, um von Arambol zum berühmten Anjuna-Fleamarket zu kommen, über die See ging es rascher als auf dem Bike. Auf diesem Markt unter Palmen am Meer gab es die Souvenirs eines ganzen Subkontinents und noch mehr zu kaufen, Mützen aus dem Himalaja, Lapislazuli aus Afghanistan, buntbestickte Kissen aus Kaschmir und Raver-Klamotten aus Bali. Nicht einmal Singeshwars Safetybrille hätte das kreischende Pink dämpfen können, das pulsierende Orange, das Neongrün. Ein Markt mit Blick auf den Sandstrand, den nicht nur Inder betrieben, sondern vor allem auch die Ausländer durch Kreativität bereicherten und allerlei feilboten. Es gab Kostbarkeiten zu entdecken, da hier das Völkchen der Reisenden aus aller Welt zusammenkam.

Als ich wieder ins Boot kletterte, stieg kurz nach mir ein Typ ein, der so blau leuchtende Augen hatte, dass ich mich umsetzte, um ihn besser zu sehen. Auf den ersten Blick vermutete ich einen Neuseeländer oder einen Australier, er war braungebrannt, trug eine froschgrüne Hose und eine Goaweste, von den Frauen Karnatakas in Handarbeit geknüpft und bestickt. Er sah cool aus und hatte so einige lockere Sprüche auf den Lippen, es stellte sich schnell heraus, dass er Deutscher war. Wir kamen ins Gespräch, und als uns das Boot am Strand von Arambol absetzte, gingen Manuel aus Berlin und ich in einen der Chaishops, fläzten uns in die riesige Hängematte und redeten die ganze Nacht durch. Er war ganz anders als die Touris, die durch Benares kamen. Keiner dieser barfüßigen Büßer, die auf ihrem Sechswochentrip Erleuchtung suchten. Auch als der Chaishop die Küche zuriegelte, blieben wir in der Hängematte. So begann unsere Liebesgeschichte mitten im Paradies. Wegen seiner blauen Augen, und er sagte, es seien meine gewesen. Einige Zeit später erzählte ich ihm auch von Benares und was ich dort machte. Lepra war aber nicht so ganz das typische Strandgespräch in Goa, außerdem wollte ich lieber anderen zuhören, denn hier traf man schräge und lustige Vögel aus aller Welt. Ich fühlte mich hier eher wieder wie Stella, nicht wie Tara didi. Wie jedermann hatte auch Manuel sich ein Bike geliehen, auf dem knatterten wir durch das wunderschöne Goa, manchmal auch fernab der Touristenorte, dort wo es noch ursprünglich war. Die Reisfelder, die in frischem Grün vor Lebenskraft nur so strotzten, die Palmen, die dastanden wie zu große Pusteblumen, die ganze Schönheit dieses Landes – vor Glück schossen mir immer wieder die Tränen in die Augen. Den Baba hatte ich längst im Meer ertränkt.

Eine Episode sollte mich allerdings an Benares erinnern. Ich traf einen Franzosen, dem ich einen Schlafsack übergeben wollte, den er in Benares vergessen hatte. Samant hatte ihn mir in die Hand gedrückt mit einer Telefonnummer. Der Franzose kam also nach Arambol, ich wartete in einem Chaishop. Wir plauderten ein bisschen, da sagte er auf einmal versonnen. »Tara. Eigentlich ein sehr schöner Name mit einer tollen Bedeutung. Für die Buddhisten ist Tara die Mutter der Natur, des Lebens, die Heilung schlechthin. Es gibt die grüne Tara, die weiße, die rote …« »Ich weiß«, unterbrach ich ihn. »Deshalb heiße ich aber nicht so. Die Inder gaben mir diesen Namen, sie übersetzten Stella«, stellte ich klar. »Ah, der Stern, magnifique«, schwärmte der Franzose. »Das passt großartig zu dir! Du bist aber auch gleichzeitig eine vollkommene Tara«, schmeichelte er mir und warf mir den Drei-Musketiere-Blick zu, den er bestimmt seit seiner Jugend draufhatte. Sollte wohl wild und leidenschaftlich wirken, doch in Wahrheit schielte er ein bisschen, und dieser leichte Silberblick verlieh ihm nichts Wildes, sondern eher etwas Trotteliges. Dann fuhr er fort: »In Benares allerdings gibt es eine Tara, die absolut entsetzlich ist. Eine echte Furie. Eine Hexe, vor der man sich in Acht nehmen muss.« Amüsiert wurde ich hellhörig. So viele Taras gab es nun auch wieder nicht in Benares. Eine indische Frau konnte er nicht gemeint haben, denn zu ihnen hatten westliche Männer kaum bis gar keinen Kontakt. Ich ließ ihn weitersprechen. »Ich habe einen Freund in Benares. Einen ganz feinen indischen Studenten. Er sieht blendend aus, ist literaturbegeistert, intelligent, ein ganz toller Typ. Da verdreht ihm diese Tara, diese Hexe, den Kopf. Doch als er erkennt, dass sie verrückt ist und sie verschmäht, verprügelt sie ihn wie eine Wahnsinnige. Sie schlägt ihn windelweich, doch am schlimmsten wiegen die Schmerzen in seinem Herzen. Der arme Utsav, so eine feinsinnige, hochemotionale, spirituelle Seele, das hat er nicht verdient.« Als er sich ganz gerührt von seiner vorgetragenen Geschichte und tief empört über Taras Gräueltaten noch ein Bier bestellte, verdarb ich ihm vollends den Abend, indem ich aufklärte, dass ich diese Tara war. Ich fand das eigentlich lustig, die Geschichte aus Utsavs Perspektive zu hören, doch der Franzose hatte den Spaß am Gespräch verloren und brach auf, noch bevor das Bier serviert war. Den Schlafsack vergaß er in der Eile unterm Tisch. Manuel lachte sich halbschief darüber und meinte: »Vielleicht bist du ja doch eine Hexe.«

Für den Vollmond fuhren wir mit dem Bike nach Karnataka, dem Nachbarstaat, zum legendären Om-Beach. Der war damals nur zu Fuß erreichbar und dementsprechend *laid back* ging es da zu. Natur pur, die om-förmige Bucht lud ins Paradies. Nachts fluorisierten die Wellen, das Meer leuchtete blau bis neongrün von innen heraus, als feierten die Meerjungfrauen mit Poseidon eine Raveparty. Ich fühlte mich, wie dazu eingeladen. Wir sprangen in die Fluten, und das Plankton spielte die Lichtorgel dazu. Es war magisch. Mein erstes Meeresleuchten. Jeder Schwimmzug brachte das Wasser zum Leuchten, jede Bewegung zeichnete sich in den Wellen nach. Wir schrieben unsere Liebe mit einem leuchtenden Herz ins Meer. Nachts saßen wir am Lagerfeuer am Strand, Goamusik lief, manche tanzten, andere quatschten.

Silvester nahte in Riesenschritten, und ich wollte wieder in Benares sein, auch wenn dort niemand feierte, weil unser Neujahr im Hindu-Kalender ein Tag wie jeder andere ist. Selbst wir paar Westler konnten das nicht wirklich herausreißen, Silvester in Benares war langweilig. Ganz anders natürlich in Goa. Tausende fieberten den Partys entgegen, aus dem ganzen Subkontinent strömten die Traveller herbei.

Schweren Herzens nahm ich Abschied von Manuel. Ich war verliebt bis über beide Ohren, doch ich konnte schließlich nicht ewig in Goa bleiben. Mit jedem Tag würde es mir schwerer fallen, diesen Mann stehenzulassen, denn ich fühlte mich mit ihm, als könnten wir die Welt aus den Angeln heben. Traurig begleitete er mich zum Bus nach Mapusa, und wir nahmen Abschied. Wenig später bereute ich meinen Entschluss. Ich hangelte mich zum Busfahrer nach vorne, der in ungeheurem Tempo über die Straße schoss. Wir waren bereits im angrenzenden Bundestaat, in Maharastra. Als ich ihn bat anzuhalten, lachte er nur und antwortete, er könne mich doch nicht im Dunkeln in der Pampa herauslassen. »Nein, das nicht«, antwortete ich. »Doch ich will zurück nach Goa und am nächsten Halt steige ich aus.« »Das wird nicht so einfach sein. Der nächste Stopp ist erst in drei Stunden.« In bewährter indischer Manier ließ ich nicht locker. Er war so freundlich, bald darauf einen Parkplatz anzusteuern, auf dem Busse standen. Dort stieg er mit mir aus und quatschte andere Fahrer an, bis er mir winkte und auf einen Bus zeigte. »Er nimmt dich mit. May God bless you«, und verschwand. Mit meinem Rucksack auf dem Rücken stieg ich in den Bus, der vollkommen leer war. Der Fahrer grüßte mich freundlich auf Konkani, der Landessprache Goas, ich verstand kein Wort. Er deutete auf die Sitze, ich hatte freie Sitzwahl. Die Türen schlossen, und wir brausten los. Die Busse hier rasten einfach über alle Schlaglöcher und Bodenwellen auf den flachen Highways hinweg, oft ratterte es furchtbar oder tat einen Schlag, und ich rechnete ständig mit einem Achsenbruch. Der Busfahrer lauschte der Musik eines Konkanisenders, die in meinen Ohren fremder als die Bollywoodmusik klang. Manchmal wechselten wir ein paar Worte, doch für ein richtiges Gespräch reichte es nicht. Es war stockfinster, der Highway unbeleuchtet, doch relativ gut befahren, und das ergab genug Licht. Die Straße führte schon seit geraumer Zeit durch bewaldetes Gebiet. Auf einmal bog der Busfahrer in eine Schneise ab. Da er vorher nicht abgebremst hatte, wurde ich davon überrascht. In hohem Tempo donnerte er über den Waldweg, unter uns knackten die Äste. Ich bekam es mit der Angst zu tun. Sollte ich schreien? Hier würde mich keiner hören. In voller Fahrt aus dem Fenster springen? Ich war in höchster Alarmbereitschaft und fummelte meinen dicken Wälzer aus dem Rucksack heraus. Den wollte ich ihm notfalls hart überziehen. Er fuhr zielsicher über den kleinen Waldweg, schaute nicht nach links oder rechts. Seelenruhig fing er an, ein fröhliches Liedchen zu pfeifen wie jemand, der nach einem langen Arbeitstag nach Hause kommt. Ich nahm meinen Mut zusammen und fragte ihn mit fester Stimme, wo er hinführe. Ich wollte nicht, dass er meine Angst bemerkte. »You come my home«, sagte er und lud mich ein, mit ihm und seiner Frau zu essen. Ein paar Minuten später hielten wir vor seinem Haus, das zusammen mit einem Dutzend anderen unter hohen Baumwipfeln stand. Seine Frau war herzlich und gastfreundlich, sie servierte ein scharfes Fischcurry und anders als in Benares aß sie gemeinsam mit uns. Danach fuhr mich der Busfahrer mit seiner Vespa bis nach Arambol, das war wirklich mehr als hilfsbereit und nett, ich schämte mich ein wenig für mein Misstrauen. Manuel schloss mich glücklich in die Arme, und wir machten dort weiter, wo ich so rüde unterbrochen hatte.

37

Feurio!

Hinter mir brannte es lichterloh, die Wand stand in Flammen. Wo war ich? Ich tastete durch den schwarzen Qualm und in der Dunkelheit nach der Tür. Ich riss sie auf und lief ins Freie. Richtig, ich war in Delhi, es war mitten in der Nacht. Ich hatte hier einen Zwischenstopp eingelegt, um die lange Zugfahrt von Goa nach Benares zu unterbrechen, nach 1200 Kilometern in dem Blechkasten freute ich mich auf den offenen Himmel über mir. Ich hatte dasselbe Hotel wie damals mit meinem Bruder genommen, und erneut war die Nr. 10 frei. Delhi im Winter war bitterkalt, die Heerscharen der Armen am Straßenrand schürten kleine Feuerchen und wickelten sich in Decken ein. Natürlich gab es keine Bettdecke im Hotelzimmer, dafür war die Unterkunft zu billig, doch es war ja nur für eine Nacht, also wollte ich mir keine Decke leisten. Die 120 Rupien (sechs Mark) konnte ich anders ausgeben, in Benares besaß ich schließlich zwei. Vor Kälte hatte ich kaum einschlafen können. Für die Illusion von Wärme hatte ich eine Packung Kerzen angezündet. Statt 35 Grad wie in Goa waren es in Delhi auf einmal nur noch fünf Grad. Irgendwann war ich dann wohl doch eingeschlafen. Mitten in der Nacht fuhr ich hoch, hinter mir stand das Zimmer lichterloh in Flammen, sie machten sich gerade über mein gesamtes Gepäck her. Panisch griff ich die beiden Wassereimer, die auf dem Dach standen, sie waren noch halbvoll. Mit einem Schwall schüttete ich das Wasser an die brennende Wand, aber das reichte nicht. Mit meinem Lunghi schlug ich auf die Flammen ein, bis sie gelöscht waren. Dann sah ich, was ich angerichtet hatte. Indische Zimmerwände hatten Nischen wie große Regale, direkt ins Mauerwerk verbaut. Dort konnte man seine Habseligkeiten unterbringen und ersparte sich Schränke. Mein Gepäck lag auch dort, jetzt zu einem Klumpen zusammengeschmort. Musikkassetten, Klamotten, Bücher – alles zerstört. Niemand war aufgewacht, obwohl noch andere Zimmer auf dem Dach besetzt waren. Aber indische Nächte waren so laut, dass ein bisschen Feuer nebenan offenbar niemanden um den Schlaf brachte. Ich ließ die Tür offen, denn das Zimmer stank wie ein Kohleofen und legte mich wieder hin. An der Zerstörung konnte ich nichts mehr ändern, die »Rezeption« war nachts unbesetzt, also beschloss ich, am Morgen aktiv zu werden. Doch dazu kam es nicht, denn nur eine halbe Stunde später stand das Zimmer erneut in Flammen. Schreiend weckte ich die anderen Touristen, und mit vereinten Kräften gelang es uns, die Flammen auszuschlagen, denn Wasser gab es im ganzen Hotel nicht.

Das Licht des Tages führte mir mein nächtliches Werk erst richtig vor Augen: die Wände rußschwarz, vom einstigen Hellblau nichts mehr zu erahnen, der Ventilator hinüber, mein Gepäck förmlich in die Mauer gebrannt, die Neonröhre gesplittert, es war ein totaler Schiffbruch. Ich ging also zur Rezeption zu Harry Blöd, so hatten wir Touris den gakeligen, leicht depperten Typen getauft und gestand ihm, was geschehen war. »No problem, my friend«, antwortete er mir freundlich grinsend und drückte mir eine Schaufel mit Besen in die Hand. Obwohl mir eher kleinlaut zumute war, musste ich lachen, denn ein Handbesen konnte hier nichts mehr ausrichten, das Zimmer war unbenutzbar. Doch selbst als ich ihm die schwarze Ruine zeigte und Stunden später auscheckte, gab es keinerlei Aufregung um den ungewollten Brandanschlag. Ich musste nicht eine Rupie mehr bezahlen und hatte ein komplett abgebranntes Zimmer hinterlassen. Dafür zeigten sie volles Verständnis. »No problem, my friend.«

Meine ganze Vorfreude erfüllte sich, als ich die Bettler wiedersah. Sie freuten sich, dass ich wesentlich fitter und offensichtlich gesundet war. Um meinen Seelenfrieden zu erhalten, hatte ich beschlossen umzuziehen. Giulia hatte ein wunderschönes, ebenso an der Ganga liegendes Haus gefunden, in dem mehrere Zimmer frei waren. Auch sie kämpfte mit demselben Problem wie ich zuvor, nämlich tief und tiefer in die Angelegenheiten ihrer Hausbesitzer hineingezogen zu werden, deshalb schlug sie vor, gemeinsam umzuziehen. Das Gebäude war hochherrschaftlich, fast wie ein kleines Maharadschafort. Auf einem hohen Sockel mit Eingangstreppe saß das burgähnliche Haus, das auf beiden Seiten in Türmen endete. Die waren aber nicht rund, sondern dreikantig. Giulia hatte schon alles besichtigt und verhandelte mit dem Hausbesitzer, sie drückte ihn um die Hälfte, ich war ganz still und jubelte nur innerlich. Natürlich blieb Giulia die erste Wahl, und sie zog in den ersten Stock ins Turmzimmer, ich nahm den Raum unter ihr, das Turmzimmer im Erdgeschoss. Die Decke war meterhoch, das erinnerte mich sofort an Rom, und durch die roten, gelben und blauen Scheiben fiel das Licht buntfarben wie durch Kirchenfenster hindurch und lag auf der gegenüberliegenden Wand. Der Raum war in einem katastrophalen Zustand, der Putz bröckelte von den Wänden, deren Ockergelb noch viele andere Farben angenommen hatte, aber dieser fast verwitterte Zustand gab dem Raum eine Atmosphäre wie in einer Pilgerkirche. Hier würde ich mich wohl fühlen.

Mit dem großen Raum war ein schmaler verbunden, den richtete ich auf der einen Seite als Küche ein, auf der anderen stapelte ich Sachen vom Projekt von Verbandsmaterial bis zu den Röntgenbildern. Im Zimmer stand ein großer Charpai. Darauf könnten bequem drei Leute schlafen und in Indien sechs. Im Innenhof befanden sich die Wasserhähne und die Toiletten, denn das Haus hatte noch weitere Mieter. Hinten lebte eine indische Familie, ohne Blick auf Ganga, sie schauten nur in den Innenhof. Oben neben Giulia kam der Hausbesitzer unter, wenn er in Benares war, meistens lebte er in Bihar, dem Nachbarstaat. Eine gute Zeit begann hier, ich schätzte die Schönheit dieses Gebäudes, und wenn ich innehielt, erzählten mir die Mauern viele indische Geschichten. Das Haus gehörte zwei Brüdern, es war deshalb zweigeteilt. Die Trennung verlief unsichtbar, wurde aber streng beachtet. Nie betrat unser Vermieter den Hausteil seines Bruders. Als wir einzogen, war die andere Hälfte bestimmt schon seit Jahren nicht bewohnt. Abends stöberten wir manchmal in den staubbedeckten und spinnwebverhüllten Räumen mit Kerzen in der Hand. In der Mitte des Hauses gab es tatsächlich eine kleine Zierbrücke, die in den dunklen Teil führte. Wie zu einer Mutprobe verabredet, schlichen Giulia und ich uns gruselnd und kichernd in Angstlust über die Brücke. Auf der dunklen Seite hatten wir einen Raum entdeckt, in dem Fledermäuse nisteten. Hunderte hingen an der Decke. Die Tiere strahlten ihre eigene Schwingung aus, im Dunkeln war das wunderbar unheimlich, wenn unser Kerzenlicht auf sie fiel und ihre Schatten tanzen ließ.

Erst mit der Zeit merkte ich, dass es sich mit der Privatsphäre genauso verhielt wie im Rest von Benares: Man hatte keine. Immer wieder standen Leute vor meinem Fenster, selbst wenn die Holzläden geschlossen waren und versuchten, einen Blick ins Zimmer zu erhaschen. Oder sie lauschten, sie hielten tatsächlich das Ohr ans Holz. Es kam auch vor, dass sie etwas riefen oder ein Gespräch durch das Fenster anfingen. Das nervte. Es waren bestimmt 100 am Tag, die so an meiner Privatsphäre kratzten. Die Mauern beflügelten die Phantasie der Neugierigen noch, sie diskutierten lautstark darüber, was dahinter wohl Verwerfliches vorgehe. Als ich noch offen auf dem Ruderboot lebte, konnte man mir nicht so viel andichten.

In dieser Zeit stand ich jeden Morgen vor dem Sonnenaufgang auf, lief die wenigen Meter zur Ganga und tauchte in deren quecksilberfarbene Fluten, die so unvergleichlich ruhig dalagen. Ein Dutzend Sadhus badete immer um diese Uhrzeit. Kurz vor der Dämmerung gab es einen Moment, der suggerierte, Raum und Zeit seien aufgehoben. Himmel und Erde verschmolzen miteinander. Der Himmel nahm für wenige kostbare Augenblicke dieselbe Farbschattierung wie die Ganga an. Drei Herzschläge lang war alles eins. Wenn man in dem Moment im Fluss stand, war eine Unterscheidung zwischen Himmel und Wasser nicht mehr möglich, ein Gefühl fast wie schwerelos.

Nur Momente später änderte der Himmel seine Farbe und bereitete sich auf die Ankunft Suryas, der Sonne, vor. Eine solche Ruhe, wie sie einen hier erfüllte, war in Dasaswamedh nicht möglich.

Aus Goa hatte ich eine Idee nach Benares mitgebracht. Auf dem Flohmarkt in Anjuna hatte ich gesehen, dass in der Fülle der Souvenirs die einfachen, bunten und fröhlichen Halsketten immer gut verkauft wurden. Warum nicht mit den Bettlern solche Malas herstellen und ihnen zu einem zusätzlichen Einkommen verhelfen? Ich erzählte Samant davon, in der Hoffnung, seine Freunde könnten an Großhändler herantreten. Schon am nächsten Tag hatten wir Holzperlen in allen Formen gekauft und kleine flache Perlen in Korallenrot, Terrakotta, Sonnenblumengelb, Indianertürkis und Moosgrün. Dazu Nylonfaden und Verschlüsse. Wir hatten einen guten Preis bekommen, das war der Versuch wert, die Bettler zu einem Sparguthaben zu bringen. Ich sah nämlich zu, wie sie Geld für ihre Familien sammelten und abgaben, doch niemals ein Kapital zusammensparen konnten, das ihnen einen größeren Sprung erlaubte. Ich wollte damit erreichen, dass sie wieder Ziele hatten, indem sie auf eine Ziege oder anderes sparten, womit sie ihre Familie wertvoll unterstützen könnten.

Immer nachmittags, wenn die Straßenklinik vorbei war, breiteten wir Strohmatten aus und setzten uns am Rand von Underground hin. Wer teilnehmen wollte, kam hinzu. Der Platz war strategisch gewählt, damit die Bettler ihr Gepäck im Auge behalten konnten. Ich rechnete damit, dass vor allem die Frauen das Angebot wahrnehmen würden, aber weit gefehlt. Alle, schlichtweg alle waren dabei. Es berührte mich sehr, in die Runde zu schauen und Ramchandra, Lalu und selbst den alten Narayan zu beobachten, wie sie geduldig die filigranen Perlen auf die Nylonschnur fädelten.

Auch Mohan ließ es sich nicht nehmen. Er brachte sein Radio mit, voll aufgedreht, und stellte es neben sich auf. Wir hatten allerdings schon Lalus Radio laufen, auch bis zum Anschlag, er hatte alte Schlager eingestellt. Also brüllten die beiden Radios, jeweils mit anderer Musik, gegeneinander an. Das schien niemanden zu stören. Ich bat Mohan, denselben Sender zu finden, doch er wünschte lieber Bollywoodmusik zu hören und nicht alten Schlagern nachzuhängen.

Es waren sehr ausgelassene kreative Stunden, die wir da verbrachten, und es machte viel Spaß. Ich saß meistens mit Shivani zusammen, die fröhlich daherplapperte, es war schön, ihr einmal nicht als Patientin und Leidende zu begegnen, sondern als Kreative. Und das war sie. Sie hatte ein Gespür für Design und erschuf harmonische Muster, deren Farbgebung sofort lockte, die Kette umzubinden. Flink und entschieden fädelte sie die Perlen auf und stellte die Ketten am schnellsten her. Direkt gefolgt von Amoli. Deren Designs waren allerdings nicht so harmonisch, ihre Ketten ähnelten eher dem Muster der Giftschlangen.

Besonders berührte mich Singeshwar. Weil er nicht einen Finger mehr hatte, konnte er die Perlen nicht einfädeln. Er wollte aber unbedingt mitmachen, also nahm er die Perlen auf den Handteller und

Shanti devi fädelte sie gleich von dort ein. Narayan, der halbblinde Alte, den mein Bruder »den Fürsten« nannte, weil er eine noble Ausstrahlung hatte, hielt sich die Perlen zwei Zentimeter vors Auge, damit er die richtige Farbe auswählte. Ich nahm mir vor, noch einmal seine Augen testen zu lassen, vielleicht könnte man ja doch mit einer Operation noch etwas erreichen. Es herrschte eine gelöste Stimmung, und die Bettler scherzten, lachten und tauschten ihren Gossip aus. So entspannt, fröhlich und unbeschwert hatte mein Team sie in ihrem Alltag noch nie erlebt. Ich verbot alle Gespräche über Krankheiten und erklärte die Strohmatten zu ihrer Werkstatt.

Selbstverständlich wünschten auch die Kinder mitzumachen. Doch das erlaubte ich ihnen nicht, auch wenn sie mich mit dramatisch-traurigen Blicken straften. Das Kettenbasteln war kein Spiel. Es sollte die erste Verdienstmöglichkeit für die Leprakranken seit Ausbruch ihrer Krankheit werden. Es war ihre Chance zu zeigen, dass sie ins Leben zurückwollten und ihre Geschicke selbst in die Hand nahmen.

Pro fertiggestellter Kette erhielten die Bettler fünf Rupien. Drei Rupien behielt ich ein, zwei zahlte ich sofort aus. Ich legte ein Buch an, in dem festgehalten wurde, wer wie viel Geld ansparte. Jedes Mal wurde es zur Zeremonie, wenn mir die Bettler ihre Ketten abgaben, denn ich ließ sie in dem Register unterschreiben, genauso wie bei einem Bankgeschäft. Manche konnten nicht schreiben und gaben einen Fingerabdruck ab, malten irgendeinen Krakel oder setzten eben die berühmten Kreuze aufs Papier. Das artete jedes Mal in lustiges Gekicher aus, einer neckte den anderen. Immer, wenn einer unterzeichnete, beugten sich mindestens zehn andere direkt über seine Schultern, ein Dutzend weitere drängten von den Seiten, um auch alles mitzubekommen. Platzangst durfte man in Indien wirklich nicht haben. Nachdem alles begutachtet und beäugt und jeder Kommentar gegeben war, kam der Nächste dran.

Es war immer noch kalt in Benares, und oft entzündeten wir kleine Feuerchen, um die wir dann saßen. Ein jeder war in Decken und Schals gewickelt, Jacken benutzte man nicht wirklich. Die vorbeilaufenden Inder staunten Bauklötzer. Sie zeigten mit dem Finger auf uns und sagten, das wäre doch gar nicht möglich, doch sie sahen es ja mit eigenen Augen. Die Ketten, die meine Bettler herstellten, konnten sich wirklich sehen lassen. Man sah die mit jeder Perle eingewebte Hoffnung.

Für diese Gaffer hatten wir manchmal Poster gemalt und aufgestellt, um über Lepra zu informieren. Mit einfachen Zeichnungen wollten wir zeigen, dass Lepra nicht ansteckend ist und dass es heilbar war.

Mangal, der kleine Junge aus Singeshwars Dorf, war wieder zu Besuch. Das halbe Jahr Therapie war vergangen, und ich brachte ihn zum Test. Wieder nahmen sie eine Probe Gewebsflüssigkeit, ein kleiner Ritz am Ohrläppchen genügte. Mangal sah gut aus, ich war mir sicher, dass der Junge seine Therapie regelmäßig genommen hatte und gesundet war. Als das Ergebnis kam, jubelte Singeshwar und riss die Arme hoch. Er freute sich so von Herzen kommend, dass ich mir eine Träne wegwischen musste. Singeshwar brachte den Kleinen sofort wieder in sein Dorf, er wollte ihm keine weitere Nacht auf der Straße zumuten. Wenn Singeshwar jemals eine eigene Familie gehabt hätte, wäre er bestimmt ein stolzer und vor allem guter Vater geworden, dachte ich traurig, als ich ihnen hinterherschaute. Ich war glücklich, dass wir Mangal das Stigma der Lepra ersparen konnten, dieser Erfolg gab mir Mut und Hoffnung und schweißte mich noch mehr mit Singeshwar zusammen.

38

Lebenslust

Es hämmerte an die Tür. »Jemand zu Hause? Tara?«, die Stimme kannte ich doch! Konnte das sein? Ich riss die Tür auf, und tatsächlich stand Manuel vor mir. Überraschend hatte er seine Zelte in Goa abgebrochen und reiste gemeinsam mit der ersten Vorfrühlingssonne nach Benares. Ich freute mich, denn ich hatte oft an ihn gedacht und unsere unbeschwerte Zeit in Goa sehr vermisst. »Wie hast du mich gefunden?«, wollte ich wissen. »Das war leicht. Ich habe den Nächstbesten in Dasaswamedh nach Tara gefragt, und bereitwillig gaben mir nicht nur er, sondern auch alle anderen Auskunft. Ist ja spannend, was die Inder so aus dir machen. Von der Hure bis zur Heiligen war da alles dabei.« Er konnte nicht wirklich bei mir einziehen, das wäre nicht schicklich gewesen, aber er nahm sich ein Zimmer, ebenso an Ganga nicht weit weg gelegen.

Mein Hausdach war so hoch, dass man das Gefühl hatte, die ganze Stadt und den Fluss bis zum Horizont zu überschauen, wie ein Schiffskapitän auf der Brücke kam ich mir vor. Ich beschwatzte Manuel, den Charpai aufs Dach zu bewegen. Weil er im Treppenhaus nicht um die Ecken passte, zog Manuel das Ungetüm kurzerhand an einem Seil hoch auf das Dach. Dort oben zu schlafen kam mir vor, wie im Götterhimmel zu liegen. Außerdem konnte es keine Spanner geben, denn unser Dach war das höchste weit und breit. Wenn von Ganga eine Brise hinüberwehte, der Duft von Jasminsträuchern sich in die Nacht ergoss und uns dort oben die Sterne fast berührten, war ich wirklich glücklich.

Die Straßenklinik saugte Manuel sofort ein. Er war praktisch veranlagt und konnte zupacken. Wieder hatte ich dieses Gefühl, die Welt mit ihm aus den Angeln heben zu können, wenn ich ihn in Underground beobachtete. Oft übernahm er die Aufgabe, die Patienten in die Krankenhäuser zu begleiten, er konnte sich auch ohne Hindi prima durchsetzen. Manuel war muskulös, durchtrainiert und wirkte auf die indischen Männer bestimmt wie ein furchtbarer Wikinger. Er strahlte etwas Rebellisches, Freies aus, kein Inder stellte sich ihm in den Weg. Deshalb waren seine Krankenhausbesuche stets sehr effizient, er erreichte jede Untersuchung, jedes Blut- oder Röntgenbild für die Bettler. Mit den Wochen hatte er sich schon fast unentbehrlich gemacht. Dennoch beobachtete ich mit Sorge, dass ich ihn ständig enttäuschte. Mein Leben war so sehr mit den Leprakranken und den Kindern verstrickt, dass ich selten Zeit für Zweisamkeit fand, so wie er das wünschte. Immer klebten andere an mir, Persoram und Premanand sowieso jeden Tag. Aber auch wenn ich zu Hause war, klopfte es andauernd. Entweder wollten sie mir schnell etwas mitteilen und wünschten einfach nur Aufmerksamkeit, oder sie brauchten Hilfe. Meistens stand ich dann auf und ging mit ihnen. Manuel kam es so vor, als verzichtete er auf etwas, zugunsten der Leprakranken. Das stiftete Unruhe zwischen uns. Ich konnte meine Arbeit nicht eingrenzen. Entweder, er hielt das Teilen aus oder nicht. So verlebten wir eine Phase der Hochs und Tiefs, an Liebe zueinander oder gegenseitiger Leidenschaft mangelte es nicht, doch zwischen diesen Schicksalen, die uns täglich umgaben, eine Partnerschaft aufzubauen, war schwierig. In der Öffentlichkeit konnten wir keinerlei Zärtlichkeiten austauschen, ich durfte mich nicht an ihn kuscheln, er durfte mich nicht in den Arm oder an die Hand nehmen, das war eben so.

Mitten in diese Phase hinein kündigte sich meine beste Freundin Jasmin aus Deutschland an, die ihrem Freund auf ihrer Reiseroute durch Indien und Nepal ein paar Tage Benares abringen konnte. Ihr Zwischenstopp in Benares galt vor allem unserem Treffen. Wie schön, dass wir nun auch die Erfahrung Indien miteinander teilen konnten. Die beiden wohnten bei mir, als Paar konnte ich sie aufnehmen, wir sagten einfach, sie wären verheiratet. Das hielt die Inder allerdings nicht davon ab, nach Jasmin zu schielen. Im Sari machte sie eine so gute und weibliche Figur, dass sie mehreren Indern den Kopf verdrehte, und obwohl ihr Freund neben ihr war, wurde sie ständig angesprochen und angetatscht. Die Zeit reichte nicht aus, alles nachzuholen und uns gegenseitig zu erzählen, was geschehen war, seit ich Europa verlassen hatte. Jasmin gehörte zu den Menschen, denen ich mein vollstes Vertrauen schenken konnte, sie war immer für mich da, und ich hatte das Gefühl, mich mit allem an sie wenden zu können und Verständnis zu finden. Jasmin war eine ganz integre, junge Frau mit hohen Wertvorstellungen, die sie auch lebte. Wir hatten fünf kostbare Tage miteinander, entdeckten Benares, fuhren Boot, besuchten gemeinsam den Blumenmarkt.

Doch auch Jasmin bekam gleich die invasive Art der Inder zu spüren. Ein jeder stellte sich ihr als mein bester Freund vor und versuchte, Einzelheiten aus unserem Leben herauszukitzeln, die sie dann weitererzählen konnten, gerne auch angepasst an ihre indischen Männerphantasien. »Beste Freunde habe ich hier eigentlich gar nicht. Außerhalb der Leprakranken gibt es noch nicht einmal eine Handvoll Leute, denen ich vertraue. Im Prinzip ist da nur Avan, der sich als mein bester Freund bezeichnen dürfte. Alle anderen kannst du stehenlassen, ganz gleich, welche Geschichte sie erzählen«, stellte ich klar. Selbstverständlich lernte sie meine Leprakranken und die Straßenkinder kennen, die mit ihren kleinen Pfeilen Jasmins großes Herz mit Leichtigkeit trafen. Noch bevor meine Freundin weiterreiste, entdeckten wir neue tierische Mitbewohner im Haus, von denen wir noch nichts wussten. In meinem Zimmer waren die Regaleinlassungen in der Wand verkleidet mit Holztüren, die ich schließen konnte wie einen Schrank. Dort lagerte ich meine Bücher, Fotos und viele Schreibunterlagen, die ich nicht täglich brauchte. Als ich diesen öffnete, hatten die Termiten ganze Arbeit geleistet. Der Holzrahmen war innen ausgehöhlt und dünn wie Papier, meine Fotos zerfressen und mit klitzekleinen Kothäufchen übersät. Als ich das gesamte Haus genauer in Augenschein nahm, entdeckte ich die Nimmersatten in allen Hölzern. Daher auch ständig der Staub in der Luft. Eines Nachts wollte ich von der Brise profitieren und schob die Vorhänge, die ich als zusätzlichen Spannerschutz aufgehängt hatte, zur Seite. Mein Aufschrei weckte das ganze Viertel. Jasmin dachte, ich würde abgestochen werden. Der schmerzhafte Stich überraschte mich so dermaßen, dass ich Urkräfte für den Schrei mobilisierte. Die Nachbarn blickten auf meine Hand und waren sich gewiss, dass mich ein Skorpion gestochen hatte. Sie machten sich auf die Suche, vergebens, und durchstöberten neugierig wie die Erdmännchen mein Zimmer, fanden aber nichts.

In der Leprakolonie Sankat Mochan wurde jedes Frühjahr ein großes Fest gefeiert, meistens Anfang März. Dafür kamen Leprakranke des gesamten Umkreises, also weit über Benares hinaus, zusammen. Sie reisten in Grüppchen an und blieben für mehrere Tage. Die Aufregung und die Vorbereitungen vor dem Fest waren enorm, denn insgesamt mussten Mahlzeiten für 300 bis 400 Leute gekocht werden, rund um die Uhr. Dafür sammelten die Leprakranken über viele Monate Geld zusammen, damit sie kurz vor der Mela zentnerweise Reis, Dal, Mehl, Öl und Gemüse kaufen konnten. Die Frauen der Kolonie hatten wahre Kochkolonnen gebildet, die im Halbtagestakt wechselten. Tausende von Chapatis wurden geknetet, ich konnte mich nicht sattsehen an der guten Stimmung, die herrschte. Selbstverständlich gab ich ihnen auch eine großzügige Spende von seiten Dasaswamedhs und wir rückten zu vierzigst an.

Noch bevor das Fest begann, kam es zu einem Zwischenfall, der mich sehr beschäftigte. Mir gefiel es nicht, wie offen Mohan seit einiger Zeit schon Shivani umschwänzelte, ihr ständig Komplimente machte und sie mit Blicken aufforderte, ihre Zurückhaltung aufzugeben. Als wir gerade die Rikscha bestiegen, um nach Sankat Mochan zu fahren, schenkte Mohan Shivani eine Durbatta, einen wirklich schönen, dünnen Schal, mit dem sie sich schmücken sollte. Eine Ungeheuerlichkeit, denn er überreichte ihn vor Juddins Augen. Dazu sagte er: »Bin jederzeit für dich da, Shivani. Dein Krüppel kann ja noch nicht mal tanzen.« Das war wie eine schallende Ohrfeige für Juddin, der nichts entgegnete. Da Juddin keine Lepra hatte, nahm er auch nicht an der Mela teil, Shivani ging ohne ihn zum Fest. Den Schal hätte sie ablehnen müssen, doch sie nahm ihn an und trug ihn. Ich war verärgert, doch ich wusste, ich sollte mich da nicht einmischen. Ihre Liebeshändel waren ihre Sache. Doch ich hoffte, dass Shivani Mohans Werben nicht nachgeben würde. Auch wenn Juddin vielleicht nicht tanzen konnte, war er charakterlich unbestritten der bessere Mann.

Meine Bettler waren trunken vor Vorfreude, denn nun wurde die gesamte Nacht durchgefeiert. Zur Mela trafen sie auf die Leprakranken anderer Kolonien, die sie bereits seit Jahren kannten, und gemeinsam wurden Bhajans gesungen und um den Tempel getanzt, ununterbrochen für 24 Stunden. Eine jede Gruppe übernahm mal die Musik, mal den Tanz, zwischendurch konnten sie essen und klönen, und die Bhajans brachen nie ab. Auch in meiner Bettlergruppe gab es genügend Musiker und Tänzer. Sita devi fiel mir ganz besonders ins Auge. Sie war eine hartgesottene Leprafrau, sie trug das Löwengesicht und strahlte dieselbe Unbesiegbarkeit aus wie ein Sonnenuntergang. Sita hatte nur ein Bein und trug eine grausliche Holzprothese. Zum Betteln nutzte sie stets den Holzmaruti so wie Singeshwar, sie war Vollprofibettlerin. Sie lebte wie Thiru am Nachbarghat, zu dem keine Pilger kamen, weil dort die fauligen Gemüsereste lagen vom Markt und Hühner herumliefen. Sita stach nicht nur wegen ihres Aussehens heraus, besonders waren ihr Charisma und die Stärke, die sie ausstrahlte. Obwohl sie aussah wie ein Monster, hatte sie immer junge, knackige Liebhaber, die sie jeweils nach ein paar Monaten auswechselte. Das hatte ich bereits staunend beobachtet. Nur, wenn sie keinen Liebhaber hatte sowie im Monsun nächtigte sie in Underground, ansonsten baute sie sich einen Unterschlupf aus einer Plastikplane mit Bambusstöcken nur ein paar Meter entfernt von Ganga auf dem Lehmboden auf. Sie war Mutter einer kleinen Tochter namens Pooja ein hübsches Mädchen, das jetzt schon versprach, eine Augenweide zu werden. Nachts band sich Sita die Dreijährige mit einem Seil an ihr gesundes Bein oder um die Hüfte, damit ihr niemand das Kind einfach entreißen könnte, wenn sie ihre Holzprothese abgeschnallt hatte. Über Poojas Vater konnte man nur spekulieren. Die Chancen standen 50:50, dass es entweder Thiru oder Mohan war. Damals war Sita mit beiden zusammen. Wahrscheinlich würde man irgendwann eine Ähnlichkeit entdecken. Heute war das Mädchen nicht dabei, und Sita tanzte wild und ausgelassen um den Tempel. Stundenlang. Ihre unbändige Lebenslust zu beobachten war die reinste Freude. Die Weiblichkeit, die sie trotz ihres zerstörten Körpers und Gesichtes umgab, beindruckte mich. Sie war eine schöne Frau, die strahlendste Frau des Abends, trotz des Löwengesichts. Als ich sie zwischendurch fragte, ob der Stumpf schmerzte, antwortete sie leichtfertig: »Kein

Problem, Didi. Wenn es anfängt zu bluten, gibst du mir einfach eine Bandage. Heute will ich nur tanzen. Das Bein ist mir egal.«

Ich hatte Manuel eingeladen, mitzukommen und mitzufeiern. Hier inmitten meiner Leprakranken brauchten wir nicht mehr den starren indischen Regeln zu folgen, und er konnte den Arm um mich legen. Hier mussten wir unsere Liebe nicht verstecken, denn den Leprakranken galt er sowieso schon als mein Mann. Sie mochten und schätzten ihn, weil sie seine Stärke erkannten. Auch Manuel ließ sich ganz und gar von dem Hochgefühl anstecken, das die ganze Kolonie befallen hatte wie ein Fieber. Er fühlte sich sichtbar wohl mit meinen Leprakranken, ich war glücklich. Indien ging Manuel nämlich oft auf die Nerven. Er war ein Typ für klare Aussagen und kein »maybe yes, maybe no«. Ein typisches »same same, but different« konnte ihn aufbrausen lassen. Insbesondere, wenn die Inder mit »No problem, my friend« begannen, denn dann wusste man, dass ein Problem auf dem Fuß folgte. Das regte Manuel auf, deshalb verbrachte er seine Zeit lieber mit den Westlern, ausgenommen die Leprakranken.

Mohan fuhr uns dann spät in der Nacht mit der Schulrikscha nach Hause. Er sang den ganzen Weg lang, und ich war angefüllt mit Glück. Im Dunkeln hatte Manuel weiterhin den Arm um mich geschlungen, und ich fühlte mich wunderbar beschützt. Wenn das nur immer anhalten könnte.

Glücklich legten wir uns schlafen, als es plötzlich einen riesigen Schlag gab, es war noch vor dem Morgengrauen. Zersplittertes Glas fiel auf den Boden. Es hörte sich an wie eine Explosion. Der Knall kam aus meinem Küchenzimmer. Ich war mit einem Satz auf den Füßen. Giulia schrie im Nachbarzimmer auf, die Nachbarn rannten aus ihren Räumen. Vorsichtig näherten wir uns dem kleinen Raum. Auf dem Boden lagen Splitter und kaputte Flaschen in einer dunkelbraunen Lache. Der Hustensaft war explodiert! Die Wärme des Frühlings hatte ihn hochgehen lassen. Aus Sparsamkeitsgründen kochte ich schon den ganzen Winter über den Hustensaft für die Bettler selbst. In den kalten Monaten griff der Husten um sich, und die Bettler verlangten tagtäglich nach Unmengen von Hustensaft. Der war aber teuer und kam meistens in aberwitzig kleinen Flaschen. Ich hatte ein gutes ayurvedisches Rezept erhalten, dafür musste ich rohe Zwiebeln mit weiteren Zutaten einkochen, bis sie braun und dickflüssig wurden. Ich kaufte beim Glashändler große Literflaschen, in die ich den durchgefilterten Sirup dann abfüllte. Die Bettler fanden den selbstgekochten Saft allerdings gar nicht so prickelnd. Zugegeben, er war von unappetitlich dunkler Farbe, sie hätten lieber einen schicken Hustensaft gehabt, der rosa schimmerte und nach Zucker schmeckte. Ich machte mir nicht allzu viele Fans damit, sie nannten ihn ein wenig verächtlich *petrol.* Wir sparten dabei aber doppelt, weil immer weniger Bettler nach Hustensaft verlangten, wenn sie ihn nicht dringend benötigten, der Aufwand war also durchaus lohnenswert.

39

Mutter Teresa

Sie war ganz in Schwarz gehüllt, setzte sich neben mich und reichte mir die Verschreibung einer Salbe. Die Muslimin zog den Schleier kurz vom Gesicht, so dass ich ihr einmal in die Augen schauen konnte. Sie klagte über Nervenschmerzen am Daumen. Es war Nur Mohameds Frau, ein neuer MDT-Patient, der nicht auf der Straße lebte, sondern seine Therapie in der Straßenklinik nur abholte, wir hatten eine Handvoll solcher Patienten. Singeshwar, Lalu und Ramchandra saßen neben mir und bekamen das Gespräch mit. Im Nu mischten sie sich ein und stellten, genau wie ich, der bereits verunsicherten Frau viele Fragen. Sie berichtete über ein Kribbeln in Füßen, Unterschenkeln und Händen sowie von leichter Taubheit. Auch das Temperaturgefühl schien ihr verlorengegangen zu sein, heiß oder kalt konnte sie nicht mehr ertasten, sagte sie. Auf depigmentierte Flecken konnte ich sie nicht untersuchen, weil sie verhüllt war. Die Männer sagten ihr mit der Brutalität der Straße direkt ins Gesicht, dass sie Lepra habe. Meine drei hatten weder Raum für Zweifel noch für Hoffnung gelassen. Das von jemandem mit Löwengesicht zu hören ließ sie zusammenbrechen, und sie weinte herzzerreißend. Ich nahm die Frau in den Arm und tröstete sie, so gut ich vermochte, indem ich ihr von der MDT erzählte und von dem Jungen Mangal, der geheilt wurde, ohne eine Spur der Lepra davonzutragen. Sie solle kommen und die Therapie wahrnehmen, dann könnten wir die Krankheit aufhalten.

Mein Gefühl für die Krankheit Lepra entwickelte sich durch Singeshwar, Musafir, Lalu und die anderen alten Knochen auf der Straße. Es geschah oft, dass Fremde an uns vorbeiliefen, und Musafir oder Singeshwar sagten nur knapp zu mir: »Der da hat Lepra – der weiß es nur noch nicht!« Man konnte es tatsächlich schon früh am Gesicht erkennen, wenn es begann, maskenhaft zu erstarren, an den depigmentierten Flecken am Körper, am Gang oder den beginnenden Schädigungen an Händen und Füßen noch vor Ausbildung der Krallenhand. Meistens sprachen wir die Leute an. Manchmal wurde unser Rat, sich untersuchen zu lassen, angenommen, andere wiesen das ganz weit von sich und würdigten uns keines Blickes mehr.

Die wenigen Inder aus der normalen Gesellschaft, die sich mit Lepra ansteckten, könnten vor dem sozialen Abstieg geschützt werden. Wenn sie rechtzeitig mit der MDT anfingen, also vor den sichtbaren Deformationen, könnten sie nach der Therapie ganz normal durchs Leben gehen, ohne dass je bekannt würde, dass sie Lepra hatten. So wie bei Mangal. Doch weil in einer Gesellschaft, in der man nie alleine war, in der jeder alles sah und meist übertrieben ausgeschmückt weitertratschte, eine sechsmonatige bis zweijährige Lepratherapie nicht verborgen bliebe, nahmen viele diese Chance nicht wahr. Die Angst vor dem sozialen Abstieg war zu groß.

Unsere Patienten hingegen befanden sich auf dem besten Weg zurück ins Leben. Unsere Handarbeits-Workshops waren zum Selbstläufer geworden. Shivani gestaltete mittlerweile doppel- und dreireihige Modelle, die aufwendig herzustellen waren und großartig aussahen. Bei den Männern stachen Ramchandras Ketten am meisten heraus. Man sah ihm die pure Freude am Gestalten an, seine Designs waren bombastisch. Dazu entwickelte er eine clevere Arbeitstechnik: Er faltete einen Lunghi zu einer langen Leiste vor sich, überlegte sich ein Muster und legte Häufchen von Perlen in einer bestimmten Reihenfolge darauf, so dass er sie schließlich mit dem Nylonfaden nur zielgerichtet aufpicken musste. So war er auch noch schneller als die anderen, die die Perlen alle bunt gemischt aus einer Schale pickten und oft lange nach der gewünschten Farbe suchen mussten. Als die anderen seine Technik sahen, machten es einige nach. Ramchandra war ganz beflügelt, als ich ihn lobte. Er bat mich ständig um neues Material, er wünschte goldene Perlen, welche, die glänzten, und nicht die matten, die ich ausgesucht hatte. Jedenfalls investierte Ramchandra schließlich selbst in sein Glück. Er kaufte sich einfach die goldenen und neonfarbenen Perlen dazu und gestaltete damit seine Ketten, die jetzt plastikgülden und farbschreiend um die Wette strahlten, als wären sie radioaktiv.

Es lag ein starkes Gruppengefühl in der Luft, das tat allen gut. Unter Lachen, Witzen und Frotzeleien verging die Zeit wie im Nu. Lalu und Puru liefen an diesen Nachmittagen jeweils zur Hochform auf, einer hatte einen trockeneren Humor als der andere. Das waren eindeutig die guten und unbeschwerten Momente. Lebenslustig pressten meine Bettler das Glück aus wie eine Pampelmuse. Sie waren die besten Glücksmomenteverwerter, die ich je sah und machten aus ein wenig Glück gleich genug für alle.

Mein guter Freund Jerome hingegen war unglücklich und entschied sich leider dazu, Benares zu verlassen. Er war den Spießrutenlauf satt, hatte genügend Beleidigungen und Verächtliches gehört. Jerome war schwul und lebte bereits seit über einem Jahr mit Vivek, seinem indischen Freund, zusammen. Den lernte ich einst im Tempel in Dasaswamedh kennen, er sang abends die Mantren auf der Terrasse mit Blick auf Ganga sitzend, ein Harmonium begleitete ihn. Er war ein wahres Naturtalent mit einer wohltönenden Stimme. Wenn man sich zurücklehnte und seinem Gesang lauschte, fand man Ruhe. Eines Tages nahm ich ihn mit zu Jerome, denn der Schweizer lud oft abends zu sich ein. Irgendwann waren die beiden ein Paar. Jerome war glücklich. In Benares sah ich oft Männer, die Hand in Hand herumliefen. Deshalb dachte ich am Anfang noch, dass es in Indien sehr viele Schwule gäbe, und ich war erstaunt, dass sie das so offen lebten. Doch ich merkte schnell, dass das nicht der Fall war. Das Händchenhalten war nicht homosexuell bedingt, sondern ein Zeichen von Freundschaft. Niemals sah ich in Benares einen Mann mit einer Frau Hand in Hand.

Vivek zog schnell bei Jerome ein, und auch sie liefen händchenhaltend durch die Straßen. Niemandem fiel auf, dass sie mehr waren als nur Freunde. Jerome beschäftigte eine Haushälterin, die Stille bewahrte, was das reinste Wunder war, denn Indien lebte vom Gossip. Ein Gerücht zu verbreiten war wichtiger als das Atmen. Dabei war es gleichgültig, ob das Gerücht stimmte oder nicht, der Wahrheitsgehalt spielte keine Rolle. Wichtig war nur der Dramagehalt, der Wert der Geschichte, das Echo, das dieses Gerücht auslösen würde.

Doch Jeromes Haushälterin verdiente gut und hatte das große Los bei ihm gezogen. Sie hielt wohlweislich den Mund. Jerome vertraute sich nur uns Westlern an, weil er wusste, wie verpönt Homosexualität in Indien war. Er war ein netter Typ, der beste Kumpel, stets sehr großzügig.

Doch im Zuge eines Festivals betrank sich Jerome mit meinem ehemaligen Vermieter Nikhil und dessen Freunden und offenbarte ihnen im Rausch, dass er schwul sei. Damit war sein ganzes schönes Leben in Benares vorbei. Jerome hatte lange genug in Indien gelebt, er sprach Hindi und verstand alles, was ihm die Leute auf der Straße zuriefen. Sie machten ihn auf die mieseste und widerlichste Art fertig, durch Bemerkungen und durch obszöne Gesten. Entscheidend für die Lästerer war, wer aktiv und wer in der passiveren Rolle im Liebesspiel war, denn darauf münzten sie ihre Beleidigungen. Vivek kam besser weg. Die Leute rechneten es ihm als clever an, dass er Geld und Wohlstand aus der Verbindung zog. Er war der Gewinner, der Schwule war Jerome. Homosexualität gab es in Indien ebenso wenig wie Lepra – zumindest offiziell. So konnte er nicht leben, das konnte ich gut verstehen. Vivek nahm er mit in die Schweiz.

Auch Manuel musste abreisen, es war bald Ende März, und sein Visum war nicht mehr zu verlängern. Er wollte zurück nach Berlin und dort erst einmal wieder sein Leben aufnehmen und arbeiten. Er versprach mir wiederzukommen, doch ich ahnte, er würde es nicht tun. Das Leben in Berlin würde ihn bestimmt zur nächsten Station mitnehmen, sobald er wieder auf diesen Zug aufgesprungen wäre. Damit ich erst gar nicht in Liebeskummer verfiele, erfüllte ich mir einen meiner wichtigsten Wünsche, nämlich Mutter Teresa zu sehen.

Ich liebte es schon immer, alleine in der Fremde unterwegs zu sein, denn ich fühlte mich wacher, das Neue hatte dadurch meine ungeteilte Aufmerksamkeit. Die Zugfahrt nach Kalkutta verschlief ich aber fast im Gesamten, denn ich belegte die höchste Liegepritsche und ließ sie einfach aufgeklappt. Bequem ausgestreckt rollte ich knapp 700 Kilometer quer durch Indien.

In Kalkutta fühlte ich mich überrannt von der Megastadt. Auch wenn Benares eine Millionenstadt war, so spielte sich mein Leben dort am Ufer der Ganga ab, was allem einen ländlichen Charakter verlieh. Hier tobte schwerer motorisierter Verkehr, und die Menschenmasse schien noch dichter, wenn das überhaupt möglich war. Die Häuser waren größer und höher. Die Männer zogen die hölzernen Rikschas mit den Händen, sie hatten kein Fahrrad, sondern nur ihren Leib. Die Engländer hatten ihre Spuren im großangelegten Kreiselverkehr und den imposanten Fassaden der Paläste hinterlassen.

Früh am Morgen suchte ich das Mutterhaus. Der Verkehr war noch erträglich, und das Haus der Mutter Teresa war leicht zu finden, denn ein jeder kannte die hingebungsvolle Nonne, sie war wie die lebende Schutzpatronin der Stadt neben der schwarzen Göttin Kali Ma, die von den Hindus verehrt wurde. Mein Herz klopfte laut, als ich einfach durch die unverschlossene Tür eintrat. Ich hörte Gebete, sie feierten gerade einen Gottesdienst. Der Raum war angefüllt mit Nonnen, alle im einfachen weißen Baumwollsari mit blauer Borte, dem Erkennungszeichen der »Missionaries of Charity«. Sofort erblickte ich sie, denn sie leuchtete. Mutter Teresa saß im Rollstuhl in der ersten Reihe und hatte die Hände andächtig zum Gebet gefaltet. Obwohl sie klein und zusammengesunken in dem Rollstuhl saß, wirkte sie nicht schwach, sondern immer noch wie ein blühender Busch. Ich konnte kaum meine Augen von ihr abwenden. Ein Priester hielt den Gottesdienst. Als die Messe zu Ende gelesen war und sich die Reihen lichteten, ergriff ich die Gelegenheit. Ich lief direkt zu Mutter Teresa, ging vor ihr auf die Knie und berührte ihre Füße, um ihr meine Ehrerbietung zu zeigen. Sie blickte mich freundlich lachend aus gütigen Augen an und bedeutete mir, sich neben sie zu setzen. Eine quicklebendige, alte Frau, die eine kinderleichte Energie verströmte und mit ihrem runzeligen Lachen jedes Herz öffnete. Sie ergriff meine Hände und fragte mich: »Kind, arbeitest du für meine Leprakranken?« Dabei blickte sie mich direkt an. Mein Herz überschlug sich, wie konnte sie das nur wissen? »Ja, Mutter Teresa. Ich habe ein kleines Projekt für Leprakranke in Benares. Es heißt ›Back to Life‹. Bitte, segnet es.« Das tat Mutter Teresa, sie segnete »Back to Life« und sie segnete mich, dieser Moment wird mir kostbar bleiben. Ihre Falten waren lebendige, vitale Lebenslinien, die sich fröhlich mitbewegten und aussahen, als setzten sie zum Tänzchen an, wenn sie sprach. Wenn man ihr in die Augen schaute, sah man, dass sie gedient hatte. Sie hatte die Quelle der Liebe in sich gefunden, aus der sie schöpfen und geben konnte. Das machte sie so leuchtend, selbst als alte, körperlich gebeugte Frau. Wie ein Busch, der durch die Jahre gebeugt wurde, aber dennoch in hoffnungsspendender Blüte stand und immer noch neue Triebe hervorbrachte. Ich blieb beseelt zurück, als sie von den Schwestern aus dem Raum geschoben wurde. An der Tür winkte sie tatsächlich noch einmal, und ich beschloss, gleich beim Thema zu bleiben und ihre Einrichtungen zu besuchen. Ich begann mit dem Haus für die Sterbenden.

Das bräuchten wir auch dringend in Benares, denn sehr oft fand ich Sterbende an den Ghats und wusste nicht, wohin mit ihnen. Krankenhäuser nahmen derart Todgeweihte nicht auf, um ihre Statistiken nicht zu verderben. Oft waren das gar keine Bettler, sondern wurden von den eigenen Familien dort abgelegt. Also trugen die Leprakranken und ich sie meist nach Dasaswamedh und blieben bei ihnen während sie starben.

Am nächsten Tag machte ich mich zur Leprakolonie in Titargarh auf. Dafür musste ich auf einen Pendlerzug springen, der in die Vororte fuhr. Mehr als ein Dutzend Mal erkundigte ich mich, ob ich auch am richtigen Bahnsteig stünde. Ich freute mich, die saubere und gut organisierte Leprakolonie zu sehen. Interessiert ließ ich mir vor allem die Webstühle zeigen, denn dort stellten ehemalige Leprapatienten Saris und andere Baumwollstoffe her, auch die für die Ordensschwestern. Manche bedienten den Webstuhl mit den Fingerstümpfen, nicht minder geschickt. Ich sah den Stolz und die Freude in ihren Augen aufblitzen, wie bei meinen Bettlern, wenn sie ihre Ketten bastelten. Das Leuchten war ihre wiedererlangte Würde.

40

Das Nirgendwogefühl

Bei der Ankunft in Port Blair klopfte mein Herz wild. Ich war jetzt fast an der burmesischen Küste, gegenüber der thailändischen, kurz vor Sumatra, weit weg von Indien und doch auf indischem Gebiet. Die Andamanen und Nikobaren sind eine Inselgruppe, ein noch fast unberührtes Paradies, das erst seit kurzem für Touristen zugänglich war. Einen Monat durfte man bleiben, und die Inseln waren noch fern davon, touristisch erschlossen zu sein, ein Traumziel also. Einige der 204 andamanischen Inseln waren immer noch militärisches Sperrgebiet, ebenso die gesamten Nikobaren. Außerdem galten manche Inseln als geschützt, da uralte Stämme dort lebten, vom Jagen, Sammeln und Fischen. Mitte des 19. Jahrhunderts gab es etwa 5000 Eingeborene, heute ist nur noch ein Zehntel davon übrig, von den zwölf Stämmen sind bis auf vier alle verschwunden, mit ihnen ihre Sprachen und Gebräuche.

Port Blair, die kleine Hauptstadt, hatte tropischen Charme und bunte Fensterläden; Blumen und Blüten wetteiferten in ihrer Pracht schon am Wegesrand, die Leute auf der Straße waren buntgemischt, von den Gesichtszügen her auch viele Bengalis oder Tamilen vom Festland.

Ich hatte von einer kleinen unbewohnten Insel ganz im Norden gehört, zu der ich mich durchschlagen wollte. Dort gäbe es eine Quelle mit Süßwasser, Proviant müsse man mitbringen. Ich nahm den Bus für die erste Inseletappe, die South Andaman. Am Straßenrand wurden Früchte angeboten, so leuchtend reif und prall, dass mir das Wasser im Munde zusammenlief. Die erste andamanische Kokosnuss, die ich trank, war die süßeste meines Lebens. Der Bus, der die ganze Zeit mit offenen Türen fuhr, fand seine Endstation in einem kleinen

Hafen. Von dort setzte ich über zur nächsten Insel, dem Middle Andaman Island. Die Türen des Busses waren jetzt geschlossen, Militär stieg hinzu, zu unserem Schutz vor den Naturvölkern, sagten die Soldaten. Touristen gab es hier nicht mehr, nur noch Inder. Der Bus fahre durch den Wald, sagten die Soldaten, und es könne sein, dass wir von den Eingeborenen angegriffen würden. Ich glaubte ihnen kein Wort, außerdem wusste ich, dass die Andamanen und Nikobaren ein wichtiger Marinestützpunkt Indiens waren, die Militärpräsenz rührte gewiss daher. Für längere Zeit fuhren wir durch den Dschungel. Direkt neben der Straße wuchsen Bäume und Gestrüpp so dicht, dass man nichts anderes sah.

Wir kamen schließlich wieder an einen Anlegeplatz, im Wasser lagen lange Holzboote. In eines davon stieg ich ein. Ich versicherte mich mehrfach, ob es wirklich in die gewünschte Richtung fuhr. Obwohl es erst 17 Uhr war, wurde es schon dunkel. Die Andamanen lebten nach indischer Zeit, obwohl sie eigentlich in einer anderen Zeitzone lagen. Ich wusste, dass ich noch eine ziemlich weite Strecke bis Diglipur auf der Nordinsel vor mir hatte. Von dort aus würde ich dann auf meine kleine Insel übersetzen.

Wir fuhren ins Dunkle, das Meer war glatt, ein warmer tropischer Wind wehte. Das Langboot glitt an vielen kleinen Inseln vorbei, die links und rechts wie die Vorboten zum Paradies lagen, ich hörte die Tiere im Dschungel, ihr Zirpen, Brummen, Rufen und Rascheln. Es war zu dunkel, ich konnte manchmal noch nicht einmal Umrisse der Inseln ausmachen, doch ich fühlte, hörte und roch sie. Ich genoss die Fahrt ins Unbekannte, sie regte meine ganze Phantasie an. Von mir aus hätte ich die ganze Nacht am dunklen Dschungel vorbeigleiten können, verführt vom Gefühl der Abenteuerlust.

Auf einmal zeigte sich ein gewaltiges Leuchten am Himmel. Die Muslime im Boot riefen Allah an, die Hindus riefen »Bhagwan!«, sie streckten die Handflächen verzückt zum Himmel und fingen an zu singen und zu chanten. Das Licht, dieser helle Strahl, wanderte über den Himmel. Als Wildfremde ergriffen wir uns bei den Händen. Dieses Licht verband uns, wir waren in einer ganz elegischen Stimmung, selbst als es wieder verlosch. Niemand hatte eine Erklärung für das kosmische Schauspiel, aber alle waren sich einig darin, dass es ein Zeichen Gottes war. Aufgekratzt kam ich spät am Abend auf North Andaman Island an. Meine neuen Freunde aus dem Boot, drei junge Muslime, nahmen mich mit nach Diglipur. Wir stiegen auf die Ladefläche eines Jeeps und düsten durch die Nacht. Als wir ankamen, schlief das kleine Städtchen, kein einziges Licht brannte. Ich lief an einem überdachten, aber nach vorn offenem Marktgebäude entlang, bis ich rechter Hand ein Schild sah, auf dem »Guest House« und »Wellcome« aufgepinselt war. Dort klopfte ich. Nichts und niemand rührte sich. Ich schlug lauter an die Holztür, das Geräusch rollte durch die menschenleere Straße, und die Hunde bellten. Schließlich hämmerte ich an der Tür, so wie man das in Benares machte, und siehe da, es funktionierte. Verschlafen und mich nur mit einem Auge fixierend fragte ein kleines Männchen: »What u do here?« »Ein Zimmer wäre schön«, entgegnete ich ihm. Wenig später lag ich ausgestreckt im Bett, kurz vor meinem Ziel, der kleinen Insel »No Name«, so hatte ich sie für mich getauft. Dort würde ich morgen hinfahren.

Ich erwachte früh, die Sonne schien, ich schlenderte zum Markt und kaufte eine Pfanne und einen Topf, Reis, Eier, Kartoffeln, Tee, Masala, Salz und Zucker sowie Gemüse und ein paar Zwiebeln. Außerdem Streichhölzer, Kerosin für die Lampe, Messer und Hängematte hatte ich schon. Am Hafen, dort wo die Fischkutter und die kleinen Langboote lagen, fand ich einen Fischer, der mich auf die Insel bringen konnte. Wir verhandelten über den Preis, und schon war ich unterwegs in mein großes Abenteuer: einen Monat allein auf dieser Insel zu verbringen. Das Meer, der Dschungel und ich. Der Fischer dachte wahrscheinlich, ich sei auf der Flucht, denn er zeigte fast schon Mitleid, als er mich absetzte. »You can sleep my family«, bot er mir immer wieder freundlich an. Wir landeten mit dem Boot an einem Sandstrand, der leicht gebogen war, vom Meer gewaschenes Treibholz lag hie und da. Direkt dahinter ragten wahre Urwaldriesen auf, urzeitliche Bäume, so breit und hoch, wie ich sie nie zuvor gesehen hatte. Gepäck und Vorräte waren schnell ausgeladen, und wir machten aus, dass der Fischer einmal in der Woche vorbeikäme. Ich war mir sicher, er würde mich nicht vergessen. Der Fischer ließ es sich nicht nehmen, mir noch den Weg zur Quelle zu zeigen, dann knatterte er in seinem Boot davon, und ich war allein. Ich kundschaftete die

Gegend aus und entschied mich für einen Lagerplatz zwischen den Baumgiganten am Rande des Dschungels mit Blick auf das Meer. Ich befestigte die Hängematte und hing meine Vorräte strategisch in das Wurzelwerk eines umgefallenen Baumes, der mir als Schrank diente. Dann ging ich schwimmen, spielte in den kristallklaren Fluten und beobachtete bunte Fische, deren Namen ich nicht kannte. Zurück am Strand sammelte ich Treibholz und Äste aus dem Dschungel für ein Feuer. Um mir die Zeit zu vertreiben, hatte ich einen Wälzer von fast 1000 Seiten dabei und Malsachen. Ich lief den Strand ab, der sich nach einer Biegung mit mehreren Felsformationen ins Endlose zu strecken schien. Abends grüßte wieder dieses Leuchten am Himmel, ich war im Bann der astralen Erscheinung. Sie zeigte sich fortan jeden Abend. Kaum war die Sonne untergegangen, wurde es stockfinster. Ich legte mich in die Hängematte, die Kerosinlampe verbreitete ein schwaches Licht. Plötzlich setzte ein Geräusch ein und wurde immer stärker, wie Regen, aber kein Tropfen fiel. Ich nahm die Lampe, und als sie den Boden beleuchtete, sah ich, was geschah: Abertausende Einsiedlerkrebse waren aus ihren Sandlöchern gekrochen und zogen unter meiner Hängematte durch. Sie waren überall, ich hätte keinen Fuß auf den Boden setzen können. Die Muschelgehäuse, die sie auf dem Rücken trugen, klackerten aneinander. Es waren auch große Krebse dabei, die ihre Scheren aufrichteten und angriffslustig damit klapperten, wenn Licht auf sie fiel. Sie sahen aus wie Kreuzritter unter gemeinem Soldatenvolk. Also würde ich nachts nur in der Hängematte bleiben können. Ich träumte in dieser Nacht von überdimensionalen Schalentieren und fleischfressenden Pflanzen. Als ich erwachte, waren nur noch ihre Spuren im Sand zu sehen, Millionen kleiner Striche. Um Schlangen und anderes gefährliches Getier gnädig zu stimmen, wandte ich die indische Logik an und pinnte ein Shivabild an den Baum, an dem meine Hängematte hing. Damit zeigte ich ihnen, dass sie mir heilig waren – indisches Kalkül.

So gingen die Tage dahin, ich schwamm, las, malte, streifte durch den unberührten Dschungel und genoss das Alleinsein. Ansprache hatte ich in Benares genug, das hier war wie eine Therapie gegen die Masse Mensch. Ich liebte den Dschungel. Die Süßwasserquelle war ein verwunschener Ort. Jedes Märchen hätte hier seinen Anfang nehmen können. Ein kleiner, lebhafter Wasserfall sprudelte an Felsquadern herunter und sammelte sich in einem Naturbecken. Es war mit Farnen und Wasserpflanzen bewachsen, und eine große Kröte wohnte dort, die vibrierend trillernde Laute ausstieß. Sie erschien mir wie die Beschützerin dieser Quelle, eine Sphinx in Krötengestalt, und ich fragte sie jedes Mal nach Erlaubnis, wenn ich Wasser schöpfte. Da ich niemandem begegnete, lief ich nur noch nackt umher, welche Freiheit. Nur wenn ich den Fischer nahen sah, warf ich mir etwas über. Er kam alle paar Tage vorbei. Jedes Mal brachte er Vorräte mit, die er ausgesucht hatte. Meist waren es Fisch aus seinem Fang, Eier, Gemüse oder Früchte vom Markt, aber auch einmal ein Päckchen Chicoréekaffee oder eine Tüte Bonbons, die in der Sonne schmolzen, weil ich sie zu lange aufhob. Ein guter Mann. Durch ihn kam ich in den Genuss maritimer Köstlichkeiten wie eines großen Stücks frisch gefangenen Barrakudas. Der Fisch schmeckte über dem Feuer gebraten so gut, dass er nicht einmal Gewürze brauchte.

Eines Tages saß ich gerade auf einem der umgefallenen Urwaldriesen, als ich einen Sprung Rehe näher kommen sah, bestimmt ein Dutzend. Ich bewegte mich nicht mehr und wurde zum Ast des Baumes. Die Rehe waren viel kleiner als das deutsche Rotwild und kamen bis auf eine Armlänge heran, als sie Witterung aufnahmen und im Dickicht verschwanden.

Das Baden im Meer wurde jedes Mal zum Erlebnis, die Unterwasserwelt war grandios und schien intakt zu sein. Nicht weit von meinem Strand ragte eine Felsgruppe aus dem nassen Türkis. Oft schwamm ich zu ihr hin, weil sich dort viele tropische Fische tummelten mit atemberaubenden Farben und Mustern. Ich schaute ihnen zu, wie sie mit den Korallen lebten, wie sie auf Futtersuche waren, sich neckten, jagten, und manche schliefen wohl auch. Doch eines Tages begegnete ich Riffhaien, und vom Adrenalin getrieben, kraulte ich wie ein Blitz zurück zum sicheren Strand. Ich wusste nicht, dass sie ungefährlich waren, ich dachte, das seien nur die Vorboten, die Kindergartenvorhut, und die Großen kämen noch. Zitternd saß ich im Sand und beschloss, näher an der Brandung zu bleiben. Die Vorsätze hielten nicht lange, weil das Meer viel zu schön war, um es nicht ausgiebig zu beschwimmen, und so traf ich sogar eine Seekuh. Sie schwamm unter mir hinweg, wie eine unwirkliche Begegnung kam mir das vor. Obwohl sie einen massiven Körper hatte, glitt sie leicht durch das Meer.

Eines Nachmittags legte mein Fischer an. Normalerweise besuchte er mich in den Morgenstunden mit frischem Fisch, ich wunderte mich. Das Boot war vollbesetzt, sonst kam er allein. Er fragte mich ganz aufgeregt, ob ich mitkommen möchte zu einer anderen Insel, da sei eine Mela im Gange. Selbstverständlich wollte ich. Ich zog mich an und kletterte ins Langboot. Stundenlang knatterten wir über das Meer. Es wurde dunkel, das Wasser unter uns war rabenschwarz. Schon lange bevor wir die Umrisse der Insel ausmachen konnten, schallte die Musik über das offene Meer. Die Insel lag im Wasser wie der Panzer einer Schildkröte. Vertäute Baumstämme trieben neben den Mangroven an der Wasseroberfläche, die als Landungssteg dienten. Ich hatte alle Mühe, über die glitschigen und sich drehenden glatten Stämme an Land zu kommen. Mehrere Hände hielten mich fest. In der Mitte der Insel erhob sich ein Hügel, um den herum waren Büdchen und Verkaufsstände aufgebaut, es gab Reis und Fischcurrys und allerlei kleine Köstlichkeiten. Eine Band, in samtene Uniformen gekleidet, spielte nach der Devise: Nur die Lautstärke zählt. Die Mela-Besucher flanierten in Festtagskleidung, die Frauen wetteiferten mit glitzernden Bangles und blitzenden Bindis, die Mädchen hatten Schleifen im Haar oder schimmernde Spangen. Es gab auch Stände, die ebensolche Dinge feilboten bis hin zum Nagellack, die Frauen warfen begehrliche Blicke darauf. Wie überall in Indien durften auch hier die Luftballonverkäufer nicht fehlen und die fliegenden Händler mit Spielzeug. Das eigentliche Spektakel fand auf dem Hügel statt. Yogis oder Fakire hatten sich Nägel und Haken durch die Haut treiben und sich daran aufhängen lassen. Wie auf der Schaukel baumelte ein Sadhu an einem Balken, Haken schauten aus dem Fleisch seiner Schultern heraus. Die Füße berührten den Boden nicht mehr. Ich beobachtete ihn fasziniert. Er schien unberührt von Schmerzen, wie die anderen auch. In Wellen leiser und wieder lauter werdendes Trommeln putschte die Männer offenbar auf, sie trieben und stachen sich mehr Haken durch den Körper, auch durch Zunge und Wangen. Es war schwül, aber ich hatte Gänsehaut. Plötzlich ertönten ohrenbetäubende rhythmische Trommelschläge, und die Nagel-Sadhus tanzten um den Hügel wie Derwische. Ein großes Feuer war schon entzündet, es warf sein rotglühendes Licht auf die Gesichter der Männer. Sie gerieten in Trance. Mantren ertönten, jeder Trommelschlag peitschte sie weiter auf. Schnell waren die Zuschauer herbeigeeilt und die Essensstände leergefegt. Als die schwarze Göttin in den Kreis der Tanzenden trat, ging ein Aufschrei durch die Zuschauer. Furchterregend war ihre Maske mit der herausgestreckten blutroten Zunge und dem dritten Auge auf der Stirn. Ein Mann steckte dahinter, er trug eine Perücke aus schwarzem Haar bis über den Hüften und eine Kette aus Totenschädeln um den Hals, sie reichte bis zur Taille. Auch der Körper war schwarzbemalt und leuchtete im Feuerschein wie flüssiger Teer. In der einen Hand trug die Göttin einen Krummsäbel, in der anderen eine Totenkopfschale mit Blut. Als Kali Ma anfing zu tanzen, schwappte das Blut aus dem Gefäß. Sie jagte die Sadhus, und es sah so aus, als wolle sie ihrer grauslichen Sammlung weitere Totenschädel hinzufügen. Ich hielt den Atem an, wie alle anderen. Von Schreien, Gesängen und Musik getrieben, schwang die Göttin blutrünstig ihr halbrundes Messer. Als ich mich unter den Leuten umblickte, wurde mir schlagartig klar, dass ich die einzige Weiße auf diesem namenlosen Inselchen im Nirgendwo war. Keiner wusste, wo ich war. Viele Zuschauer beobachteten mich unverhohlen. Vielleicht soll ich ja hier das Opfer geben, schoss es mir durch den Kopf. Meine Phantasie ging mit mir durch. Aber es blieb bei dem Schauspiel, Kali Ma besiegte alle Dämonen. Das Blut stammte von Tieropfern, wie ich erfuhr, und die Totenschädel von Affen. Nachdem wir alle noch einmal ausgiebig gespeist hatten, stiegen wir nachts ins Boot, um die weite Strecke zurückzufahren. Erst auf dem Meer kam ich zur Ruhe. Der Sternenhimmel über uns erschien mir so nah, als hätte ich ihn mit dem Zeigefinger berühren und die Sterne verschieben können. Ich genoss dieses Nirgendwogefühl. Die Sterne tauchten fast ins Meer, und genau darauf hin steuerten wir zu. Auf einmal änderte der Motor sein Tuckern und soff ab. Wir hatten keinen Sprit mehr. Ich wurde nervös. Wir waren auf dem offenen Meer, es war dunkel, keine Insel in Sicht. Der Fischer blieb gelassen, auch die anderen Passagiere. Sie schwätzten weiter, manche schliefen seelenruhig an der Schulter ihres Nachbarn. Tatsächlich dauerte es nicht lange, bis ein anderes Langboot herangeknattert kam und uns einen Kanister hinüberreichte, im Vorbeifahren. Neu betankt konnten wir unsere Fahrt fortsetzen. Es gab offenbar Fahrrinnen zwischen den Inseln, die alle nutzten, also war es wohl nur eine Frage der Zeit, bis jemand vorbeikam.

Zum Zauber meiner kleinen Insel trugen ihre Vögel nicht wenig bei. Ich hätte die Arten nicht in Monaten zählen können, jeden Tag entdeckte ich neue, die mit mir in diesem Dschungel nisteten. Ihre Gesänge und Rufe, das Gezwitscher und Frohlocken, aber auch die Warnrufe begleiteten mich an jedem Tag, und nach einer Weile bildete ich mir ein, ich könnte sie verstehen, zumindest ihre Stimmungen erkennen. Tagsüber flatterten bunte Schmetterlinge, sie trugen ihre Muster stolz auf großen Flügeln zur Schau, manche waren fast so groß wie meine Hand. Pfauen gleich nutzten sie die Blütenkelche als Laufstege, ihre Motive und die Farbenpracht erinnerten mich an die Muster der Fische, die ein paar Meter weiter im Aquamarin des Ozeans schwammen.

Es brach mir das Herz, als ich schließlich abreisen musste. Von Mayabunter aus nahm ich die große Fähre nach Port Blair. Zurück in der Zivilisation, das gefiel mir gar nicht. Der hässliche, verrostete Stahldampfer brauchte zwölf Stunden in die Hauptstadt und fuhr an zahllosen smaragdgrünen Inselgruppen vorbei. In Port Blair versuchte ich sofort, meine Aufenthaltsgenehmigung zu verlängern. Ich drängelte mich so lange vor, bis ich schließlich vor dem Beamten mit dem ersehnten Stempel saß. Doch er ließ sich nicht erweichen. Traurig kaufte ich mir ein Ticket für die Schiffspassage nach Kalkutta.

Die Überfahrt zum Festland dauerte dreieinhalb Tage. Es war ein rostiger, alter indischer Kahn, aber immerhin hier und da weiß gestrichen, so dass er einigermaßen seetauglich aussah. Ich hatte ein normales Ticket für die Bunkclass gekauft, das war ganz unten im Bauch des Schiffes, die günstigste Möglichkeit mitzufahren. Es kostete nur 188 Rupies (neun Mark), dafür stank es nach Desinfektionsmitteln, stählerne Etagenbetten waren fest im Boden eingelassen mit minimalem Platz daneben. Ratten huschten unter den Betten durch und an den Rohren entlang. Ich hatte nicht vor, hier unten zu schlafen und mich anknabbern zu lassen. Ich ging mit der Hängematte an die frische Luft und hängte sie mir am Oberdeck an die Reling. Im vollen Fahrtwind genoss ich diese See, auch wenn es arg schaukelte. Nachts konnte ich nicht in der Hängematte bleiben, es ging zu viel Wind, und es war einfach zu kalt, also legte ich sie mir als Unterlage auf den Boden und schlief darauf. Ich liebte das Motorengeräusch des alten Schiffes, es hörte sich an, als ob wir in schweren Stiefeln durch das Meer stapften. Das Licht, das mich fast einen Monat lang begleitet hatte, sah ich nicht mehr. Es schien auf der Insel im Paradies geblieben zu sein.

Mit Essensmärkchen bekam man dreimal am Tag dasselbe: ein Thali, pampig gekochter Reis, der nach Pappe schmeckte, wässriger Dal ohne die kleinste Aufregung eines Gewürzes und matschiges Kartoffelcurry. Ich beschwerte mich und fragte nach dem Koch. Der kam mit einer Plastiktüte auf dem Kopf aus der Kombüse zur Kantinentheke. Schweiß tropfte ihm von der Stirn und rann in Bahnen von den Schläfen, er schaute mich überrascht an, als ich meinen Vortrag über das schlechte Essen wiederholte. Gar nicht beleidigt, sondern begeistert rief er aus: »*Benarasi walli hai!* Die ist aus Benares!«, öffnete die Theke und zerrte mich ins Innenleben des Schiffes. In der Kombüse feierte er ausgiebig sein Glück. Er erzählte mir, woher aus Benares seine Eltern waren, wo sein Haus stehe, welche Tempel er besuchte, und wollte gar nicht mehr aufhören. Mittendrin erinnerte er sich wohl, dass ich hungrig war und eilte zu einer Reihe von Töpfen. Aus denen schöpfte er großzügig und stellte eine verlockend riechende und viel besser aussehende Mahlzeit vor mich. Ich aß mit den Seeleuten, und das behielten wir für die ganze Reise bei. Es war herrlich, ich ging bei ihnen ein und aus und wurde verwöhnt mit gutem Chai und Süßigkeiten. Die Seeleute waren ein weitgereistes und raues Völkchen. Sie ähnelten überhaupt nicht den Indern, die ich gewohnt war, und murmelten auch keine Mantren. Sie hatten die Häfen der Welt gesehen und echte Seefahrergeschichten zu erzählen. Raju, der immer eine tief in die Stirn gezogene Schirmmütze trug und zwei Köpfe kleiner war als ich, hatte wie der Koch einen Narren an mir gefressen. Er witzelte ständig über meine Dreadlocks und behauptete: »Dich hat man doch irgendwo rückwärts durch einen Busch gezogen, deshalb siehst du so aus.« Oder er verfolgte die nächste Theorie: »Tara, wahrscheinlich hast du doch die Ongas (Eingeborenenstamm) getroffen auf den Andamanen. Du warst bestimmt die Geliebte des wilden Häuptlings, und dabei standen dir die Haare zu Berge.« Die anderen johlten vor Freude und hauten auf den Tisch. »Wenn nicht, dann hat zumindest der Blitz dich getroffen.« Er konnte gar nicht mehr aufhören und lachte meckernd wie ein Ziegenbock. Ich lachte mit. Die Seeleute erzählten mir von fernen Häfen in Afrika und Asien bis hin zu den Schaufenstern in Amsterdam, in denen Prostituierte sitzen, oder von der Reeperbahn in Hamburg. Solche Gespräche hatte ich noch nie mit Indern geführt, da wurde ich ja fast rot.

Raju war es auch, der mir auf einmal einen Schlüssel in die Hand drückte. Er führte mich zu den Kabinen, schloss eine auf und eröffnete mir freudestrahlend, dass ich sie beziehen könne. Ich konnte mein Glück kaum fassen. So schlief ich für den Rest der Reise in einer Kabine mit Bullauge. Einmal steckte Raju seine Schirmmütze durch die Tür und sagte, dass ich um Punkt drei Uhr nachmittags in ihrem Mannschaftsraum sein sollte. Als ich dort aufkreuzte, sah ich, dass sie eine kleine Feier vorbereitet hatten. Frittierte Pakhora, Samosa und Namkeen standen auf dem Tisch, und der Fernseher war an. Stolz verkündete Raju, eine Videokassette schwenkend, dass sie mir einen Film zeigen wollten. Ich setzte mich also und ließ mich überraschen. Gemeinsam schauten wir dann »Stirb langsam«. Der Actionfilm wurde schnell zur Komödie für mich. Über zwei Stunden lang feuerten die Matrosen Bruce Willis an, wenn er ins Bild kam und riefen ihm zu, was seine Gegenspieler machten. Das war dann wieder typisch indisch.

Als ich in Kalkutta ankam, stellte ich fest, dass dieses wunderschöne Licht, das ich die ganze Zeit gesehen hatte, der Komet Hale-Bopp war. Ohne den Namen war die Erscheinung magischer.

41

Der Himmelszug

Mit ausgebreiteten Armen empfing mich mein Bruder am Frankfurter Flughafen. Ich war schwer bepackt mit einer Kiste, in der unsere ersten Flyer waren. Die hatte ich nämlich nach meiner Rückkehr von den Andaman Islands noch in Benares drucken lassen, um Kosten zu sparen. So war auch das Ergebnis. Das Papier glich eher Karton oder den Anfängen des Klopapiers nach der industriellen Revolution. Der Druck sah so aus, als hätte jemand schlechte Stempel aufgedrückt. Lachend erzählte ich meinem Bruder, wie mühsam die Entstehung dieser Flyer war, da ich mit Indern arbeitete, die kein Wort Deutsch verstanden und auch unsere Umlautzeichen ä, ö und ü noch nie gesehen hatten. Für sie war es ein Basteln mit Hieroglyphen.

Auf dem Weg nach Hause überrollte mich der Kulturschock mit voller Wucht. Meine alte Heimat hatte sich nicht groß verändert, aber mir kam alles zu sauber, zu schön, zu groß, zu geordnet und zu perfekt vor. Es fing schon mit den Autos vor dem Flughafenterminal an. Sie waren alle neu, blitzblank und nicht verbeult. Ein VW-Polo kam mir so königlich vor wie ein Rolls-Royce. Statt heiliger Kühe und räudiger Straßenhunde waren hier nur Leute im Businessanzug mit Köfferchen unterwegs, kein Müll gammelte am Straßenrand. Und merkwürdig wenige Leute, gemessen an Underground. Ich hielt mir auf der Heimfahrt immer wieder die Augen zu, das Tempo auf der Autobahn machte mir Angst, auch wenn mein Bruder kein Raser war. Er neckte mich, denn früher trat ich gerne auf das Gaspedal. Mit den Gedanken noch ganz in Indien erzählte ich Wolf, was die Bettler sagten, als ich abfuhr. Natürlich hatte ich ihnen versprochen, so bald wie möglich wiederzukommen, deshalb ließen sie mich ziehen und machten mir den Abschied nicht schwer. Die Straßenklinik ging auch ohne mich weiter, ich hatte alles dafür vorbereitet. Mein Zimmer war angefüllt mit Bandagen, Salben und Medikamenten für die kommenden Wochen. Am letzten Tag bekam ich ein Gespräch zwischen Dasu und Ramchandra mit. »Ich weiß genau, wie Tara didi nach Deutschland kommt«, sagte Dasu. »Ja, wie denn?«, wollte Ramchandra wissen. »Erst fährt sie mit dem Bus nach Nepal. Und von dort aus geht es dann sechs Wochen lang immer geradeaus mit dem Zug durch den Himmel.« Herrlich, wir lachten Tränen über den Himmelszug.

Zu Hause wartete meine Mutter schon mit Plastiksäcken vor der Haustür, ich hatte sie gewarnt. Ich zog alle meine Klamotten aus und warf sie in den Sack, der fest verschlossen wurde, bevor ich im Handtuch eintrat. Eine ungewöhnliche Art des Wiedersehens, aber ich hatte Kleiderläuse mitgebracht, derer ich in Indien nicht mehr Herr geworden war. Die biestigen Blutsauger saßen in jeder Falte und Naht, sie piekten bei jeder Bewegung und wurden aktiv, sobald sie meine Körperwärme verspürten. Zusammen hätten wir als Dynamo fungieren können. Sie vermehrten sich schneller, als man sie zerdrücken konnte, da half eigentlich nur, alles zu verbrennen. Oder die Kleidung luftdicht für sechs Wochen abzuschließen. Ich hoffte inständig, dass es meinem Gepäck in Benares genauso ergehen würde, auch dort hatte ich jeden Baumwollfetzen in Säcke eingepackt.

Es bedeutete mir viel, dass mein Bruder eigens aus Berlin angereist war, denn ich sehnte mich nach ein paar ruhigen Tagen und guten Gesprächen mit ihm. Wir schnappten uns den Familienhund und gingen ausgiebig in den Feldern hinter unserem Haus spazieren. Wolf konnte ich meine Seele ausschütten und manch heilsame Träne fließen lassen. Den Spaziergängen und dem Zusammensein schlossen sich auch meine besten Freunde, Jasmin, Achim und Goran an. Ich genoss diese Gespräche von Gleich zu Gleich, das hatte ich schwer vermisst. Diese Freundschaften gaben mir sehr viel. Wir knüpften einfach da an, wo wir aufgehört hatten. Auch wenn ich lange weg war, war die Herzensverbindung zu meinen besten Freunden genauso stark wie eh und je, wir waren im gleichen Takt. Endlich konnte ich mich fallen lassen, meine Gefühle und Gedanken trafen auf Liebe und Freundschaft, nicht auf Berechnung oder kulturelles Unverständnis. Gott sei

Dank konnten ins Haus meiner Mutter seit jeher alle meine Freunde kommen und sich ebenso zu Hause fühlen.

Mein erster Weg im deutschen Orbit führte mich zu meiner geliebten Großmutter, die ich immer nur Omi nannte, ich holte sie ab, und sie blieb die ganze Zeit über bei meiner Mutter.

Meine Omi begleitete mich stets mit ihrer ganzen Liebe. Immer, wenn ich mit ihr zusammen war, wuchs meine Kraft. Seit ich in Indien war, schrieben wir uns regelmäßig, deshalb war sie stets auf dem aktuellen Stand der Dinge, meist noch vor allen anderen. Sie hatte in der Zwischenzeit alles über Indien gelesen, was sie in die Hände bekam, und sich jede Dokumentation über den Subkontinent angeschaut, die sie im Fernsehen finden konnte. Deshalb war sie vertraut mit dem Kastensystem, wusste, dass es einen Gott mit einem Elefantenkopf gab und wie vielfältig der indische Subkontinent war. Natürlich sprachen meine Familie und ich ausführlich über meine weiteren Pläne. Meine Familie sind meine Mutter, meine Omi, mein Bruder, mein Onkel und meine Tante, Wolfgang und Jutta, die ich beide sehr liebe und beim Vornamen nenne. Auch meine engsten Freunde zählen zur Familie. Natürlich äußerten sie auch Bedenken und ihre Sorgen um mich oder meine Gesundheit, doch alle unterstützten mich. Achim sagte später, ich hätte so gebrannt dafür, ich wäre sowieso nicht zu stoppen gewesen.

Mein Vater nahm schon seit Jahren nicht mehr an meinem Leben teil. Das war auch gut so. Das Wort Vater benutze ich nicht gern. Bereits in meiner Kindheit gab es schwerwiegende Vorfälle zwischen meinem Vater und mir, die zu späteren tiefen Zerwürfnissen bis hin zur Funkstille führten, als ich erwachsen wurde. So unverständlich es klingen mag, wurde mein Leben dadurch nur bereichert. Auch so stärkte mich eine liebevolle Familie. Wolfgang und Jutta rückten näher über die Jahre und wurden mir immer wichtiger und vertrauter. Als Mediziner interessierte sie meine Arbeit mit den Leprakranken, und sie unterstützten mich moralisch, wann immer ich sie brauchte. Wir alle sahen meine Aufgabe in Indien temporär, zwei bis drei Jahre, bis die Leprakranken geheilt wären.

Im Handumdrehen fand ich über Bekannte einen Job in einem Altenheim im Nachbarstädtchen, um mir das Geld für Indien zu verdienen. Ich fing sofort als Aushilfe an. Die Arbeit im Altenheim unterschied sich sehr von der Arbeit in Indien, vor allem, weil hier alles so sauber, wohlgeordnet und gepflegt war. Alles war in Hülle und Fülle vorhanden, das Material stapelte sich. Das Haus war praktisch, freundlich und rollstuhlgerecht eingerichtet. Wir trugen Handschuhe, wenn wir die Leute saubermachten. Hier fasste man niemanden an, dabei waren die Leute gar nicht krank oder ansteckend, sondern einfach nur alt. Es hätte mich auch nicht gestört, wenn ich keine Handschuhe gehabt hätte. Ich konnte mir ja danach die Hände waschen, und es spuckte schließlich auch keiner Blut im Altenheim. Ich empfand die Arbeit als reinsten Luxus. Die Alten taten mir aber leid, weil ich mitbekam, wie einsam sie waren. Sie waren zwar versorgt, dafür wurde eine Menge Geld bezahlt, aber wir hatten so wenig Zeit für sie, und Besuch kam selten. Im Altenheim übernahm ich dauernd Doppelschichten, um in kürzester Zeit mein Geld für Indien zusammenzubekommen. Ich brauchte in Benares für mich selbst vielleicht 150 Mark im Monat, aufgerundet 2000 Mark im Jahr plus Flugticket, das würde ich mir zügig erarbeiten können.

Ganz überraschend wurde mir eine private Aushilfsstelle bei einer alten Frau angeboten. Sie wohnte nicht weit, der Stundenlohn war viel höher als im Altenheim. Ich schlug sofort ein, auch wenn ich eindringlich gewarnt wurde: Ich sei schon die 27. Pflegerin der alten Frau. Schwierig war sie dann auch. Sie war ein richtiger Giftzahn, hatte aber Geld wie Heu. Ganz allein wohnte sie in der oberen Etage einer Villa, das Erdgeschoss blieb ungenutzt und verschlossen. Die alte Dame zog ihre Daseinsfreude daraus, mich zu quälen, doch ich nahm mir vor, mich nicht ärgern zu lassen. Den Monat würde ich durchhalten.

Frau Stahl, so hieß sie, wog bestimmt 130 Kilogramm und füllte den Rollstuhl. Ich hob mir jedes Mal fast einen Bruch, wenn ich sie bewegen musste. Als sie mitbekam, dass ich damals Vegetarierin war, erklärte sie sofort, dass sie eine Weihnachtsgans essen wollte, mit Rotkraut, Knödeln und Sauce. Die sollte ich ihr zubereiten, mitten im Sommer. Ich zog also los und kaufte eine Gans für eine einzelne Frau, dann rief ich meine Omi an, um in Erfahrung zu bringen, wie man so etwas überhaupt machte. Sie amüsierte sich köstlich am Telefon und wies mich Schritt für Schritt ein, wie eine Gans knusprig würde. Ich gebe zu, eine Weltumseglung wäre mir leichter gefallen. Die Gans gelang sogar samt dicker Fettsauce, doch danach brauchte ich drei Tage, um die Küche wieder vom Gänsefett zu befreien. Gerade als das getan war, verlangte Frau Stahl die nächste Gans. Insgesamt briet ich ihr eine ganze Gänsefamilie in dem kurzen Monat. Jedes Mal lud sie mich süffisant zum Mitessen ein, sie wusste ja, dass ich ablehnen würde, und tadelte mich wegen meiner »Fleischlosigkeit«, wie sie es nannte.

Irgendwann wurde die alte Dame ein klein wenig gnädiger zu mir, als sie merkte, dass ich sie aushielt. Eines Nachmittags lud sie mich zu einem Stück Kuchen ein und fragte mich, ob ich einmal ihren Mann sehen wolle. Ich holte ihr aus einem Schrank eine Schachtel aus einer bestimmten Schublade. Sie zog zielgerichtet ein Foto heraus. Darauf war ihr Mann zu sehen, allerdings im Sarg liegend. Ähnlich gefühllos hielt sie es mit ihren Bekannten. Ich musste der alten Frau jeden Morgen aus der Zeitung die Todesanzeigen vorlesen, nur die Todesanzeigen, und zwar mit allen Daten. Wenn sie jemanden kannte, musste ich das Telefonbuch wälzen und die Nummer wählen. Sie erkundigte sich dann nur, woran der oder die Betreffende gestorben war und legte auf, ohne zu kondolieren oder sonst etwas Freundliches zu sagen. Ihr Charme machte ihrem Namen alle Ehre. Das einzige private und gerahmte Bild, das ich in ihrem Haus fand, zeigte ihren Schäferhund Fritz kurz nach dem Zweiten Weltkrieg.

Ich war fast Tag und Nacht bei der alten Frau, putzte, kochte, kaufte ein und pflegte sie. In kürzester Zeit würde ich genügend Geld für das Flugticket sowie für ein bis zwei Jahre Indien verdienen. Damit war zumindest mein Auskommen geregelt. Doch ich brauchte auch Geld für die Straßenklinik und die Schule. Meine Mutter unterstützte mich von Anfang an. Aufmerksam hatte sie meinem Bruder zugehört, der tief beeindruckt aus Indien zurückkehrte und sich mit Begeisterung und Beharrlichkeit dem Aufbau von »Back to Life« widmete. Sie wusste, dass mein Bruder nicht der Typ für Luftschlösser war und auch keine Sandburgen baute. Meine Mutter zeigte mir nie ihre Angst, die sie gewiss um mich ausstand, sondern stärkte mir immer bedingungslos den Rücken. Sie sprach mir Mut zu, wenn ich ihn brauchte. Sie stand hinter mir, auch wenn sie sich bestimmt gewünscht hätte, dass ich in Italien geblieben wäre. Da sie jahrelang als Oberstudienrätin am Gymnasium tätig war, kannte sie Generationen von Schülern und deren Eltern im ganzen Umkreis. Ihr Bekannten- und Freundeskreis war weitverzweigt. Das kam mir jetzt zugute, denn sie organisierte mir Vorträge über Lepra. Bei den ersten war ich aufgeregt und zweifelte. Wer würde sich schon für Lepra interessieren? Ich klebte Fotos der Leprakranken, unserer Straßenklinik und der Straßenkinder auf DIN-A3-Papier und ließ es während meines Vortrages herumgehen. Zu meiner Überraschung stieß ich auf großes Interesse. Ich sprach vor Literaturzirkeln, vor »Inner Wheel«, »Rotary« und »Lion Clubs«, in Schulen vor den Schulklassen und sogar in der Kirche. Jedes Mal schaute ich mir vorher das Passfoto von Musafir an, das ich immer bei mir trug. Ihm und den anderen wollte ich meine Stimme leihen. Seine Geschichte wollte ich erzählen. Freundinnen meiner Mutter organisierten private Zusammenkünfte, bei denen ich mein Projekt vorstellen konnte. Mein Bruder und meine Mutter koordinierten alle diese Termine, Wohnzimmer und Telefon meiner Mutter wurden zum Büro, ich arbeitete den Rest der Zeit und düste zwischen Frau Stahl und den Vorträgen hin und her. Viele Zuschauer hatten sich zunächst wohl gedacht, da käme jetzt eine Nonne und spräche über Lepra in Indien. Wenn ich dann hereinkam mit meinen Dreadlocks, waren manche erst pikiert. Aber sobald ich von den Leprakranken sprach, war das vergessen, ich stieß auf ehrliches Interesse. Ich konnte zusehen, wie Menschen ihr Herz für meine Leprakranken öffneten, und ich war dankbar dafür. Alleine diesen Impuls zu erleben machte mich glücklich und trieb mich an, denn es kam mir fast so vor, als könnte ich in diesem Moment Welten und Leben verbinden: Singeshwar etwa mit einem gutsituierten Bad Homburger. Zwei Menschen, die nie voneinander gehört hatten, aber der eine half dem anderen. Das war gute Energie. Wie ein Eichhörnchen sammelte ich viele kleine Spenden, die einen guten Grundstock für die Lepratherapien bildeten und für eine Zeitlang den Straßenkindern Schulunterricht ermöglichten. Wir hatten tatsächlich den Zug ins Rollen gebracht, mein Bruder und ich. »Back to Life« fuhr gerade laut ratternd zur nächsten Station. Währenddessen päppelte mich meine Großmutter wieder auf, weil ich in ihren Augen viel zu dünn wurde in Indien, ganz unrecht hatte sie nicht. Bis ins hohe Alter von 90 Jahren baute meine Omi sämtliches

Gemüse, Obst, Beeren, Salat und Kräuter selbst an. So schmeckte es auch, es war das reinste Kraftfutter. Vital und gesund, mit Liebe gezogen. Meine Großmutter war glücklich, wenn es den anderen um sie herum gutging, und das lebte sie. Schon immer dankte ich ganz bewusst dem Schicksal für jeden Moment, den ich mit meiner Omi teilen durfte. Gerne ließ ich meine Großmutter von früheren Zeiten erzählen. Die folgende Geschichte schenkte mir oft den Mut, mich für das Positive zu entscheiden, wenn die Dinge schwierig wurden, gerade in Indien. Als meine Großmutter als junge Kriegswitwe mit einem Kleinkind an der Hand, meiner Mutter, aus dem Egerland in den Sudeten, ihrer Heimat, vertrieben wurde, tat sie etwas Erstaunliches. Die Nachbarn gruben alles, was sie an Wertvollem nicht forttragen konnten, auf ihren Grundstücken tief in die Erde ein. Hofften sie doch, eines Tages nach Böhmen zurückzukehren und ihre Höfe oder Häuser wieder zu bewohnen. Andere, die nicht an ein Wiedersehen glaubten, zerstörten oder verbrannten die Sachen, damit nichts dem Feind in die Hände fiele. Doch meiner Großmutter war klar, dass Wertsachen gesucht und gefunden würden, also machte sie sich nicht die Mühe. Stattdessen pflanzte sie vor dem bitteren Abschied auf ihrem Grund und Boden noch ein Dutzend Obstbäume. »Wieso?«, wollte ich wissen. »Ich bin dort aufgewachsen, meine ganze Liebe gehörte unserem kleinen Hof, dem Land und unseren Tieren. Ich wollte Leben hinterlassen, es sollte sauber, gesund und blühend sein, anstatt in Schutt und Asche gelegt. So hoffte ich, der Nächste würde es schätzen und das Land pfleglich behandeln.« Das zeigte mir deutlich, welche Weisheit ein Mensch durch Liebe erlangt, wenn er sie lebte. Deshalb war meine Omi mein großes Vorbild im Leben.

Zwischendurch war ich beim Zahnarzt, der mir dringend riet, die Weisheitszähne entfernen zu lassen, wenn ich wirklich für längere Zeit nach Indien zurückwollte. In Benares gab es Zahnärzte, sogar an den Straßenkreuzungen. Sie reparierten am Straßenrand die Zähne, während die Autos und Rikschas hupend vorbeifuhren und die Menschenmassen sich vorbeischoben. Ein Schemel, ein Tischchen mit Auslage, ein Werkzeugkasten, und fertig war die Open-Air-Zahnarztpraxis für das gemeine Volk. Die Auslage bestand aus künstlichen Gebissen, schon vorgefertigt und gebraucht. Es lagen genügend da, der

Suchende würde gewiss eines finden. Falls ein Zahn im Weg stand, wurde der einfach schnell gezogen. Der Zahnklempner hatte nur Erfahrung im Zähneziehen vorzuweisen und die Chuzpe, das unter allen Umständen auch durchzuziehen. Selbst zu einem richtigen Zahnarzt mit einer Praxis wäre ich in Indien zu dieser Zeit nicht gegangen. Das Risiko, sich dort HIV oder Hepatitis einzufangen, erschien mir einfach zu hoch. Schnell überzeugt ließ ich mir zwei Weisheitszähne im sauberen Deutschland ziehen. Mein Bruder drängte mich sogleich zu weiteren Arztbesuchen. Das gestaltete sich nicht so einfach, weil ich damals keine Krankenversicherung hatte. Da ich in Deutschland keine Anstellung vorzuweisen hatte, rutschte ich aus dem System und war auch nicht gesetzlich versichert. Es war keine falsche Sozialromantik, der ich da folgte, es waren schlichtweg nicht genügend Mittel da, um mich auf eine Art abzusichern. Selbstverständlich war mir das Risiko bewusst, aber es ging nicht anders. Also musste ich Ärzte finden, die mich auf Kulanz behandelten. Wieder half meine Familie. Freundlicherweise fanden sich die passenden Ärzte, doch die Blut- und Urintests waren teuer, also dosierte ich diese Untersuchungen. Auf meine immer wiederkehrenden Bauchkrämpfe und den Durchfall fanden sie keine Antwort in Deutschland. Aber meine Mutter fand eine gegen meine Kopfläuse. Das Mittel war aus der Apotheke, roch nach chemischer Keule und war gewiss brennbar, aber wirkungsvoll. Ich legte mir einen Vorrat an.

Viele Briefe gingen zwischen Indien und Deutschland hin und her: Avan, Samant und Premanand schrieben mir eifrig. Avan ging zu Daddu, der für ihn alles niederschrieb und auch meine Briefe vorlas und übersetzte. Doch bevor ich zurückfliegen würde, wollte ich nach Italien fahren, um meine Freunde dort endlich wiederzutreffen und anzuknüpfen, denn ich wollte mein römisches Leben nicht verlieren, ich hatte ja nur die »Pausetaste« gedrückt.

Voller prickelnder Vorfreude saß ich also im Zug nach Rom. Mit meiner Freundin Melanie war es wie ein Nachhausekommen. Wir hatten so vieles zu besprechen, sie hatte unser vorheriges Leben weitergelebt, ich wollte alles wissen, genauso wie sie bei meinen indischen Abenteuern mitfieberte. Wir verbrachten die ganze Nacht an ihrem

Küchentisch zwischen »Weißt du noch …?« und »Stell dir vor …« Melanie war Künstlerin, lebte insgesamt 14 Jahre in Rom und hatte die italienische Schönheit, den Flair und Charme verinnerlicht und veräußerlicht. Dennoch war sie geradeheraus geblieben – eine echte Berlinerin eben, dazu bunt und individuell gekleidet und nicht nur ins schablonenartige kurze Schwarze gepresst, wie in Rom üblich.

Kaum war ich in der ewigen Stadt, streckte mich ein furchtbarer Durchfall nieder, die altbekannte Plage eines jeden Indienveteranen, die selbst in Europa sporadisch auftrat. Und das ausgerechnet, wenn alle kulinarischen Hochgenüsse, auf die ich mich verzehrend gefreut hatte, endlich greifbar waren! Zwei Tage lang ernährte ich mich grummelnd nur von Zwieback, doch immerhin durfte ich ihn unter Melanies fürsorglichen, aber strengen Augen in echt italienischen Cappuccino tunken. Keiner machte den besser als sie.

Ich war, wie früher, mit Pepe und Pino unterwegs, sie hatten ihre Gitarren dabei, und wir streiften über unsere Lieblingsplätze im historischen Zentrum. Sie waren mit Abstand die lustigsten und witzigsten meiner Freunde, man konnte Tränen mit ihnen lachen. Ein perfekt eingespieltes Team, liebenswerte Papagalli, die gemeinsam jede Frau erweichen konnten. Sie sangen wie Halbgötter, am liebsten für blonde nordische Touristinnen. Pepe und Pino waren Spezialisten in Dolce Vita. Ganz klassisch gingen wir ein Gelato essen. Sie witzelten herum, und ich erzählte von Indien. Als wir an der Piazza Navona an Berninis Brunnen, der Fontana di Fiumi, saßen, der schließlich auch die Ganga darstellt als einen der Weltenströme, zeigte ich ihnen Fotos von meinen Bettlern, von Singeshwar, Lalu und Ramchandra. Pepe warf nur einen kurzen Seitenblick darauf und sagte wenig einfühlsam: »*Che schifo!* Wie widerlich!« Auf einmal spürte ich ganz deutlich, dass etwas zwischen uns war. Pepe und Pino rückten von mir ab. Erst nur ein paar Zentimeter, aber dann merkte ich, dass sie mich gar nicht mehr anfassten, kein vertrautes Unterhaken, keine Hand auf der Schulter und vor allem kein Abschiedsküsschen, als ich ging. Ich war wie vor den Kopf gestoßen. Die beiden ekelten sich vor mir, sie hatten Angst, ich könnte sie mit einer indischen Krankheit, womöglich Lepra, anstecken. Das tat weh.

Es löste auch prompt so etwas Ähnliches wie einen Kulturschock in mir aus: Ich kam mit der Energie Roms nicht zurecht. Alles hier war nach außen gerichtet, jeder wollte nur *bella figura* machen, das setzte mir zu. Ich fühlte mich auf einmal einsam und überhaupt nicht mehr zu Hause wie früher. Vielleicht hatte ich mich so verändert, dass wir uns jetzt nichts mehr zu sagen hatten. Pepe fand eine Ausrede nach der anderen, um Treffen abzusagen, das war ich nicht gewohnt.

Aber es gab auch Freunde, die sich freuten, mich zu sehen, und so ließ ich mich schließlich für die kurze Zeit doch wieder von meinem alten Leben verführen. Rom fühlte sich an wie eine heimliche Liebschaft. Ein Freund lieh mir sein Auto für die Zeit, damit ich herumfahren konnte. Gut gemeint, das war jetzt richtig *bella figura*, denn es war ein alter Alfa Spider, mit dem ich da stilvoll und offen über die Pflastersteine Roms kutschierte. Von der Rikscha in den Spider! Meine Bettler wären in Ohnmacht gefallen.

Ich merkte, dass mein Aufenthalt in Rom so ähnlich wie das Reissieben war. Die Freundschaften, die nach dem ersten Sieben hängen blieben, wurden tiefer und schöner. Ich traf Peter wieder, der mir viel bedeutet. Da er mehrere Lebensmittelpunkte über den Globus verstreut hatte, war er immer nur sporadisch in Rom, also freuten wir uns umso mehr über das Wiedersehen. Als weitgereister Weltmann kannte er Indien, wenn auch aus anderem Blickwinkel. Wir verbrachten unterhaltsame Abende bei knuspriger Pizza und erlesenem Rotwein. Peter war mit schärfstem Geist, britischem sowie italienischem Humor gesegnet und hatte einen exquisiten Feinsinn für Schönheit, Kunst und Kultur. Nie habe ich jemanden getroffen, der mit jedem Blick der Kunst frönte, der die Kunst zu seinem Leben machte wie einen selbstverständlich getätigten Atemzug. Seine Augen hatten mehr Kunst berührt als die einer ganzen Kleinstadt zusammengenommen. Keine meiner Fragen zu einem Maler, einem Kunstwerk oder seiner Epoche ist je unbeantwortet geblieben. Peter hat mich auch vor Indien oft an die Hand genommen und mir besondere Kunstschätze Italiens gezeigt, manche hingen gar nicht unbedingt in berühmten Museen, sondern waren im Privatbesitz oder in kleinen, unbedeutend erscheinenden Kirchen oder Klöstern zu bewundern.

Ich genoss die Zeit. Und ich ging tanzen. Jede Nacht. Endlich. So wie ich es mir tausend Mal in Indien versprochen hatte. Matthew legte damals in Clubs auf, und ich begleitete ihn. Er war waschechter Engländer, lebte aber seit Jahren in Rom, wir waren eng befreundet. Alles, was ich ihm über Indien erzählte, fand er faszinierend, und er baute die Klänge und Töne Indiens sofort in seine Musik ein. Für ihn hatte ich die Geräusche, Gesänge und Tempellieder aufgenommen. Er hatte sich ein kleines Studio eingerichtet und machte elektronische Musik.

Als mein Aufenthalt in Rom zu Ende ging, wollte ich nicht alleine nach Indien zurückkehren. Ich suchte nach einem Hund, denn ich brauchte dringend Schutz, wenn ich die Männer Indiens überleben wollte. Da ich um das besondere Verhältnis der Inder zu schwarzen Hunden wusste, galten sie doch als Dämonen oder als Kala Bhairava, suchte ich einen ebensolchen. Als ich sie fand, war sie drei Monate alt und sah aus wie in einen schwarzen Farbtopf gefallen. Es war eine Labrador-Dobermann-Hündin, und ich nannte sie »Luna«. Matthew half mir, so schnell wie möglich alle Papiere zu organisieren, damit ich sie mitnehmen konnte. Ihr Impfpass enthielt binnen weniger Tage mindestens zehn sehr offiziell aussehende Stempel, das musste genügen.

Der Abschied von Rom stach mir schon im Herzen, aber trotzdem freute ich mich gleichzeitig auch unbändig auf Indien. Ich hatte solche Sehnsucht nach meinen Bettlern. Ich wusste, dass mein Platz bei ihnen war, deswegen stellte sich die Frage gar nicht, in Rom zu bleiben, auch wenn eine Hälfte von mir das liebend gerne getan hätte.

42

Die Ratten der Lüfte

Als ich mein Zimmer in Benares aufschloss, begrüßte mich das Gurren Hunderter von Tauben, die sich dort eingenistet hatten. Sie waren durch das gebrochene Glas ganz oben unter der Decke eingedrungen. Der Raum war zugekotet, überall klebten Taubenfedern, es stank beißend, fast ätzend. Ich riss die Tür und alle Fenster auf, sprang, in die Hände klatschend, durch das Zimmer, damit sie davonflogen. In Luna, meiner Hündin, weckte das die Jagdlaune, wer nicht gleich wegflatterte, wurde verbellt. Giulia war leider nicht da, sonst hätte ich sie um Obdach gebeten. Mein Hausbesitzer schlug vor, ich könnte bei ihm nächtigen. Weil seine Frau im Dorf war, schlug ich aus. Die Entscheidung sollte ich allerdings bitter bereuen. Als ich am nächsten Morgen aufwachte, blühten Pickel am ganzen Körper und in meinem Gesicht.

Davon ließ ich mir aber nicht die Laune verderben. Wieder in Benares zu sein war göttlich. Es war noch ganz früh am Morgen, ich freute mich über die fast menschenleeren Straßen, im Nu erreichte ich Dasaswamedh. Sofort war ich umringt von den Bettlern und den Straßenkindern, die mich umtobten. So arbeitete ich mich Chai für Chai vor, bis ich irgendwann bei Musafir auf der obersten Stufe der Treppe angekommen war. Die Bettler zelebrierten unser Wiedersehen. Die alten Frauen fassten mir ins Gesicht, jeder zupfte an mir herum, alle mussten mir zumindest einmal den Arm drücken oder die Hand halten. Die erste Nachricht überraschte mich nicht wirklich. Shivani war jetzt mit Mohan zusammen. Sein dominantes und forderndes Werben hatte sein Ziel also erreicht. Juddin trug schwer an Shivanis Verlust. Er war stiller geworden. Er mischte sich nicht mehr in das Geschwätz der Bettlerreihe ein, den Blick hielt er auf den Boden gerichtet, und der einst so Heitere lachte nicht mehr.

Shivani hingegen war kaum wiederzuerkennen. Sie stolzierte herum wie ein Pfau, keine Spur mehr von Schüchternheit. Ich versuchte mit ihr ein Gespräch von Frau zu Frau zu führen, so wie man es unter Freundinnen tat. Aber sie blockte ab, wollte nichts hören von Juddins Leid und schlug alle Warnungen vor Mohan in den Wind. Sie kam direkt auf den Punkt: »Mohan ist kein *garib admi*, kein armer Mann. Er hat genug Geld, um mich gut zu versorgen. Schau doch, wie schön mein Sari ist.« Von der Straße würde sie nicht mehr wegkommen, das wusste sie. Mohan war für sie der höchstmögliche Aufstieg. Selbst wenn er ein Löwengesicht hatte, so übte er doch einen Job aus, er war stark, er war ein Mann. Leider war er auch ein richtiger Macho. Mohan führte schon eine Ehe. Seine Frau Mahima war aber wesentlich älter als Shivani und bei weitem nicht so anmutig. Obwohl sie seit vielen Jahren Mohans Launen und Schläge klaglos ertrug, warf er sie kurzerhand aus seinem Unterstand heraus. Mohan hatte sich aus Wellblechplatten, Plastik und Bambus eine Art Hütte gegenüber von Underground gebaut, nicht größer als der Hochsitz eines Jägers. Dort war Shivani schon eingezogen. Mahima hockte nun bei den anderen in Underground.

Mahima haderte mit ihrem Schicksal. Sie war wütend, weil er sie einfach ausgemustert hatte. Eines Vormittags, wir hielten gerade die Straßenklinik ab, hörte ich keifende Frauenstimmen hinter uns. Als ich mich umdrehte, sah ich, wie Mahima und Shivani sich an den Haaren rissen. Mahima hatte sogar einen Topf in der Hand, mit dem sie scheppernd auf Shivani einschlug. Sofort ließ ich die Bandage fallen und war in drei Sätzen bei ihnen. Der Topf traf mich krachend an der Schulter, erschrocken hielt Mahima inne. Da gelang es mir, die beiden zu trennen. Shivani schrie mit schriller Stimme, Mahima knurrte wie ein Rottweiler. Wenige Augenblicke später führte Lalu die widerspenstige Mahima zur Seite, und ich bat Shivani, Ruhe zu bewahren und das Chaos aufzuräumen, bevor Mohan von der Arbeit zurückkäme. Als ich mich zu Mahima setzte, um mit ihr zu sprechen, schaute sie mich böse an: »Du bist doch sowieso die Freundin von Shivani.« »Ja, Mahima, das bin ich«, antwortete ich ihr. »Doch das heißt nicht, dass ich alles richtig finde, was sie tut. Was war da eben los?« »Wenn ich schon wie ein Straßenhund in Underground leben muss, will ich meine Töpfe und Teller haben, so einfach ist das.« Ich war froh, dass Mohan eben nicht dabei war, denn ihm wäre gewiss die Hand ausgerutscht. Ich versprach Mahima, mit Mohan zu reden, aber Lalu hatte die Sache schon angepackt. Wenige Augenblicke später legte er sämtliches Kochgeschirr, mehrere Decken und eine Plastikplane vor Mahima hin. »Nimm das. Ich kläre das mit Mohan«, beruhigte er sie.

Mohan war wutentbrannt, wollte Mahima verprügeln, doch die anderen stellten sich schützend vor sie. Daraufhin verpasste er Shivani ein Veilchen. Beinahe wäre es zu einer schlimmen Keilerei gekommen, weil Mohan sich in seinem Stolz gekränkt fühlte und sich von niemandem etwas sagen lassen wollte. Doch die anderen machten ihm geschlossen klar, dass sie es tolerierten, wenn er sich eine neue Frau nehme, dass er aber für seine erste Frau aufkommen müsse, ganz der Kultur entsprechend. Zähneknirschend kaufte Mohan neues Kochgeschirr, und ich sah die finsteren Blicke, die er Mahima zuwarf.

Ein paar Tage später klopfte es laut und heftig an meine Tür, Luna bellte. »Tara didi, jaldi, schnell, du musst helfen«, hörte ich Ramchandras Stimme. Als ich öffnete, sah ich Balaram an der Türschwelle liegen, Ramchandra und Mohan hatten ihn hergebracht. Balarams Gesicht war angeschwollen, die erblindeten Augen waren nur noch Schlitze, und er sah aus wie eine Kreatur zwischen Tier und Mensch. Als Erstes dachte ich, er hätte eine Leprareaktion, doch es war fast noch schlimmer. Maden hatten seine gesamten Nebenhöhlen und das Naseninnere befallen. Die Haut unter den Augenhöhlen bewegte sich wie in Wellen, das waren die Maden. Sie lugten aus den Nasenlöchern und verschwanden dann wieder in der feuchten Höhle. Balaram klagte, stöhnte und hielt sich den Kopf. Als er hustete, flogen ihm zwei Maden in hohem Bogen aus seinem Mund. Ich hatte keine Ahnung, wie ich das behandeln sollte und fuhr sofort ins Krankenhaus. Madenbefall im Kopf war schon etwas anderes als am Fuß. Darüber stand nichts in meinen Büchern und Broschüren, auf so etwas war ich nicht vorbereitet. Der Arzt erläuterte mir, dass Maden im Sinus äußerst gefährlich seien, weil sie sich ungebremst bis zum Gehirn durchfräßen. Der Patient fiele dann ins Koma. »Ja, aber wie kann ich sie denn stoppen?«, wollte ich verzweifelt wissen. »Genauso wie sonst. Schütte ihm Terpentinöl in die Nasenlöcher.« Ich weiß nicht, wie oft ich nachfragte, ob das sein Ernst sei, doch es gebe keine andere Chance, meinte er. Also besorgte ich Handschuhe und Injektionspumpen sowie das stinkende Öl. Giulia war genauso entsetzt wie ich, wir lagerten Balaram auf der kleinen überdachten Veranda vor meiner Zimmertür. Hier könnten wir ihn alle halbe Stunde behandeln, denn der Arzt hatte mir eingeschärft, heute noch so viele Maden wie möglich zu ziehen, sonst würde Balaram das nicht überleben. Giulia und ich arbeiteten zusammen, wir wechselten uns ab, wenn eine nicht mehr konnte oder würgen musste. Balarams Schmerzen mussten schier unerträglich gewesen sein. Der Blinde war stets ein ruhiger, besonnener und freundlicher Zeitgenosse. Jetzt rannte er vor Schmerz mit dem Kopf gegen die Hauswand in voller Absicht. Wir zogen Made um Made. Ihm das beißende Terpentinöl in die wundgefressenen Nasengänge auf das rohe Fleisch zu spritzen, kostete uns Überwindung, da er jedes Mal markerschütternd aufschrie. Doch das war die einzig greifbare Lösung, um sein Leben zu retten. Da Balaram direkt vor meiner Tür lag, hörte ich ihn auch nachts immer wieder vor Schmerzen aufheulen. Dann standen Giulia und ich auf und gaben ihm eine weitere Nasenspülung. 72 Stunden lang überdauerten wir in diesem Alarmzustand, bis wir den Kampf gewonnen hatten. Balaram lebte noch, es kam keine Made mehr nach, und wir pflegten ihn weiterhin vor der Zimmertür. Um ihm so etwas wie Privatsphäre zu geben, hatten wir bunte Tücher aufgehängt, die Veranda sah aus wie nach einer Hippieparty. Frech beschwerte sich die Nachbarin. Er sei doch blind, da bräuchte er keine Tücher! Sie wolle ja schließlich sehen, was da vor sich gehe. Ich fragte in der Leprakolonie Sankat Mochan nach, ob sie eine ganz große Ausnahme machen und Balaram für ein paar Tage aufnehmen würden, damit er sich erholte. Brüderlich halfen sie ihm.

Ich hatte ihn gerade dort untergebracht, da musste ich mich beeilen, um den Zug nach Delhi zu erwischen. Ich wollte Achim, meinen besten Freund aus Deutschland, dort vom Flughafen abholen. Mit wenig Hoffnung fragte ich in dem Hotel nach, in dem ich das Zimmer abgefackelt hatte, und es nahm mich tatsächlich auf. Todesmutig von ihnen. Als hätte ich gebucht, bekam ich »mein« Zimmer, die Nr. 10. Der Raum roch fast ein Dreivierteljahr später immer noch nach Rauch, doch die Wände waren einigermaßen weißgewaschen, grau statt schwarz. Bald würden neue Graffitis meine Feuerspuren verdecken.

Achim schrie so laut vor Freude bei der Begrüßung, dass alle in der Ankunftshalle Versammelten spontan Beifall klatschten, wir schütteten uns aus vor Lachen. Als wir mit der Motorrikscha zum Bahnhof fuhren und ich ausstieg, zwickte mich der Fahrer in den Schritt. Wie eine Furie schrie ich ihn an. Achim war entsetzt. »O Gott, Stella, was ist denn los?« Er hatte nichts mitbekommen und fand, ich könnte freundlicher sein zu den Leuten. Im Zug lernte Achim den Fragenkatalog freundlich lächelnder indischer Reisender kennen: »What is your country? You married? How many children? What is your age?« Irgendwann fiel ihm auf, dass sie kein Wort von dem verstanden, was er antwortete. Aber darum ging es ja auch nicht. Wichtig war, dass man Kontakt aufgenommen hatte und später erzählen konnte, man habe jetzt einen Angrezi-Freund.

Achim war ein geborener Komödiant und konnte jede Situation kabarettistisch ins Witzige überziehen, so dass man in seiner Nähe aus dem Lachen kaum herauskam. Dazu machte er Dialekte täuschend echt nach und zischelte mal in Sächsisch, lachte in Kölsch, wechselte zum Hamburger Platt oder zur Berliner Schnauze und wieder zurück und schimpfte in breitestem Hessisch. Achim war aber kein oberflächlicher Spaßvogel, sondern hatte Tiefgang. Ich wusste damals schon, dass er bestimmt für immer mein bester Freund bleiben sollte. Nach dem Abitur hatte er eine Ausbildung zum Krankenpfleger absolviert, um den Heilberuf von der Pike auf zu lernen. Er schwankte zwischen einem Medizin- und dem Psychologiestudium und wollte erst einmal sein Gelerntes im Ausland einbringen, bevor er seinen weiteren Weg entschied. Die Reiselust und der Wunsch, mir beim Aufbau des Projektes eigenhändig zu helfen, führten ihn hierher. Er hatte keine Berührungsängste gegenüber den Leprakranken und war eingelesen in die gängigsten Krankheiten Indiens. Dennoch war der Wechsel vom sterilen und vollausgestatteten Krankenhaus bei Frankfurt am Main in die Straßenklinik mitten im Müllhaufen ein riesiger. Die ersten Tage stand Achim das pure Entsetzen auf die Stirn geschrieben. Als er dann zum ersten Mal ein indisches Krankenhaus von innen gesehen hatte, sah er unsere Straßenklinik in anderem Licht. Wir arbeiteten zwar unter einfachsten Verhältnissen, doch wir versuchten immerhin, die Grundregeln der Hygiene einzuhalten, und vor allem behandelten wir die Patienten mit Bedacht und Empathie. Das sah Achim auch und bemühte sich, mit den Gegebenheiten zurechtzukommen und machte schließlich das Beste daraus. So übernahm er das Auskochen der Instrumente und half mir beim Packen der Blechkoffer für die jeweils nächste Straßenklinik, außerdem begleitete er mich zum Großhandel, um Medikamente, Salben und Verbandsmaterial zu besorgen. Mein bester Freund wurde ein kompetenter Mitstreiter. Durch seine Ausbildung war er versiert wie Enni, das erleichterte unsere Arbeit enorm. Er konnte Spritzen geben, Wunden nähen, Abszesse aufschneiden und wurde oft schwerstens gefordert, wenn die Straßenklinik wie so oft überlaufen war. Er kümmerte sich stets um die Härtefälle wie Amputationen oder Verbrennungen. Ramanand war Achims erster Patient. Ein Zeh baumelte ihm am Fuß, der schon fast abgefallen war. Er war nicht mehr zu retten. Doch Ramanand wollte ihn unbedingt behalten und redete wie wild auf Achim ein, der kein Wort verstand, doch die Intention des Bettlers. Ich schaltete mich ein und übersetzte Ramanand, dass sein Zeh verloren sei, besser jetzt, als später mit noch mehr Schmerzen und Infektionen verbunden. Achim schnitt ihm dann den Zeh ab. Lalu forderte Ramanand auf, das Ganze positiv zu sehen: »Immerhin hast du noch drei weitere Zehen an dem Fuß, du kannst also deine Schuhe weiterbenutzen.«

Achim kam zum Ende der Regenzeit nach Indien, das Team der Straßenklinik war gefordert wie nie. Die Hitzezeit von April bis Juni und der nachfolgende Monsun bis Ende August waren hart für die Bettler, fünf Monate am Stück. Sie waren ausgezehrt und hatten oft ein Dutzend schwere Erkrankungen hintereinander durchgemacht. Wir behandelten vor allem Wunden, die nicht heilten, eine Sisyphusarbeit. Aufgekratzte Moskitostiche entzündeten sich ohne Verzögerung, Streptokokken- und Staphylokokkeninfektionen waren an der Tagesordnung, Abszesse und Furunkel blühten, ganz zu schweigen von den Pilzinfektionen, die Körper in Flickenteppiche verwandeln konnten.

Weil die Bettler Achims Namen nicht gut aussprechen konnten, tauften sie ihn Hakim, der Heiler. Es dauerte nicht lange, bis auch

Achim krank wurde und schnell zehn Kilo Gewicht verlor. »Das ist deine indische Weihe, Achim. Erst wenn die Amöben ihre Einzugsparty gehalten haben, bist du wirklich da. Dann erst fängt dein indisches Leben an«, scherzte ich aus Erfahrung. Achim hatte sich die Amöbenruhr eingefangen.

Man musste in Benares ständig auf der Hut sein, überall lauerten fiese Bakterien. Das *government water*, das Leitungswasser also, war kein Trinkwasser. Wenn ich bei Indern eingeladen war, konnte ich nicht davon ausgehen, dass das Wasser sauber war. Zu Hause kochte ich es stets ab. Es einmal kurz aufkochen lassen nutzte aber nichts, man musste es schon minutenlang sieden lassen. Es gab Trinkwasser zu kaufen, das wurde *mineral water* genannt, auch wenn es nie ein Mineral gesehen hatte, und war absurd teuer, teurer als eine Garküchenmahlzeit.

Das *government water* lief nur zwei Stunden am Vormittag und zwei am Abend, von Viertel zu Viertel unterschiedlich. Wenn also das kostbare Nass durch die Leitung kam, musste man zu Hause sein und die Eimer füllen. Wenn man gleichzeitig auch noch Strom hatte, pumpte man Wasser in den Tank auf dem Dach, so dass es später ohne Strom wieder nach unten fließen konnte. Im Sommer erhitzte sich das Wasser in den schwarzen Tanks. Das war die einzige Zeit, in der man heißes Wasser hatte, es aber gar nicht wollte. Während der heißen Monate lagerten wir deswegen das Wasser im Schatten. Besonders wirkungsvoll waren Tontöpfe mit Deckeln. Wenn man sie ins Dunkle stellte, wurde das Wasser eiskalt, wie direkt aus dem Kühlschrank kommend. Damit das funktionierte, mussten die Töpfe aus reinem Ton sein. Im Winter, wenn es zu kalt zur Eimerdusche war, erhitzte ich mir manchmal einen großen Topf Wasser. Egal, ob heiß oder kalt, Wasser war immer ein kostbares Gut. Trinkwasser aus der Leitung war ein Traum.

43

In den Händen der Wunderheiler

Als die dünnen Arbeiter auf einmal mit Backsteinen und Beton anrückten und begannen, eine Mauer durch unser Haus zu ziehen, witzelten Giulia und ich erst noch, bis wir merkten, dass sie immer höher wurde. Seit kurzem bewohnte der Bruder unseres Vermieters samt Familie seine Haushälfte. Die Brüder hatten sich wieder einmal so gestritten, dass unser Vermieter nicht lange fackelte und unverrückbar die Grenze zementierte. Mitten durch das schöne Haus zogen die Arbeiter in ihren Lunghis binnen Stunden eine Wand hoch. Wir behielten den Hauseingang, die neue Wand verlief gemeinerweise genau daneben. Die ungeliebte Verwandtschaft musste also eine Zeitlang durch die Fenster einsteigen. Leider behielten sie aber den Zugang zum Strom, den sie uns postwendend abdrehten. Unser Vermieter bestellte seine drei Elektriker, die uns in irgendeine bestehende Leitung hineinfriemelten. Doch es gab Zeiten, in denen wir bis zu zehn Tage lang keinen Strom hatten. Unserem Hausbesitzer gehörten noch die Ländereien eines ganzen Dorfes in Bihar, und dort hielt er sich oft auf. Wurde der Strom abgestellt, wenn er nicht da war, mussten wir das eben aushalten. Ohne seinen Auftrag hätte niemand in seinem Haus Hand angelegt, da konnten wir zehnmal Mieter sein. Das war furchtbar nervend. Aber im Vergleich zur Schönheit dieses Hauses war das nur eine Kleinigkeit.

Oft traf sich bei uns auch das ganze Team zum Essen. Viele Helfer blieben für Monate oder kamen jedes Jahr wieder, und so entstanden Freundschaften, ich traf wundervolle Menschen. Also luden wir uns auch gegenseitig zum Essen ein. Damals gab es keine Küchen mit eingebautem Herd. Man stellte die Gasflasche einfach in die Ecke auf den Boden, dort waren auch Kochtöpfe und Pfannen gelagert. Für die Teller und Becher gab es einen tragbaren Geschirrstand an jeder Straßenecke zu kaufen, den man entweder an die Wand hängte oder auf dem Boden abstellte. Eine Spüle mit Abfluss gab es nicht, man trug das Geschirr zur Wasserstelle im Innenhof, deshalb war es auch aus Aluminium oder Blech. Wer die nicht hatte, musste am Fluss abwaschen oder das Wasser von den öffentlichen Handpumpen in Eimern hertragen. Nach der Küchenarbeit, die auf dem Boden sitzend erledigt wurde, gossen wir Wasser über den Fußboden, in den Ecken des Raumes waren Abflusslöcher. Das war mühsam, aber man hatte auch etwas davon, denn alles Zubereitete war stets frisch. Wollte ich Frischkäse, stellte ich ihn selbst aus frischem Joghurt her, den ich in dünnen Baumwolltüchern, gesalzen und mit Kräutern versetzt, aufhängte und abtropfen ließ. Mit diesen selbstgemachten Köstlichkeiten erfreuten wir Westler uns gegenseitig. Floh aus dem Schwabenland, den ich in Goa kennengelernt hatte, besuchte mich in Benares und bereitete tatsächlich Spätzle zu, die zwar nicht nach Ländle schmeckten, aber genauso aussahen wie sie sollten, Italiener buken in selbstgezimmerten Öfen passable Pizzen, Franzosen verbesserten die schlechte Schokolade Indiens in fluffiges Mousse au Chocolat, und Spanier verwandelten Reis und Dal zum Entsetzen der Inder in Paella ohne Meeresfrüchte. Das alles entstand in unseren Campküchen.

Giulia und ich lebten dort sehr gerne in guter, direkter Nachbarschaft. Irgendwann bemerkten wir, dass wir beide ziemlich fertig waren. Wir wachten morgens immer schwerer auf, waren immerzu müde und hatten keine Energie mehr. Wir schoben es auf die Überbelastung durch die Straßenklinik. Weil wir den Fledermauspalast so sehr liebten, brauchten wir lange, um darauf zu kommen, dass unsere Probleme von der unterirdischen Müllkippe verursacht wurden, die direkt vor unserem Haus lag. Der Müll lagerte nur vier oder fünf Meter entfernt, auf einem großem Lehmhügel, der bei Hochwasser jedes Jahr wuchs. Jeden Tag wurde neuer Abfall daraufgeschichtet. Tief unten brannte der Müllberg, und durch unsere Fenster drang monatelang der Rauch, der uns langsam betäubte. Kein Wunder, dass wir uns schlecht fühlten. Ich ahnte nicht, dass das nur die Einleitung für noch Schlimmeres war.

Gesundheitlich ging es mit mir rasant bergab, es war, als drehe jemand den Strom ab. Ich war schwach und konnte nichts mehr bei mir behalten, hatte Durchfall und Krämpfe. Ich versuchte, alles liegend zu koordinieren. Singeshwar kam zu mir, um das Rifampicin abzuholen, und auch andere suchten mich auf und nahmen ihre Medikamente direkt an meiner Zimmertür ein. Als mein Zustand immer schlimmer wurde, versuchte Achim, mir Blut abzunehmen. Normalerweise konnte er das, aber er war wohl zu aufgeregt. Er stach mir sechs Mal in den Arm und traf nicht. Empört wehrte ich mich gegen weitere Versuche, ich war auch keine einfache Patientin.

Zwei junge Ärzte aus Deutschland schauten in Benares vorbei, um mein Projekt kennenzulernen, denn sie überlegten, für ein halbes Jahr herzukommen und mitzuarbeiten. Das Thema Lepra interessierte sie brennend. Beide waren enthusiastisch und freuten sich, an der Basis arbeiten zu können, die mittelalterlichen Zustände reizten sie. Achim und Giulia führten sie durchs Projekt, sie nahmen probeweise an der Straßenklinik teil und trafen unsere Leprakranken. Schon nach wenigen Tagen sagten Katja und Sven zu, uns im nächsten Frühjahr für sechs Monate tatkräftig zu unterstützen. Ich jubelte, denn zwei junge deutsche Ärzte für das Team zu gewinnen war eine grandiose Aussicht. Durch ihre langjährige Ausbildung bereits an Verantwortung gewöhnt, würden sie jedem Team eine starkes Fundament geben. Es war nicht ganz einfach, mit den verschiedenen Mentalitäten der immerzu wechselnden Helfer im Team zurechtzukommen. Italiener arbeiteten ganz anders als Finnen oder Israelis. Außerdem waren es alles Freiwillige, meist Traveller, die irgendwann weiterreisten, manche brachten sich mehr ein, manche weniger. Einmal hatten wir vier junge Hippies im Team, die mit Gitarre zur Straßenklinik anrückten. Sie setzten sich direkt neben die Wundbehandlungen hin, stimmten ihre Instrumente und legten los mit »Hare Rama, Hare Krishna«, für die gute Energie und die Heilung der Leprakranken, wie sie mir versicherten. Wir mussten alle lachen, denn das Bild sah zu komisch aus, wie die bunten langhaarigen Traveller als wiedergeborene Beatles dort im Müll saßen und mit Musik heilten. Selbstverständlich dauerte es nur wenige Momente, bis wir Zuschauer hatten wie bei einer politischen Versammlung. Ich bat sie freundlich, mit der Musik aufzuhören, auch wenn ich mir wie ein Spielverderber vorkam, doch ich wollte meinem Projekt keinen religiösen, spirituellen oder politischen Anstrich geben. Hier ging es nur um die Würde dieser Leprakranken, um nichts anderes. Die beiden jungen deutschen Ärzte würden im nächsten Frühjahr bestimmt nicht Gitarre spielen, sondern arbeiten, und das ganze sechs Monate lang.

Der Herbst begann, und es ging mir keinen Deut besser. Die Inder um mich herum sorgten sich und schickten mich zu Wunderheilern, ich probierte sie alle aus, die Hinduheiler wie die Muslime. Es gab genügend im Angebot der heiligen Stadt, von den Knochenheilern, den Barbieren, die nicht nur für das Rasieren, sondern auch für alle Hautprobleme und deren Krankheiten zuständig waren, bis hin zu den religiösen Heilern und Schamanen, die Magie und den bösen Blick beherrschten.

Die Herbalisten, Pflanzenheiler, und Vaidyas, die ayurvedischen Doktoren, ließ ich als Erste an mich heran. Ich trank bitteres Gebräu, kaute auf Hölzern und Kräutern herum und machte Atemübungen, bis mir schwindelig wurde. Auch die von meinem letzten Nepalbesuch übriggebliebenen tibetischen Kügelchen gegen Durchfall und Bauchschmerzen nahm ich wie verschrieben mit heißem Wasser ein. Es nützte alles nichts, mein Zustand verschlechterte sich weiter.

Singeshwar und Shanti kamen treusorgend jeden Tag vorbei und brachten mir stets einen ganzen Blechtopf gefüllt mit Zuckerrohrsaft, frisch gepresst von der Straße, und meist hatte Shanti etwas für mich gekocht. Doch ich konnte das bald schon gar nicht mehr zu mir nehmen. Die Bettler wurden immer besorgter, jeden Tag besuchten mich neben Shanti und Singeshwar etliche andere, ich kam überhaupt nicht zur Ruhe, ständig hockten gleich mehrere auf meiner kleinen Eingangsveranda. Die Bettler fanden, dass nun der Amulettglaube herhalten müsse. Lalu war überzeugt: »Du hast so oft in Ganga Ma gebadet, mehr als die meisten Inder, du bist wie ihre *beti*, ihre kleine Tochter, und deshalb hilft auch das Amulett.« Nicht nur Lalu, sondern auch Singeshwar und Shanti sowie Ramchandra brachten mir besprochene Amulette, die ich mir umbinden sollte. Mal um den Bauch, mal um den Oberarm oder das Handgelenk. Es folgte immer die genaue Anweisung, wie viele Knoten zu machen seien und ob das Amulett links oder rechts getragen werde, Magie in Indien kannte viele Regeln.

Ich wusste, dass die muslimischen Hakime, Heiler, noch mit Mitteln und Methoden aufwarteten, die aus der arabischen Medizin des Mittelalters stammten, doch zu Aderlass, Saugnäpfen oder Ausglühen konnte ich mich nicht entscheiden. Den Gelbsuchtheiler, der auch Malaria und andere infektiöse Krankheiten zu kurieren versprach, probierte ich hingegen aus. Er wusch mir mit Kalk die Krankheit aus meinem Körper. Dabei intonierte er Gebete oder Formeln und tauchte meine Hände in kalkhaltiges Wasser. Er strich vehement über meine Handrücken und schüttelte meine Hände in dem weißlichen Wasser aus. Das verfärbte sich ganz plötzlich wie durch Zauberei. Das wäre die entweichende Krankheit, dozierte der muslimische Heiler erhaben.

Mir schien, ich probierte sie alle, die Heiler. Einmal schnitten sie einen Pflanzenstängel in kleine Teile und fädelten diese in ein Seil aus getrockneten Grashalmen ein. Das knüpften sie zu einem engen Kreis zusammen, den ich mir auf den Kopf legen sollte. Die Schnur war eigentlich viel zu kurz dafür, aber der Heiler sagte mir, ich sollte sie langsam über meinen Kopf rollen, immer millimeterweise nach unten schiebend. Sie dehnte sich tatsächlich aus, vermutlich durch meine Körperwärme und passte über meinen Kopf, meine Schultern, meinen ganzen Körper. Es dauerte bestimmt eine Stunde, bis ich bei meinen Zehenspitzen angekommen war. Das war ein magisches Ritual, um die Krankheit aus dem Körper zu streifen. Aber all das nützte nichts.

Zwischendurch und mittenhinein platzte Manuel wieder in mein Leben, er kam den weiten Weg aus Deutschland, um mich zu sehen. Es sollte eine Überraschung sein. Im Gepäck trug er Liebe und Sehnsucht. Es ging mir leider viel zu schlecht. Manuel und Achim pflegten mich, so gut es ging, und trotz meines Zustandes legten wir einen Umzug hin, weil ich den giftigen Gasen der Müllkippe entkommen musste. Als ich noch auf den Beinen stehen konnte, hatte ich mit dem Besitzer des Hauses gesprochen, auf das ich schon lange ein Auge der Vorfreude geworfen hatte. Es lag an einem gewaltigen Kunda, einem tiefen heiligen Brunnen, dessen Wasser unterirdisch mit der Ganga verbunden war. Der Kunda war Surya, dem Sonnengott, geweiht. Das Haus war sehr alt und aufwendig verziert, ein Juwel. Bislang hatte die

Familie noch nie Ausländer aufgenommen, aber der Brahmane wollte es wagen.

In Benares glaubte man, dass der Lolarka Kunda die älteste Tempelanlage der Stadt sei, da sie bereits 1000 Jahre bevor die Menschen Shiva verehrten als Sonnentempel existiert habe. Meistens im September fand ein gut besuchtes Festival am Kunda statt. Es folgte der alten Sage, der Sonnengott selbst habe hier seinen Samen verloren. An die 50 000 Frauen erbaten ein Mal im Jahr die Gnade, einen Sohn zu gebären. Gemeinsam mit ihrem Mann nahmen sie ein Bad im Wasser des Kundas und knoteten dabei ihren Sari an sein Beinkleid, den Dhoti. Danach opferte die Frau ihre Bangles, den Sari, den sie trug und warf ein Gemüse ins Wasser des Kundas, auf dessen Verzehr sie im kommenden Jahr verzichten würde. Das Gedränge war den ganzen Tag über riesig, denn es reisten Tausende aus den ländlichen Gebieten für das Lolarka Shashtri Festival an. Auch die Frauen, die nach Bad und Opfer einen Sohn geboren hatten, fanden sich erneut ein, den Nachwuchs an der Hand, um dem Sonnengott für die Gunst zu danken. Hoffnung und Erfüllung mischten sich für jeden sichtbar.

Die dort abgelegte Kleidung türmte sich haushoch, im Laufe des Tages kamen immer mehr Stapel hinzu. Die Kleider waren nach dem rituellen Bad pitschnass, und es dauerte nicht lange, bis die Stapel zu riechen begannen. Sie dampften in der Sonne. Achim, Manuel und ich schauten uns fassungslos an. »Da bist du ja vom Regen in die Traufe gekommen! Von der Müllkippe zur Altkleidersammlung!« Mein neuer Hausbesitzer, Mr Tripathi, hingegen sah das entspannt, er hatte sich schon an den Gestank gewöhnt, der nun eine Woche anhalten würde, bis man alles fortschaffte. »Da du genau zu dem Festival hier einziehst, Taraji, wirst du bestimmt einmal Mutter eines Sohnes«, wollte er mir den Muffgestank schönreden.

Kaum war ich eingezogen, kam der Zusammenbruch. Manuel erhielt der Form halber ein Zimmer im Erdgeschoss. Er wachte aber die ganze Zeit an meinem Bett. Katja und Sven beobachteten meinen Zustand alarmiert und sprachen schließlich Tacheles mit mir: »Tara, du stirbst! Wenn du jetzt hierbleibst, kann man dir bald nicht mehr helfen. Du musst sofort nach Deutschland.« Auch Achim redete auf mich ein, er war bereits krank vor Sorge. Aber ich hatte meinen Dickkopf. Ich hatte kein Geld, um mir einfach ein Flugticket zu kaufen. Ich lebte in Indien, sagte ich mir, und wenn ich krank würde, dann wäre ich eben hier krank, da müsste ich durch. Außerdem hatte ich in Deutschland nicht einmal eine Krankenversicherung. Das ließen meine Freunde aber nicht als Argument gelten. Achim rief meinen Bruder an, der mich ebenso zurückpfiff.

Ich weigerte mich weiterhin, weil ich den Ernst der Lage einfach nicht wahrhaben wollte. Achim, Manuel und die beiden Ärzte fackelten dann nicht mehr lange und kauften mir ein Ticket. Damit retteten sie mir das Leben.

Avan kam vorbei und holte Luna ab, er wollte sich um sie kümmern, so kam sie in den Genuss meines früheren Bootslebens. Daraufhin informierte Achim meinen Bruder über die Flugdaten, und ich flog mit Sven und Katja nach Berlin, mehr liegend als sitzend, ich war am Ende. Mein Bruder holte mich am Flughafen ab und brachte mich direkt in die Charité. Keiner wusste, was ich hatte, also steckten sie mich in die Isolierstation. Da wurde mir dann wirklich angst und bange, ich lag hinter Schiebetüren, und die Krankenpfleger waren vermummt. Irgendwann stellten sie fest, dass sich Amöben, also Einzeller, in meiner Leber eingenistet hatten, ich jedoch an keiner infektiösen Seuche, Lepra oder Tuberkulose litt. Also wurde ich auf die normale Station verlegt. Dort las ich mich durch die Bibliothek der Charité, die Auswahl war schier grenzenlos, und eine Dame kam mit einem Schiebewägelchen von Bett zu Bett und nahm sogar Titelbestellungen auf. Ich hörte nur auf zu lesen, wenn mein Bruder vorbeikam oder eine Untersuchung durchgeführt wurde. Ich flüchtete mich in die Welt der Bücher. Meine Mutter und meine Omi reisten nach Berlin, um mich zu sehen. Ich will das nicht herunterspielen, weil ich wirklich fast mein Leben verlor, aber ein wenig wurde der Krankenhausaufenthalt zur Erholung und zum Urlaub für mich. Mein Zimmer war feudaler als jedes Hotelzimmer im Zentrum Neu-Delhis.

Als die Amöben vertrieben waren und ich entlassen wurde, fühlte ich mich noch zu schwach, um direkt nach Indien zurückzufliegen. Also blieb ich bei meinem Bruder in der WG und besetzte dort ein, zwei Wochen lang das Sofa des gemeinschaftlichen Wohnzimmers. Das Leben der drei Juristen brachte ich bunt durcheinander, es war großartig von ihnen, mich mitten in ihren Studienalltag hinein aufzunehmen. Wolfs bester Freund wurde später Richter und war ebenso Gründungsmitglied von »Back to Life«. Wir nutzten die Zeit und setzten uns mit dem Verein auseinander. Wolf war zwar schon in der Vorbereitung für sein Staatsexamen, aber leitete dennoch zielstrebig alle Geschicke des Vereins. Als ich die vielen Ordner im Zimmer meines Bruders stehen sah, wurde mir klar, wie viel Zeit und Mühe Wolf schon in den Aufbau gesteckt hatte. »Back to Life«-Deutschland war ganz und gar sein Baby. Niemals hätte ich das von Indien aus leisten können, denn bis ein Verein anerkannt und gemeinnützig erklärt wurde, waren viele Formalitäten zu erfüllen, das dauerte seine Zeit. »Back to Life« hatte mittlerweile die vorläufige Anerkennung der Gemeinnützigkeit, das war ein großer Schritt. In der Juristen-WG, umgeben von aufgeschlagenen Gesetzbüchern, unterstrichenen juristischen Kommentaren und Urteilen, in dieser ganz anderen Welt, bemerkte ich erst recht, wie besonders es war, dass mein Bruder meine Träume und Ziele auch zu seinen machte und seine ganze Energie hineinfließen ließ. Dabei bekam er so wenig zurück im Vergleich zu mir. Mir schenkte immerhin Persoram jeden Tag eine Blume, oder Lalu kniff mich zärtlich in die Wange, Shanti lud mich zum Essen ein, oder die Kinder warfen sich jubelnd in meine Arme. Das alles war Wolf nicht vergönnt, während er Formulare ausfüllte oder mit dem Amt für Körperschaften telefonierte und den Papierkram bestritt.

Sobald ich wieder kriechen konnte, flog ich zurück. Blass, dünn, aber erwartungsfroh und dankbar, mein Leben zurückzuhaben. Denn auch wenn es kein leichtes war, so hätte ich mit niemandem getauscht.

44

Die Pantherin

Kaum war ich zurück in Benares, begann der feuchte, kalte Winter. Schon bald reiste Manuel ab. Wir waren beide hin- und hergerissen. Ich konnte ihm beim besten Willen nicht in sein Leben folgen, und er konnte nicht ohne Perspektive, Mittel oder Zukunft hier in Indien bleiben. Wir stritten immer häufiger, und als er wegfuhr, glaubten wir beide nicht mehr an unsere Liebesbeziehung.

Ich war mit Luna, meinem Hund, am Assi Ghat unterwegs. Auf einmal war sie spurlos verschwunden. Ich rief immer wieder nach ihr, normalerweise brauchte sie nicht länger als 30 Sekunden, um bei mir zu sein, aber diesmal kam sie nicht.

Keiner konnte mir sagen, wo mein Hund abgeblieben war, unglaublich bei all den neugierigen, alles beobachtenden Leuten hier. Ich hatte sie nur kurz aus den Augen gelassen, um die alte Frau im weißen Sari zu bergen. Die Witwe hatte schon den ganzen Tag in Ufernähe im flachen Wasser gestanden. Sie war schon fast blau angelaufen vor Kälte, im Winter war Ganga eisig. Die Frau wollte so lange dort stehen bleiben, bis der Tod sie ereilte, erzählte man mir. Jetzt war sie umgefallen, direkt vor uns, ich trank gerade einen Chai auf den Stufen. Also zog ich sie mit Beistehenden schnell aus dem Wasser, damit sie nicht vor unseren Augen kläglich ertrank. Das alte Mütterchen lebte noch, doch der Faden, mit dem sie am Leben hing, war nur dünn und kurz vor dem Zerreißen.

Es gab viele Witwen in den Gassen der Altstadt von Kashi, doch eigentlich nicht in Assi Ghat. Für gewöhnlich lebten sie um das Verbrennungsghat, manche waren obdachlos, andere kamen in Tempeln und Ashrams unter. Tagsüber erbettelten sie Almosen. Mit dem

Tod des Mannes erlosch der Daseinsgrund der Frau, ohne Existenzberechtigung waren sie nur ein zusätzlicher Mund zu stopfen. Witwen wurden aus der Gesellschaft ausgeschlossen, durften nicht mehr an Festen teilnehmen, mussten sich fortan in Weiß kleiden, sich die Haare scheren und allen Schmuck ablegen. Das galt besonders für junge Witwen. Sie wurden als »Gefahr für die Gesellschaft« gesehen, da sie Männern den Kopf verdrehen könnten.

Als wir die Alte aus dem Wasser gezogen hatten, war mein Hund verschwunden. Weil ich so laut nach Luna rief, wurden die Leute am Ghat aufmerksam. Wir bildeten Grüppchen und suchten die Gassen des Viertels ab, leider vergeblich. Mit den Stunden wurde ich immer verzweifelter. Erst am nächsten Tag meldete sich ein junger Inder ganz aufgeregt bei mir. Er hätte Luna gesehen, an einer Kette liegend und fürchterlich jaulend. Sofort liefen wir dorthin, und tatsächlich fand ich Luna zu meiner riesigen Freude und Erleichterung. Ein indisches lautstarkes Drama folgte zwischen dieser Familie und mir, sie wollten mir Luna nicht aushändigen, doch da hatten sie falsch gewettet. Ich hätte sie notfalls belagert und ausgeräuchert.

Die Erfahrung ihrer Entführung machte meine Hündin reifer und angriffslustiger. Wenn sie nicht angefasst werden wollte, knurrte sie so furchterregend, dass die Leute angstvoll Abstand hielten. Meine Bettler aber vergötterten Luna und überhäuften sie mit Aufmerksamkeit. Oft lag sie hinter mir während der Straßenklinik, wenn Avan sie nicht mit aufs Boot nahm. Lalu schlich sich in ihr Herz genauso wie einst in meins. Statt Parathas für sie zu backen, kochte er Hühnerfüße für sie ab. Luna liebte ihn dafür. Da ich bei Brahmanen wohnte, die selbstverständlich Vegetarier waren, durfte ich an meinen Hund zu Hause kein Fleisch verfüttern. Fleisch war damals in Indien auch keine saubere Sache, die Metzger am Straßenrand verkauften mit Fliegen besetzte, undefinierbare Fleischstücke, dubios rot-orange eingefärbt, so dass man nicht feststellen konnte, ob das Tier geschlachtet wurde oder elendig an einer Seuche oder Krankheit verendet war. Da hielt ich lieber Abstand und erzog meine Hündin fast vegetarisch. Die Familie erlaubte mir großmütig, Eier zu füttern, und neben Chapati und Reis fraß sie Weintrauben, Bananen und Wassermelonen. Luna gehorchte mir aufs Wort. Die Gefahren Indiens und die Masse Mensch schweißten uns zusammen. Wir wussten beide wohl: Das überstanden wir nur im Team.

Normalerweise mögen Inder Hunde nicht im Haus, denn sie galten als unrein. »Wir haben noch nie mit einem Hund gelebt«, weihte mich Mr. Tripathi in seine Gedanken ein. »Aber immerhin ist sie schwarz. Mein Astrologe wies mich an, ich soll jeden Samstag einen schwarzen Hund füttern. Oft habe ich Probleme, einen zu finden und laufe die Ghats auf und ab. Es ist eigentlich von Vorteil, den schwarzen Hund gleich hier zu haben.« Mit der Zeit war Familie Tripathi sehr angetan von Luna, da sie gerade gewachsen war und edel aussah, gleichzeitig den Mut, die Kraft und die Unberechenbarkeit einer schwarzen Pantherin ausstrahlte. Ihr Fell glänzte wie in der Sonne ausgegossenes Öl, sie war sauber und gepflegt.

Lunas große Stunde schlug, als der ältere Sohn der Familie Tripathi von einem Nachbarn verprügelt wurde. Doch der Nachbar hatte nicht mit Luna gerechnet. Sie stürzte sich wie ein Kampfhund auf den Angreifer und biss ihn, so dass er schnellstens von dem Jugendlichen abließ und sich in Sicherheit brachte. Die Tripathis feierten Luna, und ihre Dankbarkeit sollte für immer währen. Ab dem Moment war mein Hund die unbestrittene Königin des Palastes. Sie durfte sogar auf die Chowkis springen und ließ sich dort, majestätisch ausgestreckt, kraulen. Mr Tripathi bemühte einen Maler, der »Achtung vor dem Hund« in Hindi und Englisch ans Haus pinselte, an die Stufen, neben der Eingangstür und an die Wand. »Beware you dog«, war seine englische Version. Na wenigstens das Hindi stimmte.

Bei Mr Tripathi hatte ich ein Zimmer auf dem Dach. Im Viertel waren wir die Einzigen, die ganz beruhigt die Wäsche auf dem Dach trocknen lassen konnten. Normalerweise stürzten sich die Affenbanden zu gerne auf Frischgewaschenes, das da so bunt und verlockend im Wind flatterte. Sie nahmen Wäschestücke mit, quer über die Dächer, spielten damit und zerrissen sie, wahrscheinlich ergötzten sie sich einfach nur an dem Geräusch. Luna verjagte sie gnadenlos.

Die Familie Tripathi bewohnte das mittlere Stockwerk, und die Räume im Erdgeschoss waren für Besuch gedacht. Wenn mich die Bettler nun ad hoc sprechen wollten, mussten sie erst die Familie rufen, die mir Bescheid gab. Im Haus gab es keinen Durchgangsverkehr, das war ein gutes Gefühl. Niemand konnte einfach so an meine Tür klopfen, niemand, außer Mr Tripathi und seiner Familie. Das taten sie auch, sobald ich die Tür schloss. Privatsphäre war einfach nicht zugelassen in Indien. Denn war die Tür zu, fragte die Familie sofort besorgt nach, ob es mir gutginge, ob ich vielleicht einen Chai mit ihnen trinken wollte. Ich verstand schnell, nur einen Vorhang in den Türrahmen zu hängen, statt die Tür zu schließen.

Mr Tripathi lernte Englisch aus einem Buch. Mich nahm er als seinen Sparringspartner und übte an mir die Vokabeln, die er neu hinzugelernt hatte, so wild und quer durcheinander, dass ich ihn oft gar nicht verstand. Er führte ein kleines Heft bei sich, in das er alles eintrug, was er behalten wollte. Mr Tripathi war von schmächtiger Statur, der Kleinste der Familie, seine Söhne überragten ihn bereits, obwohl sie noch nicht einmal Flaum auf der Oberlippe trugen. Mr Tripathi kleidete sich zu Hause stets im Dhoti und trug ein kalkweißes Rippunterhemd. Nur im Winter oder wenn er aus dem Haus ging, zog er sich ein Oberhemd über. Seine Frau verließ, gleich den anderen Brahmanenfrauen, nie das Haus. Wenn sie einen Sari kaufen wollte, dann kam eben ein Händler mit einem Bündel voller Saris zu ihr, und sie suchte sich das Gewünschte zu Hause aus. Wenn sie etwas vom Markt benötigte, schickte sie die Söhne, oder Mr Tripathi ging selbst.

Mr Tripathi achtete nicht nur streng auf sein Ansehen, sondern auch auf meines. Außerdem gab er acht, dass ich keine spirituellen oder kulturellen Regeln brach, oder zumindest nicht zu viele. Mein Bett musste so stehen, dass mein Scheitel zum Sonnenaufgang gerichtet war, auf gar keinen Fall durften meine Füße dorthin zeigen. Füße waren unrein. Der Mülleimer durfte auch nicht in der mir als praktisch erscheinenden Ecke stehen, ich hätte damit beinahe die Götter beleidigt. Das Ganeshbild konnte nur über dem Türrahmen aufgehängt werden, der Segen war wichtig. Milde Vergebung walten lassend behob er meine Fehler. Sich dagegen aufzulehnen wäre vollkommen zwecklos. Auch wenn ich hier Miete zahlte, so war ich doch nicht frei.

Selbst wenn es unangenehm kalt wurde, hielten sich im Winter viele Westler in Benares auf, da die Jahreszeit leichter zu ertragen war als die Hitzemonate oder der Monsun. Wir waren also eine lustige Truppe Übriggebliebener, denn die meisten machten sich irgendwann auf in Richtung Süden, Sonne und Strand. In Benares feierten wir keine Partys am Strand, dafür aber in umso sagenhafteren Tempelanlagen, an Ganga oder neuerdings im Kunda. Die Vollmondnächte waren in Lolarka Kunda besonders mystisch. Das Mondlicht erleuchtete die Tempel und den Brunnen, und der Ort wirkte nicht nur wie 3500 Jahre alt, sondern als wäre er von der Zeit losgebunden worden. Wie ein Fels im Meer der Zeit, den wir umspülen. Meine Freunde und ich stiegen dann in den Schlund des Kundas hinab und verbrachten dort die Nacht auf einer Steinplattform in fast 20 Metern Tiefe, direkt über dem Wasserspiegel des Beckens. Steile Steintreppen ragten an drei Seiten in die Höhe, es sah aus wie ein umgestülpter Mayatempel, doch statt in die Höhe gingen diese Treppen in die Tiefe. Wir saßen jetzt am tiefsten Punkt neben dem heiligen Wasser, die Akustik war grandios, es war ein echtes Klangerlebnis.

Die Zeit flog nur so. Ende Januar wurde ich in die Schule eingeladen, es war India's Republic Day. »*Bharat Matea ki* jai?! Lang lebe, hoch lebe Mutter Indien«, riefen die Kinder aus vollen Kehlen. Ob klein oder groß, jeder wollte den anderen übertönen. Unsere Schulkinder liefen im Gänsemarsch hinter der Lehrerin die Straße entlang. Jedes Kind schwenkte seine kleine, selbstgemachte Indienfahne. Mit Avan hatte ich ausgemacht, dass er uns mit dem großen Boot in Assi Ghat abholen würde. Die Kinder freuten sich, da sie sonst nie in den Genuss einer Bootsfahrt kamen. Die beiden Lehrerinnen stiegen mit in das Boot, wenn die eine auch erst überredet werden musste. Sie konnte nicht schwimmen und hatte deshalb große Angst vor dem Wasser. Da man immer wieder von Bootsunfällen auf Ganga hörte, war sie sehr verunsichert. Die Kinder redeten auf sie ein, und Milan bot ihr an, er würde sie im Notfall retten, denn er war ein guter Schwimmer. Gerührt nahm sie diese Lebensversicherung durch den aufgeweckten Fünfjährigen an und kletterte an seiner kleinen Hand ins Ruderboot. Glücklich saßen die Kinder auf den Bootsplanken, und unter der Regie der Lehrerinnen trugen sie stolz Reime vor und sangen indische Kinderlieder. Ihre blauen und roten Winterpullover, Teil ihrer Schuluniform, leuchteten gegen das Grau der winterlichen Ganga an. Giulia und ich klatschten Beifall, und wir lobten jeden Einzelnen. Mit dem Glück, das die Kinder ausstrahlten, hätte man einen Motor laufen lassen können.

Doch nur wenige Tage später gab es Ärger in der Schule, aber nicht wegen der Kinder. Manche Väter hinderten ihre Kleinen am Schulbesuch, damit sie betteln gingen und ihnen zehn Rupien brächten. Die Lehrerin beschwerte sich, dass immer dieselben Kinder fehlten, allen voran Kalika. Es waren die Säufer, die ihre Kinder als Almosensammler missbrauchten, die Leprakranken schickten sie mit Stolz zur Schule. Kalikas Vater wollte tatsächlich von uns eine Gebühr verlangen, nur dann sende er sie zum Unterricht. Als Verdienstausfall sozusagen, zahlbar direkt in seine Tasche. Nun hatte es Kalikas Vater, den wir auch *»master of disaster«* nannten, aber gnadenlos übertrieben. Er war mit der Polizei in der Schule aufgetaucht. Wie es ihm überhaupt gelang, die Polizisten zum Mitgehen zu bewegen, war mir schleierhaft. Er erzählte ihnen, dass seine Kinder in diesem Gebäude festgehalten würden. Als die beiden Polizisten mitten in den Unterricht platzten, erkannten sie sofort, dass keine Entführung vorlag, sondern das Gegenteil der Fall war. Hier wurde den Kindern ein Weg aus ihrem Elend gezeigt.

Mohan, der vor der Schule in der Rikscha wartete, hatte alles beobachtet und berichtete mir schadenfroh, wie die Polizisten danach den *master of disaster* verprügelten. Zur Wundversorgung und für die Bandagen kam er wie selbstverständlich in die Straßenklinik.

Im Team diskutierten wir oft über die Zukunft dieser Kinder. Nur das Angebot des Schulunterrichts reichte nicht aus. Die meisten Kinder wurden nachmittags von ihren Vätern zurück in den Bettlerkreislauf gedrückt. Unser Ziel war, sie auch nach der Schule aufzufangen. Immer mehr Kleine erkrankten an Tuberkulose auf der Straße. Es wäre gut, sie während der Therapie enger betreuen zu können. Sie bräuchten regelmäßige Mahlzeiten, nicht umsonst wurde Tuberkulose auch die Schwindsucht genannt. Deshalb wollten wir eine Tagesstätte einrichten, so dass die Kinder erst am frühen Abend, wenn sie gespielt, gegessen und die Hausaufgaben erledigt hätten, zu ihren Eltern auf die Straße zurückkehrten. Das Programm würde gleichzeitig kleine Jobs für Straßenfrauen bieten, denn wir bräuchten eine Köchin und eine, die saubermachte und Kleider wusch. Bisher war niemand bereit, uns für unsere wilden Straßentiger Räume zu vermieten, doch wir gaben nicht auf. Giulia war mindestens genauso beharrlich wie ich, wir würden schon jemanden erweichen. Auch unsere medizinische Hilfe für die Kinder hatten wir durch einen Impfplan ergänzt, den wir abarbeiteten. Zuletzt war die Polio-Impfung an der Reihe. Wie der Blitz war ein Dutzend der Racker verschwunden. Es war gar nicht einfach, alle Impflinge zu finden, das gesamte Team war unterwegs, um die Kleinen aus ihren Schlupfwinkeln zu ziehen. Erst als sich herumgesprochen hatte, dass nur ein Stück Zucker geschluckt werden musste, waren sie alle auffindbar.

Aus Winter wurde wieder Frühling, und wir feierten bald Shivaratri, die Zeit der bunten Festivals lag schon in der Luft. Ich war neu verliebt und glücklich. Der Mann meines Herzens hatte nichts mit der Straßenklinik zu tun, er war Musiker und bereiste Indien auf der Tonspur. Er studierte Musik in Benares und verbrachte ein halbes Jahr hier und ein halbes in seiner Heimat. Natürlich interessierte er sich für das Projekt und hatte immer ein offenes Ohr. Meine Straßenkinder hatten ihm schon das Herz gestohlen, und sie turnten glücklich auf ihm herum, wenn ich ihn mitbrachte.

Gute Dinge trugen sich auch sonst zu, eines Tages kreuzte ein junger Mann in Dasaswamedh auf und fragte sich durch nach einem Blinden. Im Moment hatten wir keinen einzelnen Blinden in der Gruppe außer einer blinden Familie, Vater, Mutter und zwei Kindern. Doch der Bursche blieb beharrlich und behauptete, sein Vater lebte hier bei uns. »Er ist bestimmt gestorben, und ihr wollt es mir nicht sagen!«, klagte er. Auf einmal schoss mir die Lösung in den Kopf. »Nennt sich dein Vater vielleicht Balaram?« Der Mann, der die Maden im Sinus hatte, war seit Monaten wieder hergestellt. Bei einer Untersuchung kam heraus, dass Balarams Erblindung nicht leprabedingt war. Balaram und ich besprachen uns, und er wünschte, eine Operation zu versuchen. »Blinder kann ich schließlich nicht werden«, überlegte er praktisch. Giulia hatte ein besonderes Verhältnis zu Balaram entwickelt, und sie begleitete ihn zu dem Eingriff. Danach konnte er tatsächlich wieder etwas sehen. Wahrscheinlich sehr eingeschränkt, aber immerhin. Er war glückselig nach Jahren in Blindheit und ohne Tastsinn. Für die Leute in Dasaswamedh war Balaram wie ein wandelndes Wunder. Erst hatte er die Maden überlebt und dann der Blindheit ein Schnippchen geschlagen, alle bewunderten ihn dafür.

Ich saß mit Mohan vor seiner Bretterbude, und Shivani bot mir einen Chai an. Mohan zog einen Zettel aus der Hemdtasche, auf den er akribisch Zahlen notiert hatte. Zeile für Zeile rechnete er mir alles vor, ich überschlug im Kopf mit. Mohan wollte sich in Bhadhoi ein Häuschen bauen. Ihm war klar, dass die Frage des Landbesitzes nicht geklärt war, doch er scherte sich nicht darum. Gotam, der Boss der Leprakolonie, hatte mir im Laufe der Zeit alle Papiere nach Dasaswamedh gebracht, aber die Dokumente besagten nur, dass sich die Leprabetroffenen zusammengeschlossen hätten zu einer Art »Verein«. Ob sie auf dem Stück Land auf Dauer bleiben dürften, war nicht klar. Immer wieder hatte ich überlegt, ob wir unsere Träume in Bhadhoi verwirklichen könnten. Aber da draußen gab es keine Infrastruktur. Wo würden die Kinder zur Schule gehen? Wo würden die Jugendlichen und Erwachsenen Arbeit und Ausbildung finden? Außerdem hielt ich die Nähe der Teppichfabriken für gefährlich, denn die Besitzer suchten immer flinke, billige Kinderhände. Wie die Schakale würden sie um die Kolonie schleichen. Gotam selbst frönte dem Alkohol, ich hielt ihn nicht für den geeigneten Anführer einer Kolonie. Ich würde ihm nie so vertrauen wie Singeshwar.

Bhadhoi war also keine Gesamtlösung, aber eine Möglichkeit für Einzelne. Mohan hatte mittlerweile genug Geld für Baumaterial angespart, hauptsächlich durch seinen Job, aber auch mit den Ketten, die er herstellte. Ich fand es großartig, dass er ein Haus bauen wollte. Er würde in den nächsten Schulferien damit beginnen, das Haus wollte er mit den eigenen Händen hochziehen.

Es dauerte keinen Tag, bis sich auch die anderen bei mir meldeten. Auch sie wollten ausrechnen, wie lange es noch wäre bis zur Erfüllung ihrer Träume. Nicht jeder wünschte sich, ein Haus zu bauen. Singeshwar sparte auf einen Wasserbüffel, den er seiner Mutter neben das Haus stellen wollte, Dasus Familie benötigte eine Wasserpumpe für die Bewässerung der Felder, jeder hatte sein Ziel, auf das er hinsparte. Narayan, der alte Fürst, machte es ganz geschickt. Er lebte bereits seit fast einem halben Jahr in Bhadhoi zur Untermiete. Er hatte sich in die Hütte der alten Gita mit eingemietet, sie lebten zusammen in einer WG. Doch wenn er ihr 10 000 Rupien (500 Mark) zahlen würde, dann gehörte die Hälfte der Hütte ihm und nach ihrem Tod die ganze.

Als ich Hiralal fragte, was er vorhabe, rollte er die Augen. »Bald gehe ich in Gangaji«, sagte der Alte mit ernstem Gesicht und einem tiefen Blick in meine Augen. »Ach, irgendwann gehen wir alle in Gangaji.« »Ja. Aber wir gehen alle alleine. Alle einzeln«, war seine kryptische Antwort. Er sah schwach und matt aus. Alle paar Monate baute er ab, diese Schwächephasen kamen so regelmäßig wie die Jahreszeiten, deshalb machte ich mir nicht allzu große Sorgen. Als er mich ein paar Minuten später zum Chai einlud, lächelte er auch schon wieder.

Doch dieses Mal sollte er wirklich von uns gehen. Als ich morgens nach Dasaswamedh kam, empfing mich Amoli bereits weinend. Hiralal war nicht mehr aufgewacht am Morgen. Der Tod musste ihn mitten in der Nacht ereilt haben, niemand hatte etwas bemerkt. Er sah friedlich aus und sein Gesicht war entspannt. Sein blindes Auge ließ sich nicht schließen, das andere hatte jemand zugemacht. Es sah so aus, als luge er aus der Totenwelt herüber. Alle Bettler Dasaswamedhs warfen einen letzten Blick auf ihren toten Anführer und legten, ganz nach Tradition, eine Münze oder einen zerknitterten Geldschein neben seinen Kopf. Traurig nahm ich meinen Abschied vom grantigen Bettlerkönig und warf den Stein in den Fluss. Die Leprakranken sind von der Feuerbestattung ausgeschlossen, weil ihnen die Erlösung nicht zustand.

Gespannt verfolgte ich, ob sich nun jemand anderes an seine Stelle schwingen würde, Singeshwar, Lalu oder Mohan vielleicht, auch Musafir käme in Frage, doch ein Machtkampf blieb aus. Den klassischen Anführer brauchte es nicht mehr, ein Teil der Gruppe ordnete sich Singeshwar und Lalu in Underground unter, da hatten die beiden das Sagen, andere blieben Einzelgänger wie Mohan oder Thiru. Hiralal war der letzte Bettlerkönig Dasaswamedhs mit Schutzzahlungen und strenger Hierarchie, diese Ära war nun zu Ende.

45

Das Fest des Lebens

Mit bitterernstem Gesicht schaute uns der Arzt im Krankenhaus an. Shivani war alarmiert, und wir waren auf schlechte Nachrichten gefasst. Aber dann sagte der Doktor, an Shivani gewandt: »Du bist schwanger. Zweiter Monat.« Mit einem lauten Freudenschrei fiel mir Shivani in die Arme, der Arzt war ganz perplex, hatte er doch einen solch glücklichen Gefühlsausbruch der Leprakranken nicht erwartet. Shivani liefen die Tränen, so glücklich hatte ich sie noch nicht erlebt. So sehr hatte sie ihre Söhne vermisst, jetzt würde sie wieder Mutter. Sie strahlte Hoffnung aus wie die aufgehende Sonne.

Während der Rikschafahrt träumte Shivani laut von ihrer kleinen Familie. »Ach Didi, hoffentlich bekomme ich einen Sohn. Das wünsche ich mir für Mohan. Einen Sohn. Ich weiß, das Kind wird es nicht leicht haben auf der Straße mit Lepraeltern, aber ich werde ihn sehr lieben. Du wirst aufpassen, dass er nicht Lepra bekommt, Tara didi. Da passen wir gemeinsam auf, nicht wahr, Didi?« Immer wieder drückte sie meine Hand vor Aufregung. »Natürlich, Shivani.«

Zu der Zeit waren wir ein Team, das außer Achim nur aus Frauen bestand, er war der Hahn im Korb, was er nicht bemängelte. Da wir alle um das Assi Ghat herum wohnten, trafen wir uns an den Straßenkliniktagen morgens am Fluss und nahmen ein Boot nach Dasaswamedh. Stets ruderte uns derselbe alte Bootsmann, bestimmt der älteste am ganzen Ghat. Er hörte nichts mehr, auf beiden Ohren nicht, doch hinter einem wuchs ein Geschwulst, das schon größer als ein Hühnerei war. Gebeugt und äußerst langsam kroch der Methusalem an Land vorwärts, auf einen Stock gestützt, im Boot schien sich der Alte wohler zu fühlen. Im Schneckentempo ruderte er uns nach Dasaswamedh. Weil er nichts hörte, war er der ideale Fährmann. Er mischte sich nie ein, und stellte uns nicht tausendundeine Frage. Außerdem erzählte er danach nichts ausgeschmückt weiter, sondern paddelte uns langsam, aber beständig den Fluss hinunter. Jetzt, im Frühling, waren die Temperaturen endlich wieder angenehm, zwischen 30 und 35 Grad, so dass wir oft alle, auch Luna, auf dem Weg nach Dasaswamedh in den Fluss sprangen, ein paar Züge schwammen und uns auf der Weiterfahrt trocknen ließen, das war für die indische Sonne ein Kinderspiel. Zwei Schwestern aus England mit ihrer besten Freundin waren eine lustige und zupackende Ergänzung unseres Teams über mehrere Monate. Sie waren Feuer und Flamme für die neuentdeckte Aufgabe. Alle drei waren unkompliziert, offen und herzlich. Die Leprakranken waren hellauf begeistert von so viel weiblicher Zuneigung.

Wir hatten alle Hände voll zu tun, denn wir näherten uns dem langersehnten Jubeltag. Bald würde die erste Runde der Leprakranken ihre Lepratherapie abgeschlossen haben, die 24 Monate waren um! Ich wollte den Abschluss der Therapie unbedingt feiern und nicht in einem der hässlichen, abweisenden Krankenhäuser begehen. Also beschlossen wir, die Tests selbst durchzuführen. Ich sprach mit einem der Ärzte, der mir schon einmal Unterstützung angeboten hatte. Er willigte ein, für einen Tag die Laborarbeiten bei uns auszuführen. Er könne einen Kollegen aus dem Labor zur Verstärkung mitbringen. Dr. Shukla schrieb eine Liste, dann machten wir uns auf die Jagd nach Objektträgern, Färbemittel für die Proben und einem passenden Mikroskop. Eine Freundin suchte mit mir die ganze Stadt ab, bis wir fündig wurden.

Dann kam der ungewisse Teil der Mission. Ich fragte Mr Tripathi, ob wir das Fest am Lolarka Kunda halten dürften und ob er uns die unteren Räume seines Hauses als Labor zur Verfügung stelle. Ohne Zögern sagte er zu. Ich müsse aber den Pandit, das geistige Oberhaupt des Viertels, um Erlaubnis bitten. Er warf sich in sein Oberhemd und befahl mir, ihm zu folgen. Wir stellten ein förmliches Ersuchen, und der Pandit hatte keinerlei Einwendungen zu machen, auch weil der Kunda als Sonnentempel galt, an dem Leprakranke Heilung finden konnten. Weil Mr Tripathi so viel Enthusiasmus zeigte, bat ich ihn, sich auch noch um das Hochzeitszelt für die Feier zu kümmern. Nach dem Holi-Festival, dem Fest der Farben, sollte Ende März der große

Tag sein. Nikhil, mein früherer Hausbesitzer, organisierte den Koch für die Veranstaltung. Der war so dick und rund, dass seine Gerichte bestimmt schmeckten. Für die Patienten und ihre Familien schrieb ich reichverzierte Einladungskarten, so wie man das bei feierlichen Anlässen in Indien tat.

Mein Team und ich planten ein Programm in mehreren Teilen. Erst eine Zusammenkunft im Zelt, die Entnahme der Proben von wahrscheinlich 40 Patienten durch den Arzt, gemeinsames Mittagessen für ungefähr 100 bis 150 Leute, währenddessen Beginn der Auswertung der Tests, Musik und Beisammensein, schließlich die Testergebnisse und das Abendessen. Das war als Rahmenprogramm gedacht. Wie ein Heinzelmännchen trug jeder, den ich kannte, etwas dazu bei.

Um fünf Uhr morgens brachte Avan schon Berge von Blumenmalas vom Großmarkt vorbei. Danach baute ein halbes Dutzend Arbeiter das schmucke Festzelt auf dem Vorplatz auf. In die Seitenwände waren dekorative Blumenmuster eingenäht, bunt und fröhlich raschelten die Zeltplanen im Luftzug. Der Koch hatte seine Utensilien sowie die Grundnahrungsmittel schon am Abend vorher gebracht, und das größte Zimmer war für die Produktion der vielen Mahlzeiten gedacht. Noch während des Zeltaufbaus lotste der Koch eine vollbepackte Trolleyrikscha, auf der sich frisches Gemüse und Obst stapelte, zum Hauseingang. Kistenweise verschwanden Karotten, Tomaten, Blattgemüse und vieles Andere im Hausinneren. Natürlich hatten wir den anderen Westlern in Benares von unserem Fest erzählt und bekamen viele helfende Hände gereicht, der Vorplatz wuselte und wimmelte vor Geschäftigkeit. Wir machten uns daran, das Zelt innen und außen mit Blumenmalas zu schmücken, genauso wie den steinernen Rand des uralten, heiligen Brunnens. Schließlich war der gesamte Platz in eine äußerst festliche Atmosphäre getaucht. Als alles angeschraubt, aufgestellt und verziert war, sowie das Reiswasser in den überdimensionalen Kesseln schon aufgesetzt war, gaben wir der Buschtrommel das Zeichen, dass die Bettler losfahren könnten. Mächtig in Schale geworfen, trudelten sie ein und freuten sich lautstark über ihre Mela, eigentlich ein religiöses mehrtägiges Fest. Um uns der Ergebnisse sicher sein zu können, nahmen wir pro Patient zwei Proben, an den Augenbrauen sowie den Ohrläppchen. Dann begann das eigentliche Fest. Die Traveller unseres Viertels spielten Musik. Jetzt kamen viele erst richtig in Schwung. Die Nachbarn waren längst herbeigekommen und schauten zu. Sie waren wohlwollend, ein jeder war mitgerissen von der Energie des Glücks, die man förmlich in der Luft schmecken konnte. Man hätte das Glück in Schachteln verpacken und mitnehmen können, so greifbar war es. Indische Instrumente mischten sich mit westlichen, die Rhythmen verschmolzen miteinander. Ausgelassen tanzten die Bettler und zwischen ihnen und mit ihnen die Westler. Ein Teil des Teams arbeitete derweil unermüdlich mit den Ärzten an den Testergebnissen, ich war ihnen dankbar, dass sie die Konzentration aufbrachten. Der Koch war sein Geld wert, neben einem großartigen Mittagessen zauberte er zwischendurch indisches Fingerfood, kleine, scharfe Snacks, die reißenden Absatz fanden. Auch Mr Tripathi schien hocherfreut über das gute Karma, das heute hier gemacht wurde mit seiner großen Mithilfe. Selig lief er über den Platz, warf einen wachsamen und stolzen Blick über alles und plauderte eifrig mit jedem. Ich bemerkte, wie sehr sich sein Englisch verbessert hatte.

Höhepunkt des Tages war die Verkündung der Ergebnisse. Jeden Einzelnen bat ich zu mir und überreichte ihm oder ihr einen Sari oder einen Kurta-Pyjama. Hinter mir saßen die Engländerinnen, die mir in dem Trubel die jeweils richtigen Größen oder Farben reichten. Bei drei Patienten, unter ihnen auch Rani devi, mein Großmütterchen, fiel der Test nicht negativ aus. Sie müssten die Therapie eine Zeitlang weiterführen. Da wir noch etliche weitere Patienten unter Therapie hatten, war das kein Problem.

Es war schon dunkel und die beste Zeit für die Feuershow. Die Künstler waren unsere Freunde, normalerweise zeigten sie ihre Show auf Goa-Partys. Mit Feuerkugeln an Ketten und brennenden Feuerstäben tanzten sie in einer leidenschaftlich wilden Feuerchoreographie zu Trancemusik. Das Feuer fauchte in der Luft wie Wildkatzen im tiefen Dschungel, man roch das Petrolium, in das die Brennköpfe getaucht waren. Der Feuerschein zeichnete pulsierende, flammende Muster in die dunkle Nacht. Kraftvoll und akrobatisch war dieser Feuertanz, den Bettlern stand der Mund offen vor Staunen. Auch die Nachbarschaft und die Tripathifamilie waren hingerissen vor Begeisterung, es gab Jubel und tosenden Beifall und selbstverständlich eine Zugabe in der mystischen Kulisse des Kundas.

Beim Abendessen stand Singeshwar auf einmal auf und hielt eine kurze Rede. Er fühlte sich jetzt zurück im Leben. Auch Mohan fand ein paar feierliche Worte für unseren großen Tag. Dann geschah etwas sehr Rührendes. Noch vor dem Essen hatten sich alle an den Händen gefasst. Wir bildeten einen gewaltigen Kreis auf dem Vorplatz linker Hand zum Kunda, auf der anderen Seite stand das Zelt. Als jeder die Hand seines Nächsten hielt, begann Lalu zu singen, die anderen stimmten ein. Ich schaute mich um. Nicht nur mir standen Tränen in den Augen. Mein gesamtes Team war sehr gerührt, und auch Mr Tripathi blinzelte. »Lang lebe ›Back to Life‹!«, riefen die Bettler immer wieder, und dann widmeten wir uns dem guten Mahl vor uns.

Danach war es für mich an der Zeit, eine kleine Ansprache zu halten. Ich stellte mich in die Mitte, alle Augen hingen gebannt an mir. Mir wackelten die Knie, denn ich hatte den Bettlern tatsächlich etwas zu sagen, was sie umhauen würde. Das ahnten sie noch nicht einmal. Ich holte tief Luft und sagte ihnen geradeheraus: »Ich bin schwanger. Ich werde Mutter.«

Der Jubel war ohrenbetäubend, als hätte ich gerade bei den olympischen Spielen gewonnen. Die Erste, die mir in die Arme fiel, war Shivani devi. »Tara didi! Du und ich bekommen beide Babys zur gleichen Zeit! Was für ein Glück!«, und kniff mich in die Wange wie ein Kleinkind. Alle zuppelten an mir herum, umarmten mich, ließen mich hochleben, ich war perplex. Ich hatte damit gerechnet, dass sie sich sorgen würden, ob ich wegen des Kindes Indien verließe. Aber sie freuten sich einfach nur für mich. Lalu wich mir nicht mehr von der Seite. In seinem Blick war zu lesen, dass ich ihn tatsächlich zum Urgroßvater machte, nichts weniger. Verschwörerisch schauten mir die Frauen auf den Bauch, aber man sah ja noch gar nichts. Auch ungefragt würden mich die Straßenfrauen in den nächsten Monaten in die aberwitzigsten Tipps und Tricks einweihen, da war ich mir gewiss. Sie würden meine Schwangerschaft schon zu ihrer Angelegenheit machen.

Ich hörte an seiner Stimme am Telefon, dass mein Bruder sehr berührt war. »Mir kommt es vor, als ob sich jedes Mal das Leben änderte, wenn ich mit dir länger telefoniere! Vor gar nicht langer Zeit hast du eine Gruppe Leprapatienten und Straßenkinder, die reinsten Herzensbrecher, in mein Leben hineingeschenkt. Und jetzt machst du mich zum Onkel! Stella … Tara, gerade weil du in Indien bleiben willst, pass gut auf euch auf, auf dich und das Baby. Schwesterherz, du weißt, ich bin immer für dich da, für euch, meine ich.«

»Danke, Wolf!«

Epilog

Für das Buch grub ich meine indischen Tagebücher aus. Diese Notizen, Zeichnungen und eingehefteten Briefe brachten mir die Anfangszeit in Benares mit allen Erinnerungen, Gefühlen und Stimmungen zurück, als sei es erst gestern gewesen. Die Seiten waren vom Monsun und dem Bootsleben gewellt und trugen noch den Geruch von damals, Chaiflecken und sogar die Abdrücke von Rattenfüßen.

Erzählerisch folgte ich meinen Tagebüchern, doch oft musste ich die Zeit und die Fülle der Ereignisse straffen und leider viele mir liebe Personen und Erlebnisse weglassen. Es kam mir jedes Mal wie Meuchelmord vor, fast jede Geschichte hätte es verdient, erzählt zu werden, denn sie gäbe einem Unberührbaren eine Stimme und einem Schicksal ein Gesicht. Meine Teammitglieder und Freunde, die beständig mithalfen und ohne die ich die Arbeit nicht hätte leisten können, beschrieb ich nur in Kürze. Im Rahmen dieses Buches hätte ich ihnen nicht gerecht werden und nur ein unvollständiges Bild zeichnen können, denn es waren ganz wunderbare, weitgereiste und äußerst interessante Menschen dabei, die unter großem Einsatz sehr viel gaben.

Ich beschreibe das Leben am Ufer der Ganga aus dem Blickwinkel der Unberührbaren, ein normaler Reisender mag andere Eindrücke haben. Mein Benares ist das der neunziger Jahre, noch ohne Internet, Laptop und Handy. In den vergangenen 20 Jahren entwickelte sich Benares zu einer modernen Stadt mit Strom, Shopping Malls und Fastfoodketten. Aber auch wenn die Zeiten sich wandeln, in einem bleiben sich die Kashivasas treu, sie folgen ihren Göttern und baden in der Ganga wie seit Jahrtausenden.

Die Entscheidung, das Projekt auch schwanger und dann mit Kind weiterzuführen, war wohl die richtige. Ein Stück des Weges fehlte noch, das Projekt war nicht abgeschlossen, ich hatte Verantwortung übernommen, da konnte ich mich nicht einfach davonstehlen. Noch erlebten die Kinder ständigen Missbrauch und Gewalt auf der Straße, und wir hatten weitere Leprakranke unter Therapie und noch hatte sich keiner ein Haus gebaut. Das wollte ich erst verwirklicht sehen, bevor ich Indien beruhigt verlassen könnte. Ich war mir aber auch der Verantwortung für mein Kind bewusst, ich freute mich auf mein Baby aus tiefstem Herzen und wog ab. Da ich bereits lange genug vor Ort war, traute ich mir zu, mein Kind unter diesen einfachen Umständen aufzuziehen und zu beschützen. Außerdem wusste ich, notfalls könnten wir immer nach Europa zurückkehren. Mein Sohn wurde also in dieses Projekt hineingeboren und ist auch weiterhin mit meinen Projekten aufgewachsen. Jubelnd wurde er im Leben begrüßt, und die Kinder nahmen Cosmo fortan begeistert in ihre Mitte. Kaum einer kann von sich behaupten, so viele Geschwister des Herzens zu haben wie er. Mit den Erlebnissen während der Schwangerschaft und wie er als Baby und Kleinkind mit der Bettlerwelt und mit Indien zurechtkam, könnte ich viele Seiten füllen. Alles in allem kamen wir heil durch, Cosmo ist jetzt erwachsen und bedauert es keineswegs, unter diesen etwas anderen und oft schwierigen Verhältnissen gelebt zu haben. Ich bin ihm dankbar, dass er unser Leben, wo es uns auch hinführte, stets mit dem richtigen Gemisch an Neugier, Lebensfreude, Reiselust, Mut, Humor und Geduld anging und die Projekte mitmachte, in Indien und später in Nepal.

»Back to Life« hat viel bewirkt. Das verdeutlichte mir der Abschied von Musafir Jahre später, da schaute ich das erste Mal zurück nach fast zehn Jahren Projektarbeit. Der Moment, an dem Musafirs Leichnam in Gangas Fluten versank, löste eine Flut von Emotionen in mir aus. Während Mohan uns zum Ufer ruderte, liefen die Bilder dieser Jahre durch meinen Kopf, vom Abtransport bis zur Heilung. Nach der MDT siedelten sich viele ehemalige Patienten in Bhadhoi an, manche kehrten sogar in ihre Dörfer zurück, einige blieben auf ihrem Platz am Pilgerweg, so wie Musafir bis zu seinem Tod. Musafir hatte meinen Sohn noch zum Kleinkind heranwachsen sehen und miterlebt, wie wir die Kinder von der Straße holten. Er war sehr stolz auf sein »Back to Life«.

Für die Straßenkinder von Underground und aus Bhadhoi riefen wir bis heute drei Kinderheime ins Leben und gaben ihnen ein liebevolles Zuhause. Durch Patenschaften unterstützt wuchsen Kalika, ihre Geschwister und Freunde und noch viele andere sicher auf und absolvierten eine Schulausbildung. Die Ältesten schlossen bereits ein Studium ab, andere studieren noch, gehen zur Schule oder machen Ausbildungen in verschiedenen Bereichen. Sie sind voller Selbstbewusstsein, jung und gebildet. Sie sind nicht mehr unberührbar.

Da wir nicht alle Kinder aufnehmen können, die dringend Hilfe bräuchten, bieten wir in 13 Slums von Benares 400 Kindern, die sich vormittags als Müllsammler verdingen müssen, die Chance zum Schulunterricht am Nachmittag. Für manche ändert sich dadurch ihr Leben, einfach nur, indem sie das Lesen und Schreiben lernen.

Für die Leprabetroffenen sind wir auch heute noch Anlaufstelle für ihre Sorgen und Nöte und geben ihnen medizinische und soziale Hilfen.

In den vergangenen 20 Jahren wuchs »Back to Life« beständig und ein Projekt entwickelte sich aus dem anderen. »Back to Life« wurde erwachsen. Dank der Paten, Spender und Freunde von »Back to Life« konnten wir immer mehr Notleidende mit unserer Hilfe erreichen und bieten mittlerweile 45 000 Menschen unsere Unterstützung an.

Im Jahr 2009 weiteten wir unsere Hilfe auf das Nachbarland Nepal aus. Wir begannen in Mugu, einer abgelegenen Bergregion, in der Hunger und Hoffnungslosigkeit herrschten. Die Lebenserwartung lag dramatisch unter dem Rest von Nepal, denn es gab keine ärztliche Versorgung in Mugu. Wir geben medizinische Hilfe durch *Health Camps* und bauen gemeinsam mit den Dörflern Geburtshäuser, um eine der höchsten Säuglings- und Müttersterblichkeitsraten weltweit zu senken. Eine Geisterfurcht zwingt die Frauen, ihre Babys außerhalb des Hauses im Viehstall zur Welt zu bringen. Die Geburtshäuser bedeuten ihre Rettung und die nepalesische Regierung erklärte sie zu *health posts*. Wir nutzen sie auch zur Gesundheitsvorsorge.

»Back to Lifes« Fokus liegt auf Bildung für die junge Generation. Wir bauen Schulen und Kindertagesstätten oder kümmern uns um die fehlende Ausstattung, wir bilden Lehrer fort. Schulabgängern bieten wir Stipendien im Agrarbereich, als Hebamme oder Krankenpfleger. Doch damit die Kinder überhaupt zur Schule gehen können, muss erst das Überleben der Familie sichergestellt sein, so dass sie auf die junge Arbeitskraft verzichten können. Das erreichen wir durch Mikrokredite und Trainings zur Existenzförderung. Wir stellen neue Methoden des Ackerbaus, Gewächshäuser und Viehzucht vor. Durch die Ausgabe von Saatgut und Ziegenpärchen fördern wir die Bergbauern, bis sie die nächste Ernte oder Zucht selbst erzeugen können. Außerdem bringen wir Solarlicht und rauchfreie Öfen in die stromfreien Berge und bauen mit Viehbauern Biogasanlagen zum Schutz der Umwelt und Ressourcen, weil die Hänge wegen des Feuerholzbedarfs bereits abgeholzt sind.

Alle Trainings sind auf die Eigeninitiative der Dorfbewohner ausgerichtet, damit sie selbst ihre Lebensverhältnisse dauerhaft verbessern. Durch diese Hilfe zur Selbsthilfe stellen wir sicher, dass die Dörfer nicht abhängig von Hilfe von außen werden. Die Projekte in Mugu sind ein großer Erfolg.

Das wäre nie möglich geworden ohne unsere Projektpaten und Spender, die aktiv mithelfen, die Projekte ins Rollen zu bringen. Ihnen gilt mein ganzer Dank, und ich hoffe, das Buch zeigt Ihnen, wie wichtig Ihre Unterstützung ist.

Ich hätte wohl nichts von meinen Bettlern in Benares gelernt, wenn ich Ihnen das nicht zumindest einmal zart ans Herz legen würde:

Gerne können Sie mit mir gemeinsam dort direkte Hilfe leisten, wo sie dringend gebraucht wird. Mit einer Patenschaft sind Sie fast hautnah dabei, denn Sie erleben mit, wie wir das Projekt, für das Sie spenden, umsetzen und wie Ihre Hilfe ankommt. Gezielt können Sie aussuchen, ob Sie Schulen oder Geburtshäuser unterstützen möchten oder eine Projektpatenschaft wählen, so dass laufende Projekte erhalten bleiben und neue zustande kommen können. Wir berichten regelmäßig aus den Projekten durch einen Newsletter, den Sie über unsere

Website beziehen können und dokumentieren unsere Projektarbeit durch Bilder und aktuelle Berichte in den sozialen Netzwerken und auf unserer Website. Paten, die kein Internet haben, erhalten die Projektneuigkeiten per Brief. Selbstverständlich sind auf unserer Website alle relevanten Daten und Zahlen transparent einsichtig, außerdem haben wir uns der »Initiative Transparente Zivilgesellschaft« angeschlossen. Es würde mich freuen, wenn Sie uns ein Stück des Weges begleiten würden.

Namaste,
Ihre Tara Stella

Weitere Fotos zum Buch und alle Informationen zu den Projekten finden Sie unter

www. back-to-life.org

und

Back to Life e. V.
Louisenstraße 117
61348 Bad Homburg
Tel. 06172/6626997
namaste@back-to-life.org

Begriffe und ihre Erläuterung im Buch